Zu diesem Buch

Wenn die Französische Revolution zum Mythos werden konnte, zum Moloch der «Staatsumwälzung» oder zum Inbegriff aller Freiheitshoffnungen, dann lag das nicht zuletzt an den erregenden Schilderungen von Reisenden, die die Revolution nach Frankreich gelockt hatte. «Reiseziel Revolution» trägt großenteils unbekannte, publizistisch-literarische Dokumente zusammen, die das alle damaligen Vorstellungen sprengende Ereignis Revolution beschreiben, verstehen oder auch abwehren wollen. Die Herausgeber zeichnen in Quellen und Erläuterungen nach, wie das Bild der alten Welt unter dem Eindruck der Revolution zerbricht.

Heiner Boehncke, geb. 1944, ist als Redakteur beim Hessischen Rundfunk in Frankfurt/M. beschäftigt. Als Literaturwissenschaftler und Publizist befaßt er sich mit Theorie und Geschichte der Popularkultur, Abenteuerliteratur und ästhetischer Theorie. Er hat in Frankreich studiert, ein Jahr nach dem Pariser Mai von 1968. Zuletzt erschien von ihm (gemeinsam mit Klaus Bergmann): Die Galerie der kleinen Dinge. Ein kulturgeschichtliches Abc alltäglicher Gegenstände, Zürich 1988.

Harro Zimmermann, geb. 1949, arbeitet als Redakteur in der Hauptabteilung Kultur bei Radio Bremen. Er war Dozent in der Erwachsenenbildung, Gymnasiallehrer, wissenschaftlicher Mitarbeiter an der Universität Bremen und freier Publizist für Rundfunkanstalten und Zeitungen. Zuletzt erschien von ihm: Freiheit und Geschichte. F. G. Klopstock als historischer Dichter und Denker, Heidelberg 1987.

Heiner Boehncke, Harro Zimmermann
(Herausgeber)

Reiseziel
Revolution

Berichte
deutscher Reisender
aus Paris

1789–1805

Rowohlt

Lektorat Wolfgang Müller
Umschlaggestaltung Wolfgang Kenkel

Originalausgabe
Veröffentlicht im Rowohlt Taschenbuch Verlag GmbH,
Reinbek bei Hamburg, November 1988
Copyright © 1988 by Rowohlt Taschenbuch Verlag GmbH,
Reinbek bei Hamburg
Alle Rechte vorbehalten
Gesetzt aus der Sabon (Linotron 202)
Gesamtherstellung Clausen & Bosse, Leck
Printed in Germany
1680 ISBN 3 499 18500 8

Inhalt

Paris, den 4ten Aug. 1789.

Ob es wirklich wahr ist, mein lieber T[rapp], daß ich in *Paris* bin?
Daß die neuen Griechen und Römer, die ich hier um und neben
mir zu sehen glaube, wirklich vor einigen Wochen noch – *Franzosen* waren? Daß die großen, wunderbaren Schauspiele, die in diesen Tagen hier aufgeführt worden sind und noch täglich aufgeführt werden, keine Geschöpfe meiner Phantasie, kein Traum,
sondern Tatsachen sind? Fast könnte ich diese Frage allen Ernstes
an Sie tun; sowenig stimmt, was ich hier stündlich sehe, höre und
empfinde, mit den Begriffen überein, die wir in Deutschland von
dieser Stadt und von diesem Volk uns zu machen bisher berechtigt zu sein schienen.

Joachim Heinrich Campe

Einleitung

«Die Französische Revolution», stellte der Publizist Johann Wilhelm von Archenholtz gegen Ende des 18. Jahrhunderts fest, «verdrängt durch ihr gewaltiges Interesse alles, die besten Gedichte bleiben ungelesen, man greift nur noch nach Zeitungen und solchen Schriften, die den politischen Heißhunger stillen.»[1] In der Tat hatte die große Revolution im Nachbarland der Deutschen einen historisch unvergleichlichen Heißhunger nach aktuellen Nachrichten hierzulande ausgelöst. Schon damals wußte man um die säkulare, wenn nicht menschheitsgeschichtliche Bedeutung dieser politischen Umwälzung. Ein Übermaß an Ereignissen verlangte nach Verständnis, nach Informationen, nach Ablehnung oder Zustimmung. Ernst Moritz Arndt verband mit der «großen Umwälzung» die «Umrollung der Herzen von halb Europa»[2]. Und der Historiker Daniel Jenisch schrieb: «Auf einmal wird die ganz europäische all-regsame Geisterwelt in Erstaunen gesetzt durch eine ungeheure Thatsache, welche den Ideen und Wünschen dieser Art mit der Verwirklichung schmeichelt. Und dies war die französische Revolution.»[3] Nur noch mit einem gewaltigen historischen Sog ließ sich vergleichen, was seit 1789 in Frankreich geschah; ein Sog, der das politische Vakuum der deutschen Aufklärung mit gewaltigen Informations- und Meinungsfluten erfüllte.

Welches andere publizistische Genre hätte sich besser dazu eignen können, diese Gedankenbewegungen zwischen Frankreich und Deutschland aufzunehmen und zu vermitteln, als die ‹bürgerliche› Reiseliteratur! Seit den siebziger Jahren des 18. Jahrhunderts hatte sie sich zu einem scharfen Instrument der sozialkritischen Wirklichkeitserkundung entwickelt.[4] Gegenüber der Winkligkeit des heiligen Römischen Reiches deutscher Nation und seiner duodezfürstlichen Kabinetts- und Arkanpolitik hatte sie den Anspruch auf ungehinderte Öffentlichkeit und Freizügigkeit des Denkens gesetzt. Reiseliteratur war in diesen Jahren schon das herausragende Medium bürgerlicher Selbstverständigung und vermittelte den Dialog in einer ‹Gelehrtenrepublik›, die gesellschaftlich, politisch und territorial auf anachronistische Weise zerrissen war. Die Reisebeschreibung, einst nur von adligen Standesperso-

nen, von Diplomaten und ‹hohen Herrschaften›, dann von Forschungs-
reisenden und reichen Bürgern kultiviert, war um 1789 also längst zum
bevorzugten Medium antiabsolutistischen Aufklärertums geworden.
Was Wunder, wenn die Obrigkeiten samt ihren Lohnschreibern den
Boom an Reisewerken in den neunziger Jahren des 18. Jahrhunderts
zur «ersten Art der Verbreitung [...] verführerischer Grundsätze» er-
klärten.[5] Reisebeschreiber waren deshalb so verdächtig, weil sie vorzugsweise die Orte der politischen Unruhe aufsuchten und von dort das
nach Frieden und Ruhe lechzende Vaterland der Deutschen mit aufwie-
gelnden Informationen und Meinungen behelligten. Nicht nur Publizisten, sogar Romanschreiber nutzten damals die gute Konjunktur ‹politischer› Geisteswerke, um an Ruhm und Geld zu gelangen.[6] Doch nicht
nur darum ging es, sondern man fühlte sich fraglos auf der Seite des
menschheitlichen Fortschritts, und den galt es durch öffentliche Infor-
mations- und Meinungsvermittlung zu befördern.

Zu keiner Zeit der europäischen Geschichte hatte es je eine solche
Flut von politischen Zeitschriften, Zeitungen und Broschüren, von
Flugblattliteratur, Einblattdrucken, Pamphleten u. ä. gegeben wie seit
1789. Es entwickelten sich geradezu Agenturen der Informationsver-
mittlung zwischen dem Mutterland der Revolution und dem politisch
als weithin rückständig eingeschätzten Deutschland. Deutsche Publizisten und Verleger sahen sich in Paris um nach Publikationsmöglichkei-
ten; Zeitungen unterhielten erste regelmäßige Korrespondenten, die
Briefe und Augenzeugenberichte in zahlreichen Folgen übermittelten.
Der Buchmarkt strotzte von dickleibigen, oft mehrbändigen Reisebeschreibungen, die sämtlich auf ein neugieriges Publikum stießen. Und
natürlich schieden sich schon sehr früh die politischen Geister. Es entstanden ausgesprochen antirevolutionäre, konservative Zeitschriften
und Zeitungen, es reüssierten ‹demokratisch-jakobinische› Blätter,
doch mehrheitlich dürften sich die deutschen Gazetten (was besonders
nach der Hinrichtung Ludwigs XVI. deutlich wurde) im frühliberalen
Fahrwasser bewegt haben. Allen gemeinsam war jedoch das intensive
Interesse an den revolutionären Ereignissen und deren jeweils mei-
nungsgerechte Aufbereitung. Wer sich zwischen 1790 und 1805 im pu-
blizistischen Gewerbe nicht der Französischen Revolution annehmen
wollte, hätte wohl kaum auf nennenswerten Erfolg hoffen dürfen. Die
Reiseliteratur in Buchform, als Reisebrief, als Anekdotensammlung,
als kommentierende Dokumentation in Zeitschriften oder Zeitungen
gehörte also zu den bedeutendsten Medien politischer Selbstverständi-

gung am Ende des 18. und zu Beginn des 19. Jahrhunderts. Wer wissen möchte, wie die Deutschen am säkularen Umbruch in Frankreich teilgenommen haben, mit welchen Erwartungen, Hoffnungen, Sehnsüchten, aber auch Irritationen, Ängsten, Abwehrhaltungen usw. sie auf die mächtigste politische Eruption der Zeit reagierten, kommt nicht umhin, sich mit der Reiseliteratur dieser Zeit vertraut zu machen.

Frankreich und Paris waren schon immer attraktive Ziele deutscher Reisender gewesen.[7] Doch nie zuvor war eine solche Vielzahl politisch ambitionierter (jüngerer) Intellektueller in dieses Land gekommen, das man nun als einen «Wallfahrtsort» empfand, als ein Land der Verheißung «göttlicher Freiheit». Die Heimat der «Franken» so hoffnungsvoll zu sehen, war freilich keine Selbstverständlichkeit. Wieviel Ängste, Unsicherheiten und Vorurteile plagten diese Revolutionstouristen? Längst bevor sie sich nach Paris aufgemacht hatten, waren sie von der einschlägigen Presse in Deutschland heftigst gewarnt worden, sie reisten in ein tosendes politisches Chaos. Fast allen, zumal den frühen Reisen, ist daher eine Art Überprüfungsgestus eigen. Sie leben von der Spannkraft der Frage «Ist es wirklich so schlimm?» Die Antworten fallen, je nach dem Zeitpunkt der Reise (ob vor oder nach der Terrorzeit etwa, oder vor oder nach der Thermidor-Reaktion) und dem politischen Standort des Reisenden sehr unterschiedlich aus. Vorgeprägtes Urteil und neugewonnene Erfahrung, die Frage des Vergleichs der französischen mit den deutschen Verhältnissen, mancher moralische Vorbehalt im einzelnen, halten die Berichte dieser Reisenden in ständiger reflexiver Bewegung. Natürlich sucht der antirevolutionäre Berichterstatter die Orte der politischen Greuel auf, er sieht mehr Zerstörung, mehr menschliches Fehlverhalten und moralische Dekadenz. Sein Ziel ist die Beförderung des deutschen (ideologischen) Status quo, er sucht im ‹Fremden› keine Reflexion, keine Differenzierung und Bereicherung seines Denkens. Eine vagierende Erfahrungslust zeichnet dagegen jenen Reisenden aus, der tatsächlich einen komplexen, dem Augenschein kaum erschließbaren Sachverhalt aufklären möchte, der die Beschränktheit seiner deutschen Wahrnehmungsperspektive überschreiten will. Dies trifft auf die Mehrzahl der in diesem Band versammelten Autoren zu. Natürlich gewinnen sie ihre Erfahrungen zumeist ex post, sie waren nicht in der unmittelbaren revolutionären Bewegung eingebunden. Das prägt die Struktur ihrer Wahrnehmung. In erkennbar unterschiedlicher innerer Bewegtheit und Anteilnahme verfassen diese Reisenden ihre Texte, sie alle wollen aber ein möglichst authentisches, unmittelbares Geschehen zur Darstellung bringen. So gut es geht, möchten sie die ‹reine› Anschauung vermitteln und das vielfach ideologisierte Bild der Revolution durch empirisches Nachdenken brechen. Mit ihrer Subjektivität halten sie sich nicht zurück, diese wird ein Moment des Diskurses selbst und damit ein Anreiz zur Auseinandersetzung. Es geht um Wahrheitsfindung: Wie ist diese große, so heiß verehrte und so heftig verteufelte Revolution wirklich? Wenn überhaupt, dann erschließt sich das gesuchte Bild dieser Revolution nur durch eine intellektuelle Suchbewegung. Aber wo suchen in einem Meer einander überschlagender und überbietender Ereignisse? Unsere Reisenden entwickeln zumal wegen dieser Schwierigkeit so etwas wie eine Topographie ihres Wahrnehmungsfeldes, sie strukturieren ihre Beobachtungen um Ankerplätze, um repräsentative Orte des Revolutionsgeschehens. Es geht nicht mehr einfach darum, die großen Orte zu besichtigen, die nun einmal zur (Bildungs-)Reise alten Typs gehörten[8], sondern darum, der monumentalisierten Geschichte ihren menschlichen Gehalt abzulauschen. Sosehr sich diese «Revolutionstouristen» im Palais Royal, in den Tuilerien, am Revolutionsplatz, in Versailles, auf den großen Feierplätzen umsehen, sie haben nicht erstarrte Relikte der Revolution, sondern menschliche Antlitze im Blick. Gerade weil dieses große politische Ereignis alles mit allem verknüpft erscheinen läßt, weil es eine völlige ‹Veröffentlichung› des Lebens mit sich gebracht hat, fragen die Reisenden nach dem Zustand der Menschen. Die Revolution, so wissen sie, ist für die Individuen da, nicht umgekehrt. Ob sie das in Wirklichkeit ist, läßt sich freilich nur schwer sagen. Dem ersten und auch noch dem zweiten Blick bietet sich diese Revolution als ein gigantisches Spektakel, ein Wirrsal von Ereignissen, Handlungen und mehr oder minder erkennbaren Kämpfen und Interessen dar, die in ihrer zukünftigen Wirkung nur schwer abschätzbar sind. Alles ist anders in diesem revolutionären Land als in Deutschland. Aber ist es darum schon der Inbegriff einer besseren Zukunft? Ständig reflektieren die Reisenden über die Frage, ob das, was in Frankreich geschehen ist, auf Deutschland übertragbar, ob die eigene Geschichtlichkeit in derjenigen des Nachbarlandes womöglich aufgehoben sei. Wer sich im revolutionären Paris dem Chaos der Meinungen und Ereignisse ausgesetzt hat, der erlebt wie nie zuvor einen Umbruch alles Vertrauten, alles scheinbar folgerichtig Gewachsenen. Der pure Idealismus der deutschen Aufklärer, die beredten Utopien von der moralisch-pädagogischen Vervollkommnung des Menschen, hier geraten sie in ganz andere Erfahrungszusammenhänge. Was Politik bedeutet, erfahren die deutschen Reisenden nun zum erstenmal. Die Freiheit hat einen irdischen Ort, jede Theodizee scheint als frommes Wunschdenken blamiert. Viele Texte sind deshalb von einem mehr oder minder beherrschten Schrecken geprägt, zumindest plagen jeden Reisenden gelegentlich die Bangnis, die Verwirrung und das Erstaunen. Daher oft die direkte Du-Anrede; hier sollen Mitteilungen von einer betroffenen Seele zur anderen gewagt werden, wie denn überhaupt das ‹Menschliche› immer den Vordergrund behaupten will. Die Suchbewegung der Autoren ist also nur scheinbar von den ‹großen› Schauplätzen der Revolution bestimmt. Genau besehen, nähern sie sich immer wieder von den Rändern, von ‹unten› her den (vergangenen oder gegenwärtigen) Ereignissen. Menschenantlitze, und seien es die von Huren und Fischweibern, von Gauklern und Marodeuren, von Fanatikern und Menschenfeinden, sollen von der Grimasse bis in den äußeren Habitus hinein genau porträtiert werden. An ihrem Glück oder Unglück bemißt sich der moralische und politische Wert der großen Revolution.

Freilich haben sich die Darstellungsweisen und Akzente dieser Reisebeschreibungen im Zeitraum von 1789 bis 1805 verschoben. Die frühen, hoffnungsfrohen und visionären Botschaften der Campe, Halem, Oelsner, Reichardt und Forster werden später (nach der Hinrichtung des Königs vor allem) abgelöst von eher ernüchterten Analysen des Zeitgeistes. Noch einmal werden die Reiseschriften scharf politisch und kontrovers nach der Thermidor-Reaktion (Kerner, Rebmann, Riem), die nicht zuletzt den radikalen Spätjakobinismus auf den Plan ruft. Insgesamt aber geraten die Darstellungen allmählich distanzierter und historisch angereicherter. Die Auseinandersetzung mit Napoleon bildet schließlich einen Höhepunkt des Umbrechens jeglicher (frühliberaler) Reformhoffnung in Deutschland. Der Streit um den «Befreier» oder den «Totengräber» der Revolution führt denn auch zum Wiedererstarken deutscher Nationalvorbehalte gegen die Franzosen, die um 1790 noch als «Franken», als Vorkämpfer der Freiheitsidee also, hohes politisches Lob erhalten hatten. An dieser Bruchstelle macht die vorliegende Textdokumentation halt – das Umschlagen des Frankreichbildes in chauvinistische Ideologie löst die für uns interessante Phase der ‹aufklärerischen› Auseinandersetzung mit dem Ereignis von 1789 ab und bleibt hier unberücksichtigt.[9]

«Reiseziel Revolution», das hieß für die Herausgeber, solche Texte (z. T. unbekannter Autoren) zu finden, die gleichsam den intellektuellen Rohstoff hergaben für die erregte Auseinandersetzung der Deutschen mit dem größten Ereignis der politischen Moderne. Nicht die Rekonstruktion der Revolution im Medium von Reisebeschreibungen war beabsichtigt, sondern das ‹menschlich› und alltagsgeschichtlich, das emotional und imaginativ an ihr Interessierende zu dokumentieren. Wenn die Französische Revolution zum Mythos werden konnte, zum Moloch der Staatsumwälzung oder zum Inbegriff messianischer Heilserwartung, dann lag das zu guten Teilen an der subjektivierenden Schreibfertigkeit der Reiseautoren. Insofern kam es darauf an, eine möglichst breite Vielfalt von Wahrnehmungen, Denkhaltungen und begrifflichen Bewältigungsversuchen vorzuführen, die die tiefe soziale und intellektuelle Erschütterung von 1789 mit sich gebracht hatte.

Die Frage war, wie aus einem Wahrnehmungsprozeß ein Erkenntnisprozeß wird, aus welchen Erfahrungen, Bildern, Hoffnungen, Irritationen und Verwünschungen die Deutschen ihre Vorstellungen von der heraufdrängenden bürgerlichen Gesellschaft zu machen begannen. Das Flirren der Ereignisse, der Meinungen, der Werte und Interessen, das Aufbrechen einer ehedem ideologisch festgefügten Weltordnung und Wirklichkeitssicht, das war es, was der gewaltige Modernisierungsschub der Französischen Revolution den Deutschen aufnötigte. Dieses Ereignis war historisch ohne Beispiel. Wie kein anderes zeigte es, daß «die Moderne [...] ihre orientierenden Maßstäbe nicht mehr Vorbildern einer anderen Epoche entlehnen» kann, sondern «ihre Normativität aus sich selber schöpfen» muß. Das in der Französischen Revolution eruptiv entbundene «demokratische Zeitalter» brachte sogleich die «Irritierbarkeit» modernen Selbstverständnisses auf den Plan, die «Dynamik der ruhelos bis in unsere Zeit fortgesetzten Versuche, sich selbst ‹festzustellen›».[10] Daß die Vergangenheit durch die Gegenwart in die Zukunft hineingezogen wird, ohne daß man sich der Richtung dieses komplizierten Prozesses sicher sein könnte, ist die generelle Erfahrungsperspektive der Texte in diesem Band. An jedem Detail des Alltags war diese Bewegung seit 1789 studierbar, Paris galt als das Barometer der historischen Klimakonstellation. Eben deshalb beobachten die Reisenden so anteilnehmend das Treiben des Volkes auf den Straßen, auf Trödelmärkten und Plätzen, in den politischen Institutionen, deshalb interessieren sie sich für Spielhöllen und Kaffeehäuser, für das Hurenwesen und die Makler, für die Moden und Drapierungslüste der Franzosen, für Kunst und Kommerz, deshalb brandmarken sie den gärenden Fanatismus allenthalben, kritisieren die Unrast, die Kälte und

Lieblosigkeit der vermeintlich ‹neuen› Ordnung des Besitzbürgertums nach 1795, deshalb beklagen sie das allmähliche Hohlwerden der revolutionären Feiersymbolik und am Ende die Überführung der Revolution in die neuerliche Despotie. Wie in einem Spiegel läuft in diesen Reflexionsbildern das Befragen und Erwägen der eigenen deutschen Zustände gleichsam parallel. Das französische Schicksal bleibt von ureigenem Interesse der Deutschen, zumindest derer, die trotz napoleonischer Weltherrschaft ohne chauvinistische Attitüden auskommen zu können glauben.

Hegel hatte sich von der Französischen Revolution einen herrlichen Sonnenaufgang, Klopstock die Verwirklichung der «göttlichen» Freiheit versprochen. Unsere Reiseautoren haben ihr Publikum gründlich darüber aufgeklärt, wie es in Zukunft auf Erden mit solch himmelstürmenden Erwartungen bestellt sein dürfte.

Dank sei Dr. Wolfgang Griep (Universität Bremen) für freundliche Beratung gesagt.

Heiner Boehncke, Harro Zimmermann

*Freie
Einfuhr
nach Paris,
1. Mai
1791.*

1
Paris: die Freiheit am irdischen Ort

Joachim Heinrich Campe
Der überwältigte Blick

Paris den 9ten Aug. 1789.

Das Glück, mein lieber T[1], gerade jetzt in Frankreich, und zwar in der Hauptstadt dieses Landes, dem Geburtsorte und der Wiege der neugeborenen französischen Freiheit, zu sein; gerade jetzt, da aller Welt Augen auf diesen Mittelpunkt der größten und merkwürdigsten dermaligen Weltbegebenheiten voll Bewunderung und Erstaunen gerichtet sind; gerade jetzt da man hier aus dem dumpfen Zustande eines in langer schmählicher Knechtschaft verträumten Daseins zu einem Leben erwacht ist, welches die *Brutusse* und die *Catos* selbst mitzuleben sich nicht weigern würden; gerade jetzt, da alle Geister dieses Volkes, bis in die niedrigsten Stände hinab, die Schranken ihrer ehemaligen kleinlichen und elenden Existenz, wie Spinngewebe, zerrissen und von Stund an sich zu einer Höhe der Empfindung und der Begriffe erhoben haben, zu welcher das blinzende Auge des Ausländers sie kaum begleiten kann – dieses Glück rechne ich dankbar und gerührt zu den vielfältigen unverdienten Begünstigungen, wodurch die Vorsehung mein unbedeutendes Leben, fast in jeder Periode desselben, auszuzeichnen für gut gefunden hat. Man fühlt sich hier, auch als bloßer Zuschauer schon, in allen seinen Empfindungen, an allen seinen Kräften und Fähigkeiten, – ich weiß nicht wie – zugleich erhöht, zugleich mit veredel[t], und wenn ich nicht merklich besser, nicht mit einem merkliche[n] wachs an Gemeingeist, an Mut, Kraft und Trieb zu jeder H[...] welche Selbstvergessenheit und Aufopferungen erforde[rn...] rückkehre: so hat die Schule, in der ich mich jetzt bef[inde...] daran.

Schon der bloße Anblick einer ungeheuern, au[...]

Stände, jeglichen Alters und beiderlei Geschlechts zusammengeflosse-
nen Volksmasse, welche von einerlei patriotischen Freude, wie von
einerlei freundschaftlichen, brüderlichen und schwesterlichen Gesinnungen beseelt zu sein scheint, hat etwas menschlich Großes und
Herzerhebendes. Aber wenn man nun vollends auf den öffentlichen
Versammlungsplätzen dieser Stadt, den *Tuilerien*, dem *Palais Royal*,
den *Boulevards*, usw. in die sanftwallenden Wogen dieses menschlichen Ozeans sich selbst hineinstürzt, wie hier Jeder, auch der frem-
deste Fremdling, ungescheut und ohne alle Bedenklichkeit tun darf,
und nun jene Vermischung und Zusammenschmelzung aller Stände,
besonders des Militär- und Bürgerstandes, zu einer einzigen großen
Bürgerfamilie in der Nähe beobachtet; sieht, wie nunmehr der gemeinste Bürger und der Mann, den Band und Stern bezeichnen, überall, wo beide als Menschen und nicht in ihren Amtsverhältnissen auftreten, zu völlig gleichen Paaren gehen, ohne Unverschämtheit auf der
einen, ohne beleidigenden Stolz auf der andern Seite zu verraten;
sieht, wie der *Soldat des Vaterlandes* – dies ist der Ehrentitel, den man
hier jetzt der zur Bürgerschaft übergetretenen französischen Garde
gibt – und der bewaffnete Bürger an Großmut und Dankbarkeit, wie
an gemeinschaftlicher Bemühung, öffentliche Ruhe und Ordnung,
nicht durch Bajonnette, sondern durch Bitten und freundliches Zureden zu erhalten, mit einander wetteifern; sieht, wie dieses Zureden
und jenes Bitten vollkommen hinreichend sind, einen vermischten
Haufen von hunderttausend exaltierten Menschen in den Schranken
der Ordnung und der Sittsamkeit zu erhalten; sieht, wie sogar die
kleinsten Knaben, von dem hohen Bürgersinn und dem Freiheitsenthusiasmus ihrer Väter ergriffen, nach ihrer Weise bewaffnet und mit
Fahnen und Trommeln versehen, in großen Scharen durch die Straßen
ziehen, und an der Erhaltung der Ordnung und Ruhe Teil zu nehmen
scheinen; sieht, wie zu einer Zeit, da alle Gemüter in aufbrausender
Gärung sind, da beinahe eine völlige Anarchie durchs ganze Reich
herrscht, und da die große, aus mehreren tausend Rädern zusammen-
gesetzte furchtbare Maschine der ehemaligen Pariser Polizei gänzlich
zertrümmert ist, gleichwohl überall, sogar beim größten Volksge-
dränge, alles so ruhig, so friedlich, so anständig und sittlich zugeht,
daß man stundenlang dastehen und die wimmelnde Menge von lebhaften Empfindungen beseelter Menschen unverrückt im Auge behalten kann, ohne auch nur ein einzigesmal eine einzige unanständige
oder gesetzwidrige Handlung zu bemerken, ohne auch nur ein ein-

zigesmal ein beleidigendes, scheltendes oder zankendes Wort zu hören*; wenn man, sage ich, dies alles, was jedem Abwesenden übertrieben und unglaublich klingen muß, hier mit eigenen Augen sieht, so oftmals wiedersieht, daß man es am Ende für kein Blendwerk, für keinen Traum mehr halten kann: so müßte man, meine ich, unter allen menschlichen Klötzen der stumpfeste und fühlloseste sein, wenn man sich über dieses Erwachen der Menschheit zu einem so schönen, neuen und edlen Leben nicht oft bis zu Freudentränen gerührt fühlte.

* Dies ist, während der ganzen vier Wochen, die ich in Paris zugebracht habe, ohne Ausnahme an jedem Tage der Fall gewesen. Ich habe während dieser Zeit – besonders an feierlichen Tagen, z. B. am Ludewigsfeste – in den Tuilerien, und von da bis nach dem Palais Royal, und von da bis nach den *Boulevards* hinauf, unübersehbare Massen von hunderttausend drängender und gedrängter Menschen aus allen Ständen anschwellen sehn; ich habe mich jedesmal bei Tage und bei Nacht bis in das dichteste Gedränge hineinzuarbeiten und einen Platz zu gewinnen gesucht, wo ich, durch Hilfe meiner körperlichen Länge, das Gewimmel und Getümmel weit und breit übersehen konnte; ich habe zu anderen Zeiten mich von dem Strome dieser wallenden Volksmenge selbst stundenlang geflissentlich fortreißen lassen: aber nie, nie – ich bezeuge es bei der Ehre eines wahrheitsliebenden Mannes – habe ich in dieser ganzen Zeit irgendeine Äußerung von pöbelhafter Ungezogenheit, irgendeine Zänkerei, irgendeine Beleidigung in Worten oder Werken wahrnehmen können: ja, was noch auffallender klingen wird, ich habe in dieser ganzen Zeit meines Hierseins, unter den Myriaden von Menschen, die ich auf den genannten öffentlichen Plätzen und Wandelbahnen, in den Schauspielhäusern, in den Kirchen, usw. beobachten konnte, nie auch nur ein einzigesmal ein einziges solches Ding von Menschen bemerken können, als wir uns unter dem Namen eines französischen *Kleinmeisters* zu denken pflegen. Daß es dergleichen Dinger ehemals hier in Menge gegeben habe, ist eine ebenso notorische Tatsache, als die, daß die französische Artigkeit allein alle Unordnungen und öffentlichen Ausbrüche von Unsittlichkeit ehemals nicht habe zurückhalten können. Daß ich alle von jenen, wie von diesen, während der ganzen Zeit meines Hierseins niemals etwas bemerken konnte, so aufmerksam ich auch mich danach umsah, muß wohl notwendig eine Folge der angefangenen wunderähnlichen Veredelung sein, welche das Gefühl errungener Selbständigkeit in dem Charakter dieser Nation allein bewirken konnte. Man sage also nicht, daß ich ein Lobredner der französischen Nation geworden sei: es sind nicht die Franzosen, es ist die *hohe menschliche Natur*, die ich lobe, indem ich erzähle – was ich mit meinen Augen sahe – wie diese Natur, in Franzosen, wie in jedem andern Volk, sich auf den Flügeln der freigewordenen Vernunft zu einer bewundernswürdigen Höhe von Vollkommenheit und Sittlichkeit erhebt, sobald die Fesseln, welche der Despotismus ihr angelegt hatte, zerbrochen sind. Voltaire hat Recht:
La liberté que tout mortel adore, Donne à l'homme un courage, inspire une grandeur. Qu'il n'eût jamais trouvé dans le fond de son coeur.[2]

Welch ein Schauspiel für den, der für Menschenveredelung und Menschenbeglückung noch unverdorbene Sinne, und ein warmes teilnehmendes Herz für alles hat, was das Emporkommen der großen Adamsfamilie angeht! Welch ein Beispiel für das ganze übrige Europa und für alle, ihrer menschlichen Rechte und des göttlichen Ebenbildes, d. i. der menschlichen Würde und Selbständigkeit beraubte Menschen in allen fünf Weltteilen!*

Wahrlich, der ärgste Despot, wäre er hier, um ein Augenzeuge von dem allen zu sein, und wäre sein von selbstsüchtigen und ehrgeizigen Begierden zusammengeschrumpftes und ausgedörrtes Herz noch der geringsten menschlichen und edelmütigen Aufwallung fähig – er würde, glaube ich, von einer unwiderstehlichen sympathetischen Gewalt er-

---

* Doch mögen Alle, welche sich in dieser schmählichen und unglücklichen Lage befinden, bevor sie Frankreichs Beispiel übereilter Weise sich zur Nachahmung aufstellen, vorher wohl erwägen: ob ihre Nation auf eine so gänzliche Umwälzung ihrer Verfassung auch schon eben so vorbereitet sei? Ob der Volkscharakter und die Volkssitten sich bei ihnen schon zu dem nämlichen Grade von Menschlichkeit und Milde erhoben haben, den man in Frankreich bemerkt hat? Ob die Aufklärung über Menschenrechte und Bürgerpflichten sich bei ihnen schon eben so durch alle Stände, bis zu dem untersten hinab, verbreitet habe, wie es dort der Fall war? Ob sie die über das wahre Interesse ihrer Nation, und über die Natur und Beschaffenheit einer auf Vernunft und Recht gegründeten Verfassung wohlerleuchteten Köpfe ebenso, wie in Frankreich, schon bei Tausenden unter sich zählen, und zugleich versichert sein können, daß diesen Köpfen nun auch Mut und Patriotismus genug beiwohne, um sich auf das erste Signal zur Freiheit, sogleich an ihre Spitze zu stellen und mit Mäßigung und Einsicht zu vollenden, was mit Hitze und Entschlossenheit angefangen war? Ob ihre politische Lage in Europa, mit der von Frankreich, die nämliche sei; und ob sie also von benachbarten Despoten nicht Schwierigkeiten und Hindernisse zu besorgen hätten, welche die Franzosen bis jetzt noch nicht gefunden haben? Und vor allem, ob bei ihnen die allerunterste Volksklasse schon zu eben dem richtigen und feinen Gefühl von Ehre, Wohlanständigkeit und Gerechtigkeit ausgebildet und gereift sei, welches der Pariser Pöbel bei dieser Gelegenheit an den Tag gelegt hat, und worüber Jeder, der das vielleicht noch nicht bekanntgewordene Detail davon in der Folge dieser Briefe lesen wird, als über eine in der ganzen Geschichte noch nie erhörte Begebenheit notwendig erstaunen muß? Wehe der Nation, die, ohne diese nötigen Überlegungen angestellt zu haben, sich von einem unzeitigen Freiheitsenthusiasmus zu Schritten verleiten ließe, die sie in der Folge nicht behaupten könnte, und die also nur dazu dienen würden, alle Greuel und Unmenschlichkeiten, welche bei allgemeinen Empörungen nie ganz vermieden werden können, in einem Lande zu veranlassen, wo die unmündige Menschheit einer auf Vernunft gegründeten Freiheit noch nicht fähig wäre!

griffen, sich geneigt fühlen, auf seine *unrechtmäßige* willkürliche Herrschaft – denn wo gab es jemals eine *rechtmäßige?* – freiwillig Verzicht zu tun, um des großen Anblicks, den ein freigewordenes, und dadurch auch zugleich moralisch wiedergeborenes, veredeltes und beglücktes Volk gewährt, noch einmal und zwar mit dem Zusatze von Vaterfreude zu genießen, den das Bewußtsein, der Urheber davon zu sein, notwendig mit sich führen müßte.

Sie sagen: ich schwärme? Gut, mein Lieber; ich freue mich, daß ich bei einer *solchen* Veranlassung noch erwärmt werden kann, und bedaure den, der dazu nicht mehr fähig ist. Sie selbst, wie ich Sie kenne, würden, wenn Sie hier wären, mit mir um die Wette schwärmen.

Joachim Heinrich Campe

Der wogende Menschenstrom

Ich habe mich aus dem wogenden Menschenstrom, der hier jetzt mehr als jemals, durch alle Straßen hin, den öffentlichen Plätzen zuwallt, herausgearbeitet; und setze mich nun am Ufer, d. i. in meiner Stube nieder, um die zahllose Menge neuer Bilder, Vorstellungen und Empfindungen, die, wie junge Bienenbrut, dem Beobachter bei jedem Schritte, den er tut, hier jetzt schwärmend zufliegen, womöglich, ein wenig auseinander zu setzen und in Ordnung zu bringen. Umsonst! Das Rauschen des Menschenstroms dringt durch Fenster, Türen und Wände bis in mein abgelegenes Kämmerlein; und die hohle heisere Baßstimme der Neuigkeitsausrufer mit ihrem ewigen, in jeder Stunde, wer weiß wie oft, von neuem ertönenden: Voilá du nouveau et du curieux![3] ruft meine Aufmerksamkeit von der Auseinandersetzung der eingesammelten Ideen- und Empfindungsmasse unaufhörlich ab, um das Chaos noch chaotischer zu machen. Wie soll ich es anfangen, die äußeren Sinne zu verstopfen, um den inneren Zeit und Raum zu verschaffen, den schon eingesammelten zu großem Vorrat neuer Vorstellungen, nur erst in so weit auseinander zu legen, daß das Gedächtnis ihn in seine Fächer aufnehmen kann?

Konrad Engelbert Oelsner
Spazieren in Paris

Den 4ten September 1791. Wer zu beklagen ist, das sind die Spazier-
gänger. In den elisäischen Feldern und bis zum Gehölz von Boulogne
kommt man vor Staub um. Die Boulevards leiden von der nämlichen
Unbequemlichkeit, und sind nicht genugsam bedeckt. Wo Mut herneh-
men, in den Garten des Arsenals zu gehen? Man kann sich von da in
den königlichen Pflanzengarten übersetzen lassen, und ich schlage allen Liebhabern der reinen Luft vor, diesen dem kürzeren Wege vorzuziehen, der durch enge, finstere und schmutzige Straßen führt, wo das
Auge von, zu allen Fenstern heraushängenden Lumpen und die Nase
von tausenderlei Unflat beleidigt wird, wo man noch heutzutage Gefahr läuft, von Ochsen, Eseln und Hunden, wie Philipp der Schöne, in
den Kot gerannt zu werden. – Der Garten des Luxembourgs ist zu öde,
man glaubt in einer Provinzialstadt zu sein, und die Sommerabende
haben zu wenig erfrischendes im Palais Royal. Bedauern Sie uns, welche die Flucht des Wiederherstellers der Freiheit, der kühlen und schat-
tigen Promenaden, der Tuilerien schon seit dem Monate Juni beraubt.

Joachim Heinrich Campe
Das Kreißen des menschlichen Geistes

Paris den 26ten Aug. 1789.

Je länger ich hier bin, je aufmerksamer ich die Knospen, die Blüte und
die Früchte der jungen französischen Freiheit betrachte, und je länger
ich das hier angefangene Kreißen des von praktischer Philosophie ge-
schwängerten menschlichen Geistes beobachte, welcher gerechte und
weise Staatsverfassungen, allgemeine Aufklärung und Völkerglück
gebären zu wollen verheißt: desto inniger und fester wird meine Überzeugung, daß diese französische Staatsumwälzung die größte und all-
gemeinste Wohltat ist, welche die Vorsehung, seit Luthers Glaubens-
verbesserung, der Menschheit zugewandt hat, und daß daher das ganze
weiße, schwarze, braune und gelbe Menschengeschlecht, rund um den

Erdball herum, ein allgemeines feierliches *Herr Gott dich loben wir* dafür anstimmen sollte. Alle ehemaligen Revolutionen entstanden in Zeiten und in Ländern, wo der menschliche Verstand noch nicht zu hinlänglicher Reife gekommen war, um eine Konstitution zu schaffen, welche auf die lautersten Grundsätze der Vernunft, des Rechts und der Billigkeit gegründet wäre; alle anderen Völker, welche das Sklavenjoch abschüttelten, sahen sich von dem Augenblicke an, da sie diesen kühnen Schritt getan hatten, in langwierige und blutige Kriege verwickelt, unter denen ihre ersten provisorischen Einrichtungen, mit den in solchen Fällen unvermeidlichen Übereilungsfehlern, schon eine gewisse Konsistenz erhielten, die sich nachher, auch bei besseren Einsichten, nicht füglich wieder umstoßen ließ. Hier ist nun zum erstenmal eine Revolution, die in jeder Betrachtung unter glücklicheren Vorbedeutungen angefangen ward, die also auch natürlicher Weise eine Konstitution verspricht, wie bisher noch keine war; eine Konstitution, die alle Vollkommenheiten der englischen in sich fassen und alle Mängel und Unvollkommenheiten derselben ausschließen wird. Hier ist ein Volk, so aufgeklärt, so edel und mild, als es je eins gegeben hat; ein König, so sanft, so lenksam und ehrgeizlos, als je einer gewesen ist; eine aus zwölfhundert Köpfen bestehende Versammlung von Stellvertretern der Nation, deren größere Hälfte wenigstens aus sehr helldenkenden, geistvollen, kraftbegabten und mutigen Patrioten besteht; und, was das beste ist, diese drei Hauptfiguren in dem großen interessanten Gemälde – Volk, König und Nationalversammlung – umschlingen sich in schönster Harmonie und gehen, Hand in Hand gelegt, dem erhabenen Ziele zu. Noch mehr: hier sind – wer weiß wie viel tausend denkende und wohlunterrichtete Bürger, welche durch ihre Debatten am Palais Royal, hier sind unzählige wachsame Schriftsteller, welche durch fliegende Blätter, kleine Abhandlungen und Werke, den Beratschlagungen der Volksvertreter zu Hilfe kommen, das Nachdenken derselben leiten, sie vor möglichen Fehlern warnen, und ihnen eben so viel Enthusiasmus fürs Gute, als Vorsicht und Behutsamkeit zur Vermeidung des Bösen einflößen. Hier ist zum erstenmal eine Volksversammlung, die obgleich die Hälfte ihrer Mitglieder aus Edlen und Priestern besteht, doch in ihrer Mehrheit die Greuel der Hierarchie und des aristokratischen Despotismus – von denen die Menschheit von jeher noch vielmehr, als von der monarchischen Alleingewalt gelitten hat – verabscheut, verwünscht und mit Stumpf und Stiel auszurotten entschlossen zu sein scheint. Hier wird alles *öffentlich* – welch eine Schutzmauer wider

Übereilungen und eigennützige Absichten! – verhandelt, bestritten, festgesetzt. Hier treffen endlich so ungemein glückliche Konjunkturen in ganz Europa zusammen, daß man mit der Vollendung und Begründung der neuen Konstitution hoffentlich früher zu Stande kommen wird, als irgend eine bedeutende Macht den Einfall oder das Vermögen haben dürfte, ihnen dabei Hindernisse in den Weg zu legen. Welch ein glücklicher Zusammenfluß von Umständen, die, so lange die Welt steht, in gleichem Maße noch nie zusammen trafen! Und was läßt sich davon nicht alles hoffen, erwarten, als unausbleiblich vorhersagen! Mein Herz erwärmt und erweitert sich beim Anschauen dieser herrlichen Perspektive. Wir werden zum erstenmal ein großes Reich sehen, worin das Eigentum eines jeden heilig, die Person eines jeden unverletzlich, die Gedanken zollfrei, das Glauben ungestempelt, die Äußerung desselben durch Worte, Schriften und Handlungen völlig frei und keinem menschlichen Richterspruch mehr unterworfen sein wird; ein Reich, worin keine privilegierten, keine gebornen Volksbedrücker, keine Aristokratie, als die der Talente und der Tugenden, keine Hierarchie und kein Despotismus mehr stattfinden, wo vielmehr alle gleich, alle zu allen Ämtern, wozu ihre Verdienste sie fähig machen, fähig sein und nur Kenntnisse, Geschicklichkeiten und Tugenden einen Vorzug geben werden; ein Reich, wo Recht und Gerechtigkeit für alle auf gleiche Weise und *ohne alles Ansehen der Person* werden verwaltet, und zwar *unentgeltlich* verwaltet werden, und wo jeder, auch der armseligste Landmann, nicht etwa nur dem Scheine nach, wie in anderen Ländern, sondern *wirklich* in der gesetzgebenden Versammlung repräsentiert werden, also jeder, auch der armseligste Landmann, Mitregent und Mitgesetzgeber seines Vaterlandes sein wird. Wer kann bei dieser entzückenden Aussicht, die jetzt doch wahrlich schon mehr als bloße Hoffnung ist, verweilen, ohne daß ihm das Herz für alle die süßen menschlichen Gefühle, die sich seiner dabei bemächtigen, zu enge wird und ihm aus dem Busen springen möchte! Und nun die Folgen, die das alles für Europa, für die Welt haben wird! Ich möchte, indem ich sie überdenke, aufschreien vor Freuden und wie *Asmus*[4] ein Knospenreis der Freiheit brechen, und mit diesem, wie mit einem Tyrsus, in der Hand, dem herannahenden Frühlinge des allgemeinen Völkerwohls entgegen taumeln:

Denn er kommt mit seiner Freuden Schaar
Heute aus der Morgenröte Hallen,
Einen Blumenkranz um Brust und Haar
Und auf seinen Schultern Nachtigallen;

Und sein Antlitz ist ihm rot und weiß,
Und er träuft von Tau und Duft und Segen –
Ha! mein Tyrsus sei ein Knospenreis,
Und so tauml' ich meinem Freund entgegen.

Zuvörderst werden nun alle Völker der Erde ein Muster von einer Staatsverfassung bekommen, wie es bisher noch keine gab, und wonach jedes die seinige nach und nach abändern oder bei gegebener Gelegenheit umbilden kann. Dann – welch ein elektrischer Lichtstrom von Begriffen und Einsichten wird sich nunmehr von hieraus, wo der exaltierte menschliche Geist, frei und kühn, wie ein Adler, sich über die niedrige und dunkle Sphäre der Vorurteile hinauf zum Sonnenmeer der Wahrheit schwingt, über alle Nationen der Erde ergießen! Nein, es ist keine Verblendung, es ist unwidersprechliche Tatsache – oder ich erkläre mich selbst für unfähig zu jeder Beobachtung, die über das Sinnliche hinausgeht – wenn ich behaupte, daß der menschliche Verstand sich hier jetzt in einem Zustande von Erhebung, Vollkraft, Tätigkeit und Fruchtbarkeit zeigt, worin ich ihn, in solcher Allgemeinheit wenigstens, noch nie beobachtet habe. Ich darf vielleicht sagen, daß ich einigermaßen weiß, was Tätigkeit ist, und was ein arbeitsamer Mann bei einer regelmäßigen Anwendung seiner Zeit, vermag: aber was ich jetzt hier von einzelnen Männern leisten sehe, das, ich gestehe es, ging bisher über alle meine Begriffe. Oder können Sie es vielleicht besser, als ich, begreifen, wie *Mirabeau*[5] z. B. es macht, wenn er, wie ich Augenzeuge davon war, Tag für Tag, vom Morgen bis tief in die Nacht hinein, in der Nationalversammlung oder in einem ihrer Büros arbeitet, bei jeder nur einigermaßen erheblichen Gelegenheit lange, mit höchster rhetorischer Kunst ausgearbeitete und sogleich druckfähige Reden hält, dabei in jeder freien Zwischenstunde entweder Besucher bei sich aufnimmt oder selbst Besuche gibt, späten Nachtschmäusen beiwohnt usw., und bei dem allen noch obenein wöchentlich drei Hefte seines *Courrier de Provence*[6] schreibt und drucken läßt? Mein Verstand wenigstens steht still dabei. Man gießt hier jetzt, mitten im Geräusch der täglichen öffentlichen Auftritte, die sich einander drängen, Abhandlungen und ganze Werke geschwinder aufs Papier, als ein gewöhnlicher Leser sie lesen oder ein gewöhnlicher Kopist, der kein Schnellschreiber ist, sie abschreiben kann. Und – was das befremdendste für mich ist – unter der zahllosen Menge von fliegenden Blättern, Zeitschriften und anderen Werken, die ich in diesen vier Wochen hier ans Licht treten sahe, ist mir kaum eins vorgekommen, was, wenn es im Ganzen genommen auch noch so unbedeutend war, nicht irgendeinen und den anderen frappanten Gedanken, irgendeine und die andere neue und kühne Vorstellungsart darbot, die einen für die Zeit und Mühe des Durchlesens schadlos hielt. Wie wird dieser reißende und überfließende Gedankenstrom, der sich aus der reinen Quelle der Freiheit ergießt, in kurzem ganz Europa überschwemmen! Wie geschwind und wunderbar wird die ganze Ideenmasse der Völker dadurch nicht bloß anschwellen, sondern auch, vermöge der neuen Mischungen, welche dabei entstehn, in eine für die Ausdehnung des menschlichen Verstandes wohltätige Gärung geraten! Und die Folge dieser Folge? – wird, wenn mich nicht alles täuscht, diese sein: die großen und kleinen Menschendrücker aller Orten, wo es dergleichen gab, werden, von dem überhandnehmenden Lichte der Vernunft, wie einst Saulus bei dem ihn umleuchtenden Himmelsglanz, erschüttert, von ihren unnatürlichen Ansprüchen freiwillig oder durch Umstände genötigt, sichtbar nachlassen, und die heiligen Rechte der Menschheit, die hier jetzt ans hellste Sonnenlicht hervorgezogen werden, endlich anerkennen und respektieren lernen! Der Mensch wird wieder Mensch und die Regenten nebst ihren Räten werden, wo sie es zu sein aufgehört hatten, wieder Väter der Völker mit genau bestimmten Rechten und Pflichten, wieder *die ersten Bürger* in ihren Staaten werden! Bürger ist nämlich jeder, der dem Gesetze unterworfen ist; und das sollte oder wird vielmehr in Zukunft jeder sein. – –

> O du der Schöpfung Sabbattag,
> Wohl mir, daß ich dich sah!
> War's nur im Geist, war's in der Tat,
> Warst fern noch, oder nah;
>
> Genug, daß ich dich sah! – Nun ging'
> Ich gern und freudig ein,
> Bis mich dein Anbruch wieder weckt',
> In's Todes Kämmerlein!

Ich finde es unmöglich, Ihnen das *Kreißen des menschlichen Geistes*, wie ich es oben nannte und wie man es hier jetzt bei jeder Gelegenheit in allen Köpfen bemerkt, so treu und anschaulich darzustellen, als man es hier überall zu beobachten Gelegenheit hat. Es gehörte dazu eine unendliche Menge kleiner Züge, deren Zusammenstellung und schickliche Verbindung mehr Zeit und Studium erfordern würden, als ein armer eilfertiger Reisender, der schon mit einem Fuße in dem zu seiner Abfahrt bestimmten Wagen steht, darauf verwenden kann.

Georg Forster

Der Magen der Revolution

Paris, im Reifmond[7]

Paris, ich hab es Ihnen schon gesagt, mein Freund, ist die Quelle der öffentlichen Meinung, das Herz der Republik und der Revolution. Vielleicht ließe es sich, sogar ohne Scherz, noch besser mit dem Magen vergleichen, wenn diese Idee auch schon Ihren Persifleurs zu allerlei witzigen Einfällen Anlaß geben könnte. Mögen sie doch glauben und ihrem Publikum weismachen, daß wir uns hier, wie die spanischen Edelleute, die Zähne stochern, ehe wir zu Mittag gegessen haben! Wo man so viele Armseligkeiten glaubt, mag eine mehr leicht in den Kauf gehen. Aber wahr ist gerade das Gegenteil; nie hat der *Bürger* in Paris besser gelebt als jetzt, da freilich nur *eine* Art Brot gebacken wird, hingegen auf den mit Überfluß prangenden Märkten keine Haushofmeister und Köche von reichen Prassern mehr zu sehen sind, die den Sansculotten das Beste vor dem Munde wegzuschnappen pflegten. Der starke Gewinn des Handwerkers setzt ihn instand, sich mit einer gewählteren, wohlschmeckenderen Kost als zuvor gütlich zu tun, und er genießt jetzt an seinen Festtagen um geringes Geld die Leckerbissen, die Eure reichsstädtischen Sardanapalen[8] sonst mit Extrapost aus Frankreich verschrieben und unter dem Vorsitze der Göttin Dullneß[9] verschlangen. Die köstlichen Weine aus Languedoc, Champagne und Bourgogne, die unsere Nachbarn uns sonst austranken, netzen jetzt nur republikanische Gaumen. Lord Howe[10] mit seiner allmächtigen Flotte hat doch den Austern, Hummern und Steinbutten ihr Futter noch nicht abgeschnitten: wir fanden sie so fett und schmackhaft als je an unseren

fischreichen Küsten. Unsere
Bäuerinnen in der Normandie
haben durch die Revolution die
Kunst, Kapaunen und Poular-
den zu stopfen, noch nicht ver-
lernt. Die Ananas reifen nach
wie vor in unseren Treibhäu-
sern, und die Sonne hat uns dieses Jahr auch warm genug ge-
schienen, um unsere unzähligen
Obstsorten mit Würze, Saft und
Kraft zu füllen. Die Natur
scheint es nicht im geringsten
übelzunehmen, daß keine Ducs
und Pairs, keine Generalpäch-
ter, sondern arme Sansculotten
ihre köstlichsten Erzeugnisse
verzehren. Anstatt aber, daß vor
diesem die wohlschmeckend-
sten Gerichte für den unersättli-
chen Schwelger durch den Mißbrauch ihren Reiz verloren, haben wir das Geheimnis gefunden, die Gaben unseres frucht-
baren Bodens ohne Überdruß zu
genießen, indem wir mit Aus-
wahl und Mäßigkeit nur die Feste des Vaterlandes und der
Gastfreundschaft durch ihren
Genuß erhöhen. An Werkelta-
gen genügt jedem sein Braten
und ein Salat, der darum nicht
schlechter schmeckt, daß ihn
der letzte Erzbischof von Paris [11]
nicht zubereitet hat.

Paris – nicht wahr, Sie verzeihen mir meine Arabesken, wenn
ich nur zuweilen auf das Haupt-
wort zurückkomme? –, *Paris*

Fest der Annahme der neuen republikanischen Konstitution,
10. August 1793 / 23. Thermidor Jahr I.

empfindet, denkt, genießt und verdauet für das ganze Land. Daher war in der Tat der Anschlag nicht so übel erdacht, im vorigen Jahre schnurstracks hierherzumarschieren und die Revolution zu ersticken, indem man *Paris* von der Erde vertilgte oder wenigstens auf ein paar Jahrhunderte, wie *Antwerpen*,[12] in den kläglichen Zustand zwischen Leben und Tod versetzte. *Paris* gibt den Ton an, nicht bloß wegen seiner Bevölkerung und Größe, sondern weil der Umlauf des Handels, der Ideen, der Menschen selbst im Lande noch unbedeutend ist. Kaum der zwanzigste, vielleicht nicht einmal der dreißigste Einwohner Frankreichs kommt aus seiner Stelle; indes in England wahrscheinlich der vierte Teil der ganzen Volksmenge wenigstens einmal im Jahre durch *London* getrieben wird und dadurch einen Grad von Unabhängigkeit, von Übung und von Klarheit im Denken erlangt, den in Frankreich nur der Pariser haben kann. Schon unter der monarchischen Regierung lebte der französische Adel und alles, was wohlhabend war, das ganze Jahr hindurch in *Paris*; dahingegen in England den Sommer über alles auf die Landgüter hinausströmt und überall sein Interesse von dem der Stadt zu trennen weiß. Bei uns ist *Paris* der einzige Maßstab der Vollkommenheit, der Stolz der Nation, der Polarstern der Republik. Hier allein ist Bewegung und Leben, hier Neuheit, Erfindung, Licht und Erkenntnis. *Paris* ist der Kommunikationspunkt zwischen allen übrigen Städten, zwischen allen Departementen der Republik; alles fließt hier zusammen, um erst von hier aus nach den Provinzen zurückzuströmen. Die Gesetze des Geschmacks und der Mode wurden seit einem Jahrhundert in Paris gegeben und promulgiert. Frankreich gehorchte ihnen wie Göttersprüchen; und ohne daß wir es verlangten, huldigte ihnen Europa. Noch jetzt wird ihre Oberherrschaft jenseits unserer Grenzen anerkannt, wie schon die bloße Existenz Eurer Modejournale beweisen muß; aber im Bezirke der Republik selbst gebietet jetzt Paris auf eine weit wirksamere Art: durch die Kraft der öffentlichen Meinung.

Wer der Revolution gefolgt ist, wird wissen, daß alle ihre Hauptereignisse in *Paris* angelegt und ausgeführt wurden. Das Pariser Volk war ein wirksames Instrument in den Händen derer, die es wagten, die Stimmung der Nation auf die Probe zu stellen und zuerst den Sinn der Menge laut auszusprechen. Nichts beweiset so sonnenklar und unwiderleglich die Reife der Franken für eine republikanische Verfassung als der Umstand, daß die Hauptstadt, der Sitz des frechsten Luxus und des ungezähmtesten Sittenverderbnisses, bei diesem Umsturze der Monarchie den Ton angegeben hat. Allerdings mußten in diesem ungeheueren Sammelplatze des Reichtums, der Schwelgerei und des Egoismus die Feinde der Revolution zahlreicher und durch ihre Vereinigung stärker als in irgendeinem andern Punkte des ganzen Landes sein; und auf diese Art erklärt sich das Phänomen der ununterbrochenen Gärung, die in Paris, mehr oder weniger offenbar, seit dem Anfange der Sitzungen der ersten Nationalversammlung fortgedauert hat. Alles, was nur durch Ränke, Verschlagenheit, Verleumdung, Bestechung und Verführung, durch Bubenstücke und Abscheulichkeiten aller Art, verübt werden konnte, um den Fortschritt des Freiheits- und Revolutionsgeistes zu hemmen: alles hat man versucht und mit unermüdetem Beharren angewendet; und alles hat gleichwohl die Überlegenheit derer, die das Gegenteil wollten, durch Kraft und Unerschrockenheit vereitelt.

Ohne hier den Wert der Revolutionsideen im geringsten untersuchen und ihre Sittlichkeit nach konventionellen Vorstellungen abmessen zu wollen (was überhaupt im ganzen großen Gange der Weltbegebenheiten so mißlich scheint), wird man mir zugeben müssen, daß die außerordentliche Verbreitung wissenschaftlicher Begriffe und Resultate in Paris der Grund von jener großen Empfänglichkeit seiner Einwohner für Revolutionsideen geworden ist. Die Neugier der Pariser ist viele Grade feiner und unterscheidender als in irgend einem Winkel des ganzen Landes, und ihre Ausbildung durch den Umgang mit unterrichteten Leuten und durch die Übung, im Schauspiel attische Feinheiten zu empfinden, übertrifft, im Ganzen genommen, alles, was man sich vorstellen kann, ehe man hier gewesen ist und mit eigenen Augen gesehen hat. Jetzt insbesondere ist der Abstich durch die fünf Revolutionsjahre noch ungleich auffallender geworden. Des Morgens sieht man alle Hökerinnen auf der Straße über ihrem Kohlenfeuer sitzen und die Zeitungen lesen; des Abends hört man in den Volksgesellschaften, in den Sektionsversammlungen Wasserträger, Schuhknechte und Karrentreiber von den Angelegenheiten ihres Landes und von den Maßregeln des Augenblicks mit einer Bestimmtheit sprechen, die nur aus der einfachen Richtigkeit und Klarheit allgemein verbreiteter Grundbegriffe entspringen kann. Die Verbindungen, die mit einer geringen Anzahl von Ideen möglich sind, können eingeschränkte, einseitige Urteile veranlassen; aber nur falsche oder Scheinbegriffe führen zu falschen Resultaten. Ein Kopf, den Molière, Regnard, Destouches, Marivaux, Racine, Corneille und Voltaire zustutzen halfen,[13] hat wenigstens die Wahrscheinlichkeit für sich, daß er Wahrheiten, wo nicht selbst kombinieren, doch, von anderen vorgetragen, fassen und beherzigen werde. Nur in *einem* Punkt irrte man sich hier durchgehends: man hatte sich von dem Joche der *künstlichen* und *erlernten* Unwissenheit schon so weit entfernt, daß man nicht mehr begriff, wie ein Kopf organisiert sein müsse, dem ein Kapuziner alles in allem ist. Allein die Lektion des vorigen Winters hat diese überspannten Vorstellungen von der Empfänglichkeit der Nachbarn sehr herabgestimmt.

Paris wird, fürs erste wenigstens, der Sitz der Regierung bleiben müssen. Das Föderalsystem des amerikanischen Freistaates erlaubte dem Kongreß öftere Veränderungen der Residenz, die bei den bisherigen Verhältnissen jenes so großen, aber auch so volksleeren Staats dem Bunde noch unschädlich waren und vielleicht zu seiner Befestigung dienen konnten. Daß man jetzt auf den Gedanken verfallen ist, eine eigene Kongreß-Stadt zu erbauen, scheint mir die Unbeweglichkeit des Regierungssitzes nicht sicherer zu stellen. Das ganze Land muß sich der Bildung einer neuen Hauptstadt widersetzen: wo sie aber einmal vorhanden ist, wird sie ein notwendiges Übel, und das Wohl des Ganzen ist mit dem Wohle dieses ungeheuern Teiles so genau verflochten, daß der philosophischste Patriot auf seine Ideale Verzicht tun muß, um seinen Staat so zu modeln, wie es die gegebenen Umstände, die er nicht ändern darf, erfordern.

Dafür spielt nun auch, werden Sie mir einwenden, *Paris* im Staat eine Rolle, die sich das verzogenste Kind in einer Familie nicht herausnehmen dürfte, ohne wenigstens den Haß, den Neid, die Verwünschungen der übrigen auf sich zu laden. Es ist wahr, oft hat die Stimme der Pariser für die Stimme des ganzen Volkes gegolten; aber, bemerken Sie den Unterschied: das ganze Volk hat dieser Stimme Beifall gegeben, und alle Versuche, die Departements mit Paris zu entzweien, sind jederzeit mißlungen. Übrigens ist eine halbe Million Menschen, die, so wie hier, auf einem kleinen Flecke versammelt ist, kein übles politisches Barometer.

Joachim Heinrich Campe

Politik am eigenen Leibe

Umsonst! Ich habe kein Auge zutun können; und ich bin wieder aufgestanden, um mich durch Schreiben bei offenem Fenster, erst noch ein wenig abzukühlen, und dann einen zweiten Versuch zu machen, der vielleicht glücklicher ausfallen wird. Sehen Sie, lieber T[14], so kommen Sie noch zu einer Nachschrift, worin ich Ihnen von einem Freudentaumel Nachricht geben will, welcher den 5ten dieses Monats Paris ergriff und jetzt vermutlich schon durchs ganze Königreich verbreitet ist. Gebe nur der Himmel, daß dies ohne die gewöhnlichen traurigen Folgen geschehen möge, welche jede Trunkenheit, im moralischen wie im physischen Sinne, nach sich zu ziehen pflegt!

Die Ursache dieses allgemeinen Freudentaumels hat sich in der Nacht vom 4ten zum 5ten in der Nationalversammlung[15] zu *Versailles* ereignet; und diese Nacht ist dadurch, was auch immer für Folgen daraus entstehen mögen, für die französische Nation, und fast möchte ich sagen für die Menschheit, eine der merkwürdigsten unter allen Nächten geworden, welche in der neueren Geschichte ausgezeichnet zu werden verdienen. Es war ein Wettstreit zwischen Großmut und Großmut, zwischen Patriotismus und Patriotismus; welche erhabenen Tugenden die Gemüter der Stellvertreter des Volks auf einmal, und ohne daß sie darauf vorbereitet waren, wie durch einen elektrischen Funken, zum höchsten Enthusiasmus entzündeten. Die Folge davon war, daß die ganze Versammlung, wie von einem unwiderstehlichen Zauber fortgerissen, alle Bedenklichkeiten, alle Rücksichten, die doch vielleicht nicht unzeitig gewesen wären, ja sich selbst und ihr eigenes persönliches Interesse gänzlich aus dem Auge verlor, und einstimmig und unter lauten Zurufungen, der Nation und der Menschheit die unerhörtesten Opfer mit einer Schnelligkeit brachte, welche die protokollführenden Schreiber nötigte, ihre Federn niederzulegen, und das Aufzeichnen der zwanzig großen Beschlüsse, welche in dieser stürmischen nächtlichen Stunde zu Stande kamen, bis auf den folgenden Morgen zu verschieben. Das ganze alte Gebäude des Lehnsystems, mit all seinen glänzenden Vorrechten für die Herrschaften, mit allen seinen drückenden Lasten für die Untertanen, ward in einigen Minuten von Grund aus umgestürzt und zernichtet; der Adel, die Geistlichkeit, ja ganze Provinzen taten Verzicht auf ihre angeerbten Rechte, Freiheiten und Privilegien; alle wollen künftig nur die allgemeinen Rechte eines Bürgers und Franzosen genießen, und wie jeder andere Bürger und Franzose die Staatslasten tragen helfen und zu den Bedürfnissen des Staates das ihre, nach einer völlig gleichmäßigen Verteilung, willig beitragen; kein Amt und keine Ehrenstelle soll künftig mehr für Geld zu haben sein; jeder Bürger, wes Standes er auch immer sein mag, soll von nun an zu jeder Würde im Staat, sie sei bürgerlich oder militärisch, fähig sein, sobald nur seine Verdienste ihn dazu fähig machen werden;* dem König endlich, als dem bekannten Urheber von dem allen, soll der Ehrentitel eines *Wiederherstellers der französischen Freiheit* beigelegt werden!!!

Man muß gestehen, diese nächtliche Szene war zu gleicher Zeit eine der größten und sonderbarsten, eine der ernstesten und spaßhaftesten, eine der rührendsten und lustigsten, eine der preiswürdigsten und tadelhaftesten, welche auf der Schaubühne dieses Landes jemals gegeben wurden. Sie war – was man ein hohes, rührendes, weinerlich-komisches Drama nennen könnte. Die sämtlichen Mitglieder der Nationalversammlung schienen von ihrem ehemaligen Nationalcharakter, den sie bis dahin bei allen ihren Beratschlagungen und Beschlüssen nur in seiner neuen Veredelung gezeigt hatten, auf einmal wieder überrascht zu sein und fortgerissen zu werden.** Die aufbrausende Lebhaftigkeit (l'effervescence), und das dieser Nation nur allein eigene, höchstsonderbare Gemisch von Vollkraft (Energie) und Leichtsinn, von Erhabenheit und Flachheit, von Ernst und Scherz, von Würde und Spaßhaftigkeit – diese Hauptzüge in dem ehemaligen französischen Nationalcharakter – zeigten sich wohl nie auffallender und in einem stärkeren Lichte, als bei dem Kerzenscheine dieser merkwürdigen nächtlichen Sitzung. Es war nicht eine, es waren jedesmal hundert und mehr Stimmen, welche zugleich ertönten; man redete nicht, man schrie, daß die Wände des Saales erbebten; über keine einzige von den zwanzig großen Motionen[16], welche in dieser nächtlichen Stunde, wie unaufhaltbare Impromptus[17], mit wunderbarer Schnelligkeit aufeinander folgten und

---

*   Soll man sagen, daß der ganze französische Adel in dieser einzigen Nacht zernichtet, oder daß in dieser einzigen Nacht die ganze französische Nation geadelt sei? Die Sache bleibt die nämliche, man mag das eine oder das andere lieber sagen wollen.
** Wofern es nicht etwa von derjenigen Partei, welche dem Volke jene großen Opfer zu bringen wünschte, absichtlich darauf angelegt war, einen aufbrausenden Enthusiasmus zu erregen, um im Sturme durchzusetzen, was sie bei ruhiger Beratschlagung zu Stande bringen zu können, sich nicht schmeicheln durften.

einander drängten, ward – wie die ausnehmende Wichtigkeit der Gegenstände es doch wohl verdient hätte – vorher erst zu Rate gegangen oder gestimmt; sondern ein allgemeiner tumultuarischer Zuruf machte sie zu unwiderruflichen Beschlüssen in dem nämlichen Augenblick, da sie vorgetragen wurden. Man sah die Mitglieder der Versammlung aus allen drei Ständen, im höchsten Enthusiasmus, wie Brüder eines Hauses, welche das Liebste, was sie haben, zu kindlichen Geschenken für ihre gute Mutter an einem festlichen Freudentage zusammenlegen, sich gerührt einander die Hände drücken; man sah süße Freudentränen in glühenden Augen funkeln; und in dem nämlichen Augenblicke, oder einen Augenblick nachher, hörte man das ganze Haus von einem übermäßigen lauten Gelächter über ein witziges Wort ertönen.*Welche Szene!

Als die Nachricht von diesem merkwürdigen Auftritt, wodurch die ganze französische Verfassung von Grund auf umgekehrt ward, sich den folgenden Tag in Paris verbreitete, schien der nämliche patriotische Taumel, der die Nacht über in der Nationalversammlung geherrscht hatte, sich der ganzen Stadt mitzuteilen. Das Palais Royal war gegen Abend mit unzähligen Menschen angefüllt, welche Kopf an Kopf in unübersehbaren, dicht ineinandergeschobenen Haufen standen, und die Luft mit brausendem Geräusch erfüllten; auf allen großen Straßen und öffentlichen Plätzen bildeten sich ähnliche Gruppen von exaltierten Menschen, welche einander Glück wünschten und die Stellvertreter des Volks, als eben so viel Väter des Vaterlandes, mit lauten Lobpreisungen bis an den Himmel erhoben. Es schien, als wäre man erst heute frei geworden. Jeder wollte das Übermaß der Freude, welche sein Herz nicht zu fassen vermochte, über seine Mitbürger ergießen. Entzückte

---

* So rief z.B. mitten in den edelmütigen Wettstreit, als einer dem anderen es an Großmut und Selbstverleugnungen in der Darbringung der größten Opfer zuvorzutun strebte, ein Msr. de Virieux in die brausende Versammlung hinein: «*Ich für mein Teil bin nur ein armer Catull* [18]*, und bitte um Erlaubnis, auch meinen Sperling opfern zu dürfen!*» Die ganze Versammlung lachte, und einer rief: *Es ist hier mehr als eine Lesbia,* (die Galerie war noch mit Damen ungefüllt) *welche ihn gern annehmen wird!* Der Saal erscholl von der ausgelassensten Lache, und Msr. de Virieux fuhr fort. «Der Gegenstand scheint nur eine Kleinigkeit zu sein, aber er betrifft gleichwohl eine Sache, welche den Landleuten gar sehr zur Last gereicht. Ich meine die Taubenhäuser; und ich trage hiermit darauf an, daß sie durchs ganze Königreich sofort abgeschafft werden mögen.» Die Motion ward unter fortdauernden lauten Gelächter, sogleich, wie alle die übrigen, durch allgemeinen Zuruf genehmigt.

und liebevolle Brüderlichkeit –
wenn es erlaubt ist für ein so
neues Schauspiel ein neues Wort
zu prägen – schien die einzige
herrschende Empfindung durch
die ganze unermeßliche Stadt zu
sein. Der Bürger fiel dem *Solda-*
ten des Vaterlandes, dieser jenem, wo sie sich begegneten, in
die Arme, und teilten, aneinan-
der hängend, sich gegenseitig
die Fülle ihrer neuen Glückseligkeit mit. Welch ein Schauspiel
für den teilnehmenden Menschenfreund!

Nur die gesetzten, kalten und
über den gegenwärtigen Augenblick in die Zukunft hinausblik-
kenden Männer dieses Volkes,
schütteln bedenklich den Kopf,
und können es nicht über sich
erhalten, in den allgemeinen Jubel einzustimmen. Sie bedauern,
daß die Nationalversammlung
bei einer so äußerst wichtigen
Gelegenheit, sich über die Regeln und Formen, woran doch
billig jede große Versammlung,
die sich keiner Übereilungen
schuldig machen will, alle ihre
wichtigen   Beratschlagungen
und Beschlüsse ohne Ausnahme
binden sollte, weggesetzt habe;
sie mißbilligen, daß man zu
einer so überaus wichtigen Ver-
handlung, statt der dazu unbe-
quemen nächtlichen Zeit, nicht
lieber die Stunden der größten
Nüchternheit an einem guten

*Der Pöbel befreit mehrere in Haft genommene Soldaten und führt sie
triumphierend durch die Straßen, 30. Juni 1789.*

Vormittage gewählt habe; sie tadeln laut die Schnelligkeit und die tumultuarische Art, mit der man dabei verfuhr, so wie die dabei vorgefallenen unaufhörlichen Zurufungen, welche jede überlegte Verfahrensart schon an sich physisch unmöglich machten. «Wie? sagen diese Männer, sollen die wichtigsten Geschäfte denn bei uns immer noch mit jenem kindischen Leichtsinn behandelt werden, der uns, bevor wir eine wirkliche Nation waren, charakterisierte? Sollen witzige Einfälle und lustige Worte denn bei uns immer über die ernsthaftesten Angelegenheiten entscheiden; immer die Stelle der Gründe vertreten? Müssen wir sogar das Klügste, was wir tun, immer noch auf eine närrische Art errichten; und soll unsere Vernunft durch irgend einen unzerreißbaren Faden an der Folgewidrigkeit (Inconsequence) immer und ewig hängen bleiben? *«Man besorgt, und, wie es scheint, mit Recht, daß sich bei der Ausführung jener Beschlüsse, Schwierigkeiten hervortun werden,

---

* Graf *Mirabeau*[19] hat diese Vorwürfe in seinem Courrier de Provence zu beantworten gesucht. «Es ist wahr», sagt er, «die Sitzung vom 4ten Aug. bot dem Beobachter ein sonderbares Schauspiel dar. Männer vom ersten Range trugen auf die Abschaffung der lehnsherrlichen Verfassung, und auf die Wiederherstellung der ersten *Volksrechte* an (denn diese Herren waren es nicht, welche jene Handlungen der Gerechtigkeit und der Billigkeit durch den Namen *Aufopferungen* entehrten.) Dies erregte allgemeine Beifallszurufungen, jene Art von Tribut, den man hier (in Paris nämlich) alle Tage einer bloßen wohlklingenden *Redensart* zollt, und den man einer so patriotischen *Denkungsart* doch also unmöglich verweigern konnte. Wer da weiß, wie es in großen Versammlungen herzugehen pflegt; wer die dramatischen Bewegungen, welche so leicht darin entstehen können, die verführerischen Wirkungen des Beifallgebens durch Händeklatschen, den dadurch erregten Wetteifer, das Ehrgefühl über bewiesene persönliche Uneigennützigkeit und jene Art von edler Trunkenheit kennt, welche jeden warmen Erguß von Großmut zu begleiten pflegt; wer über den Zusammenlauf dieser wirkenden Ursachen nachdenkt, dem wird das Außerordentliche, welches in dieser Sitzung vorfiel, als etwas ganz Gewöhnliches vorkommen. Die Versammlung befand sich in einem elektrischen Wirbel, und ein bewegender Auftritt folgte unmittelbar auf den andern.

Wozu auch lange Beratschlagungen, wo alle eines Sinnes sind? Zeigte sich das, was das gemeine Beste erforderte, nicht gleich selbst bis zur Augenscheinlichkeit? War nicht genug, alle jene patriotischen Anträge nur auszusprechen, um sie bewiesen zu haben? Der, welcher jedesmal einen neuen Tribut, der dem allgemeinen Interesse gebracht werden sollte, anzeigte, tat ja weiter nichts, als daß er ausdrückte, was alle schon gefühlt hatten! Es bedurfte hier keiner langen Rederei und keiner Beredsamkeit, um die Genehmigung desjenigen zu bewirken, was die meisten schon für sich beschlossen hatten, und was ihnen durch ausdrückliche Nationalaufträge schon zum Gesetz gemacht war.»

die in jener Nacht der patriotischen Trunkenheit keinem der Stellvertreter der Nation in den Sinn gekommen waren. Man zittert, und ich glaube nicht ohne Grund, vor der ansteckenden Mitteilung jener Trunkenheit durch die Provinzen, und vor den schrecklichen Ausschweifungen jeder Art, welche die Folge davon sein können. Und wenn nun, sagt man, das Volk, das gute edle Volk, welches bis jetzt, mitten in dem Zustande einer gänzlichen Anarchie, sich so ruhig, so brav und regelmäßig betrug, erst zu taumeln beginnen wird; wenn es, verblendet durch ein Mißverständnis, welches in dieser Sphäre so leicht stattfinden kann, sich nun auf einmal für befreit von allen seinen bisherigen Abgaben, ja vielleicht gar für losgesprochen von aller *gesetzmäßigen Ordnung* halten, und für die bisherige Bedrückung, worunter es seufzte, sich durch Rauben, Plündern und Gewalttätigkeiten gegen seine tausend Tyrannen schadlos zu halten anfangen wird: wo ist dann, bei unserem dermaligen aufgelösten Zustande, die ausübende Gewalt, die es zur Ordnung zurückführen, die es zwingen soll, sich die alten Abgaben so lange wieder gefallen zu lassen, bis man die dem Staate und den einzelnen Personen dafür gebührende Schadloshaltung zu bestimmen und einzuführen Zeit und Mittel gefunden haben wird? Wer vermag es, den reißenden Strom, der seine Dämme durchbrochen hat, wieder in das alte Bett zurück zu führen und ihm zu gebieten: *zwischen diesen zerrissenen Dämmen sollst du bleiben, bis wir Zeit gewinnen werden, dich durch neue einzuschränken?*

Der einzige Trost, der dem Patrioten bei dieser traurigen Perspektive übrig zu bleiben scheint, ist der: *der ausgetretene Strom wird sich von selbst verlaufen!*

Und nun noch einmal: gute Nacht, mein Lieber!

2
Eine Nation bestimmt
ihre Geschicke selber

Georg Forster
Politik, Vernunft, öffentliche Meinung

Paris, den 1. des Wintermonds *(Brumaire)*
im 2. Jahr der Republik [1]

Die Hauptstadt Frankreichs war seit langer Zeit die hohe Schule der Menschenkenntnis. Mehr als jemals ist sie es jetzt, und es bedarf nur eines sehr kurzen Aufenthalts und eines flüchtigen Blicks, um hier innezuwerden, was man anderwärts in Jahrzehnten kaum ergrübelt, und nicht nur den Geist der Gegenwart, sondern auch die Zeichen der Zukunft zu enträtseln.

In der neuen Republik ist Paris, was Rom einst in dem Universalreiche war: das ungeheure Haupt, von welchem sich alle Bewegungen durch die Provinzen fortpflanzen und wo alle Gegenwirkungen zusammenfließen. London, mit einer weit größeren Volksmenge, die, im Vergleich mit der Bevölkerung Englands, sich gegen Paris wie sieben zu eins verhält, hat nicht den zehnten Teil der Wichtigkeit und des Einflusses auf das Land.

Die moralische Herrschaft von Paris über die benachbarten Departements zum Beispiel wird durch die Revolutionsarmee recht anschaulich, die gestern ausgezogen ist, um für die Verproviantierung der Hauptstadt zu sorgen; denn daß in der öffentlichen Meinung die größte Stärke dieses Heeres besteht, wird niemand bezweifeln wollen, der es nur 6000 stark gesehen hat.

Die öffentliche Meinung aber und ihre Einflüsse sind Dinge, wovon man vor der jetzigen Revolution keinen richtigen, wenigstens keinen vollständigen Begriff gehabt haben mag. Ich lese zuweilen in den jenseitigen Darstellungen von dem, was bei uns vorgeht, die Worte: Zwang, Gewalttätigkeit, Tyrannei; ich finde Vergleichungen mit der vorigen

Zusammenkunft der Nationalversammlung im Ballhaus zu Versailles, 19. Juni 1789.

monarchischen Regierung, die gegen unsere jetzige noch golden gepriesen wird. Das mag hingehen; denn wer wird einem aufgebrachten Gegner geradeweg die Prinzipien leugnen? Und dies wäre doch das Geringste, womit unsereiner ehrenhalber anfangen müßte. Aber ich begreife nicht, wie es mancher treuherzige Royalist bei einer kaltblütigen Untersuchung an das *Duo dum faciunt idem, non est idem* nicht gedacht zu haben scheint, ob es gleich der erste Punkt ist, worauf sich etwas, das einer Hoffnung zum Auswege aus dem Labyrinth ähnlich sähe, fein säuberlich erbauen ließe.

Gesetzt, es hätte seine Richtigkeit, daß auch uns, im ganzen genommen, die jetzige Lage unserer Angelegenheiten gerade so schwarz und gelbgrün vorkäme, wie sie ein hypochondrischer Schriftsteller ansehen mag, wenn er sich an einer vornehmen Tafel den Magen verdorben hat: glauben Sie im Ernst, daß wir darum den koalisierten Mächten die Tore unserer Festungen aufriegeln würden? Ich versichere Sie, es wäre gerade das Gegenteil; wir riegelten nur desto fester zu. Das ist nun eine Wirkung der öffentlichen Meinung, die allgemein genug bekannt ist, um unseren philosophierenden Gegnern, wenn auch sonst keinem, zu denken zu geben. Hier haben Sie gleich noch eine. Die Revolution hat alle Dämme durchbrochen, alle Schranken übertreten, die ihr viele der besten Köpfe hier und drüben bei Ihnen in ihren Systemen vorgeschrieben hatten. Zuerst schwellte sie über den engen Kreis, den ihr *Mounier*[2] wohlmeinend anweisen wollte. *«C'est une tête de bronze, coulée dans un moule anglais»*[3], sagten wir, weil er so hartnäckig an seiner Nachahmung der englischen

Konstitution hängen blieb, und damit war ihm das Urteil gesprochen. Manche, auch gemäßigte Staatsmänner, gingen in ihrer Nachgiebigkeit schon weiter und glaubten noch an die Möglichkeit einer guten Verfassung außerhalb jenes Bezirks. Als aber auch ihre Herkulssäulen, trotz der stolzen Inschrift *Non plus ultra* von dem brausenden Orkan umgestürzt lagen, da verkündigte ihre beleidigte Eitelkeit schon das Jüngste Gericht. Andere harrten länger aus; aber seitdem ihr letzter Ableiter, den sie im Föderalsystem gefunden zu haben glaubten, durch einen Blitzstrahl vom Berge⁴ zerschmettert worden ist, kommen auch sie mit der babylonischen Hure schon aufgetreten. Die öffentliche Meinung ist alle diese Stufen hinangestiegen, und auf jeder höheren hat sie den Irrtum erkannt, den die Täuschung des falschen Horizonts verursachte. Jetzt bleibt sie bei der allgemeinsten aller Bestimmungen stehen: einer Bestimmung, die freilich den Hafen so lieblich nicht vormalt, wo das Staatsschiff wohlgemut einlaufen und abtakeln soll, wobei es sich aber doch mit jener mystischen Losung aus den neuen Ritterzeiten eines geheimen Ordens: *In silentio et spe fortitudo mea*⁵ auf offenem Meer und selbst mit etwas beschädigten Masten und Segeln noch ganz bequem einherschwimmen läßt.

Die Revolution ist – vorausgesetzt, daß Sie nach unserer generalisierten Definition lüstern sind – ist die Revolution. Ihnen dünkt das wohl zu einfach oder es scheint wohl gar ins Platte zu fallen? Einen Augenblick Geduld! Lange genug haben wir uns gesträubt, das Kind bei seinem rechten Namen zu nennen; aber wer kann für Gewalt? Daß sich alles kopfüber, kopfunter wälzt, ist ein vollgütiger Beweis, daß der Name der Sache entspricht; und wer mag wissen, ob mit dieser Bewegung nicht die Exegetik eines deutschen Schriftstellers noch künftig gerettet werden kann, der von dem großen Worte behauptet hat, daß es eigentlicher auf die Wiederbringung als auf die Zerstörung aller Dinge gemünzt sein soll!

Die öffentliche Meinung ist also bei uns in Absicht auf die Natur der Revolution jetzt so weit im klaren, daß man es für Wahnsinn halten würde, ihr Einhalt tun oder Grenzpfähle stecken zu wollen. Eine Naturerscheinung, die zu selten ist, als daß wir ihre eigentümlichen Gesetze kennen sollten, läßt sich nicht nach Vernunftregeln einschränken und bestimmen, sondern muß ihren freien Lauf behalten. Etwas ganz anderes, ganz davon Unabhängiges ist es aber, daß diejenigen, die von diesem Strudel ergriffen sind, ihr eigenes Betragen nach wie vor vernunftgemäß einzurichten suchen. Daß die Erde um die Sonne kreiset und den Mond mit sich fortreißt, das hindert ihn ja nicht, sich stets um die Erde zu drehen. – Ich sah einst die Pferde einer Landkutsche Reißaus nehmen und den Kutscher vom Bocke fallen. Einige Straßenjungen stellten sich an den Weg und schimpften auf die Passagiere. Einer von diesen sprang aus dem Wagen und stürzte den Hals ab; die übrigen waren klüger: sie blieben sitzen und dachten, wir wollen warten, bis der Koller vorüber ist.*

Seitdem man bei uns die Revolution als eine neue, unaufhaltsame Schwungkraft anzusehen gelernt hat, haben sich auch viele von ihren Gegnern wieder mit ihr ausgesöhnt; und meinen Sie nicht, daß es immer noch besser ist, ihr nachzulaufen und sie einzuholen, als mit gewissen Halbweisen, die ihr voranliefen und sie zuerst in Bewegung brachten, plötzlich stillezustehen und sich zu ärgern, daß sie, wie eine Schneelawine, mit beschleunigter Geschwindigkeit dahinstürzend an Masse gewinnt und jeden Widerstand auf ihrem Wege vernichtet? Das neulich erlassene Dekret des Nationalkonvents, daß die Regierung in Frankreich bis zum Frieden revolutionär bleiben soll, ist der eigentlichste Ausdruck der öffentlichen Meinung, daß die Revolution sich so lange fortwälzen müsse, bis ihre bewegende Kraft ganz aufgewendet sein wird.

Diese bewegende Kraft ist allerdings nichts rein Intellektuelles, nichts rein Vernünftiges; sie ist die rohe Kraft der Menge. Insofern wie Vernunft ein vom Menschen unzertrennliches Prädikat ist, insofern hat sie freilich auf die Revolution ihren Einfluß, wirkt mit in ihre Bewegung und bestimmt zum Teil ihre Richtung; aber präponderieren kann sie nicht, und wenn – wie wir doch nicht in Abrede sein wollen? – die Revolution einmal im Rate der Götter beschlossen war, durfte sie es auch nicht, weil ihre Präponderanz an und für sich nur die Revolution hemmen, nie sie treiben und vollbringen kann. Ich würde sie die echte *vim inertiae* nennen, wenn ich es mit einem Physiker zu tun hätte; denn einmal überwunden von der Stoßkraft, dürfte dennoch in ihr selbst der Grund jener langen Dauer liegen, womit die Revolutionsbewegung so manchen unerfahrenen Beobachter in Erstaunen setzte.

---

* Daß die Gleichnisse hinken, hätte man nie bemerkt, wenn man nicht versucht hätte, sie gehen zu machen, das heißt, wenn man sie nicht aus ihrer natürlichen Lage gerissen und durch fortgesetztes Allegorisieren ihre wahre Bestimmung, als bloß erläuternde Bilder zu dienen, vereitelt hätte. Kein Mensch hat das Recht, mit einem Gleichnis so widersinnig umzugehen, und ich darf hier wohl das meinige in Schutz nehmen.

Als *Necker*[6] dieses große, nicht zu berechnende Mobil der Volkskraft anregte, wußte er nicht, was er tat. Die ersten Anfänge der Bewegung waren aber wegen des Umfanges, der Masse und des Gewichtes so unmerklich, daß Klügere als er sich täuschten und diese ungeheure Triebfeder umspannen zu können sich vermaßen. Allein, wie bald entwand sie sich aus ihren ohnmächtigen Händen! – Es entstand ein chaotisches Ringen der Elemente; es erfolgten die heftigsten Konvulsionen, die furchtbarsten Erschütterungen. Kleinere gegenstrebende Bewegungen wurden von den größeren, allgemeineren verschlungen; so gab es denn eine gleichartige Bewegung, oder mit andern Worten: der Wille des Volkes hat seine höchste Beweglichkeit erlangt, und die große Lichtmasse der Vernunft, die immer noch vorhanden ist, wirft ihre Strahlen in der von ihm verstatteten Richtung.

Ich weiß nicht, ob ich mich deutlicher hätte fassen können, um Ihnen von der jetzigen Beschaffenheit der öffentlichen Meinung einige Begriffe zu machen. Einem oder dem anderen würde es vielleicht mehr sagen, wenn ich mich mathematisch so ausdrückte: Unsere öffentliche Meinung ist das Produkt der Empfänglichkeit des Volkes, vermehrt mit dem Aggregat aller bisherigen Revolutionsbewegungen. Wer einen anschaulichen Begriff davon hat oder auch nur aus der Geschichte und Anthropologie weiß, wie beweglich und empfänglich die französische Nation ist, und wer dann berechnet, in welchem Grade die Ereignisse der vier letzten Jahre diese Reizbarkeit erhöhen und das Teilnehmen an den öffentlichen Angelegenheiten schärfen mußten: dem wird es schwerlich entgehen, daß die Macht einer auf diese moralische Beschaffenheit geimpften Meinung Wunder tun kann.

Sie werden es nunmehr so ungereimt nicht finden, daß ich vorhin an das *Duo dum faciunt idem*[7] *etc.* erinnert habe. Die Erscheinungen unter dem Joche des Despotismus können denen, die sich während einer republikanischen Revolution ereignen, sehr ähnlich sehen und die letzteren sogar einen Anstrich von Fühllosigkeit und Grausamkeit haben, den man dort wohl hinter einer sanfteren Larve zu verbergen weiß; doch sind sie schon um deswillen himmelweit verschieden, weil sie durch ganz verschiedenartige Kräfte bewirkt werden und von der öffentlichen Meinung selbst einen ganz verschiedenen Stempel erhalten. Eine Ungerechtigkeit verliert ihr Empörendes, ihr Gewalttätiges, ihr Willkürliches, wenn die öffentliche Volksmeinung, die als Schiedsrichterin unumschränkt in letzter Instanz entscheidet, dem Gesetze der

Notwendigkeit huldigt, das jene Handlung oder Verordnung oder Maßregel hervorrief.

Dieser Vorteil ist wesentlicher, als Sie es vielleicht mit vielen Antigallikanern geglaubt haben mögen, und ersetzt uns so manche Unvollkommenheit der Revolutionsregierung, daß man diese nie richtig beurteilen wird, bis man ihm nicht volle Gerechtigkeit hat widerfahren lassen. Der Nationalkonvent herrscht lediglich durch die Opinion, bald, indem er sich ihr bequemt, bald, indem er durch seine Beratschlagungen und seine ungeheure Tätigkeit auf sie zurückwirkt und sie bestimmt. So wenig wünschenswert unser Zustand in Absicht auf die Regierung immerhin genannt und geschildert werden mag, so irrt man doch bei Ihnen gar zu sehr, wenn man von ihrer heterokliten[8] Beschaffenheit auf ihre Zerstörbarkeit schließt; denn was ihr Dauer und Stärke verspricht, ist ja gerade diese durch das Ganze jetzt unwiderstehlich herrschende Einheit des Volkswillens, verbunden mit der Repräsentantenvernunft. Setzen Sie diese letztere so tief herab, wie es Ihnen gut dünkt; dennoch bleibt noch immer ein solcher Lichtherd übrig, daß, sobald nur jener Einklang mit dem allgemeinen Wollen vorhanden ist, nichts dem politischen Riesen widerstehen kann. Warum verhält es sich beim Despotismus anders? Die Auflösung liegt am Tage. Die Einheit fehlt; Vernunft und Wille sind beide nur im Kopfe des Herrschers und seiner Räte; das Volk ist eine leblose Masse, ein toter Körper, der bloß mechanischen Antrieben gehorcht; jene geistigen Kräfte durchströmen und beleben ihn nicht, verbinden ihn nicht mit sich selbst zu einem lebendigen Ganzen. Beider Zweck und Streben sind gänzlich verschieden. Freilich gibt es noch ein Mittel, die Trägheit oder die Kraft des Widerstandes im Volke zu überwinden; aber das Beispiel Frankreichs haben wir zu deutlich vor Augen.

Georg Forster

Die Seele der Revolution

Paris, den 24. Wintermond,
2. [Jahr der Republik][9]

Verzeihen Sie mir, mein Freund, daß ich Sie immer wieder von unserer öffentlichen Meinung unterhalte; allein sie ist das Werkzeug der Revolution und zugleich ihre Seele. Folgen Sie ihr durch alle Verwandlungen, die sie seit sechs Jahren und darüber durchgegangen ist, und Sie werden von dieser Wahrheit ebenso wie ich durchdrungen sein. Ich setze wohlbedächtig ihre ersten Umgestaltungen noch in die letzten Zeiten der Monarchie; denn die Größe der Hauptstadt, die in ihr konzentrierte Masse von Kenntnissen, Geschmack, Witz und Einbildungskraft; das daselbst immer schärfer ätzende Bedürfnis eines epikureisch kitzelnden Unterrichts; die Losgebundenheit von Vorurteilen in den oberen und mehr oder weniger auch in den mittleren und niederen Ständen; die ungezwungene Mischung in Gesellschaften; die stets gegen den Hof strebende Macht der Parlamente; die durch die Freiwerdung von Amerika und Frankreichs Anteil daran in Umlauf gekommenen Ideen von Regierung, Verfassung und Republikanismus; die Abhängigkeit der in Übermaß genießenden Klasse von der ihren Begierden dienstbaren, die sich dadurch immer mehr emanzipierte; das böse Gewissen des Hofes und der Administration, die einem Staatsbankrott entgegensahen; endlich die dadurch entstandene Straflosigkeit der politischen Broschürenschreiber, die zu Hunderten jetzt die Wunden des Staats sondierten und mit grenzenloser Keckheit und Quacksalberweisheit ihren Wundbalsam darauf zu streichen sich erkühnten: – dies alles bahnte der Denkfreiheit und der Willensfreiheit dergestalt den Weg, daß schon eine geraume Zeit vor der Revolution eine entschiedene öffentliche Meinung durch ganz Paris, und aus diesem Mittelpunkt über das ganze Frankreich, beinahe unumschränkt regierte. Was ich hier in so wenige Worte zusammengepreßt habe, können Sie ausführlicher und bis zum Anschauen überzeugend in *Arthur Young's*[10] vortrefflicher Beschreibung seiner ‹Reise durch Frankreich› lesen. Von jenem Zeitpunkte an lassen sich die Verwandlungsstufen ordentlich zählen: die erste Versammlung der Notablen; die Weigerung des Parlaments, den *impôt unique*[11] zu registrieren; *Neckers* Eintritt in das Ministerium; die zweiten Notablen; die Reichsstände (*états generaux*); der entscheidende Schritt des *tiers*, der sich zur Nationalversammlung erklärte; die Eroberung der Bastille; der 5. und 6. Oktober; die Aufhebung des Adels; die Assignate; die Föderation; die Flucht nach Varennes; die neue Verfassung der Klerisei; die Konstitution von 1791; der 20. Juni, der 10. August, der 2. September; die Republik; die Eroberungsplane des vorigen Winters; die Hinrichtung *Ludwigs XVI.*; die Unglücksfälle des Frühlings; der Kampf der beiden Parteien im Nationalkonvent; der Sieg der Bergpartei am 31. Mai; die neuen Finanzoperationen *Cambons*[12], insbesondere die Zwangsanleihe; die Aushebung von 800000 Rekruten und 49000 Pferden; die gänzliche Erdrückung aller Gegenrevolutionsbewegungen; die Brottaxe und das Maximum; die neue Zeitrechnung; die Hinrichtung der Königin, des Herzogs von Orléans und der föderalistischen Deputierten; und endlich noch das merkwürdige Erlöschen des Katholizismus in der Sitzung vom 17. dieses Monats.

Man darf als ausgemacht annehmen, daß die öffentliche Meinung in einer jeden dieser Epochen sich entschieden geäußert und zugleich von den Hauptereignissen derselben einen besondern Charakter angenommen habe. Von Stufe zu Stufe entwickelte und läuterte sich die allgemeine Vernunft, und die letzten Schritte sind nicht die unbedeutendsten gewesen: zum sicheren Beweise, daß diese Kraft noch im Wachsen ist und für die Zukunft noch merkwürdige Erscheinungen verspricht. Ich weiß, daß mancher Ihrer Landsleute hoch aufschreien würde, wenn er diese Stelle zu lesen bekäme: «Der Himmel wolle uns vor einer solchen Vernunft bewahren!» Es ist mir ordentlich, als ob ich es hörte. Wissen Sie mir aber nicht einen Aufschluß darüber zu geben, wie es doch kommen mag, daß in einem Lande, wo es seit dem Anfange dieses Jahrhunderts die tiefsinnigsten Philosophen gegeben hat, unter einigen Gelehrten und Schriftstellern die gevatternhafteste Ansicht der Dinge noch stattfinden kann? Wer möchte für die Revolution eine Lanze brechen, wenn es darauf abgesehen wäre, die Moralität und Vernunftgemäßheit aller einzelnen Auftritte und Begebenheiten in ritterlichen Schutz zu nehmen? Allein soll man deshalb auch den bewundernswürdigen Ideenreichtum, die Menge der erhabensten Vernunftwahrheiten, die unzähligen Berührungen und Schwingungen des edelsten Menschensinnes, kurz das große Schauspiel des Ringens und Hervordringens einer solchen Masse von Geisteskräften, die bei jenen Anlässen bald empfangen und bald sich mitteilen, schlechterdings verkennen und für nichts rechnen? Leichter ist es unstreitig, einem ganzen Volke, einem Volke von so vielen Millionen Köpfen, Verstand und Tugend geradesweges abzusprechen und nun alles, was dort geschieht, für Werke der Bosheit und der Finsternis auf der einen, des Blödsinnes und der Schwäche auf der andern Seite auszuschreien; leichter, von einer relativen, konventionellen Immoralität der Begebenheiten und Handlungen auf die Ruchlosigkeit der handelnden Personen zu schließen – als sich die Mühe zu nehmen, den unermeßlichen, nicht zu berechnenden Anteil, den die unvermeidliche Verkettung der in das Ganze wirkenden Ursachen und Wirkungen auf die Ereignisse des Zeitalters hat, von dem, was den handelnden Personen eigentümlich ist, gehörig abzusondern, diesen sodann in ihre sämtlichen Verhältnisse zu folgen und zuletzt die tröstliche Überzeugung mit nach Hause zu nehmen, daß Unvollkommenheit und Irrtum zwar allenthalben der Menschen Lose, Unsittlichkeit und Unverstand aber, zur seligsten Beruhigung der Menschheit, im Durchschnitt immer nur Resultate der Unwissenheit und Untätigkeit sind. Wenn bürgerliche und sittliche Freiheit, wenn die Ausbildung der Geisteskräfte, die Läuterung und Veredlung der Gefühle, mit einem Worte, wenn Verwollkommnung das Ziel ist, nach welchem Nationen streben: mögen sie dann auch manchen Umweg nehmen, manchmal fallen und wieder sich aufraffen und in Augenblicken sogar auf dem steilen Pfade zurückzugleiten scheinen: dennoch bürgt ihr Streben selbst schon dafür, daß sie ihren Zweck nicht gänzlich verfehlen können; jeder Schritt vorwärts ist ein Sieg über Hindernisse, der sie dem Ziele näher bringt. Wenn der Khan oder der Vesir seinen Sultan bekriegt, wenn *Pugatschew* in Rußland einen Aufruhr stiftet, so sind diese Revolutionen, was auch immer ihr Erfolg sein mag, für das Menschengeschlecht unfruchtbar; denn die Absicht ihrer Urheber ist bloß persönlicher Eigennutz, und die Beförderung der Humanität kann ihnen nicht einmal Vorwand und Mittel sein.

Es könnte sein, daß ich von Ihren Landsleuten auf einmal zu viel verlangt hätte; ich erinnere mich, daß ich selbst davon ausgegangen bin, die Übersicht, die ich mir jetzt von unseren Angelegenheiten entworfen habe, meinem Aufenthalt in Paris und der vorteilhaften Lage dieses Standpunktes zuzuschreiben. Wie manches mag nicht bei Ihnen zusammenkommen, um die Gegenstände in einem falschen Lichte und durch allerlei Media zu zeigen, deren verschiedene Refraktion sie verzerren und verunstalten kann, ehe sie bis ins Auge gelangen! Wenn dies aber der Fall sein sollte, darf man nicht hoffen, daß Ihre Mathematiker diese Refraktionen berechnen werden, sobald man sie damit bekannt gemacht hat? Der Wunsch, ich kann es nicht bergen, liegt meinem Herzen sehr nahe, daß, indem wir uns verständigen, ein reiner Gewinn für Deutschland, oder warum nicht lieber gleich für das ganze Menschengeschlecht, durch die richtigere Beurteilung und die danach unausbleibliche Benutzung unserer Revolution erwachsen möge. Bliebe nur diese Aussicht mit einiger Wahrscheinlichkeit verbunden, so wollt' ich mir gern in der ersten Hitze des Argumentierens ein: «Paule, du rasest!» zurufen lassen und getrost erwarten, daß meine Gründe doch nachwirken müßten. Sehr traurig aber wäre die Gewißheit, die mir auf der anderen Seite werden könnte, daß der Fehler an den Augen Ihrer

Beobachter läge. Leider spricht das Evangelium wohl von der Finsternis, die daraus entsteht, wenn das Auge ein Schalk ist; aber wie diese Krankheit zu kurieren sei, davon wird nichts erwähnt, und es steht daher zu vermuten, daß für diesen Fall sogar die in einer andern Stelle vorkommende kräftige Augensalbe aus Speichel und Kot nichts helfen würde.

Die Riesenschritte unserer öffentlichen Meinung werden, dünkt mich, dann erst merkwürdig, wenn man sich der Überzeugung nicht länger erwehren kann, daß sie auf den Umsturz des in unserem Zeitalter mehr als jemals herrschenden Geistes gerichtet sind. Dieser Richtung waren sich weder die ersten Urheber unserer Revolution noch diejenigen, die seitdem als Hauptfigur auftraten, deutlich bewußt; jetzt liegt sie indessen so klar am Tage, daß man kaum mehr an die Revolution Hand anlegen kann, ohne sie zur Absicht zu haben; und mir beweiset sie augenscheinlich die höhere Einwirkung, die bei den Schicksalen unserer Gattung mit im Spiele gedacht werden muß, wenn wir nicht auf dem Ozean der Teleologie den Kompaß verlieren, uns einem blinden Ungefähr gänzlich preisgeben und zugleich alle Begriffe von Recht und Wahrheit, von Güte und Größe für bloße Hirngespinste und Spiele der Einbildungskraft halten wollen. Ich will Ihre Neugier keinen Augenblick über die Natur und den Namen dieses Geistes schmachten lassen; es ist der allvermögende Egoismus, der bis zum Widersinn und zur Unvernunft gehegte und gepflegte Trieb der Selbsterhaltung, der um des Lebens willen vergessen macht, warum man lebt.

Mit jedem Tage wird das Anschauen klarer in meiner Seele, daß ohne unsere Revolution vor jener immer gewaltiger um sich greifenden Selbstsucht keine Rettung mehr zu hoffen war. Die Beweise von ihrer Existenz und dem unbegrenzten Umfange ihres Wirkens können Sie mir füglich erlassen; es bedarf nur eines prüfenden Blickes auf die Geschichte des Jahrhunderts, so steht sie da in ihrer Ungeheuersgröße und rechtfertigt die Klagen aller unsrer Moralisten über die Kleinheit ihrer Zeitgenossen. Das vervielfältigte Bedürfnis der Sinne und der Eitelkeit verschlingt die ganze physische und moralische Tatkraft des Menschen und läßt der edleren Eigenliebe, die sich im andern sucht und erkennt, keinen Raum. Wo fände man Gedankengröße, Schwung der Gefühle, begeisternden Schönheitssinn, wo Selbstverleugnung, Aufopferung, Unabhängigkeit des Geistes? Mit haben, gewinnen, besitzen, genießen schließt der Ideenkreis eine Kette um den Menschen, die ihn an Staub und Erde fesselt.* – Und nun das Mittel, alle diese Todesbande zu lösen, jene lebendigmachende hingegen wieder anzuknüpfen? Es ist allerdings so heftig, als der Zustand des Menschengeschlechtes verzweifelt war; allein von seiner Wirksamkeit macht man sich keinen richtigen Begriff, bis man nicht alles in der Nähe gesehen hat. Wie die öffentliche Meinung den Umsturz der Autoritäten und Stände vorbereitet, wie sie durch denselben alles Ansehen der Person vernichtet habe, brauche ich Ihnen nicht zu erzählen; die letzte große Wirkung dieser Art hat sogar die gespannteste Erwartung überrascht und eine Klasse, deren Vorurteile sonst unheilbar scheinen, zu Selbsterkenntnis und Selbstverleugnung gebracht. Der sanfte Tod des Priestertums und seiner Hierarchie in Frankreich ist der redendste Beweis von der Macht der öffentlichen Meinung. Man hat es gar nicht nötig gehabt, durch ein Dekret die Pflege des Altars vom Staate zu trennen; der Aberglaube hatte so wenig Nahrung, daß er von selbst, wie ein verglommenes Licht, ausgegangen ist. Die Wunder des 17. dieses Monats werden noch katholische Heiden bekehren, und was die Reformation in Deutschland bisher nicht hatte bewirken können, das echte, anspruchslose Christentum des Herzens und des Geistes, ohne alle Zeremonie, ohne alle Meisterschaft, ohne Dogmen und Gedächtniskram, ohne Heilige und Legenden, ohne Schwärmerei und Intoleranz, als eine praktische Moralphilosophie mit den Palmen einer frohen Ahnung, wird anfangen aufzukeimen. – «Unglaube und Atheisterei!» hör' ich mir entgegenrufen. Auch diese Erscheinung will ich nicht leugnen, da sie von der mangelhaften Einsicht

---

* Ich muß hier mich selbst unterbrechen, um mir nicht widersprechen zu scheinen. Es kam mir ungerecht vor, daß man unsere Namen in Bausch und Bogen für verderbt hat erklären wollen, und hier mache ich einem ganzen Zeitalter, in Vergleich mit andern, denselben Vorwurf; ja, wenn man sehr in mich dränge, könnte man mich wohl gar zu dem Geständnisse bringen, daß jene traurige, vereinzelnde Denkart in Frankreich vielleicht die größten oder wenigstens die empörendsten Fortschritte gemacht habe. – Wie denn nun? Bin ich wirklich mit mir selbst in Widerspruch? Keinesweges. Die Meinung, die ich bestreite, hält die Verderbtheit für die bittere Frucht der Revolution; ich hingegen glaube, daß eine allgemeingewordene selbstsüchtige Stimmung die Ursache der Revolution ist und nur durch sie geheilt werden kann. Die Revolution hat vollkommen alle Zeichen einer heftigen Krankheit, wodurch die Natur den Körper eines fremdartigen oder verdorbenen Stoffs entledigt, der, in zu großer Menge abgeschieden, erst allgemeines Stocken und hernach ebenso allgemeine Auflösung verursacht. Dies ist in der Tat mehr als ein Vergleich; es ist Ähnlichkeit, Verwandtschaft, Übereinstimmung der materiellen mit der moralischen Natur und des einzelnen Menschen mit der Gesellschaft.

und Beurteilung, von der Gewalt der Umstände, und ich möchte fast hinzusetzen: von der Erscheinung des Guten, unzertrennlich sind. Wo wächst das Unkraut üppiger als auf gegrabenem Erdreich! Allein es hieße doch ein gar zu schlechtes Zutrauen zu der Wahrheit haben, wenn man befürchten sollte, daß sie, allein sich selbst gelassen, unter dem Schilde der Freiheit nicht gedeihen könne.

Ich komme zur letzten und mächtigsten Wirkung der Revolution und der ihr inwohnenden Kraft der öffentlichen Meinung. Sie hat der Habsucht, der Gewinnsucht, dem Geize, mit einem Worte, der ärgsten Knechtschaft, zu welcher der Mensch hinabsinken konnte, der Abhängigkeit von leblosen Dingen, einen tödlichen Streich versetzt. Die Finanzoperationen des Nationalkonvents zweckten schrittweise dahin ab. Indem man den Wechsel- und Aktienhandel verbot; indem man eine Zwangsanleihe ansetzte, die den Kapitalisten und Rentierer traf; indem man alle Staatsschulden in ein Buch einschreiben ließ; indem man die Ausfuhr aller Waren, die zu den Bedürfnissen des Lebens gerechnet werden, untersagte; indem man endlich die Handwerker requirierte, daß sie für den Staat arbeiten, und die junge Mannschaft des ganzen Landes, daß sie ihren Herd verlassen und die Grenzen decken sollte: lehrte man die ganze Nation Aufopferungen machen, die dem Eigentum einen Teil seines eingebildeten übermäßigen Wertes benahmen. Die Vorstellung, die sich dem Gemüt des Bürgers allgemein vergegenwärtigte, daß die Not aller von jedem einzelnen die Beisteuer seiner Habe, seiner Kräfte, seines Blutes sogar verlange, machte ihn gewissermaßen schon von allen diesen Gegenständen los. Die kriegführenden Mächte aber dürfte es befremden, daß nichts so kräftig zu dieser moralischen Emanzipation beigetragen hat als die Maßregeln, wodurch sie uns den meisten Abbruch zu tun glaubten. Der Verlust unseres auswärtigen Handels, die abgeschnittene Zufuhr von Lebensmitteln, die daraus erfolgte Brot- und Warentaxierung und die strenge Bestrafung derer, die sich des Aufkaufs schuldig machen: was haben sie anders als Geringachtung des toten, unbrauchbaren und sogar gefährlichen Reichtums auf der einen und Mäßigkeit, genauere Haushaltung, Einschränkung, Entsagungen aller Art auf der anderen Seite zuwege gebracht? Die Einfalt in den Sitten; die Verbannung alles Luxus, sogar der silbernen Löffel von den Tafeln; die auf das bloß Unentbehrliche und Unscheinbare zurückgeführte Kleidertracht; die enthusiastische Liebe zur Gleichheit, der jede Auszeichnung einen Verdacht einflößt – alle diese durch den Drang der Umstände hervorgebrachten und von der öffentlichen Meinung geheiligten stillschweigenden Übereinkünfte haben vollends gegen Geld und Gut und Eigentum aller Art einen Grad von Gleichgültigkeit erzeugt, der, ohne eine ausdrückliche Verordnung, die Menschen auch in Absicht der Glücksgüter für den Augenblick wenigstens näherrückt und ihren Geist von den äußeren Dingen unabhängiger macht, als man es sich im Auslande vorstellen kann. Gewiß, den Reichtum unbrauchbar zu machen war das bewährteste Mittel, ihn verachten zu lehren. Es ist beinahe buchstäblich wahr, daß Brot und Eisen noch unsere einzigen Bedürfnisse sind; und daraus folgt, wenn nicht die Weisheit aller Jahrhunderte trügt, daß wir so gut als unüberwindlich sein müssen.

Was die öffentliche Meinung noch nicht erzwingen konnte, das ergänzt überall, wo es nötig ist, die Revolutionsarmee: ein Korps, das in verschiedenen Teilen der Republik zusammenberufen wird, um den saumseligen oder auch noch selbstsüchtigen Gutsbesitzer, den reichen Pächter, den in die Scheuern sammelnden Landmann zur Ablieferung seines Überflusses in die Stadtmagazine anzutrei-

Darstellung des Inneren eines Revolutionsausschusses unter der Schreckensregierung in den Jahren 1793 und 1794/ Jahr II und III.

ben. Diese Armee, deren Détachements von keiner großen Stärke sind, entlehnt im Grunde, wie ich Ihnen schon gesagt habe, von der Entschiedenheit der öffentlichen Meinung ihren Nachdruck. Es scheint Menschen zu geben, die sich lieber die Täuschung des Zwanges machen, als freiwillig zu den Bedürfnissen ihrer Mitbürger beitragen wollen: eine Erscheinung, die bei der übergroßen Liebe zum Eigentum nicht befremdend ist. Die moralische Wirkung bleibt indes ebendieselbe, wenn sie gleich um etwas verspätet wird: man tröstet sich endlich, wenn man sieht, daß es dem Nachbar um nichts besser ergeht, daß man notdürftig zu leben hat und daß niemand des Überflusses froh werden kann. Was anfänglich Ergebung in die Notwendigkeit ist, wird durch fortgesetztes Nachdenken endlich zur Anerkennung der Gesellschaftspflicht, der Billigkeit gegen den notleidenden Mitbürger; und auf diese Weise wird endlich der härteste Boden weich genug, um die süßen Früchte der Humanität: Aufopferung, Mitteilung, Nächstenliebe und Vaterlandsliebe, zu tragen.

Die ersten Schritte sind jederzeit die schwersten; sie waren es auch in diesem Falle. Man hielt es beinahe für unmöglich, das *Agiotage*[13] zu töten; die Strenge der Gesetze und das allgemeine Gefühl der Nation, das sich gegen den Eigennutz der Kaufleute empörte, brachten gleichwohl die Assignaten bald wieder in Kredit. Jetzt blieben aber noch die vorigen ungeheuren Preise; der Verkäufer gewann nur um so viel mehr. So entstand die Notwendigkeit der Warentaxierung. Das Gesetz war anfänglich unvollständig abgefaßt; man hatte weder dem großen noch dem kleinen Verkäufer einen billigen Gewinn ausgeworfen; und dennoch bewirkte die Allgewalt der Opinion, daß selbst in Paris keine vollkommene Stockung des Handels entstand. – Jede vorhergehende Maßregel verbreitete ein neues Licht über den Zustand der Nation; und je mehr sie sich über ihr eigenes Interesse unterrichtet, je mehr sie die Ideen simplifiziert und in den gehörigen Zusammenhang bringt, desto leichter und schneller folgt sie der Impulsion, welche sie von ihrem Haupte, dem Nationalkonvent, erhält. Jetzt, da der Begriff gehörig entwickelt ist, daß die Stärke der Republik in den Aufopferungen der einzelnen Bürger besteht, jetzt darf man alles von den Franken erwarten, was die Bedrängnisse und Bedürfnisse der Zeit noch verlangen können.

Die unermüdete und beispiellose Tätigkeit des Nationalkonvents war anfangs notwendig, um diese Nationalkraft zu wecken und in Schwung zu bringen. Gegenwärtig bedarf er sie, um das Zutrauen der Nation durch die zweckmäßige Anwendung der in ihm selbst unstreitig in hohem Grade vorhandenen Talente, Kenntnisse und Ressourcen aller Art beizubehalten. Es wäre wohl der Mühe wert, wenn auch nur flüchtig, doch in einigem Detail, die wissenschaftlichen Arbeiten des Konvents durchzugehen, um das wichtige Resultat überzeugend darzustellen, daß die Entwicklung der Verstandeskräfte mit der Revolution Schritt gehalten hat, wenn auch die jetzige Versammlung mit der konstituierenden im Punkt des Genies und der geschmackvollen Talente sich nicht messen kann. Allein jene Arbeitsamkeit, jene Lichtmasse von Vernunft, jene nie sich verleugnende Energie im Augenblick der Gefahr, jenes vor aller Augen aufgestellte Beispiel der Selbstverleugnung – erhoben sie nicht auch den Nationalkonvent auf eine Höhe der Unumschränktheit, wo sie nur die öffentliche Meinung erhalten kann? Ohne Auszeichnung, ohne irgend etwas Äußeres, das die Sinne besticht, ohne Vorzug und selbst ohne Autorität außer ihrem Versammlungssaale, ohne prätorianische Wache, endlich noch des Vorrechts der Unverletzbarkeit beraubt, herrschen die Repräsentanten des Volkes durch die öffentliche Meinung ohne Widerrede über 24 Millionen Menschen. Nie befolgte man ihre Dekrete mit unbedingterem Gehorsam, nie war der Name des Nationalkonvents so die allgemeine Losung des Beifalls, des Zutrauens und des republikanischen Stolzes.

Joachim Heinrich Campe

Die Zeitungen – Wahrheit und Kolportage

Überhaupt gehen verschiedene ausländische Journalisten und Zeitungsschreiber*bei der Beurteilung der großen, für die gesamte Menschheit so überaus wohltätigen französischen Revolution schon jetzt – was werden sie nicht erst künftig tun, wenn die ersten unwillkürlichen Regungen der Menschheit vorüber sein und die angestammte, tiefeingewurzelte Schmeichelei und Kriecherei erst wieder ihr gewöhnliches Wesen zu treiben beginnen werden – so unbarmherzig und ungerecht zu Werke, daß man zweifelhaft wird, ob man sie mehr einer vor-

* Man kann hier, und zwar in einem Kaffeehause auf dem Palais Royal sogar auch deutsche Zeitungen lesen. An einem der Fenster dieses Hauses stehen die Worte: *Deutsche Zeitungen* mit großen goldenen deutschen Buchstaben geschrieben, welche von den meisten Franzosen gerade eben so angesehen werden, als wenn sie mit hebräischen Buchstaben geschrieben wären.

sätzlichen Unredlichkeit oder einer gänzlichen Unwissenheit in der Geschichte beschuldigen soll. Bald erdichten sie Briefe aus Paris, mit Grausamkeiten und Unmenschlichkeiten angefüllt, denen doch jeder, der nur einmal hier gewesen ist, es gleich beim ersten Blicke ansehen kann, daß sie absichtlich geschmiedet sind, weil sie von den gröbsten Verstößen gegen das hiesige Lokale wimmeln.*Bald stimmen sie eine erbärmliche Litanei über die Ströme von Menschenblut an, welche hier vergossen sein sollen, und welche hier doch niemand in dem Maße fließen sah; – gleichsam als wenn sich jemals eine so totale Umwälzung eines ganzen großen Reiches ereignet hätte, ohne daß wenigstens zehnmal so viel Menschenblut dabei vergossen worden wäre, als die französische *bis jetzt***gekostet hat! Bald ereifern sie sich über die Unordnungen, welche jetzt in diesem von Grund aus umgeworfenen Reiche herrschen, und zürnen mit der Nationalversammlung, daß sie nicht *allmächtig* ist, um aus den chaotischen Ruinen des eingestürzten, aus Despotie, Aristokratie und Hierarchie bestandenen Gebäudes, sogleich durch ein einziges *Werde!* den vollendeten Palast eines wohleingerich-

---

* So lese ich z. B., um nur ein Beispiel anzuführen, in mehreren deutschen Zeitungen die Geschichte einer grausamen und unmenschlichen Mißhandlung, die einem *Accisebedienten*, während unseres hiesigen Aufenthalts, mitten in Paris und zwar bloß deswegen widerfahren sein soll, weil er seine Schuldigkeit verrichten wollte. Die klägliche Geschichte endigt sich mit dem Umstande, daß das Volk diesen unglücklichen Menschen zuletzt nach dem Palais Royal geführt und ihn *daselbst in den Strom geworfen habe.* Wer in Paris gewesen ist, weiß, daß weder im noch beim Palais Royal, weder ein Strom noch ein Bach fließt, und daß also wenigstens *dieser* Umstand von keinem Pariser nach Deutschland geschrieben werden konnte. Das Wahre, was bei dieser verunstalteten Geschichte zum Grunde lag, ist folgendes: Ein *Mouchard* – man weiß, daß dies der Name ist, den man den ehemaligen Polizeispionen gab, Leuten, wovon die meisten schon am Fuß des Galgens gewesen, aber dasmal noch mit einem Brandmal davon gekommen waren – ein Mouchard also bekam Zank mit einem Bürger, und um denselben den Mißhandlungen des Pöbels preiszugeben, hatte er die Bosheit auszurufen: seht *da einen Mouchard! einen gebrandmarkten Mouchard!* Das Volk läuft zusammen; der Bürger ist in Gefahr: Er weiß sich indes zu fassen, reißt sich die Kleider ab, und zeigt seinen Rücken, der ihn rechtfertigt. Jetzt, spricht er hierauf zum Mouchard, tue du ein Gleiches! Dieser sucht zu entwischen; allein das Volk ergreift ihn, zwingt ihn sich gleichfalls zu entblößen, und siehe da! sein Rücken zeigt des Galgens eingebranntes Ebenbild. Man mißhandelt ihn – welcher andere Pöbel würde nicht ein Gleiches getan haben? Ich könnte eine Menge ähnlicher Zeitungsunwahrheiten, die alle aus Paris datiert sind, aufdecken, wenn es sich der Mühe lohnte, Zeitungsartikel zu berichtigen.

** Den 14ten August.

teten Freistaats emporsteigen zu lassen – gleichsam, als wenn man in anderen Ländern, in der Schweiz, in Holland, in England, in Amerika, in einem Nu damit zu Stande gekommen wäre! Bald ergießt man, wegen einzelner Ausschweifungen, die, so lange die Welt steht, bei ähnlichen Gelegenheiten nie vermieden wurden, nie vermieden werden konnten, die bittersten Vorwürfe von Barbarei und Unmenschlichkeit gegen eine Nation, die bis auf den Tag, da ich dieses schreibe,* im Ganzen genommen, während des Zustandes einer gänzlichen Anarchie, einen Grad von Billigkeit, Mäßigung und Gerechtigkeit bewiesen hat, den unter ähnlichen Umständen doch nie eine andere Nation bewies. Und das tun zum Teil die nämlichen Leute, die uns mit kaltem Blute oder wohl gar mit Jauchzen und Frohlocken erzählen können, daß in einer einzigen erstürmten Stadt, in einem Kriege, den nicht die unterdrückte Menschheit, sondern der despotische Ehrgeiz aus bloßer grenzenloser Habsucht anfing, zehntausend unschuldige Schlachtopfer aufgetürmt lagen; die nämlichen Leute, die, wenn hier ein Wüterich unter den Fürsten einen armen unschuldigen Jüngling, der das Unglück gehabt hatte, ein gehetztes Stück Wild mit der Harke von seiner Wiese ins Gebüsch zu verscheuchen, in Gegenwart seines auf den Knien um Erbarmung flehenden Vaters zu Tode prügeln läßt; dort ein Zweiter seinem Koche, der ihm ein Lieblingsgericht verdarb, den Rücken zu bespicken und ihn so ans Feuer zu stellen befiehlt; wiederum ein Dritter seinen Jäger bloß deswegen, weil er ehrerbietigst und untertänigst um seinen Abschied bittet, damit er eine Försterstelle in seinem Vaterlande antreten könne, die sein abgelebter Vater ihm ausgewirkt hat, um ihn bei seinem nahe bevorstehenden Ende in der Nähe zu haben, durch unmenschliche Prügel den Rücken schinden läßt; oder endlich ein Vierter eine nach den Gesetzen abgefaßte Sentenz der Kriminalgerichte, nicht etwa, wie er das Recht dazu hatte, mildert, sondern, was keinem Fürsten in keinem Lande jemals zustehen kann, sie bis zur Unmenschlichkeit schärft und erhärtet, usw. **die nämlichen Leute, sage ich,

---

* Den 14ten August.
** Wer fühlt hierbei nicht die Wahrheit eines Ausspruchs, den ich so eben in einem der heutigen fliegenden Blätter lese: La colère du peuple est terrible, mais le sang-froid du despotisme est atroce. Quelle immense proportion entre le nombre des victimes, que ce monstre exécrable à sacrifiées pendant des siècles, et celui des têtes qui ont été abatues par le glaive du peuple! *L'aristocratie à genoux devant le tribunal du peuple.*[14]

führen jene ungerechten Klagen, die indem sie Abscheulichkeiten dieser Art vor ihren Augen ausüben sahen, oder hörten, daß sie in ihrer Nähe ausgeübt worden waren, wie die stummen Hunde davon schlichen, und keinen Laut von sich gaben!!! O tempora! O mores! Wie entweihen diese Menschen das heilige Werkzeug der Wahrheit, die Feder, indem sie sie in ihren Händen zu einem Instrument der niederträchtigsten Schmeichelei auf Kosten der Menschheit erniedrigen!

Anonym

Gegen den Revolutionsprediger Campe

Ungewiß, ob die Briefe, welche ich mittelst des ersten Hefts der Wiener Zeitschrift an Sie bestellt habe, schon in Ihren Händen sind, und die erwünschte Wirkung an Ihnen getan haben mögen, fahre ich indessen fort, dasjenige an Sie zu adressieren, was ich über die französischen Angelegenheiten, in verschiedenen älteren und neueren Rücksichten, auf dem Herzen habe.

Ihre Briefe aus Paris, worüber das vernünftige Publikum schon beim ersten Verkosten derselben, Ekel und die gerechteste Indignation empfunden hat, wollen wir auf einige Zeit aus dem Spiele lassen. Eine solche lose Speise darf, wenn man nicht ein sehr berühmter Lieblingsschriftsteller ist, nur selten aufgetischt werden; und da diese meine Briefe nach Ihnen auch dem deutschen Publikum zugehören sollen, so will ich mit schuldiger Bescheidenheit den Dienst eines unberühmten Schriftstellers tun, und das Publikum ein wenig zu Atem kommen lassen, ehe ich ihm die arge Arbeit, sich ferner an Ihren Briefen aus Paris zu ärgern, aufbürden kann.

Ohnehin glaube ich mich, um meiner selbst willen verpflichtet, zwischenher einige Dinge zu sagen, die mir das verhindern sollen, was Sie in der Vorrede zu Ihren Briefen so sehr besorgt haben, nämlich – *Mißverständnisse.* Jawohl: Mißverstanden zu werden ist das Schicksal von unsereinem! Ich muß es, mit einiger Kenntnis der gegenwärtigen Dinge unterm Mond, billig vermuten, daß meine an Sie adressierten Äußerungen über die französische und – deutsche Demokratenwut, bei manchen, sonst ganz rechtlichen und guten Leuten, ein gewaltiges Feuer in ihren Köpfen angezündet haben könnte. Die Sirenengesänge der Philanthropen[15] haben, wie *Ihnen* das gerade am allerbesten bekannt sein muß, gar viele der edelsten, sanftesten und arglosesten Seelen in den Schlummer der Torheit eingewiegt. In dem immerwährenden Geklingel und Glockenspiel von goldener Freiheit, Menschenrecht, Weltbürgerschaft, Menschenliebe u. d. gl., das Sie, trotz dem Glockenzieher der großen Glocke zu Erfurt, allen anderen am lärmendsten zuvor zu tun gesucht haben, sind andere schwachohrige Menschen um den ganzen Sinn ihres guten Gehörs gekommen; und in ihrer unglücklichen Taubheit wollen und können diese Menschen nun nichts anderes an ihren Ohren leiden, als das Glockenspiel und Geklingel von goldener Freiheit und von himmlischer Weltbürgerschaft.

Daß Gott Ihnen und allen mit Ihnen gleichwirkenden Sirenenpfeifern und Glockenziehern das Unglück vergeben wird, welches Sie in den Seelen und Ohren jener gutmütigen und unschuldigen Menschen so unverantwortlich angerichtet haben, will ich mit christlichem Herzen hoffen und wünschen. Aber demohngeachtet darf ich Ihnen den Unwillen der Menschheit darüber nicht verbergen, daß durch Ihre und Ihresgleichen Bemühungen eben jene unschuldigen Menschen so schrecklich verwöhnt worden sind, nichts anderes als Sirenengelispel und Glockenspiel leiden und hören zu wollen.

Es ist wahrlich in diesen Zeiten, und bei der so unglücklich und so stark bewirkten Verwöhnung der Gemüter zu den schwärmerischen und schmeichelnden Ideen von Freiheit und Volksrechten, ein großes Wagstück, mit einiger Entschlossenheit diesen tief eingewurzelten Ideen ihre Ausrottung zu drohen. Wie weinerliche Kinder sich leicht aus dem Atem schreien, wenn man ihnen ein geliebtes aber schädliches Puppenwerk, das eine dumme oder boshafte Amme ihnen heimlich zugesteckt hat, aus den Händen nehmen will, so empört man jene Gemüter selbst durch das gelindeste Wort über ihr schädliches und geliebtes Puppenspiel törichter Freiheit. Im Ernst, der Demokratenteufel ist ein gleich grimmiges Ungeheuer wie der Fanatismusteufel. Beide glühen vor Wut – aus lauter Liebe zur Menschheit; beide morden und verbrennen – damit die armen Menschen hier, und dort im Himmel ja nur selig werden mögen. Ein Feind der Menschheit und des Volkes, ein Aristokrat, ein Königssklave und ein Tyrannenknecht heißt man, wenn man die Laternenjustiz zu Paris ein Scheusal der Natur, und den Jakobiner-Klub eine Bande der Mordbrenner nennt. Den Namen *Mirabeau* soll man nur mit dem Beisatz der Selige aussprechen, und allen Demagogenunsinn, der wie ein Wolkenbruch oft den ganzen Saal der Nationalversammlung überschwemmt, soll man anbeten wie das Orakel zu Del-

phi, und das Buch des weisen Mannes. Den Adel soll man lästern, weil
ihm die Natur das Glück nicht gab, ihn zum Pöbel zu schaffen; und den
Pöbel soll man bewundern, der den Adel mit Kot bespritzt, ihn an die
Laterne hängt, und seine blutigen Herzen frißt. Aus Könige und Fürsten soll man Pasquille machen, alte Torheiten auffrischen, rote Bücher
und Sündenregister drucken lassen, und jede Erinnerung an sie in dem
Tone eines philanthropischen Tölpels vortragen. Kannibalengrausam-
keiten und die Viehheit besoffener Volkshelden soll Aufklärung und
Gefühl der Menschenwürde genannt, und die geheimen Aufhetzer der
wütenden Volkskanaille als Wohltäter und Messiasse der Nationen gepriesen werden. Der Vorsehung soll man auf den Knien danken für alle
diese großen Werke der Philosophie und der Freiheit, und dann – mit
einem Worte – alle seine Vernunft verleugnen und alle Gefühle der
Menschheit wegwerfen soll man, um sich fähig zu machen, die Tollwut
dieses Zeitalters und die Schurkheit der Volksbetrüger mit kaltem Sinn
ansehen zu können.

Legen Sie Ihre Hand aufs Herz, Herr Edukationsrat[16], und fragen es:
ob Sie keinen Teil an diesem Unglück der Menschheit haben? Treten Sie
vor Gott und Ihr Gewissen, und erforschen mit redlichem Selbstgefühl,
wie viele gute Seelen Sie durch Ihre Briefe aus Paris und andere kosmo-
politische Aufsätze verführt, wie viele unmäßige Begierden und tö-
richte Wünsche in arglosen Herzen Sie erweckt, wie grausam Sie den
Frieden und die Ruhe der niederen Volksklassen gemordet, und wie so
unheilbar Sie durch alle diese Verführung diese Seelen für eine baldige
und schmerzlose Genesung gemacht haben! –

Mit Tränen der Wehmut und des Erbarmens sieht der wohldenkende
Menschenfreund in die große Welt hinaus, und in den kleinen Zirkel
seines täglichen Lebens, wie da alles gärt, tobt und wirbelt, wo sonst
Frieden war, und Zufriedenheit und stille Resignation in den Zwang
und die Gewohnheiten der Dinge von alters her! Nun ist eine neue Welt
geworden durch eine neue Aufklärung. Warme Köpfe hat man überall
gemacht und überall kalte Herzen. Das Buch der Pflichten ist zerrissen,
und das Buch der Zügellosigkeit wird das Evangelium der Nationen.
Ein ewiges Menschenglück kündigt man den Völkern an, und nimmt
ihnen doch alles, was sie sonst glücklich machte, und einst und nur
einzig noch glücklicher machen könnte: ihren Glauben, ihren Gehorsam, ihre Sitten, ihre Pflichten und ihre gesunde Vernunft!

Wer solche Betrachtungen lebhaft und schon seit längerer Zeit gemacht hat, dem muß es doch vergönnt sein, die Überzeugung seines

Herzens eben so frei und laut zu sagen, als jenen, die ihre Hände an die Arbeit des Freiheitwerks gelegt haben. Er muß mit allem Recht eben so unbefangene und für Wahrheit empfängliche Zuhörer wünschen und fordern dürfen, als die Volkshelden gleich bei ihren ersten Freiheitschwänken sie zu finden das Glück hatten. Man muß nicht mit dem Schandnamen eines Verächters oder Zerstörers der heiligen Rechte der Menschheit gebrandmarkt werden, weil man von diesen Rechten edlere und gesündere Begriffe hat, als der Laternenpöbel zu Paris und gewisse Aufklärungsphilosophen in Deutschland. Ein ehrlicher Mann, der die Wahrheit erkennen gelernt hat, weiß und nimmt keine andere Partei als diese der Wahrheit. Er ist nicht Aristokrat, weil er die Torheiten und Tollheiten der Demagogen verspottet; und er ist nicht Demokrat, wenn er behauptet, das Volk habe eben so seine heiligen Rechte wie der Adel, und der Mensch sei nirgend in der Welt zum Sklaven geboren und zum Lastvieh.

Joachim Heinrich Campe

Ein König wird entmachtet

Ich kehre wieder zur Nationalversammlung zurück. Mit einem Billett an den wachhabenden Bürgeroffizier versehen, erhielten meine Freunde und ich in der Sitzung des folgenden Tages abermals einen guten Platz. Fast die ganze erste Stunde ging damit hin, daß einer der Sekretäre der Versammlung nur ein Verzeichnis der seit gestern eingelaufenen Papiere mit einer kurzen Inhaltsanzeige vorlas. Da waren Adressen ohne Maß und Ziel von ganzen Provinzen, von Städten, von besonderen Gesellschaftskörpern (Korporationen) und von einzelnen Personen eingesandt; da waren Berichte und Danksagungen, Bitten und bloße Höflichkeitsbezeigungen ohne Ende; da kamen Projekte und Bücher vor, welche der Nationalversammlung zugeeignet wurden, und ein Ehepaar vom Lande huldigte ihr sogar durch Übersendung eines Bukets von Blumen und Kornähren mit einer artigen Danksagungsadresse begleitet. Das Buket wurde vorgezeigt, und erregte allgemeines Lachen.

Man klagt, daß die Nationalversammlung bis dahin noch so wenig getan habe. Wer sie selbst gesehen hat; wer die tausendfältigen Störungen und Hindernisse kennt, mit welchen diese Versammlung täglich zu kämpfen hat; und wer dabei besonders dies in Erwägung zieht, daß der Adel und die Geistlichkeit im Grunde ihres Herzens die ganze Revolution mit allen ihren Folgen verabscheuen und verwünschen und den Fortgang derselben, soweit die Laterne es ihnen erlaubt, aufzuhalten suchen: der wundert sich, daß sie schon so viel getan habe.

Unter den der Versammlung zugeeigneten Büchern war eins vom Abbé *Fauchet*[17], einem durch außerordentliche Freimütigkeit und ebenso großen Patriotismus sich auszeichnenden Manne, auf den ich in der Folge noch einmal zurückkommen werde, weil er vor einigen Tagen, bei einer besonderen Gelegenheit, sich die Bürgerkrone erworben hat. Sein Buch handelt de la réligion *nationale*[18], und er tut darin Vorschläge zur Verbesserung der öffentlichen Landesreligion. Ein zweites Buch hatte den Titel sur la navigation par un Allemand.[19] Bei dem Worte Allemand fing die ganze Versammlung an zu lachen. Warum? Das werde ich Ihnen ein andermal erzählen.

Einer von denen, welche die Nationalversammlung mit Zuschriften heimsuchten, hatte sich durch ein *Anagramm*[20] unterschrieben. Dies erregte abermals ein Lächeln. Der vorlesende Sekretär zog dasselbe auf sich, weil er glaubte, er habe dem Dinge vielleicht nicht seinen rechten Namen gegeben. Er wollte den Fehler verbessern, und sagte: par un épigramme. Hatte man vorher gelächelt, so lachte man jetzt überlaut.

Ich übergehe die darauf folgenden Debatten dieses Tages, weil ich nicht eine Geschichte der Nationalversammlung schreiben, sondern nur durch einen und den anderen Zug Ihrer Einbildungskraft zu Hilfe kommen, und ihr die Bemühung, sich von dieser Versammlung ein Bild zu machen, erleichtern wollte. Eine Hauptszene dieses Tages – das hohe Leichenbegängnis, welches ich Ihnen ankündigte – reißt mich fort.

Die Nationalversammlung, welche heute die gestern entworfene Adresse *in corpore*[21] übergeben, und den König einladen wollte, mit ihr zugleich dem Himmel zu danken, daß er ihm die unumschränkte, d. i. ungerechte Alleingewalt habe abnehmen lassen, erschien diesmal ganz in ihrem eigentlichen Kostüme; d. i. alle – bis auf die Erzbischöfe nach, welche ihren gewöhnlichen violetten Ornat trugen – waren schwarz gekleidet, und ließen, in so fern sie keine Perücken trugen, nach Art der französischen Rechtsgelehrten, das vorn frisierte Haar, hinten, so lang es war, ungebunden niederhängen. Der Adel zeichnete sich dabei durch niedergeklappte und mit weißen Federn belegte Hüte aus, von der Art, wie man sie auf alten französischen Gemälden zu sehen pflegt.

Die Sitzung wurde gegen Mittag geendigt, und der feierliche Zug nach dem Palaste nahm seinen Anfang. Es sollte, außer den Mitgliedern der Nationalversammlung und dem Hofe, niemand bei dieser Feierlichkeit zugelassen werden, weil die Schloßkapelle mehrere Personen nicht füglich aufnehmen konnte. Weil indes der Zufall wollte, daß wir beim Ausgange aus dem Versammlungshause mit in die Reihe der Deputierten kamen, und beinahe, bis auf die Haartracht nach, wie sie gekleidet waren: so hatten wir den Einfall zu versuchen, wie weit wir wohl, ohne zurückgewiesen zu werden, mit ihnen fortgehen könnten. Das Schlimmste, was wir dabei zu erwarten hatten, war allenfalls – eine höfliche Bitte, daß wir zurückbleiben möchten; und darauf konnten wir also schon etwas wagen.

Wir kamen an das Gittertor, und man ließ uns durch; wir kamen auf den Marmorhof und zum Portal des Schlosses, und man ließ uns mit hinein. Jetzt ging es aus einer Galerie in die andere; dann eine Treppe hinauf, dann aus einem Zimmer in das andere, an deren Flügeltüren wir jedesmal einige der sogenannten *hundert Schweizer* – Cent Suisses – fanden, und jedesmal zurückgewiesen zu werden erwarteten, aber nicht zurückgewiesen wurden. Zwar hörten wir, daß die zunächst hinter uns gehenden Deputierten sich von uns unterhielten, indem der Eine den Andern fragte: Ces Messieurs[22] là sont – ils des Députés? und der Andere ihm antwortete: J'en doute; aber dabei bliebs. Celui là, sagte der Eine, auf Einen von uns zeigend, paroit être Anglois. Cela se peut, erwiderte der Andere, mais l'apparence est quelque fois trompeuse. – Und so ließ man uns ruhig bis in die sogenannte große Galerie, wo der König die Adresse annehmen wollte, mit sich fortgehen.

Hier lief nun alles, weil der König noch nicht da war, eine Zeitlang unordentlich durch einander; und ein Getöse, welches von fern gehört, dem Brausen des Meeres glich, erfüllte den Saal. Prinzen, Erzbischöfe, Markis, Grafen, Edelleute, Priester und Bürger schwärmten bunt durch einander. Man glaubte in Noah's Kasten zu sein. Plötzlich öffnete sich eine Seitentür; und in dem nämlichen Augenblicke waren tausend winkende Hände und Hüte in der Luft, welche zur Stille einluden, und ein allgemeines Zsch! Zsch! verkündigte die Ankunft des Monarchen. Er trat herein; und da hätten Sie sehen sollen, wie die nämlichen Menschen, welche Tags zuvor auf jede Silbe eifersüchtig waren, die dem *Wiederhersteller der französischen Freiheit* zu viel Respekt zu bezeugen schien, auf einmal wieder die alten, ihrem Beherrscher mit Leib und Seele ergebenen Franzosen zu sein das Ansehn hatten, die sie ehemals waren. Einige sprangen auf Stühle, andere hingen sich an die Säulen,

und die Übrigen reckten sich, auf
den Zehen stehend, so weit sie
konnten, in die Höhe, um das ihnen
gar nicht unbekannte Antlitz des
königlichen Mannes anzustaunen,
dessen vorige Majestät sie selbst so
sehr beengt hatten! Als der Präsident ausgeredet und der König vor-
gezeichnetermaßen darauf geantwortet hatte: brach die ganze Versammlung in ein dreimaliges so
schmetterndes Vive le roi! aus, daß
der Palast in seiner Grundfeste er-
bebte. Und nun äußerte jeder gegen
seinen Nachbar die lebhafteste
Freude über die deutliche und ver-
nehmliche Art, womit Se. Majestät
geredet hatte, und über die Zufriedenheit, die man dabei in ihrer
Miene wahrgenommen zu haben
glaubte.

Der König trat nunmehr verlang-
termaßen den Weg zur Schloßkapelle an; und wir anderen Deputierten – ich war in diesem Augenblicke stolz genug, meine Freunde
und mich für Deputierte der
Menschheit zu halten – folgten ihm
auf dem Fuße nach. Wir brauchten
nur durch einige an die große Galerie stoßende Zimmer zu gehen, so
waren wir da. Als wir das letzte von
diesen Zimmern erreicht hatten,
kam die *Königin*, begleitet von
Madame und von *Madame Elisabeth*²³, durch eine Seitentür zum
Vorschein, um in die an dieses Zimmer stoßende und schon geöffnete
königliche Tribüne der Kapelle zu

Gefangennahme König Ludwigs zu Varennes, 22. Juni 1791.

treten. Der König nahm unterdes seinen Sitz unten in der Kirche ein. Es war seit dem Anfange der Revolution das erstemal, daß die Königin wieder öffentlich erschien; und man hätte daher glauben sollen, daß jeder begierig gewesen wäre, sie zu sehen: allein die Deputierten gingen, ohne sich durch Stillstehen oder durch irgend eine Art von Ehrenbezeugung aufzuhalten, bei ihr vorüber; und jeder nahm den ersten den besten Platz ein, den der Zufall ihm anwies. Der meinige war glücklicherweise in der Nähe der Königin; und Sie können denken, ob ich den Vorteil, den er zum Beobachten mir gewährte, zu benutzen suchte. Ihre Majestät ergriffen in dem Augenblicke, da sie ihren Sitz einnahmen, das Gebetbuch; und ihre Augen blieben während der ganzen gottesdienstlichen Handlung fast ununterbrochen darauf geheftet. Wenn sie sich je zuweilen davon losmachten, so geschah es, um Madame oder Madame Elisabeth anzublicken, zu denen Ihre Majestät von Zeit zu Zeit ein freundliches Wort redeten. Der gemischte Ausdruck ihres Gesichts – aber welche Sprache hat Worte, um ein Gemisch von Empfindungen auszudrücken, die wegen der sonderbaren Lage, worin Ihre Majestät sich befand, die einzigen in ihrer Art sein mußten! Den König konnte ich an der Stelle, wo ich stand, nicht sehen; aber einer meiner Gefährten, der in dieser Betrachtung glücklicher war, weil er seinen Platz unten in der Kirche bekommen hatte, versicherte mir, daß Se. Majestät, während der ganzen Feierlichkeit, das allergleichgültigste und unteilnehmendste Gesicht von der Welt gezeigt habe. – Nach geendigter Gottesverehrung ließ die Versammlung den König, aber auch sonst keinen, noch einmal mit Inbrunst hoch leben; und Se. Majestät dankten dafür auf eine so überaus gnädige und freundliche Weise, daß alle Welt davon erbaut war. Die Königin hingegen und die Versammlung schieden ohne alles Zeremoniell von einander.

Konrad Engelbert Oelsner

Der geschichtsblinde Despot

19 April 1791. Es ist unbegreiflich, wie der Hof den Geist der Zeit nicht kennt oder mutwillig dagegen anrennen kann. Er sollte wissen, daß man nur durch Meinung noch, und einige Reste von Glauben existiert; daß zu allen Zeiten und unter allen Zonen nur diejenigen geherrscht haben, so die Stimme des Volkes für sich zu gewinnen wußten, und daß

ohne sie niemand, bei einem freien Volke, sich auf einem eminenten
Posten lang behaupten kann. Doch! was sage ich bei einem freien
Volke, ohne sie ist es auch um Sultane geschehen. Ihre Allgewalt verschwindet, sobald die Meinung von ihrer Macht aufhört größer zu
sein, als diese Macht selbst; und keinen noch, weder in Asien noch
Europa, weder in alter noch neuer Zeit, selbst den Königen von Preußen nicht, die in dieser Rücksicht an die äußerste Grenze der Möglichkeit gestreift haben, ist es gelungen, eben so viel aktive Kräfte zu
Gebote stehen als passive Kräfte unterworfen zu sehen; folglich gibt
es keine Verfassung, die nicht umstürzen müßte, sobald ein gewisses
Maß von Diskredit auf sie gehäuft ist. Die Geschichte erzählt es auf
tausend unvergänglichen Blättern; die Philosophie hat es demon-
striert; allein Philosophie und Geschichte sind von den Höfen ver-
bannt; sie erscheinen höchstens maskiert daselbst, oder wenn sie ja,
Not oder Zufall, am hellen Tage einführen, so verstehen Könige und
was mit ihnen aufwächst, ihre Sprache nicht. Sie, für welche das Buch
der Zeiten und der Vernunft eigentlich geschrieben wäre, sind unter
ihren sterblichen Mitbrüdern just die unfähigsten daraus Lehre zu ziehen. Vor ihrem Gesichte dämmerts nur, denn Trug und Illusion bela-
gerten ihre Wiege. Des Bettlers Erziehung ist bei weitem so elend nicht
wie die der Fürsten. Jener erfährt bei Zeiten was er ist und was er sein
wird, während dem unmündigen Thronerben jeder richtige Begriff
ausweicht, jedes wahre Gefühl sich versteckt, jeder Gespiele heuchelt.
Alles um ihn her scheint verschworen zu sein, ihn zu einem Wesen außer der Natur zu machen, ihm falsche Meinungen und Anmaßungen
einzupfropfen; kurz er wird unfähig, bis auf sich selbst, ohne Farben-
gespenst zu sehen.

In gewöhnlichen Zeiten, wo die Dinge in dem aufgefahrenen Gleise
fortschreiten, mag dieses recht gut gehen, allein wenn durch langes
Unglück das Schiffsvolk klüger geworden ist als der schlummernde Pi-
lot, wenn eine Nation auf einmal zum Gefühle ihrer Kraft und zur
Einsicht ihrer Rechte aufgeschrien wird, dann Gnade der Himmel diesem Mitteldinge von Gott und Kretin.[24]

Duclos sagt: daß die päpstliche Macht, mit der im Fallen beschleu-
nigten Kraft großer Massen sinke. Das nämliche wird von der königlichen Würde in Frankreich gelten, die sich vielleicht nur noch durch
die Liebe zu dem Individuum erhält, welches damit bekleidet ist,
wenn der Hof nicht richtige Begriffe über seine Lage erlangt. Die umher neugewordene Denkungsart, verdammt was sie sonst bewun-

derte; fordert was sie sonst nicht erlaubt hätte, und der Freiheit, arg-
wöhnisch immer, besonders aber in den ersten Tagen ihres Daseins,
dünken oft unbedächtige Schritte zweideutig, und gewöhnlich zweideutige feindselig. Es mag eine Menge schmerzlicher Erinnerungen geben; dringende Notwendigkeit gebietet sie zu vergessen, gebietet eine
zufriedene Miene, gebietet nicht gezwungen bloß, sondern freiwillig
der öffentlichen Meinung zu gehorchen, ihr zuvorzukommen wo es
möglich ist. Allein man will das nicht einsehen; man weiß sich nicht
einmal von den unpassendsten alten Formen loszumachen, oder glaubt
damit zu imponieren. Welcher Irrtum! Entfernung und sultanischer
Kaltsinn betören nicht mehr. Die Absicht wie ehemals zu herrschen,
sollte aufs sorgfältigste verschleiert werden; man müßte sich mit dem
stillen Genusse begnügen, wenn man sie erreicht, und nicht vor der Zeit
Prätentionen sehen und greifen lassen; verhaßte Prätentionen, womit
der günstigste Versuch unausbleiblich fehlschlägt.

Der Arglistigen so auf Fehltritte lauern, sie herbeizuführen suchen
und zu benutzen wissen würden, sind viele. Von vier aktiven Parteien
können drei dem Könige gleich gefährlich werden.

Die erste besteht aus allen denen, so die Revolution geradehin hassen, entweder weil sie dieselbe nicht begreifen, oder sie nicht nach ihren
Absichten gegangen ist, oder sie um Amt, Titel, um die Superiorität
ihrer Einsichten, um den Ruhm den sie besaßen, oder sich zu erlangen
versprachen, gebracht hat, aus allem was man gemeinhin Aristokratie
nennt, ehemaligen Edelleuten, Philosophen, Bischöfen, Parlamentsrä-
ten, Pensionären; sie meinen es mit dem Könige eben so redlich wie der
Kardinal Rohan [25] und seinesgleichen mit der Religion, sie suchen in
beiden ein Palladium [26] des Aufruhrs. Die Meinung gibt dieser Partei
wenig Gewicht. Man macht sich über die kassierten Philosophen lustig.
Adel und Parlamente sind vergessen, es wird ihrer höchstens gedacht,
wenn man an Insolenz und Bedrückungen denkt; der Fanatismus erscheint alle Tage eine armseligere Waffe. Auch die Hilfsmittel des Geistes dieser Partei, lassen sich aus ihrem bisherigen Betragen schließen;
die Geldquellen sind verstopft. Kreditlos wie diese Partei und auf die
Hilfsmittel der Verzweiflung reduziert, kann man, ohne Gefahr ungerecht zu sein, des Wahnsinns oder der Treulosigkeit diejenigen beschuldigen, welche dem Könige dazu raten konnten. Es ist um ihn getan,
wenn es das Unglück will, daß er in ihre Arme gerät; denn er wäre
nichts als der bewachte Doge einer eifersüchtigen Aristrokratie, wenn
sie die Oberhand gewönne, unterläge sie hingegen, welches aller Wahr-

scheinlichkeit nach geschehen müßte, so würde dem aufgebrachten Volke das Blut der Bourbons aufhören heilig zu sein. Es ist wahr! Die Liebe zum Könige ist außerordentlich groß, ja, es scheint unbegreiflich, wie man so wenig Partie daraus zu ziehen weiß, und mehrere unersetzlich günstige Gelegenheiten entschlüpfen ließ – allein wer den Fanatismus des großen Haufens kennt, wer da gesehen hat, welchen drohenden Schwung der *ungegründete* bezweifelbare Verdacht verraten zu sein, dem Freiheitsenthusiasmus der bravsten Leute gibt, wird wissen, daß ich nichts Übertriebenes behaupte.

Die zweite Partei ist die der Fürstenhasser. Sie hält die Könige überhaupt für Menschenfresser und möchte die ganze Rasse derselben von der Erde getilgt wissen. Ohne Intrige, auf die Fehltritte des Hofes und die schnellen Fortschritte der Aufklärung weitaussehende Hoffnungen bauend, würde sie keine Trauer anlegen, wenn sich der Hof in der öffentlichen Meinung zu Grunde richtete.

Eine dritte Partei ist die der Friedensstörer. Sie besteht eines Teils aus Leuten, bei denen die Freiheit ein hitziges Fieber ist; die nach allen Richtungen laufen, von keinem Systeme wissen; überall Verschwörungen wittern, gegen jeden Handhaber der öffentlichen Gewalt wütend zu Felde ziehen, die äußersten Mittel für unzureichend halten, und sich also leicht über das allgemein nützliche Ziel hinaus führen lassen. Anderen Teils, aus verschlagenen Ehrgeizigen, die mit besonderer Geschicklichkeit die Rolle der Volksfreunde zu spielen wissen, nicht die königliche Würde, sondern den König verleumden, unaufhörlich Lärm schlagen, gegen kritische Ereignisse, so sie selbst herbei geführt, zusammenrotten und auf sich als Schutzengel in der Gefahr zeigen lassen. Diese Hälfte, meistenteils aus ehemaligen Hofleuten, den begünstigsten, zusammen gesetzt, ist zu oft durch die Antichambre[27] der Minister und bei Favoritinnen in die Schule gegangen, als daß man an die Aufrichtigkeit ihres Eifers, an die Reinheit ihrer Absichten glauben könnte, hat es in der Intrige zu weit gebracht, um nicht an der anderen Hälfte ein brauchbares Instrument zu finden. Man beschuldigt sie, die Fahne des Hofes verlassen zu haben, weil sie nicht die Siegesfahne ist, und sich das Volk auf den Thron geschwungen hat; man beschuldigt sie, unter dem Vorwande des allgemeinen Besten nach den Rudern der Regierung zu trachten, um eine neue Art von Aristokratie zu schaffen, andere wollen, daß sie für einen gewissen Prinzen arbeite. Wenn dieses letzte, wie ich glaube, Verleumdung ist, so hat sie sich nicht zu beklagen, man erntet was man gesät hat. Diese Faktion, insbesondere gegen

Lafayette[28] gerichtet, scheint unter den Vertrauten des Königs selbst, treue Ergebene zu besitzen, und vortrefflich bedient zu sein.

Die einzige Partei, bei welcher der König Heil finden kann, ist die der wahren Freunde der Konstitution, nicht derer, so den Namen führen, sondern es wirklich sind. Diese Partei, wenn man den aufgeklärtesten und zahlreichsten Teil einer Nation so nennen darf, hat die ganze Abscheulichkeit der alten, umgeworfenen Verfassung gefühlt und kennen gelernt, und wünscht sie gewiß nicht wieder zurück. Sie liebt das Werk ihrer Repräsentanten, aber will Ruhe und Eintracht, ohne welche nach ihrer Meinung, die neue Ordnung der Dinge nicht gedeihen kann, und übertreibt vielleicht ein wenig die Notwendigkeit einer Stille, wovon sich zweifeln läßt, ob sie nach einem so heftigen Sturme möglich oder wohltätig wäre. Worin ich ihr aber durchaus beistimme, ist, daß man der Zeit überlassen muß, die der Konstitution anklebenden Fehler, unvermeidlich unter den gegebenen Umständen, zu korrigieren, besonders wenn von Instituten die Rede ist, über welche die Meinung noch bei weitem nicht gereift hat, und die sich nicht ohne gewaltige Erschütterungen, ohne für mehrere Generationen die Vorteile zu vernichten, welche man daraus erwartet, etablieren ließen. So hält sie es mit dem Systeme der erblichen Monarchie, weniger aus Überzeugung von seiner Notwendigkeit und Güte, als von der Gefahr, dasselbe jetzt niederzureißen, das heißt, eine neue zweite Revolution zu veranstalten, und da sie, taub gegen die Verleumdung, in Ludwig dem 16ten seine Verdienste um das allgemeine Beste findet und aufrichtigen Willen zu erkennen glaubt, so wird sie ihn mit Kraft gegen alles in Schutz nehmen, was gegen den Tempel der Konstitution, in dem er jetzt wohnt, bäumen möchte.

Johann Friedrich Reichardt

Ludwig Capet und die Fischweiber

Paris, den 16. März 1792.

Wir hatten eben einen komischen Besuch von sechs Poissarden[29], die seit langer Zeit den Gebrauch haben, an dem heutigen Tage, *demicarême*[30], der Stadt von Haus zu Haus zu gratulieren. Eine war die Königin, aber bloß durch einen schönen, frischen Blumenstrauß unter-

schieden, und auch nicht die jüngste und hübscheste. Eine andere war
jung und ziemlich hübsch, aber im ganzen Gesichte voll blauer geknif-
fener oder gestoßener Flecke. Sie nannten mich immer *mon bon ami*[31],
und duzten mich; auch küßten sie mich und *W...* nach der Reihe
herum, und ganz herzhaft auf beide Backen. Äußerst frappant war es
für mich, daß sie die alte Regierung zurückwünschten, weil es da besser
gegangen, und mehr Geld und Nahrung unter den Leuten gewesen
wäre. Zuletzt ging es denn natürlich ans Betteln. Ich wollte nur ein Paar
livres[32] aufopfern; doch *W...* beredete mich, ihnen ein Assignat[33] von
5 L. zu geben. Damit glaube ich wirklich zu viel zu tun; aber siehe da!
Sie fanden es bei weitem zu wenig. Die Resoluteste nahm es, und ging
mit den Worten fort: *je prends celà pour moi*[34]; und die anderen verfolgten mich nun in das innere Zimmer zu meinem Schreibpulte, und
bestanden darauf, (aber doch immer mit Umarmungen) ich sollte mehr
hergeben; sie wären ihrer vierzig, die davon trinken müßten. Ich wußte,
daß *W...*, auf den sie noch besonders deuteten, einige kleine Billetts in
seinem Portefeuille hatte, und sagte ihm, er möchte ihnen geben, was er
hätte. Dadurch erhielten sie noch 3 Livres; sie schienen sich aber erst zu
befriedigen, als ich ihnen sagte: *mes chères amies, vous me prenés pour
un riche Anglois, et je ne suis qu'un pauvre Allemand.*[35] Eine Alte war
die einzige, die mit einer herzlichen Umarmung von mir Abschied
nahm.

Heute Mittag aßen wir recht angenehm bei..., der ein Erzjakobiner
ist. Alle unsere übrigen Bekannten unter den Gelehrten sind Aristokraten: *Marmontel*, (der so gar Paris in Blut schwimmen zu sehen
wünscht, um die Jakobiner zu vertilgen) *Morelet, Suard, Barthelemi,
Grimm*, auch andre Bekannte als *Lessert, Panckoucke, Deleutre*; – nur
Garat ist noch ein echter Revolutionär. ––

Bei unserem heutigen *Diner* fanden wir auch *P...*, der ebenfalls ein
eifriger Revolutionär ist. Enragierte Weiber waren auch in der Gesellschaft. – Eine alte Exbaronne behauptete steif und fest: es könnten
keine Poissarden gewesen sein, die heute das ehemalige *régime* zurück
gewünscht hätten. Das alte wilde Weib blieb taub gegen meine Versi-
cherungen, bis ich ein *ridicule*[36] auf sie warf. Ich sagte ihr: wenn sie sich
nicht durch meine Worte überzeugen ließe, so glaubt' ich, sie könne es
durch den Fischgeruch an unsren Backen; ich wenigstens hätte noch
den Fischgeruch in der Nase, und der könne doch nicht wohl von anderen Poissarden herkommen. Und dabei faßte ich sie und meine andre
alte Nachbarin, die beide mit ihrem roten und schwarzen Anstrich wie

rasende Poissarden aussahen, etwas scharf ins Gesicht.

In unserer Gesellschaft erfuhren wir denn auch allerlei kleine politische Neuigkeiten. Der König soll, in seiner Bosheit über die Nachricht von dem Tode des Kaisers, alles Glas und Porzellan in seinen Zimmern zerschlagen haben. Ich wunderte mich, daß die Königin nicht den König zerschlagen hätte. Man sagt, und selbst gedruckt in den Zeitungen, sie sei von Sinnen, und er wolle sein Amt niederlegen. ––

Der Zucker wird wieder wohlfeiler; von 70 Sols (22 Gr.) ist er schon auf 58 heruntergekommen. Die Jakobiner haben ein Bündnis gemacht, keinen eher zu brauchen, als bis er wieder in dem vorigen Preise ist. Das soll Einfluß auf die Krämer gehabt haben.

Der Kurs wird auch wieder etwas besser. Vor drei Tagen zahlte man 19 Liv. Aufgeld für einen *louis*; heute nur 15. Das kommt uns zu Statten; denn uns sind unsere Assignaten noch zu jener Differenz ausgezahlt.

Aus den Provinzen laufen, leider! noch immer traurige Nachrichten von offenen Fehden zwischen den Aristokraten und Jakobinern. Das Volk hat sich wieder einiger leidigen Grausamkeiten schuldig gemacht. Es ist abscheulich, wie leicht man hier über so etwas weggeht. Die Nationalver-

*Die Hallenweiber ziehen nach Versailles, den König abzuholen,
5. Oktober 1789.*

sammlung hat so gar einige Aufruhrstifter, besonders die Marseiller, öffentlich in Schutz genommen. Sie billigt das *Raisonnement*[37], nach welchem diese gegen ihr Schweizerregiment zu Felde gezogen, es entwaffnet und aus der Garnison getrieben haben. Die Marseiller sagen: «ihr sollt nicht gegen unsere Feinde über den Rhein gehen; also könnt ihr nur im Lande gegen uns und unsere Konstitution gebraucht werden: dazu haben wir euch aber gar nicht nötig; also fort!» Es ist zu fürchten, daß die Schweizer ihre Truppen jetzt alle zurücknehmen werden.

Heute früh sah ich die *Garde nationale*[38] auf dem Platze der Tuilerien vor dem Könige bei der Musik des Liedes *ah ça ira!*[39] auf die Wache ziehen, und zwar, wie es alle Tage geschieht, mit Kanonen, neben denen dort die Lunten Tag und Nacht brennen.

In den Theatern wird auch hier das Lied *ah ça ira* zwischen den Akten oft von dem Orchester gefordert. Neulich hat man *aux Italiens*[40] zu lange darauf warten lassen, und ist in Gefahr gewesen, gestürmt zu werden. Sonst geht es hier in den Theatern, wie überall, äußerst ruhig zu. Es ist nirgends eine Spur von Tumult, außer in der Nationalversammlung. Der eine Deputierte hat neulich einem anderen in der Versammlung wirklich Stockschläge gegeben.

Konrad Engelbert Oelsner

Flucht und Gefangenschaft oder Schmach der Monarchie

Den 21. Jun.[41] morgens zwischen 7 und 8 Uhr verbreitete sich die Nachricht, daß der König mit seiner ganzen Familie entflohen sei. Sie verursachte Erstaunen, keineswegs Bestürzung. Um 9 Uhr stand die Nationalgarde unter den Waffen. Die Versammlung hatte eine Stunde vorher ihre Sitzung eröffnet. Lafayette[42] und Gouvion[43] wurden vorgefordert. Das Leben des ersteren lief Gefahr auf dem Platz la Greve. Hr. d'Aumont, von dessen Truppen es hieß, daß sie beim Könige die Wache gehabt hätten, wurde mit einer Wunde am Arme aus den Händen der Banditen gerissen, die ihn aufknüpfen wollten. Es setzte einen kleinen Sturm auf das Schloß der Tuilerien so wie auf den Palast Bourbon. Man hielt blutige Auftritte für unvermeidlich. Alles hing von der

Stirne ab, so die Nationalversammlung zeigen würde. Lafayette erklärte sich Bürge für alles was Gouvion aussagen möchte. Sie hatten Anzeige gehabt von einem Entfliehungsprojekte, und dem zufolge die Türe welche in das Zimmer des Herrn Villequier führt, mit doppelten Wachen besetzt. Er selbst, Hr. Gouvion hatte sich nebst vier Offizieren bis nach Mitternacht vor dieser Türe befunden. Man begreift nicht wie die Flucht bewerkstelligt worden sei. Lafayettes Lage schien penibel. Auf einmal erklärte sich, zum Erstaunen aller, die das untere der Karten nicht kannten, diejenige Partei für ihn, von welcher die Anklagen zu fürchten waren. Barnave beschwor das öffentliche Zutrauen um den Mann, über dessen Patriotism nie ein reeller Zweifel geschwebt, wie er (Barnave) sagte, der ihn ehemals so oft als einen Verräter denunziert hatte. Seine Rede wurde als ein Zug von Seelengröße bewundert, Lafayette und Bailly[44] mit Händeklatschen aufgenommen, und die Einigkeit welche zwischen den verschiedenen Parteien der Nationalversammlung zu herrschen begann, verbreitete sich über die Einwohner der Stadt. Cazales soll insultiert worden sein. Die Minister wurden vorgefordert. Sie sagten aus: der König habe sie durch ein Billett, welches sie diesen Morgen empfangen, bis auf weitere Ordre suspendiert. Auf der Stelle wurden sie reintegriert und befehligt, ihre Verrichtungen wie vorhin fortzusetzen. Hr. de la Porte, Schatzmeister der Zivilliste, überreichte der Nationalversammlung ein an sie adressiertes Schreiben des Königs. Er erklärt darin alle seine bis jetzt geleisteten Eide null und nichtig, beklagte sich über die Applaudissements, so Necker[45] in seiner Gegenwart erhalten, über die Mäßigkeit der Zivilliste, über den wenigen Raum im Schlosse der Tuilerien, und gibt zu verstehen, daß er willens sei der Nationalversammlung den Kopf zurecht zu setzen. Der Brief erregte kaltblütigen Unwillen, aber so wenig Niedergeschlagenheit, daß, nachdem er abgelesen, ohne die mindeste Bemerkung zur Ordnung des Tages geschritten wurde, die in einigen Artikeln des Kriminalkodex bestand, welche dekretiert wurden, während sich die Kriegs- und Gesetzgebungsausschüsse mit Vorschlägen beschäftigten. Eilboten gingen ab und zu. Es wurden Verfügungen in Rücksicht der Armee getroffen. Rochambeau legte der Versammlung den Eid der Treue ab, welchem Beispiele die militärischen Mitglieder der Nationalversammlung, selbst die der rechten Seite aus Herzensbangigkeit wohl bloß, folgten. Der 22. verstrich wie der vergangene Tag ohne die mindeste Nachricht über den Weg, welchen die königlichen Flüchtlinge genommen hatten. Die Nationalversammlung erlangte unterdes durch ihre

Eintracht und weise Maßregeln das unbegrenzte Zutrauen wieder, das sie bei Eröffnung der Revolution besessen hatte, seit einigen Monaten aber, durch so viele gegen sie ausgestreute Pasquille geschwächt zu sein schien. Man rief in den Straßen den Brief des *ehemaligen* Königs der Franzosen aus. Alle Bildnisse von Königen und Prinzen wurden bedeckt oder abgerissen; es fehlte nicht viel, so hätten die Statuen Ludwig des 14ten und 15ten gleiches Schicksal geteilt. Selbst die Wörter König, Königin, königlich wurden von den öffentlichen Schilden ausgelöscht, der gekrönte Ochse eines Restaurateurs befand sich in die Proskription begriffen. Man heftete an das Schloß der Tuilerien einen Zettel: *hier ist ein Haus zu vermieten.* Der Geist der Lustigkeit hatte sich während dieser spöttischen Operationen so sehr der Gemüter bemächtigt, daß, da allenthalben erleuchtet war, in dem Palais Royal und den Elysäischen Feldern getanzt wurde. Der Klub der Jakobiner zeigte eine weniger friedliche Miene; hier war schon gestern die Frage zum Vorschein gekommen, ob man die Monarchie beibehalten oder abschaffen wolle? aber sehr ungünstig aufgenommen worden. Die Anhänger Lafayettes, überaus zahlreich, wußten alle dergleichen Debatten in der Wiege zu ersticken. Die Nachricht erscholl, daß der König drei oder vier Meilen von der niederländischen Grenze, zu Varennes, arretiert worden sei. Barnave, Latour-Maubourg und Pethion sind ihm entgegengeschickt worden, mit einer unbeschränkten Vollmacht über die Truppen und jedes Nötige die Reise des Königs zu schützen. Den 23. Juni ist das Fronleichnamsfest, mit allem Gepränge das man ihm geben kann, gefeiert worden. Die Versammlung befand sich in der Prozession von St. Germain l'Auxerrois und wurde häufig beklatscht. Mehr als 40000 Menschen sind unter Tanz und Musik, mit dem Volksreihen *ça ira*, und dem Lieblingsliedchen *où peut-on être mieux qu'au sein de sa famille*[46], durch den Versammlungssaal der Repräsentantschaft gezogen. Dem Gesetze und der Nation wurde Treue geschworen. Die distinguiertesten Militärpersonen taten das nämliche, und gingen sogleich mit der nötigen Vollmacht in die Grenzbezirke ab, um selbige in Verteidigungsstand zu setzen. Die Flucht des Königs hat seinen Kredit zu Grunde gerichtet. Trotz einiger mißtrauischen Journalisten, die alle Morgende und Abende Feuerlärm schlugen, glaubte man allgemein an die Aufrichtigkeit des Königs. Selbst diejenigen, welche die Vollkommenheit in der Abschaffung der erblichen oder lebenslänglichen Royalität sehen, nahmen Partei für ihn. Sein Meineid macht ihn unfähig ferner zu regieren; das ist die herrschende Meinung der Hauptstadt und der Provinzen, aus denen bis jetzt Nachricht eingelaufen ist.

Der Postmeister von St. Menehould glaubte zwischen der Physiognomie des Reisenden und dem Bildnisse auf einem Assignaten von 50 Pf. eine Ähnlichkeit zu entdecken. Überdem war eine Eskorte von 50 Mann Kavallerie etwas Aufmerksamkeit Erregendes, wenn nicht Verdächtiges. Er fordert den Geleitbrief: die Baronin von Korf, mit zwei Kindern, einem Kammerdiener, zwei Kammerfrauen und drei Lakaien, nach Frankfurt reisend. Der Postmeister zeigte seine Verwunderung, wie eine simple Ausländerin wichtig genug sein könne, um mit einer so ansehnlichen Eskorte zu reisen. Die Reisenden gaben vor, nach Verdun zu gehen. Bald darauf erfährt er, daß sie den Weg nach Varennes genommen. Sein Verdacht wächst, nicht daß die Reisenden die königliche Familie, aber wohl Personen seien, die es der Mühe lohnt, zu untersuchen. Er setzt sich mit einem seiner Knechte auf, und es gelingt ihm durch einen Nebenweg Varennes eine Viertelstunde früher zu erreichen als der König. Es wird Lärm geschlagen; die Nationalgarde von Varennes greift zu den Waffen, sie verrammelt die Brücke. Zwei junge Leute Leblanc und Pontaut betragen sich mit so viel Mut und Klugheit, daß die Eskorte ohne Schwierigkeit entwaffnet und der König auszusteigen genötigt wird.

Der Postmeister und seine Gehilfen sind auf eine glänzende Art von der Nationalversammlung begrüßt worden, aber der Enthusiasmus der Jakobiner kannte in Rücksicht ihrer keine Grenzen; es wurden ihnen während guter drei Stunden Ehrenbezeugungen über Ehrenbezeugungen, Statuen und Monumente votiert; einer suchte den anderen zu übertreffen, und die Ausschweifung wetteiferte mit sich selbst. Endlich wurde das dem ehrlichen Postmeister selbst zu viel, und er bat auf eine Art, die seiner Delikatesse und seinem Kopfe gleich viel Ehre machte, die Gesellschaft, ihrem Eifer Maß und Ziel zu setzen. Der Postmeister und seine Gefährten wurden den 23ten Abends unter Fackelerleuchtung durch die Straßen und den folgenden Tag mit Kränzen in dem Palais Royal herumgeführt. (Die Nationalversammlung hat sie in der Folge mit 200000 L zu belohnen gesucht, wovon aber nichts angenommen, sondern unter ihre Mitbürger verteilt worden ist.) – Da Hr. Montmorin den Paß unterzeichnet hatte, so war nichts natürlicher, als daß Verdacht auf ihn fiel, mit dem Könige einverstanden gewesen zu sein, das heißt, um die Flucht gewußt zu haben. Das Volk wollte sein Hotel bestürmen. Die Nationalversammlung ließ ihn an die Barre[47] fordern.

Sie hat sich mit seiner Rechtfertigung zufrieden bezeugt, wiewohl strengere Richter viel dagegen zu sagen hätten. Den 25ten kam der König unter einer zahllosen Bedeckung an. Der Zug ging von der Barriere Chaillot durch die Elysäischen Felder. Eine unermeßliche Menge Volks formierte zwei Reihen bis auf einige Meilen auswärts von Paris. Man empfing den König mit bedecktem Haupte und dem Stillschweigen des Zorns. Der Wagen war mit Nationalgarden behangen, auf der Imperiale saßen deren; kein Schuß wäre zum König gelangt. Auf dem Vordersitze befanden sich gefesselt drei Gardes du corps⁴⁸, welche Vorreiterdienste bei der Flucht versehen hatten. In dem Wagen, der König, die Königin, Madame Royale, der Dauphin, Barnave und Pethion, in dem folgenden Madame Elisabeth⁴⁹, Md. Tourzel, Dumas, Latour-Maubourg. Den Zug beschloß ein mit Lorbeerreisern ausgesteckter Triumphwagen, wo mit Bürgerkronen geziert die Fänger des Königs aufrecht standen. An der Barriere haben den König einige Schimpfreden begrüßt und in den Tuilerien gab es eine Bewegung, bei welcher das Leben der drei Leibgardisten in Gefahr kam. Die Nationalversammlung hat den König bis auf fernere Verfügung aller Funktionen überhoben. Man sagt, daß der König von seiner Gemahlin und diese vom Dauphin separiert sei; so viel ist gewiß, daß sie sämtlich Wachen in ihren Zimmern haben. – Monsieur ist mit Hilfe einiger engländischen *Goddams*⁵⁰ besser entkommen, wollte er aber seinem Ehrenworte, sich nie vom Könige zu entfernen, treu sein, so käme er zurück; wenn er groß dächte oder zu denken im Stande wäre, so täte er es – wie interessant er sich dadurch dem Volke machen könnte!! allein er nimmt das gewisseste fürs Beste.

Die Königin ging den Tag vor ihrer Abreise zu *Tivoli**spazieren, während sie den Fußsteig im Wäldchen verfolgte, überfiel den Offizier, der die Ehre hatte sie zu begleiten, eine Unpäßlichkeit – er mußte sich entfernen, und sein Stellvertreter war noch nicht gegenwärtig, als die Königin aus dem Boskett zurück kam. Sie zeigte ihre Verwunderung, und, als sie endlich den Offizier erblickte, sagte sie in einem sauren Tone**: ja! so bewacht Ihr die Königin, eh Ihrs Euch verseht, wird sie sich aus dem Staube machen, und dann und dann wird man sich in Paris die Hälse brechen.

---

* Ein, einem hiesigen Wechsler gehöriger, sehr schöner Garten.
** Voila comme Vous gardez la reine, et puis la reine s'en ira et puis on s'égorgera à Paris.

Es ist Md. de Rochefeuille, Kammerfrau der Königin, die dem Untersuchungskomitee das Entfliehungsprojekt des Königs angezeigt hat, um seine Ausführung zu verhindern. Sie genoß des gänzlichen Zutrauens der Königin, welche, seit der Affäre vom 5 – 6ten Oktober[51] beständig in der grundlosen Bangigkeit, vergiftet zu werden schwebend, sich die Speisen jedesmal von Md. de Rochefeuille zubereiten, oder verbürgen ließ. Nach mehreren, und langen, aber eitlen Versuchen, die Königin von dem Reiseplan, den Md. Rochefeuille für höchst gefährlich hielt, abzubringen, zeigte sie ihn an. Allein gerade diejenigen Personen, unter deren Einflusse sich das Komitee befand, wollten, daß die Flucht stattfände, und so wurden auch die diesmaligen Bemühungen der Md. de Rochefeuille vergeblich.

Hr. Boyon, Pariser Bataillonskommandant, hat sich ein Verdienst um die Arrestation des Königs erworben. Er wurde inne, daß es keinen Eilboten für die Route von Metz gab, und da die Hindernisse, welche er bei seiner Abreise gefunden hatte, ihm diese absichtliche Vernachlässigung nur noch verdächtiger machte, so unterstand er sich, trotz seines Passes, den Weg nach Metz zu nehmen. Es gelang ihm, nachdem er sechs Meilen jede Stunde gemacht hatte, zwanzig Minuten nach der Durchfahrt des Königs in St. Menehould anzukommen, aber seine abgenutzten Kräfte erlaubten ihm nicht die Reise zu verfolgen, er bewegte den Postmeister für ihn abzusitzen.

Es scheint, daß in der Gegend von St. Menehould, überhaupt in dem Gouvernement des General Bouille, Banditen auf den Weg gepflanzt waren, die Verfolgenden aufzuhalten. Hr. Boyon bekam einen Säbelhieb in den Arm. Bei aller dieser Vorsicht sieht man, daß Bouille seine Maßregeln nur sehr schlecht kombiniert hatte. Er war Meister des Landes, kannte jeden Weg und Steg, disponierte über alles und unterläßt den Holzweg von S. Menehould nach Varennes mit einigen seiner Leute zu besetzen. Zwei oder drei Halunken, mit dem Befehle dahin postiert, alles niederzumachen, was ihnen in dieser Nacht vor den Schuß kommen würde, hätten die Arretierung des Königs verhindert. Nimmermehr wird sich der unternehmende Eisenfresser Bouille gegen diesen Vorwurf rechtfertigen können. Es treffen ihn derselben noch mehrere. Wozu brauchte es einer Eskorte, welche die Reisenden nur verdächtig machen mußte, auf die man sich überdem nicht zu verlassen hatte, weil man sich genötigt sah, sie vom Reisewagen so weit als möglich entfernt zu halten? Warum endlich durch eine unzeitige Ungleichheit im Bestechen die Eifersucht zum Verräter zu machen? In der Hoffnung durch die Truppen,

welche Bouille jenseits des Flusses kommandierte, aus den Händen der Einwohner von
Varennes erlöst zu werden, äußerte die königliche Familie in den ersten Augenblicken
ihrer Gefangenschaft viel Ruhe und Gelas-
senheit, allein nach Maßgabe, daß diese
Aussicht schwand, änderte sich die Szene;
anfangs versuchte die Königin den Hrn.
Sauce, bei dem man abgestiegen war, durch
Bitten zu bewegen, da sie nichts fruchteten,
durch Drohungen. Sie verzögerte die Abreise, und verlängerte den Aufenthalt in Varennes bis morgens um sechs Uhr. Wahrscheinlich aus Hoffnung, Sukkurs zu erhalten, der aber ausblieb. Paris steht vielleicht
jetzt in Feuer und Blut, sagte Hr. Boyon; o!
nein! wenn das hätte sein sollen, antwortete
der König, so wäre ich nicht abgereist. Die
Königin überhäufte Hrn. Boyon mit Drohungen und Vorwürfen, Hr. Boyon antwortete, daß er sich dem Vaterlande schuldig sei,
daß das Schicksal desselben von der Flucht
des Königs abhänge, und daß er kein anderes Gesetz kenne. Md. Elisabeth raste. Der
Dauphin und Md. Royale schliefen tod-
müde auf einem Bette. – Der König und seine
Familie haben viel Unannehmlichkeiten
und Demütigungen auf ihrer Reise erfahren.
Wenn Hr. Boyon, der neben dem Wagen des
Königs herritt, mit seinem Pferde ein wenig
zurückblieb, hoben sich die Bauern auf ihre
Zehen um den König zu sehn, laut sagend:
Oh! qu'il est gras le b… nous payions assez
pour l'engraisser. Vive la nation! vive Bar-
nave! au f… d tout le reste. (O! wie fett er ist
der Halunke, wir bezahlten auch tüchtig ihn
zu mästen. Es lebe die Nation! es lebe Barnave[52]! hol die Schwernot alles übrige!) –
Die Königin reichte Hrn. B. einige Erfri-

Ludwig wird von Varennes zurück nach Paris gebracht, 15. Juni 1791.

schungen; als dies der Haufen sah, rief er: *N'en mangez pas, c'est une b… d'empoisonneuse:* (Eßt nicht davon, das ist eine Hexe von Giftmischerin.) Die Königin pikiert, und zu beweisen, daß kein Gift daran sei, gab ihrem Sohne und ihrer Tochter davon zu essen.

Barnave hatte den Kronprinzen auf dem Schoße, dieser vergnügte sich während des Einzuges die Umschrift seiner Knöpfe von jedem nach der Reihe zu lesen: *vivre libre ou mourir*[53], welches die Devise der Jakobiner ist. Man kann sich vorstellen, welches Ohrengift das für seine Mutter sein mochte.

Der König stieg aus dem Wagen, ohne sich um das Schicksal der drei Leibgarden zu bekümmern, die zwischen dem Kutschsitze und dem Kasten angebunden standen. Die Königin hingegen schien viel für sie zu leiden, und über der Gefahr, welche ihren Gefährten drohte, die Piken nicht zu bemerken, unter denen sie sich selbst befand. Beim Eintritt ins Zimmer sagte der König: *ah! il fait bien chaud anjour d'hui; ce f. voyage m'a bien fatigué. Cela me trottoit depuis longtems dans la tête. Donnez-moi un potage. Ah te voila – me voila aussi. Faites-mon lit.* (Ach! es ist heute heiß. Die verwünschte Reise hat mich ermüdet. – Das wurmte mich schon seit langem. – Gebt mir eine Suppe. – (Ohngeachtet er bei der Barriere einen Kapaun verzehrt hatte!) – Zum Bedienten: ah! da bist du ja! – da bin ich auch; macht mir mein Bette. – Die Applaudissements, womit ihn seine Leute zu empfangen suchten, wurden von der Nationalgarde erstickt.

Als sich einer der Minister beschwerte, daß man ihn der Gefahr ausgesetzt, erwürgt zu werden, sagte Md. Elisabeth: «und das Volk ist so gut.»

Die den König fingen, kannten ihn nicht. Man hatte nur Mutmaßungen. Erst bei Boyons Ankunft wurde es Licht. Die Reisenden waren also bloß als verdächtige Personen arretiert worden. Besaß der König nur die mindeste Gegenwart des Geistes, oder ein wenig Bravour, so entkam er. Nichts in der Welt konnte leichter sein. Wenn sich der König im gebietenden Ton plötzlich zu erkennen gab, über Meuchelmord schrie – kurz – statt sich leidend zu betragen, – befahl – herrschte; so waren die beiden jungen Leute überrascht, bestürzt, überwältigt. Die Husaren sprangen, denn so sind die Menschen, dem Könige, der Lärm machte, bei. Nirgends war geladenes Gewehr zu fürchten – und wenn auch. In solchen Augenblicken muß man alles wagen. Wer es unterläßt, ist Gimpel oder Memme. Welch ein Frondienst für ein Volk, das solch einem Könige sein Schicksal übergibt!

Barnave eroberte auf dieser Reise die ganze Gunst der Königin. Eine Frau von Welt ist keine Viertelstunde mit einem Manne, dessen Meinung ihr wichtig ist, ohne ihn zu erraten. Sie wußte den runden Mann Pethion in einen anderen Wagen einzuquartieren. Barnave entsprach ganz der Idee, die man sich von ihm gemacht hatte. Er verband Anstand mit hofmännischer Gewandtheit. Auch sagten bald alle Hofschranzen: es ist ein junger Mann vom besten Ton, – von guter, sehr guter Familie, man sollte glauben, er wäre unter uns erzogen. Sie erzählten dann folgende Anekdote: Der König ließ auf der Reise seine drei Gefährten zum Nachtessen einladen. Pethion nahm es an, und speiste mit vielem Appetite, betrug sich recht aufrichtig bürgerlich. Barnave hingegen dankte höflichst, bat aber untertänigst um die Erlaubnis, dem Könige bei Tafel aufzuwarten. Die Familie nahm das sehr gnädig auf. Barnave stellte sich mit Ehrfurcht hinter den Stuhl des Königs, und erhielt Merkmale der angelegentlichsten Aufmerksamkeit von der Königin und von Md. Elisabeth, während man zu Pethion kein Wort sagte.

Johann Friedrich Reichardt

Chaos im Konvent

Die Sitzung war äußerst stürmisch. Ich habe von 10 bis 3 Uhr in einem sonderbaren Gemische von Empfindungen und Reflexionen zugebracht. Stundenlang hatte ich zu tun, ehe ich die unbeschreibliche Unart der Leute nur einigermaßen ertragen konnte. Doch, ich muß dir erst das Lokale genau beschreiben. Das Gebäude ist die Reitschule bei den Tuilerien. Unten längs den Wänden herum, sind sechs Reihen von amphitheatralisch erhöhten und mit grünem Saffian beschlagenen Sitzen für die Mitglieder. Oben läuft an den *langen* Wänden eine Galerie mit zwei Reihen Sitzen hinter einander fort, zu denen von den Mitgliedern an rechtliche Personen Billette verteilt werden. An den *schmalen* Wänden des Saals sind wohl zehn bis zwölf amphitheatralische Reihen von Sitzen bis an die Decke hinauf, angebracht, und dort geht das Volk frei hin. Auf diesen waren fast eben so viele Männer als Weiber aus den niederen Ständen; auf unsrer Tribüne aber wohl zehn Frauenzimmer für einen Mann. Unten, in der Mitte der einen langen Wand, ist, dem Eingange gegenüber, der ansehnliche, erhöhte, mit einem Gitter umgebene Sitz des Präsidenten, dem zwei *Huissiers*[54] zur Seite stehen, um mit ihm *Silence!* zu schreien. Unter diesem Sitze des Präsidenten, doch vorspringend, steht ein mit grünem Tuche beschlagener Tisch für sechs Sekretäre, die unaufhörlich mit Ausfertigungen beschäftigt sind. An der anderen Wand, dem Präsidenten gegenüber, ist ein freier von einer Balustrade umgebener Platz, welchen diejenigen einnehmen, die vor die Schranken (*à la barre*) gefordert werden. Etwas zurück auf diesem Platze steht ein erhöhter Katheder, den die Redner betreten, wenn sie sich ausführlich hören lassen wollen oder sollen. Zur Rechten des Präsidenten an der schmalen Wand steht ebenfalls ein Katheder; und einem Haupteingange zu seiner Linken gegen über, noch ein dritter.

Die Sitze unten an den Wänden lassen einen breiten Gang frei, auf dem vier *Huissiers* (galante Herren in schwarzen Galakleidern, hoch frisiert, *chapeau-bas*, mit vergoldeten Degen) herumgehen, und ohne Unterlaß Stillschweigen und Ruhe gebieten. Aber dessen ungeachtet laufen die Mitglieder, die großenteils in tiefem Negligé, auch wohl in Stiefeln und Sporen da sind, unaufhörlich in dem Mittelgange umher, schlagen mit ihren Röhren an die Stiefeln, husten und schneuzen sich ungebärdig, sprechen laut mit einander und oft in nicht geringer Entfernung zu ihren Bekannten hinüber. Da mag nun der Präsident mit einer ungeheuren Glocke klingeln und *Silence! en places Messieurs!*[55] rufen, wie er will; die *Huissiers* mögen sich neben solche herumirrenden oder laut redenden Deputierten stellen, zischen und in die Hände klatschen, wie sie wollen: die Herren kehren sich eben so wenig daran, wie ungezogene Knaben in einer Schule, die schon wissen, daß der alte Herr Rektor nicht zuschlägt. Nun mag auch reden oder vorlesen, wer da will – mehrere hundert Stimmen sprechen immer zu gleicher Zeit darein, und geben bei jedem Ausdruck laut, und hundertfach durcheinander, ihre Meinung zu erkennen; ja, oft schreien sie so ungebärdig, daß man ganz betäubt wird.

Bei diesen Umständen ist es also gar nicht leicht, das Wort zu bekommen. Heute wenigstens hatte es seine große Schwierigkeit; denn oft schrie einer dreißig-, vierzigmal, bis er ganz heiser ward: *Mr. le Président, je demande la parole*[56], ohne daß der Präsident es vor dem Geschrei der ihn näher Umgebenden hören konnte. Oft, besonders wenn es von der linken, sehr geringzähligen (gemäßigten) Seite kam, schien er es auch nicht hören zu *wollen*. Wer indes einmal das Wort hatte, der schrie fort so lange er konnte, wenn gleich sein nächster Nachbar nicht im Stande gewesen sein mag, eine einzige Periode ganz zu verstehen. Daher gab es denn auch unzählige Mißverständnisse, und sehr oft ward jemand mit entsetzlichem Ungestüm über etwas widerlegt, was er nicht gesagt zu haben behauptete; oder der Präsident wiederholte am Ende die Frage so, daß der *Motionnaire*[57] nicht damit zufrieden sein konnte.

Vor allem anderen indignierte mich die rasende Wut, womit die *Enrages*[58] die Schließung der Diskussion zu erstürmen suchten, wenn sie glaubten, daß einer von ihnen mit seiner wütenden Rede eben Eindruck gemacht hätte; doch nicht weniger auch die höchst unanständige Art, womit die Zuhörer und die Mitglieder selbst, bei dem Stimmen durch Aufstehen und Sitzenbleiben, die Minorität jedesmals auszischten und auslachten. Dadurch wird schlechterdings alle Freiheit im Äußern seiner Meinung und im Stimmgeben aufgehoben. Auch treibt man den Tadel und das laute ungestüme Zischen über ein augenblickliches Stokken oder über die falsche Aussprache eines Wortes bis zur höchsten Ungezogenheit. Kurz, in der ganzen Form ist nicht die geringste Spur von Anstand und Würde, und du kannst denken, wie mich das beleidigt.

Doch bei dem allen hab' ich auch sehr angenehme Minuten gehabt. Unter fünfzig bis sechzig Leuten, welche heute redeten, sagten wohl zwölf bis fünfzehn vortreffliche Sachen; und einige sprachen mit solcher Würde und weiser Mäßigung, auch war ihre Beredsamkeit so treffend und überzeugend, daß sie den allgemeinsten Eindruck hätten machen müssen, wenn nicht die anderen größtenteils darauf ausgingen, falsche oder einseitige Begriffe und Pläne durchzusetzen.

Gerhard Anton von Halem

Politische Klubs

Ein Landcuré[59], der erst gestern nach Paris gekommen war, hielt eine gute Rede über die Erwartungen des Landvolkes von der Revolution; über das, was er seiner Gemeinde sage und sagen wolle, u.s.w. Sein Vortrag fand Beifall und ward des Druckes würdig geachtet. Des Druckes würdiger fand ich einen Vortrag des edlen Barnave[60]. Grouvelle[61], er der über Montesquieu[62] geschrieben hat, hatte das Wort auf nächsten Mittwoch begehrt, um dann seine Meinung über Vertilgung des Duells zu äußern. Vorläufig bemerkte er, daß das Gesetz in diesem Falle vorbereitete Gemüter finden, und nur einer Opinion publique[63] Sanktion geben müsse. Um die Gemüter aber vorzubereiten, schlug er ein

Zirkular an alle Sozietäten der Konstitutionsfreunde vor, von dessen näherem Inhalt er am Mittwoch Nachricht geben wolle. Barnave stand nun auf und sagte: das Duell sei zur Zeit des Feudalsystems und des Despotismus oft vielleicht das einzige Mittel, einen Ehrenpunkt zu berichtigen, gewesen. Jetzt, da das Gesetz herrsche (?) sei das Duell eine offenbare Beleidigung (outrage) desselben. Die öffentliche Meinung, glaube er behaupten zu können, sei längst über den Punkt fixiert; und unumgänglich nötig scheine es ihm, bei der jetzigen Veranlassung, da das Duell einen der größten Verfechter der öffentlichen Freiheit in Lebensgefahr setze und jeder Patriot indigniert sei, den Augenblick zu nützen, und den Rest des falschen Ehrgefühls durch ein anderes Gefühl, ja! durch Leidenschaft zu stürzen; daher er dann sein Vorhaben, ohne Anstand darüber eine Motion bei der N.V.[64] zu tun, ankündigte und seine Waffenbrüder ihn zu unterstützen aufforderte. Er sagte das alles und weit mehr mit einer Leichtigkeit und doch so eingreifend, daß er den ganzen Saal von neuem zu lauten Applaudissements hinriß.

Seit wenigen Tagen bildet sich auch unter dem Namen Club des Etrangers im Pantheon eine Gesellschaft, gibt Konzerte, Bälle, hält politisch-philosophische Sitzungen, und sucht durch jede Art von feinsinnlichem und geistigen Genusse anzulocken. Dieser vermeinte Club des Etrangers ist, wie ich glaubhaft höre, nichts anderes, als der äußere Zirkel einer geheimen politischen Gesellschaft, welche die öffentliche Meinung zu heilen sich bemüht. Sie hat den Jacobins den Krieg angekündigt wegen der Denunziation der Maison militaire. Eine Menge Libelle[65] verleumden die Jacobins und predigen das Recht und den Ruhm la Fayettes[66].

Interessant für den hierher kommenden Deutschen ist der erst seit einem Jahr von dem Maler Füssli etablierte Club allemand, der im Hotel de la marine rue des petits champs gehalten wird und den ich einem jeden reisenden Deutschen empfehlen kann. Man findet dort in einigen hübschen Zimmern, wo man arbeiten kann, die besten vaterländischen Journale, das Neue Museum, Wielands Merkur, die Litteratur Zeitung u.s.w. Es ist im Werk, allen unseren Landsleuten, die mit einem Empfehlungsschreiben von einem geachteten und bekannten deutschen Gelehrten versehen sind, den Zutritt zu erlauben. Man zahlt dann kein Aufnahmegeld, sondern nur einen monatlichen Beitrag von sechs Franken. Der Club zählt jetzt ungefähr dreißig Mitglieder, lauter Deutsche und Schweizer.

Mich introduzierte Herr von Meister[67], ein Schweizer von Geburt, der aber schon zwanzig Jahre lang in Paris wohnt. Er ist der Verfasser des Büchleins «de la morale naturelle», welches, von Wieland bevorredet, neulich im deutschen Gewande erschienen ist und Beifall erhalten hat. Er hat Geßners letzte Idyllen und ganz neulich dessen Inkle und Yariko vortrefflich übersetzt. Er hat die Klopstockische Freiheitsode: der Fürst und sein Kebsweib (le Despote et la Sultane) im Journal de Paris übersetzt mit einer Nachricht von der Hamburgischen Feier des Föderationsfestes. Er hat den Manen seines Freundes Diderot eine Träne geweint. Er betrachtet in dem unlängst erschienenen Buche «des premiers principes du systeme social, appliqués à la révolution présente» auch die jetzigen Zeitumstände mit philosophischem Auge und klagt: «les François ont dépassé la liberté!»

Johann Friedrich Reichardt

Revolution, Theater, Öffentlichkeit

Lyon, den 26. Februar 1792

Unter den fast unzähligen Zeitungen, die ich hier lese und von denen größtenteils nicht einmal der Titel zu uns kommt, sind auch der «Moniteur» und das «Journal de Paris». In dem letzteren steht heute eben eine interessante Rede von Vaublanc[68], über die der «Moniteur» nur so obenhin weggeht. Eine Stelle ist zu schön, als daß ich sie Dir nicht herschreiben sollte. «Frankreich muß eine Regierung haben, und diese werden wir nicht eher bekommen, als bis die verschiedenen Zweige der Gewalt in Achtung stehen. Nun frag ich Sie aber, meine Herren: haben wir eine Regierung? Nein. Die administrierenden Korps sind erniedrigt; die Befehle, die sie im Namen des Gesetzes geben, werden verachtet; und wenn man dem gesetzgebenden Korps solche Tatsachen anzeigt, so verfährt es nicht gegen die Ruhestörer und Feinde der öffentlichen Sache. Ich frage Sie, meine Herren, ob Sie nicht in Ihren vertraulichen Gesprächen darin übereinkommen, daß das gesetzgebende Korps ohne Kraft, ohne Wirksamkeit ist? Wohlan denn! Lassen Sie uns für das allgemeine Wohl zusammentreten! Lassen Sie uns die Franzosen zwingen, sich der Gewalt des Gesetzes zu unterwerfen, ohne welches das Band der Gesellschaft bald aufgelöst sein wird! Lassen Sie uns den konstituierten Teilen der Gewalt ihr Ansehen verschaffen, wenn wir selbst in Ansehen stehen wollen, und lassen Sie uns nie diese Wahrheit, diesen Grundsatz vergessen, daß ohne den Despotismus des Gesetzes keine Regierung stattfindet. Lassen Sie uns die Minister genau beobachten, aber nicht erniedrigen.»

Die Zeitungen sind in diesen letzten Tagen voll von Nachrichten über mancherlei nicht beträchtliche Unruhen in mehreren kleinen Städten gewesen, besonders über Streitigkeiten zwischen den Munizipalitäten und den Departements. Auch hier sind beide in beständigem Streit miteinander. Heute und vor einigen Tagen hat die hiesige Munizipalität sich durch ein unzeitig nachgiebiges und wieder zu strenges Benehmen im Theater verhaßt gemacht. Die Operette «Le Club des bonnes gens»[69], von der ich Dir schon geschrieben habe, sollte dieser Tage zum vierten Male gegeben werden. Dem hiesigen Jakobinerklub und seinen Anhängern schien wohl das Licht aufgegangen zu sein, daß eigentlich sie darin lächerlich gemacht werden; und das mochte sie um so mehr ärgern, da sie manchen witzigen Einfall gegen sich selbst beklatscht hatten. Das Parterre war daher voll von Leuten, die beschlossen hatten, das Stück nicht weiterspielen zu lassen. Nach der ersten Arie, die der schon erwähnte Curé als Friedensstifter singt, rief das Parterre: Amen! und ließ nun, trotz aller Mühe und allem Bestreben der Schauspieler, immer wieder anfangen zu wollen, nicht zu, daß weitergespielt wurde. Der Munizipalbeamte, der sich hier immer in einer Loge des ersten Ranges aufhalten muß und der eigentlich die Volkspartie zu halten schien, redete einigemal zum Publikum, ward aber immer ausgezischt und ausgepocht. Er sprach schlecht und bediente sich oft des on, wozu das Paradies immer ein lautes Echo mit on, on machte. Nun sagte er dem ganzen Hause Grobheiten: er glaube zu vernünftigen Menschen zu reden, sehe aber wohl, daß sie da unter lauter bêtes féroces (wilden Tieren) wären.

Die aristokratische Partei hielt aus den Logen dem Parterre das Widerspiel und verlangte, das Stück sollte zu Ende gespielt werden, auch unter anderem darum, weil Mrs. les Dragons[70] (die eben hier durch nach Clermont hin marschierten) im Theater wären, um das Stück zu sehen und nicht so um ihr Geld und um ihren Wunsch betrogen werden könnten. Die anderen erwiderten das aber nur mit: «à bas les casques!» («herunter die Mützen»), weil einige von den Dragonern die ihrigen auf dem Kopfe hatten. Doch wäre das Stück vielleicht noch gespielt worden, wenn das Orchester sich nicht bald zu Anfange des Lärms aus dem Staube gemacht hätte.

Das Theater ward am Ende zu einer förmlichen Klubsession; es wurden Motionen[71] gemacht und pour et contre opiniert[72]. Einer sagte auf des Munizipalbeamten schlechte Rede: «Je fais la motion, que le discours de Mr. Peret de la Municipalité soit imprimé» («Ich mache die Motion, daß die Rede des Herrn Peret von der Munizipalität gedruckt werde»); ein anderer: «J'appelle de la Municipalité au Département» («Ich appelliere von der Munizipalität an das Departement»).

Gestern ging nun die aristokratische Partei mit dem Vorsatze ins Theater, den Club des bonnes gens zu fordern, und hatte das Parterre zum Teil mit ihren Erkauften angefüllt. Da gab es denn ernstlichen Lärm. Es sollten zwei andere Stücke gespielt werden. Das erste ging auch ganz ruhig vorüber; aber als das zweite anfing, schrien alle im ganzen Hause: «Le Club de bonnes gens!» Nun trat ein Akteur hervor und zeigte den Befehl von der sehr verhaßten Munizipalität, das Stück gar nicht mehr zu spielen. Man schrie, er solle sogleich hingehen und den Befehl aufheben lassen, daß man das Stück noch heute oder wenigstens morgen spielen könne. Zugleich rief man dem Munizipalbeamten häufig zu. Dieser stand bloß auf und gebot Ruhe. Man murrte und lärmte aber immerfort, forderte ihn auf, die Munizipalität über diesen Befehl zu verteidigen usw. Er tat wieder nichts, als daß er zum zweitenmal Ruhe gebot. Nun ward man hitziger, und einer schrie: «Monsieur, si vous étiez à Marseille, on vous jetterait des pommes à la tête» («Mein Herr, wenn Sie in Marseille wären, würde man Ihnen Äpfel an den Kopf werfen»). Er gebot zum dritten Male Ruhe; aber es ging nur noch ärger her. Jetzt stürzte auf einmal die Wache in das Parterre und drang auf die Schreier ein, um einige zu fangen. Aber plötzlich umfaßten sich alle und hielten sich so fest, daß die Wache das ganze Parterre hätte fortschleppen müssen, um einen zu fangen. Zugleich schrie alles: «Retirez vous, tapageurs!» («Fort, ihr Lärmmacher!»). Wer nun am ärgsten gelärmt hatte, sprang über die ziemlich hohe Barriere in das Parkett, das zwischen dem Orchester und dem Parterre ist und wo die filles de joye[73], die da immer in großer Menge sind, auf die Bänke sprangen und riefen: «Venez ici, Messieurs!» («Kommen Sie herher, meine Herren!»). Das ganze Parterre ward jetzt von mehr als fünfzig Nationalgarden umringt, und die Munizipalität kam in Person in das Amphitheater, das man so wie die Munizipalitätsloge stark mit Nationalgarden besetzt hatte. So ward das Stück ruhig zu Ende gespielt, aber ausgepfiffen, ob es gleich recht hübsch war. Die tapageurs saßen bis zu Ende im Parkett sehr bequem.

Johann Ulrich Hegner

Der Pöbel im Schauspielhaus

Schon in der Oper hatte ich in den Logen die große und vornehme Welt mit ihrem imponierenden Gepränge vermißt, und hier noch mehr, wo in den ersten Plätzen alles so kunterbunt und gedrängt saß, daß man sich kaum regen konnte. Ich weiß wohl, daß es hier zu Lande kein Vorrecht der Geburt, der Ehrenstellen oder des Geldes geben sollte, das sich Ehrenplätze auswählt, um von da auf andere hinabzusehen oder ihrer gar nicht zu achten, und das ist auch ganz recht. Aber das Theater hat seine eigene Welt, in der alles idealischer Schein ist, und alles sich in der abgemessensten Rangordnung bewegt und erhält. Sollte aber da, wo Könige und Helden uns zur Ehrfurcht, und edle Unglückliche zur Bewunderung oder zum Mitleid hinreißen, nicht auch eine der Natur des höheren Schauspiels analoge ernste Würde außerhalb des Vorhangs Platz haben, damit die Wahrheit der Fabel und des Spiels nicht durch den Widerspruch im Betragen der Zuschauer leide? Wenn man auch die Schaubühne nicht als eine Schule der Sitten ansehen will – sie ist es aber doch – so sollte sie doch nur als Kunstwerk betrachtet, das durch die Personifikation der Geschichte unser Gemüt erheben will, von einem ihrem Zwecke angemessenen äußeren Anstand unterstützt sein. Wie sehr könnte dieser befördert werden, wenn statt der buntscheckigen Menge nur solche Personen zu den ersten Plätzen Zutritt hätten, deren Gegenwart durch ihre inneren oder äußeren Vorzüge Ehrerbietung befiehlt. Wenn solche Ehrenplätze mit den Würdigsten besetzt sind, wenn in einer Loge der erste Konsul mit seinen Gehilfen, in einer anderen große Generale und Staatsmänner säßen, wiederum andere für berühmte Gelehrte, für das ehrwürdige Alter oder ausgezeichnete sittliche Verdienste bestimmt wären, und auch angesehene Fremde einen besonderen Sitz hätten, so würde dadurch dem Schauspiel selbst, diesem schönsten menschlichen Zeitvertreibe, Ehre gemacht, und der große Haufen, der nie sich selbst beherrschen kann, wenn er keinen Herrn sieht, in den Schranken der Dezenz gehalten werden. Denn jetzt, da in den ersten Logen die gleiche mutwillige Unruhe herrscht, wie in den letzten, da alles im vermischten Haufen zusammen sitzt, frech herumgafft, sich zuwinkt, mit Gläsern beguckt, aus und ein geht, erhält die Versammlung den Anschein von Unwissenheit, Geschmack- und Zügellosigkeit, den sie wohl nicht verdient.

Diesen Anschein vermehrt noch, wenigstens für den Fremden, das unerträgliche Klatschen, das unaufhörlich aus allen Ecken des Hauses ertönt, und mehr ungeduldige Reizbarkeit als wahres Gefühl verrät. In ihrer übermäßigen Lebhaftigkeit unterbrechen sie durch Klatschen jede Empfindung in ihrem höchsten Punkte, und treiben es so lange, bis sie sich und andere aus der Empfindung herausgeklatscht haben. Indessen steht der arme Schauspieler, mitten in seinem Affekte unterbrochen, entweder kataleptisch[74] da, oder er hilft sich mit stummer Gebärde, so gut er kann, selten aber auf eine geschickte Art, weil es mehr als schwer ist, zugleich der Gegenstand des lautesten Beifalls zu sein und eine fremde Rolle zu spielen. Würden nur die vorzüglichsten Schönheiten beklatscht, und kurz genug um das Spiel nicht zu unterbrechen, so möchte es noch angehen; aber auch das Mittelmäßige findet hier wie allenthalben seine Bewunderer, und diese sind desto lauter, je weniger Verdienst ihr Beifall hat, und am lautesten, wenn man gegen dieses «Menschenrecht» Bewegungen machen will.

Johann Friedrich Reichardt

Die Revolution im Theater

Da das Théâtre français gestern *la mort de César* von *Voltaire* angekündigt hatte, und da wir schon mehrere Tage vorher im Publikum mit bedeutender Bewegung davon sprechen hörten, so nahmen wir von früh an unsere Maßregeln danach, und hatten dann ein doppelt interessantes Schauspiel.

Ungeachtet wir über eine Stunde vor dem Anfange des Stückes kamen, fanden wir doch alle Plätze in den Logen und auf den Galerien völlig besetzt; es blieb uns weiter nichts übrig, als in das bereits gedrängt volle Parkett zu gehen, wo wir endlich mit vieler Mühe unter lauter aristokratisch gesinnten Leuten zu sitzen kamen. Die rote Freiheitsmütze erschien heute zum erstenmal im Schauspiele, und auf allen Plätzen, selbst im ersten Range, saßen eine Menge Männer mit ihr auf dem Kopfe.

So sehr wir auch erwarteten, daß viele Stellen des Stückes große Wirkung auf das Publikum tun müßten, so übertraf doch der laute ungestüme, fast allgemeine Anteil, den man nahm, alles was wir uns gedacht hatten. Daß viele schöne Charakterzüge und Verse zum Lobe der Freiheit im Munde des *Brutus* laut beklatscht wurden, war sehr natürlich; und wir klatschten, was auch unsere aristokratisch gesinnten Nachbarn darüber murren mochten, von ganzem Herzen mit, als der Schauspieler folgende Stellen schön und wahr deklamierte:

Vous, que j'ai vu périr, vous immortels couragés,
Héros, dont en pleurant j'apperçois les images,
l'amille de Pompée, et toi divin Caton,
Toi, dernier des héros du sang de Scipion,
Vous ranimés en moi les vives etincelles
Des vertus dont brillaient vos ames éternelles!*

und dann wieder:

Mon esprit, peu jaloux de vivre en la mémoire,
Ne considère point le reproche ou la gloire.
Toujours independant, et toujours citoyen,
Mon devoir me suffit, tout le reste n'est rien.* *

Und was war natürlicher, als daß ein französisches Publikum hoch aufjubelte, als ihm der Schauspieler folgende Verse so recht ans Herz legte:

Nation des héros, vainqueurs de l'univers,
Vive la liberté! Ma main brise vos fers.* * *

Daß aber auch ausdrückliches Preisen des Königsmordes mit grenzenlosem Ungestüm ohne Unterlaß applaudiert wurde, das kam uns unerwartet, so sehr wir auch die Zeit her von nichts als heimlichen Gegenrevolutions-Plänen des Hofes hatten reden hören.

---

* Ihr, die ich untergehen sah, ihr unsterblichen Helden, deren Bilder ich nicht ohne Tränen erblicke, Pompejer ihr, und du, göttlicher Cato, du letzter der Helden aus Scipios Blute! ihr facht in mir die hellen Strahlen der Tugend an, von denen eure unsterblichen Seelen glänzten!
* * Mein Geist, unbekümmert im Rufe zu leben, achtet nicht des Tadels und nicht des Ruhmes. Stets frei, stets Bürger, begnüg' ich mich an meiner Pflicht, und achte sonst nichts andres.
* * * Heldenvolk, Besieger der Welt, es lebe die Freiheit! Meine Hand zerbricht eure Ketten.

Die Worte des Brutus:

On demande du sang... Rome sera contente!*

und dann wieder die Verse:

Qu'il est beau de périr dans des desseins si grands!
De voir couler son sang dans le sang des tyrans!
Qu'avec plaisir on voit alors sa dernière heure!
Mourons, braves amis, pourvu que César meure,
Et que la liberté qu'oppriment ses forfaits,
Renaisse de sa cendre, et revive à jamais!**

wurden mit dem höchsten Fanatismus beklatscht; und ein aristokratisch gesinnter Ludwigsritter im ersten Range Logen kam übel an, als er am Ende in der Rede des *Antonius* für den *Cäsar* den Vers applaudierte:

Nous jurons par son sang de venger son trépas.***

Alles Volk schrie hoch auf: *à la porte, au diable cet Aristocrate!*[75] und wies so lange drohend mit Fingern auf ihn, bis er sich entfernte. Der Lärm ward unbeschreiblich groß.

Der Munizipalbeamte, der immer im Theater sein muß, um Ruhe zu erhalten, saß im Parkett, hatte aber aus Versehen oder Vorsatz seine Munizipalschärpe nicht um, und konnte sich nun nicht als Gerichtsperson in der dazu bestimmten Loge neben dem Theater zeigen und Stillschweigen gebieten. Man tobte daher so lange, bis man es satt hatte.

Als der deklarierte Aristokrat weggeschafft und das Stück zu Ende war, rief man *Larive'n*, der den *Brutus* vortrefflich gespielt hatte, mit Ungestüm heraus; er war aber schon fort, und wurde entschuldigt. Darauf rief man: *l'Auteur!*[76] und ruhete nicht eher, als bis Voltaires Büste auf das Theater gestellt wurde. Sobald dies geschehen war, trat

---

* Man fordert Blut – Rom soll befriedigt sein!
** Wie schön ist es, im großen Unternehmen zu fallen! sein Blut mit dem Blute der Tyrannen fließen zu sehn! Wie freudig sieht man da dem letzten Augenblick entgegen! Tod sei unser Los, ihr tapfern Freunde, wenn nur auch Cäsar stirbt! Und so gehe die Freiheit, erdrückt durch seine Übeltaten, aus seiner Asche hervor, und lebe auf ewig wieder!
*** Wir schwören bei seinem Blute, seinen Tod zu rächen.

einer im Paterre auf die Bank, und machte die Motion, daß der Autor mit der Freiheitsmütze geziert werden müsse; und zugleich warf er seine rote Mütze auf das Theater. Sie wurde dem feinen alten Faunengesichte aufgesetzt, und stand ihm nicht besser an, als den Statuen *Ludwigs des Vierzehnten* die Nationalkokarde. Die Büste blieb so, selbst durch das ganze Nachspiel, auf dem Theater stehen.

Der hohe Beifall, den folgende Verse erhielten:

Non, n'imitons personne, et servons tous d'exemple!
C'est nous, braves amis, que l'univers contemple! — *

versenkte mich in die traurige Reflexion, daß das liebe, reizbare, schnell aufbrausende Volk vielleicht nur einem raschen Fehlschlusse die ganze Reihe von Übeln verdankt, an denen es seit dem zweiten Jahre der Revolution leidet und wohl noch lange leiden wird. Bei der Frage: soll Frankreich eine Monarchie oder eine Republik sein? war vielleicht jedem anderen Volke der Schluß natürlich: eine Republik von 26 Millionen Menschen hat nie existiert; also ist sie wohl nicht möglich. Die Franzosen aber machten den Schluß: eine solche Republik hat nie existiert; also müssen wir sie haben. Denn, daß der Wunsch, Frankreich zu einer Republik zu konstituieren, nicht bloß in der Majorität der jetzigen Nationalversammlung herrscht, sondern auch schon bei der Entwerfung der Konstitution mächtig einwirkte, liegt am Tage.

So auch hätte, da nun einmal die gemäßigte Monarchie gewählt wurde, vielleicht jede andere Nation die englische Verfassung zum Muster genommen; die Franzosen aber sagten:

Non, n'imitons personne, et servons tous
d'exemple!

Doch ich fange an zu politisieren, und Du erwartest wohl, daß ich noch von der Vorstellung des Stückes etwas sagen soll. Es ward durchaus mit der großen, einfachen, stillen Pracht, und in dem bestimmten, edlen Tone gespielt, der uns ehemals schon oft bis zu Tränen gerührt hat, und uns zuerst in der Tragödie ein echtes Theater-Kunstwerk empfinden ließ. *Larive* spielte und deklamierte meisterhaft. Anfangs wunderte es

---

* Nein, laßt uns niemanden nachahmen, laßt uns allen zum Muster dienen! Auf uns, tapfre Freunde, auf uns blickt die ganze Welt!

mich, daß *W...*, der ganz unbefangen sich dem Eindrucke hingab, durch das, nach unseren gewöhnlichen deutschen Theaterbegriffen, übertriebene Spiel der tragischen Akteurs, und selbst durch die gereimten Verse nicht beleidigt wurde. «Von einem solchen Trauerspiele hat man bei uns gar keine Idee», sagte er mit einem Gesichte, als blickte er von der Höhe herunter. Im Grunde ist es aber natürlich, daß jeder unbefangene Mensch, der ohne Theorie und Prätentionen mit offenen reinen Sinnen sich hingibt, durch das große *Ensemble* gleich auf den Punkt gestellt wird, aus welchem ein solches Kunstwerk gesehen sein will; daß er so, durch nichts gestört, diese Bilder, diese Klänge in ihrer eigenen Ordnung vor seiner Phantasie und seinen Sinnen vorüber gehen läßt, und am Ende, der inneren Bewegung und Erhebung froh, eben so wenig daran denkt, diese zwischen sechs Säulen vorgegangene Heldenszene mit irgendeinem Vorfall in seinem väterlichen Hause zu vergleichen, als es einem unbefangenen Menschen von gesunden und feinen Sinnen einfällt, die Figuren eines historischen Gemäldes auf flacher Leinwand mit seinen runden Armen und Beinen zusammen zu halten, um zu untersuchen, ob jene auch wirklich Arme und Beine sind. Doch das führt mich wieder zu weit!

Johann Ulrich Hegner

Kirche ohne Gott

Unglücklich ist eine Stadt, die keinen Sonntag kennt! Auch hier ist mir, ich müsse den Leuten dies Sonntagsgefühl anblicken; aber es will nicht gehen, der Lärm überstimmt meine Phantasie. Da der Gottesdienst einstweilen nur noch geduldet, und niemand an dem Sonntag zur Feier gebunden ist, hingegen der Dekadi[77] noch wie ein scheidendes Gespenst dem erschrockenen Volk eine furchtbare Miene zeigt, so entsteht daraus ein unsauberer Dualismus, der dem Guten und Bösen huldigt, und ein wilder Unglaube, der nach beidem nicht fragt, und dies verursacht zusammen eine unbestimmte Halbheit des Tages, die ihn als Sonntag ungenießbar macht. Man hofft aber, dieser Dekadi, über den schon Lieder erscheinen, und der noch daliegt wie ein Stück Eis im Lenze, werde bald gänzlich verschwinden. Unterdessen sehe ich doch heute viele Gewölbe geschlossen, und was diesen Leuten, meiner Meinung nach, viel Verdienst um ihre Religion gibt, sogar im Palais Royal, wo doch ein Gedränge ist wie an anderen Tagen, und ähnliche Läden offen stehen, die unterdessen den Gewinn wegschnappen, und wo die Einnahme eines Tages wegen der großen Miete, so sie bezahlen, gewiß sehr in Betrachtung kommen muß. Es ladet mich einsamen niemand ein, aber in einem solchen Hause möchte ich wohl zu Mittag essen, wo dem Mammon gerade dann ein Opfer versagt wird, wenn er die reichste Erhörung verspricht; wohl würde ich mich noch manches edlen Zuges dort zu freuen haben.

Wie wenig Achtung aber noch im allgemeinen die sichtbare Kirche genießt, sah ich heute auf dem Platze vor St. Germain l'Auxerrois, wo einige Schritte von dem Gottesdienste ein Taschenspieler mit einem Hanswurst seine Possen trieb. Dieser rief mit lauter Trompete, die bis in die Kirche erschallte, sein Publikum herbei, da hingegen zur christlichen Versammlung nicht einmal mit einem Glöckchen geläutet werden durfte. Es ist wohl noch nicht wie es sein sollte, wenn ein Gaukler mehr toleriert wird als die Kirche. Die berühmte hiesige Polizei muß ihre besonderen Gründe haben, eine solche Unsittlichkeit zu dulden; unter ihrer Aufmerksamkeit kann die Sache unmöglich, vielleicht aber noch darüber hinaus sein. Ich bemerkte auch niemand, der sich darüber ungehalten zeigte. Sie haben aber schon ganz andere Dinge erfahren, wenn es wahr ist, was man bei diesem Anlaß erzählte, daß in der Schreckenszeit unweit der mordenden Guillotine ein Harlekin sein Gerüst aufgeschlagen hatte, und unterm Zuruf der Menge jeden blutigen Auftritt mit einer kleinen Köpfmaschine parodierte. Läßt sich wohl eine tiefere Versunkenheit denken, als wenn man den Geschmack an der Grausamkeit durch öffentliche Possenspiele reizt! Vordem machte man doch nur Trauerspiele daraus.

Man sollte wirklich glauben, die Pariser hätten in den Zeiten, als sie die Vernunft über den Altar setzten, den Teufel angebetet, so gräßliche Spuren von Wut gegen den alten Gottesdienst trifft man noch in allen Kirchen an. Noch sind die meisten Altäre zerschlagen, die Bildsäulen von ihren Gestellen heruntergerissen, die Verzierungen verstümmelt, und die Wände wie eine Mauer an der Landstraße versudelt. Hin und wieder ist ein schwarzer Stein eingemauert mit der Inschrift: Cette pierre vient d'un des cachots de la Bastille.[78] Eine neue Reliquie statt der alten! Sie könnten doch wohl mit ihrem Tadel an dem Geschmacke anderer Nationen etwas sparsamer sein, so lange sie selbst Steine der Bastille in den Kirchen zur Schau aufstellen. Jene Heiligengebeine und Wunderdinge waren doch noch Überbleibsel einst verdienter und verehrter Menschen, und das Volk glaubte, heilsame Kräfte aus ihrem Anblicke zu schöpfen, aber was soll es vor so einem unförmlichen Stücke von seinem alten Gefängnisse denken und empfinden? Die Franzosen erzählen von Harlekin, er habe einen Stein von seinem Hause zum Muster für Liebhaber herumgetragen, handeln sie hier nicht ungefähr im gleichen Sinne?

Indessen fängt man wieder spärlich an auszubessern, aus Beiträgen, wozu man durch Affichen in den Kirchen eingeladen wird. Ich ging neulich in Saint Sulpice hinein, wo die Vernunftschwärmerei am ärgsten gewütet zu haben scheint. Da sah man vorn in der Kirche Arbeitsleute, die Gerüste befestigten, Steine herunterwarfen und hämmerten, daß einem die Ohren gellten, in der Mitte waren die Maschinerien der Gott und Menschen Langeweile machenden Theophilanthropen[79] aufgepflanzt, und tief hinten im Chore standen bescheidene Priester, mit ärmlichem Meßgeräte umgeben, und beteten.

Unter einer solchen Duldung (hier ist das unschickliche Wort noch am besten an seinem Platze) hebt nun die römisch-katholische Religion ihr ehemals so stolzes Haupt demütig wieder aus dem Staub auf, und es ist gewiß eine interessante Erwartung, nachdem die Pforten der Hölle geschlossen sind, zu sehen, wie weit sie die ihrigen wieder öffne, und mit welchem Erfolge das so jämmerlich zersprengte Heer der Heiligen sich wieder unter seine alten Fahnen sammeln werde.

Wir gingen in die Kirche St. Germain l'Auxerrois hinein, um zu sehen, wie das Pfingstfest gefeiert werde. Da fanden sich nur wenige und größtenteils gemeine Leute und Bettler, welche die Vesper anhören wollten. Das Innere der Kirche sah sehr arm und nackend aus. So war es auch in St. Eustache, wo zwar ebenfalls Gottesdienst gehalten wurde, aber nicht wie es die prächtige Struktur der Kirche erforderte und ehemals mochte gewesen sein. Denn jetzt schien nicht der majestätische Gott der römischen Kirche als König aller Könige, noch auch der Herr des Himmels und der Erde als Vater aller Menschen hier verehrt zu werden, sondern irgendeine obskure untergeordnete Gottheit, die sich in verlassene, halbzerstörte Tempel zurückgezogen, und ihre Herrschaft auf armseliges Gesindel und zerknirschte Herzen alter Sünderinnen beschränkt hat.

Ohne reichgeschmückte Altäre mit goldenen Engeln, ohne schöne Marien und schwerfällige Heilige, ohne Prozession, ohne die hinreißende Kraft der Orgeln und Düfte des Weihrauchs ist die Messe ein unverstandenes Geplärre, und der Beichtstuhl ein verdächtiger Winkel. Ihres Schmuckes und ihrer Wirkung beraubt müssen diese kahlen ho-

hen Pfeilermassen und dü-
ster widerhallenden Ge-
wölbe das arme Volk, das
nur mit den Sinnen denkt,
mehr zur schwermütigen Betrachtung verleiten, als zur
emporstrebenden Andacht
und zum lebendigen Ver-
trauen auf die göttliche Hilfe
erheben.

Die Theophilanthropen,
welche hier in großen Tafeln
einige ihrer Sittensprüche
aufgestellt haben, wollten
dem sinnlichen Zeremonien-
dienste ihren Naturalismus
substituieren, und die Lehre
der Tugend, als wenn diese
eine Gottheit außer uns
wäre, zu einem öffentlichen
Kultus zu erheben; sie er-
schöpften sich daher in erhabenen Gemeinsprüchen,
die sie auf schwarze Tafeln
malen, und als heilige Texte
zu moralischen Reden in
den Kirchen aufhängen ließen. Sie brachten es aber
nicht weit, weil die Sache
für den großen Haufen zu
abstrakt und für die gebildete Klasse zu langweilig
war, vielleicht auch, weil die
Stifter selbst durch ihr Vorbild dem Sittengesetze keine
dauernde Empfehlung ver-
schafften. Einmal jetzt ist
ihr phantastischer Flug
schon wieder stark im Sin-

Fest der Anbetung des Höchsten Wesens, 8. Juni 1794 / 20. Prairial Jahr II.

ken, und ihre erste Beschäftigung, wenn sie noch mit heiler Haut herunterkommen, wird wohl sein, sich mit ihren zierlichen Alltagssentenzen nach Hause zu begeben, und einem anderen politisch-theologischen Schauspiele Platz zu machen, denn jetzt, sagt man hier, sei noch alles der Politik untergeordnet, und die Wasser der Trübsal, welche auch die Kirche überschwemmt haben, fangen kaum merklich an, sich wahrhaftig zu läutern. Schade ist's, daß man die schöne Außenseite dieser Kirche von den zu nahen Häusern nicht recht sehen kann.

Johann Friedrich Reichardt

Konstitution und Wirklichkeit

Paris, den 2. April 1792

Nach dem allen, was ich Dir bereits von dem Volke und von der Nationalversammlung geschrieben habe, wird Dir für die Französische Konstitution bange, und der Hof scheint Dir seinem Triumphe nahe? Wenn Du darunter verstehst, daß es dem Hofe gelingen könne, die alte Wirtschaft wieder einzuführen, den Adel und die hohe Geistlichkeit zurückzurufen und ihnen die alten Privilegien wieder zuzuführen; dann sag' ich Dir mit voller Überzeugung: sei ruhig; das ist unmöglich. Die Majorität des Volkes will in der Tat die neue Verfassung, und haßt den König und alles, was an ihm hängt, von ganzem Herzen. Man ist auch mit dem Verkauf der geistlichen Güter[80] viel zu weit vorgerückt, und die Assignaten[81], welche jene repräsentieren, und so leicht nicht durch etwas Anderes ersetzt werden können, sind zu sehr verbreitet, als daß die Wiederherstellung des alten Unwesens möglich wäre.

Ob aber die neue Verfassung Haltbarkeit genug habe; ob es so, wie es jetzt ist, lange bleiben könne: das möcht' ich nicht behaupten. Indes glaub' ich doch fest, daß der Ungestüm, die konsequente Tätigkeit der Jakobiner, die mit jedem Tage mehr auf das Volk wirken, den feinen weit eingreifenden Machinationen des Hofes so lange Widerstand tun wird, bis man eine neue bessere National-Versammlung zusammenberuft, welche in der mangelhaften Konstitution die notwendigen Änderungen und Verbesserungen vornimmt.

Wäre die Konstitution, so fehlerhaft sie auch von manchen Seiten sein mag, überall so ganz in Ausübung gekommen, wie sie es in *Bor-*

deaux, Marseille und in den meisten südlichen Provinzen, wo der Hof nicht hat hinwirken können, wirklich sein soll: so hätte sie auch wohl die Zeit abwarten mögen, die sie sich selbst zur Revision bestimmt hat. Aber hier scheint einem das nicht wohl möglich.

Jedermann ist überzeugt, daß man zu der nächsten Nationalversammlung viele brave Mitglieder der ersten konstituierenden Nationalversammlung [82] erwählen wird, die von der Mangelhaftigkeit der Konstitution selbst überzeugt waren und nur aus Ungeduld, oder aus Gefühl ihrer Ohnmacht die Schwierigkeiten zu überwinden, welche die Spaltung unter den Mitgliedern immer aufs neue anhäufte, das Werk viel zu eilig beschlossen. Es ist nun seit den Sitzungen dieser zweiten Nationalversammlung [83], zum Teil durch sie selbst, das getan worden, was billig vor der förmlichen Einführung der Konstitution hätte geschehen sollen: sehr viele kluge Leute haben ihr Urteil, ja selbst ihre scharfe Kritik, über die Konstitution öffentlich bekannt gemacht und viele Schwächen in derselben aufgedeckt. Die künftige Nationalversammlung kommt nunmehr, mit neuer Kraft und neuer Einsicht ausgerüstet, an das Werk, und hat alle Mittel in Händen, der Konstitution mehr innere Übereinstimmung und Haltbarkeit zu geben.

Mirabeau, hoff' ich, soll auch durch den Geist seiner Schriften noch mächtig mitwirken. Man hat alle seine Vorträge und Reden unter dem Titel *Travaux* [84] herausgegeben. Diese Sammlung ist viel vollständiger, als die frühere unter dem Titel: *Mirabeau peint par lui-même* [85]; und das wichtige Werk wird mit Eifer gelesen. Vielleicht beherzigt man jetzt besser, als ehemals, da persönliches Mißtrauen ihm so sehr im Wege stand, alles, was er mit so vieler Wahrheit und Gründlichkeit für die gemäßigte Monarchie, als die einzige für Frankreich angemessene Verfassung, gesagt hat. Du erinnerst Dich noch aus dem *Courrier de Provence*, den er anfänglich selbst herausgab, wie er dafür eiferte, dem Könige das unbedingte *Veto* und das Recht Krieg anzufangen und Frieden zu schließen, zu verschaffen, und wie er überall darauf bestand, daß der exekutiven Gewalt die ihr so nötige volle Kraft erteilt, und das Ministerium mit der gesetzgebenden Versammlung in nahe Verbindung gebracht werden sollte.

Das größte Übel, welches die jetzige Nationalversammlung anrichten könnte, wäre unstreitig, wenn sie dem Volke die Idee von einer republikanischen Verfassung angenehm und wichtig machte. – In der Tat hat es dazu einigen Anschein, da mehrere Jakobiner von Zeit zu Zeit so etwas äußern. Käme es wirklich dahin, so hätte Frankreich ein neues Chaos, und vieles bisher Geschehene wäre verloren. Dann müßte selbst *Mirabeaus* Geist der Nation verdächtig und fast unnütz werden. Oft hör' ich diesem Manne hier den Vorwurf machen, er habe in der letzten Zeit für den Hof gearbeitet. Ich weiß ihn in diesem Falle nicht besser zu verteidigen, als durch die Behauptung: «er habe von Anfang an für ihn gearbeitet;» wenn man nämlich unter Hof das königliche Ansehen versteht. Meint man aber, er habe für die Person des Königs oder gar der Königin, die er förmlich haßte, irgend etwas zum Nachteile des Volkes durchsetzen wollen, oder gar seine Hand zur Einführung der alten Ordnung, oder vielmehr Unordnung, geliehen: so glaub' ich das nicht, und wenn man mir auch seine eigene handschriftliche Quittung vorzeigte, daß er vom Hofe Geld angenommen habe. Nach meiner Kenntnis von *Paris* und dem Pariser Volke, war es ihm nicht möglich, was er auch immer Gutes durchsetzen wollte, es ohne Geld zu tun. – Gastereien, (die er auch wirklich fast täglich gab, um eine Menge Menschen in seinem Kreise zu versammeln, auf die er wirken und deren Urteil und Nachrichten er benutzen konnte) Ausposauner, Anstifter, Horcher, Redner, Zeitungsschreiber – das alles ist hier unentbehrlich, wenn etwas durchgesetzt werden soll; das alles erfordert aber Geld: und das hatte *Mirabeau* nicht. War der Hof nun wirklich klug genug einzusehen – was ich ihm kaum zutraue – daß *Mirabeau* der rechte Mann wäre, der in dem wahren Wohle des Volkes zugleich auch das Wohl des Königs befördern könnte, und suchte er ihn dabei mit den nötigen Hilfsmitteln zu unterstützen: so würd' ich, bei meiner Überzeugung von der Güte des Zwekkes, selbst darin, daß *Mirabeau* zu Bestreitung der nötigen Kosten vom Hofe Geld nahm, nichts Schlechtes finden. Edler ist es freilich, und mir unendlich lieber – so wie es gewiß auch ihm lieber war – mit eigenen Kräften Gutes zu wirken. Wenn er das aber nicht konnte? und wenn Zeit und Umstände ihn drängten? Wie jämmerlich kleidete in solchen Fällen einen Staatsmann die sentimentale Delikatesse, oder das Verlangen überall edel zu erscheinen! Und am Ende ist ja auch die strengste Erfüllung deutlich erkannter Pflicht, selbst mit Zurücksetzung der edelsten Neigungen, weit verdienstlicher, als alle noch so hoch gepriesene Großmut, aller Edelmut, der seine Belohnung in sich selbst findet.

Nichts ist leichter, als einen Franzosen, eine ganze Anzahl Franzosen, in Feuer und Flamme zu setzen und sie zum höchsten Enthusiasmus zu erheben. Eine solche Nation geht natürlicher Weise immer zu weit; aber nur sie unternimmt auch ein Werk, das alle ihre Nachbarn in stummes, starres Erstaunen setzt.

Ferner rechne ich dahin den grenzenlosen Leichtsinn, der dem größten Teile der Nation zur Natur geworden ist, und bei dem es äußerst schwer hält, einem jungen lebhaften Franzosen irgend einen Begriff, ja nur ein wichtiges, nicht glänzendes Faktum, so beizubringen, daß man sicher darauf rechnen kann, er habe es so ganz verstanden und erwogen, daß nicht der nächste sinnliche Eindruck es wieder völlig verwische. Dieser Charakterzug hat auch gemacht, daß die besten französischen Schriftsteller, welche ihr Volk studierten und kannten, die reizende, einladende und mannigfaltig beschäftigende Form als das erste Bedürfnis einer Schrift angesehen haben.

Dahin gehört ferner die herrschende Sinnlichkeit dieses äußerst reizbaren Volkes, dessen Aufmerksamkeit nur durch sinnliche Eindrücke erregt und bestimmt, dessen Neigungen nur durch unmittelbare sinnliche Eindrücke gefesselt werden können. Dies muß man ja nicht aus der Acht lassen, wenn man die Wichtigkeit, mit der die Franzosen ihre National-Kokarden und Bänder, ihre Freiheitsmützen, Freiheitsbäume und dergleichen mehr, behandeln, nicht kindisch und der großen Sache unwürdig finden soll. Bei uns müßte man das; bei den Franzosen aber ist es wirksamer Antrieb zur Tätigkeit, einziges Mittel die Aufmerksamkeit und die Neigung zu fesseln. Jener unüberwindliche Leichtsinn und diese herrschende Sinnlichkeit haben wenigstens zum Teil ihren Grund.

Noch kommt dazu der gänzliche Mangel an gründlichem elementarischem Schulunterrichte. Wie weit die Unwissenheit in allen wissenschaftlichen Dingen und in jeder Art von Kenntnis bei dem eigentlichen Volke geht, ist unglaublich. Selbst in den besseren, gebildeteren Ständen findet man überall und häufig erwachsene, ja bejahrte Männer, die nicht den mindesten Begriff von der Lage und der Verfassung der übrigen sie umgebenden Länder haben, die nicht im Stande sind, eine Zeile orthographisch und grammatisch richtig zu schreiben. Die meisten Begriffe, die das Volk hat, sind ihm aus dem Munde der Hofleute und Städter, oder aus kleinen witzigen Schriften und pikanten Versen zugekommen. Daraus entsteht aber der gefährliche Nachteil für das Volk, daß es große Lust an witzigen Einfällen hat, die doch meistens nur auf eine Verdrehung der Sache, und auf Verrückung des wahren Gesichtspunktes hinauslaufen.

Es ist kein Unverstand, keine Infamie denkbar, die der französische Hof in den letzten beiden Jahrhunderten nicht erschöpft hätte. Millionen Menschen sind in diesen greulichen Strudel des Lasters und des

*Proklamation der Konstitution auf der Place des Innocents,
14. September 1791.*

Unsinns hineingezogen worden. Fast alles, was auch nur in der entferntesten Verbindung mit dem Hofe stand, ist so von Grund aus verderbt, daß es zu aller echten Moralität, zu aller Vernunft-Herrschaft schlechterdings keine Fähigkeit hat. Die Weltklugheit im trivialsten Sinne, mit ihrem ganzen Gefolge von Lug und Trug, Arglist und egoistischer Schadenfreude, ist so ganz die Gottheit dieser verworfenen Menschen geworden, und ihre Lehre in ein so zusammenhängendes teuflisches System gebracht, daß ich versichert bin, wenn allen diesen Menschen *Goethes* Groß-Cophta vorgelesen werden sollte, so würde nicht ein einziger daran zweifeln, daß der Dichter eigentlich die Absicht habe, die teuflische Egoisterei, die er dem *Cagliostro* so meisterhaft in den Mund gelegt und der edel enthusiastischen Denkart des *Ritters* entgegengestellt hat, als die wahre Philosophie des Lebens zu predigen. Jene schändliche Denkart war in ein vollständiges System gebracht; sie ward als Kunst behandelt und getrieben. In dem Grade, worin man sich dem schändlichen Ideal näherte, oder je konsequenter, vollständiger und geschickter man jene Infamie übte; desto mehr war man unter den Unmenschen geschätzt und geliebt. Verzeih' es mir die Menschheit, daß ich Wörter, die alles ihr Wünschenswertes ausdrücken, hier so mißbrauchen muß! – Unschuld, Reinheit der Sitten, Uneigennützigkeit, Verleugnung seiner selbst aus Pflicht oder Edelmut, sind den von Grund aus verderbten Menschen so zum Gespötte geworden, und scheinen ihnen so unsinnig, daß – doch Du kennst sie, und auch unser armes Vaterland lernt ja leider! diesen Abschaum der Menschheit im größten Teile der Emigrierten näher kennen.

Nimm nun aber an, daß von diesen so höchst verderbten Menschen gewiß nicht der zehnte Teil ausgewandert ist, und daß die übrigen neun Zehnteile ihre Existenz, ja ihre Beschäftigung, nur in der Anwendung ihrer teuflischen Klugheit gegen die neue Sache finden können; daß nur an der konsequenten Anwendung ihrer Ränke die (wenn auch noch so entfernte) Möglichkeit hängt, ihren Wunsch zu erlangen und ihre Herrschaft herzustellen; – denke Dir diese verschlagene freche Menge, wie sie mit allen nur ersinnlichen Mitteln der Verführung auf das enthusiastische, leichtsinnige, ununterrichtete, den Witz liebende, eitle, ruhmsüchtige, in der äußersten Armut schmachtende Volk von allen Seiten einwirkt: – und Du wirst leicht begreifen, welche Empfänglichkeit für das Gute in dem Volke sein muß, daß es zu einer Zeit, da alle gesellschaftliche Bande erschlafft und zum Teil zerrissen waren, und da es an einer schnell wirkenden, zurückdrängenden Macht fehlte – daß es da nicht alle die Greueltaten und Frevel, die jederzeit deutsche Bauernkriege und englische Aufstände so blutig ausgezeichnet haben, in höherem Grade, als je eine Nation, verübt hat! Wenn man dies alles erwägt und überdies noch in Anschlag bringt, durch welche Greuel ohne Gleichen die Könige und ihre ganze Brut seit Jahrhunderten das gute Volk an Blutvergießen, an Mord und Raub jeder Art gewöhnt haben: so muß man erstaunen, wie wenig die französische Nation bis jetzt eine so gänzliche Revolution gekostet hat; man muß mit Liebe und Vertrauen zu der so liebenswürdigen Nation durchdrungen werden und wohl selbst zu dem Enthusiasmus gelangen, sich ihr in die Arme zu werfen und die gegenwärtigen unvermeidlichen Trübsale mit ihr zu teilen, um einst, wenn auch nur in der folgenden Generation, das Glück zu genießen, das sie sich gewiß am Ende erringen wird.

Christian Ludwig Lenz

Dekadenfeier in der Provinz

Der Sonntag darf im «freien» Frankreich, wenigstens öffentlich, nicht
mehr gefeiert werden. Um die Republikaner von ihrer alten Anhäng-
lichkeit an denselben abzubringen, tut die Regierung alles mögliche,
den Dekaden, das heißt dem zehnten, zwanzigsten und dreißigsten
Tage der Monate des neuen republikanischen Kalenders, die Feier und
«Heiligkeit» der vormaligen Sonntage zu verschaffen. Sie sucht zu
dem Ende an den Dekaden das Volk durch Feste, Lustbarkeiten und
Feierlichkeiten mannigfaltiger Art von der Arbeit abzuziehen, aus den
Häusern zu locken, seine Augen und Ohren angenehm zu ergötzen.
Beförderung der inneren Sittlichkeit, geschweige denn gar der Religio-
sität, scheint dabei nur ein sehr entfernter Nebenzweck zu sein; der
aber an den unzähligen Orten der großen Republik, wo gar keine öffentliche Gottesverehrung mehr gehalten oder verstattet wird, nicht
im geringsten sichtbar ist. Da ist denn die Dekadenfeier bloß ein, für
die Sinnlichkeit des großen und rohen Haufens berechnetes, lustiges
Schauspiel. Zu Paris veranstaltet die Regierung, um ihren oben ange-
gebenen Hauptzweck zu erreichen, an den Dekaden für jedermann
ohne Unterschied Feuerwerke, Konzerte und öffentliche Tänze unter
freiem Himmel: im Garten der Tuilerien, in dem elysäischen Haine
und auf dem Marsfelde; Eröffnung der Gemäldesammlungen und verschiedener anderer Museen. Zu Paris und überall die öffentlichen Ko-
pulationen der Verlobten; die Vorlesungen der neuen Gesetze und
Verordnungen, der letzten Verhandlungen des gesetzgebenden Körpers, der – großenteils erdichteten oder doch arg entstellten – politischen Neuigkeiten, hauptsächlich von ungeheuren Siegen der französischen Heere, aus einer offiziellen Zeitung, meistenteils in der Kirche.
Dies alles geschieht einzig nur an den Dekaden. Bedenkt man, daß der
französische Landmann selten, der gemeine Bürger auch nicht immer
lesen gelernt hat, also für sich keine Zeitungen lesen kann, so begreift
man, daß er um desto lieber aus Neugierde zum Anhören derselben
herbeikommt. Von der Pariser Dekadenfeier ist alles bekannt und oft
genug beschrieben worden; ich will daher lieber die Dekadenfeier in
einer Stadt des inneren Frankreichs von mittlerer Größe schildern;
und wähle dazu die durch ihren eifrigen und bis jetzt ununterbrochen
fortwährenden Republikanismus sich auszeichnende Hauptstadt des

Departements der Yonne von ungefähr zwölftausend Einwohnern, nämlich Auxerre.

Die Zentralverwaltung hielt mich daselbst im November 1798, obwohl in guter Absicht, sechzehn Tage zurück; daher ich zweimal der, sich jedesmal ganz gleichen, Dekadenfeier beiwohnte. An der einen Dekade kamen eine Anzahl, mit einer Menge von Pferden bespannter, Frachtwagen aus entfernter Gegend schon am frühen Morgen an. Die Fuhrleute wollten abladen, um diesen Tag noch eine Strecke Weges zurückzufahren. Das Abladen wurde ihnen aber von der Obrigkeit verboten. Sie stellten dieser vor, sie wären arme Leute, und könnten darum unterwegs nicht liegen bleiben; dürften sie heute nicht abpacken, so müßten sie und ihre vielen Pferde bis morgen Mittag, wo sie dann erst fertig werden könnten, im teuren Stadtwirtshaus zehren, worunter sie sehr viel leiden würden, da sie durch die Revolution ohnehin schon so viel verloren hätten. Umsonst! Sie mußten, ohne Entschädigung, vierundzwanzig Stunden länger untätig in Auxerre bleiben. Es war eine ganz gemeine Dekade, ohne Fest und besondere Feierlichkeit.

Abends vorher und am Morgen abermals, wurde die Dekade durch die Glocken der Kirchtürme eingeläutet. Um zehn Uhr zog die Munizipalität mit ihren dreifarbigen Bändern, in ihrer Mitte die zu verbindenden Ehepaare führend, aus dem Rathause unter Trommelschlag, und auf beiden Seiten begleitet von Nationalgarden, durch mehrere Straßen in den Saal der Gemeinde.

Die Munizipalität war im Gemeindesaale, in welchem die Trommeln noch eine Zeitlang fortwirbelten, eingezogen; und sechs- bis achthundert Menschen mit ihr. Ein schöner, vormals für den Jakobinerklub und auf dessen Kosten erbauter nur für seine jetzige Bestimmung etwas zu kleiner Saal, mit einer Emporkirche rings umher. Diese ist durch eine Menge republikanisch kräftiger Inschriften verziert, welche auf weißem Grunde mit grünen Eichenlaubsgehängen und dreifarbigen Bandschleifen umschlungen und unter sich verbunden sind. Drei Viertel dieses Chors besetzt das weibliche Geschlecht; jedoch fast bloß vom vormals niedrigen Stande, weil das vom höheren sich nicht gern jenem gleich stellen und ohne Rangordnung mitten unter ihm sitzen mag und daher von allen dergleichen Versammlungen lieber ganz wegbleibt. Ein Viertel des Chors nimmt die Schul- und die übrige Jugend ein. Oben sind Saalaufseher angestellt, von denen aber die unbändigen Weiber der vormals unteren Stände sich nicht zur Stille und Ordnung bringen lassen, soviel auch die Galerieaufseher dort oben, und zuweilen der

Präsident von unten hinauf darum bitten oder vielmehr «einladen» (inviter).

Unten rings umher sitzt mit Gleichheit, ohne Rangordnung, das erwachsene männliche Geschlecht von Stadt und Land auf fünf- oder sechsfach übereinander emporsteigenden Bänken; immer den Hut, die Mütze, auf dem Kopf behaltend, ausgenommen bei dem so häufigen vive la Republique, das der Vorleser oder sonst eine obrigkeitliche Person dazwischen ausruft, wo man die Kopfbedeckung abnehmen muß, und, will man nicht Royalist scheinen, sie hoch und mit gewaltiger Bewegung schwenkt. Besonders blickte man dabei sehr aufmerksam auf mich, ob auch ich Fremdling, den sein auffallender, aus Stockholm mitgebrachter Winteranzug als solchen gleich verriet, jedesmal meinen Hut recht nach Gebühr hob und schwenkte.

Nachdem der Gemeindesaal voll war, klingelte der Präsident wiederholt und heftig. Erst nach etwa zehn Minuten war es notdürftig still. Nun eröffnete der gut gebaute und ansehnliche Fontaine die Versammlung mit einer Anrede, die er dreimal durch witzige, von ihm selbst nach bekannten Volksmelodien verfaßte Liederchen auf ganz neue Ereignisse der Republik, deren er soeben erwähnt hatte, unterbrach. Er ganz allein und ohne Begleitung eines Instruments sang sie in einem angenehmen Tenor. Die zwei Schlußverse jeder Strophe wiederholte die ganze Versammlung im Chor. Dieses Vorsingen, und das Wiederholenlassen des Refrains ist sehr politisch und tut bei den gesangliebenden und unter lustigem Gesange ihr Elend so leichtsinnig vergessenden Franzosen nicht zu berechnende Wirkung zur Aufrechterhaltung und Verstärkung ihres republikanischen Eifers. Fontaines' eigene Gesänge atmeten Humanität. Aber er schloß seine Anrede mit dem Ausrufe, nun möge auch die Versammlung ein Lied zur Befestigung in ihren patriotischen Gesinnungen anstimmen. Und siehe! Sie sang, zur Erweckung der Andacht bei dieser Feier des neuen Sonntags gleichfalls ohne ein Instrument, wild und höchst mißtönend einige der stärksten Strophen aus der blutgierigen Marseiller Hymne. Sehr viele Bürger, darunter ehemals vornehme und reiche, jetzt vielleicht verarmte, die doch wohl nur ihren hohen Republikanismus dadurch zur Schau tragen wollten, schrien den Marseiller Marsch unter so gewaltiger Aktion der Hände, Arme, Füße, Häupter, Hüte und Jakobinermützen, daß ein durch Zauberschlag aus einer Alleinherrschaft auf einmal in diesen Saal versetzter sie für begeisterte Bachanten gehalten haben würde. Gegenüber dem Präsidenten saßen auf einer hohen Bühne das Brautpaar und die zwei abwechselnd vorlesenden Mitglieder der Munizipalität. Der eine trug das neu angekommene, unerträgliche Dekret über die Patente vor, für welche die Kaufleute, die Wundärzte, die Künstler und Handwerker jeder Art, welche alle einzeln aufgezählt waren und kein Ende nahmen, so und so viel von nun an zahlen sollten. Mißvergnügen und Betrübnis war auf den meisten Gesichtern der Städter zu lesen; nur die Bauern schienen sich zu freuen, weil ihnen keine neue Last aufgelegt wurde.

Alsdann wurden aus einer – es versteht sich von dem Direktorium gebilligten und vielleicht besoldeten – Pariser Zeitung Berichte von Bonapartes Siegen über die Mamelucken, wobei das Klatschen kein Ende nahm, und von seiner Freundschaft mit den Arabern vorgelesen. Zuletzt wurde das Brautpaar vor den Tisch des Präsidenten geführt und auf die neue republikanische Weise ganz wie zu Paris durch die Munizipalität ehelich zusammengegeben; wie bekannt ohne die Zwischenkunft eines Geistlichen und überhaupt ohne alle Einmischung von Religion. Was wohl am Ende aus einem Geschlechte werden muß, welches überall und selbst bei den allerwichtigsten, folgereichsten Vorfällen und Angelegenheiten des ganzen Lebens keine Ermahnungen und Warnungen, keine Besserungs-, Beruhigungs- und Trostgründe aus der Religions- und Pflichtenlehre mehr entlehnt oder entlehnen soll und darf; kurz die Religion, wenigstens öffentlich, nicht mehr auch nur erwähnen darf und erwähnt.

3
Topographie des Terrors

Anonym
Königsmord

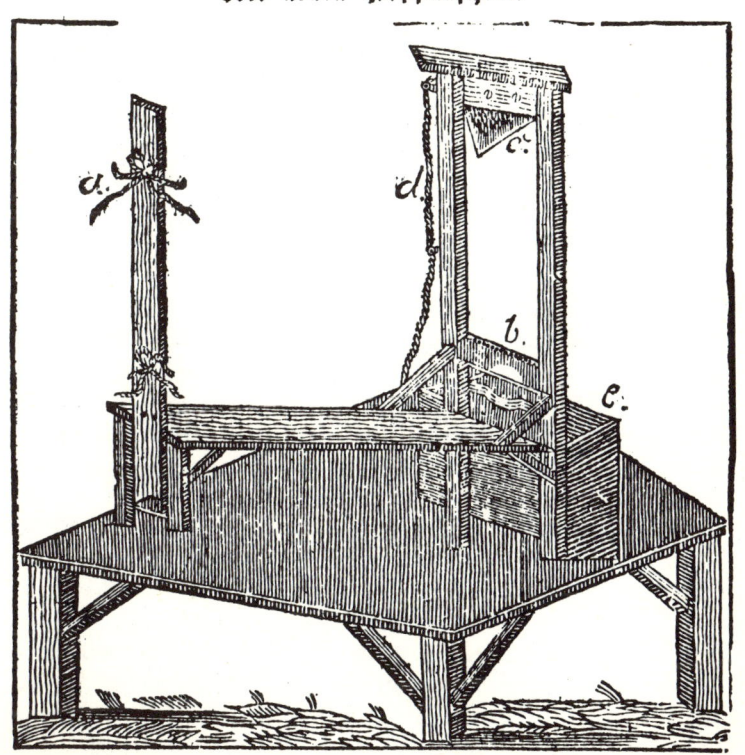

Abbildung
der Guillotine,
oder neuen Kopfmaschine.

Wenn ich Ihnen irgend eine angenehme neue Maschine hätte zeigen können, als just diese Köpfmaschine ist, so würde ich mich in eben dem Maße freuen, in welchem ich jetzt so betrübt bin. Noch ist die Wunde zu neu, die die Franzosen durch den Königsmord am 21 Jan. 1793[1] jedem Gutgesinnten schlugen – deshalb verdient sie vors Publikum gebracht zu werden. Ich gab mir Mühe, eine der allerbesten Zeichnung von dieser Maschine zu erhalten: ich erhielt sie eben so richtig als schön gezeichnet, und übergabe sie hiermit dem Publikum.

Man wird sich erinnern, daß die weiland konstituierende Nationalversammlung, in ihrem alles umschaffenden Paroxismo, die Todesstrafen nicht besser, als das Übrige behandelte. Gravitätisch wog sie die Frage ab: ob bei einem zum Tode Verurteilten der Strick oder das Beil sich am besten mit der Würde des Menschen und der Konstitution vertrüge? Und gravitätisch dekretierte sie, daß das schneidende Werkzeug ungleich konstitutionsmäßiger sei, als die erdrosselnde Schlinge, und daß es sich weit besser für ein freies Volk schicke, große Übeltaten durch den Verlust des Kopfes, als durch den Verlust des Atemholens zu büßen.

Unter diesen Denkern von Gesetzgebern hatte ein Arzt seinen Sitz, namens Guillotin, welcher, um sich einen glänzenden Nachruhm zu erwerben, diese Köpfmaschine erfand, und daher die Benennung Guillotine erhielt. Dieser Mann sann tiefsinnig über den patriotischen Gegenstand nach, und fand, daß ein scharfes zwischen die Halsgelenke geschobenes Eisen das allerkonstitutionsmäßigste, weiseste und zugleich anatomischste Mittel sei, welches man dazu anwenden könnte. Zu gleicher Zeit fand er aber auch, daß dieses Eisen, durch Menschenhand geführt, nicht Kraft genug haben, und überdieses eine Art Meuchelmord sein würde, welchen der medizinische Lykurg verhüten wollte. Er vermehrte also seine Erfindung durch eine Maschine, die ebenso leicht den Kopf vom Rumpfe sondern könne, als das Druckwerk beim Münzen Köpfe aufs Metall prägt.

Seine Erfindung war eigentlich ein bloßes Plagiat. Denn seit undenklichen Zeiten ist diese die Gelenke des Halses sondernde Maschine in Persien in Gebrauch. Unterdessen machte sie in Frankreich ihr Glück. Die Nationalversammlung erteilte der neuen Köpfart das Bürgerrecht.

Ist es nicht ein gräßlicher Anblick? Ja, meine Lieben! Ewig wird diese Maschine merkwürdig sein, und ihre Nachkommen werden sie noch mit Entsetzen betrachten! – Auf dieser Maschine, so werden ihre Enkel noch sagen: verlor – der beste König von Frankreich sein

Haupt! – und dann wird noch von ihnen, zur Ehre des guten Ludwigs – eine Träne des Mitleids fallen – Engel Gottes werden sie auffassen und zu Gott tragen.

Denken Sie sich, meine geliebten Leser! den Anblick für gefühlvolle Seelen! Ludwig der Gutmütige ward zum Richtplatze geführt. – Er steigt aufs Schaffot – er sieht die Maschine – – – sein Geist erschrickt nicht, aber sein Herz blutet und jammert – sein Herz wallet noch immer Gnade gegen sein Volk – er sucht das Herz der Repräsentanten des Volkes zu rühren – allein diese Unmenschen sind taub gegen die Stimme der Natur; ihr Rabenherz verlangt das Blut ihres Königs, ihres sonst geliebten Ludwigs.

Der Nachrichter schneidet dem König die Haare ab – der König erschrickt – man bindet ihn an das Brett (Fig. a) so an, daß der Hals über das Brett heraus steht. Man denke sich diesen empörenden Anblick lebhaft – man denke sich die Empfindung des Königs – das Jammern seiner Familie – selbst das Volk, von Mordlust entbrannt – hörte die Stimme der Natur, die Stimme der Menschheit – es rief: Gnade, Gnade! – Die Königsmörder hatten dieses vermutet, die Trommeln wurden auf ihr Kommandowort gerührt.

Das Brett (Fig. a), woran der König nun fest war, wurde herabgelassen; der Kopf durch das Loch (Fig. b) durchgesteckt. Der König lag auf dem Bauche, das Brett, worauf er befestigt war, lag ihm auf dem Rükken. Er wurde also gequetscht, er schrie – Gnade! Gnade! rief nochmals das Volk. – Die Trommelschläge wurden verstärkt. Das Beil (Fig. c) hing jetzt über dem Halse des Königs, der Nachrichter zieht den Faden (Fig. d), das Volk staunt – das Beil fällt – das Haupt fällt in den Kasten (Fig. e), und Ludwig war —— Der Nachrichter nimmt das Haupt Ludwigs aus den Kasten heraus, zeigt es dem Volk – zeigt aber auch zugleich, wie wenig frei die Franzosen sind – zeigt ganz Deutschland *den Mord des Königs*

Ludwig XVI. mit seinem Beichtvater Edgeworth vor seinem Tode, 21. Januar 1793.

Anonym

Annalen der Pariser Guillotine

Vorerinnerung

Verschiedene traurige Betrachtungen haben sich mir bei Verfertigung dieser Blutliste dargeboten, und werden sich jedem Leser darbieten, der unangesteckt von der Seuche des Zeitalters, und unbefangen vom Parteigeiste, nicht glaubt, daß eine Mordtat, oder irgend ein anderes Bubenstück, aufhöre, Mordtat oder Bubenstück zu sein, sobald es von einer Faktion begangen wird, die durch List, Zwang, Schrecken, oder andere Mittel, das Vertrauen eines verblendeten Volkes an sich gerissen hat, und alle ihre Verbrechen mit der prunkenden Firma, Nation, stempelt, ungeachtet diese Nation höchstens aus einem Dutzend erschlagener Leute besteht, die an der Spitze der Verschwörung herrschen. Gütiger Gott, welch' eine Nation! gib zum Frommen des Vaterlandes, daß eine solche Nation in Deutschland nie anders als wohlverwahrt angetroffen werden möge! Ich hätte diese Liste noch zahlreicher machen können, wenn ich vom Anfange der Guillotinen-Hinrichtungen, und nicht von Errichtung des

Hinrichtung der 21 Delegierten der Gironde,
31. Oktober 1793 / 10. Brumaire Jahr II.

Revolutions-Tribunals hätte ausge-
hen wollen. Leider! gewöhnt sich
der Mensch an alles, und manche
Leser lesen schon ganz gleichgültig
das tägliche Hinrichten unschuldi-
ger Unglücklicher, und das Morden
von gestern entschlüpft ihrem Ge-
dächtnisse über das Morden von
heute. Im Gefühl der Sicherheit ihres Kopfes, im ungestörten Genuß
ihrer Freiheit und ihres Eigentums,
unter dem Schutze einer unrevolu-
tionären Obrigkeit, schwindet vor
ihrer Seele die Todesangst der Unschuldigen, und die Verzweiflung,
welche das Los ihrer an den Bettel-
stab gebrachten Familien, ihrer
verwaisten Kinder und trauernden
Freunde wurde; und was Necker so
schön in der Stelle schildert, die ich
zum Motto dieses Aufsatzes
wählte. Ich will versuchen, ob ich
ihrem Gedächtnis dies Tableau
unter einem Blicke wieder darstel-
len, und so vielleicht ihre Seele aus
jenem Gleichgültigkeits-Schlafe
wecken kann. Ich fordere alle deutschen Revolutionsfreunde auf, die
uns immer so viel von den Des-
potereien und Grausamkeiten der
Könige, Fürsten und Regenten in
Reden und Schriften aufzubürden
wissen, ich fordere sie auf, von diesen Königen, Fürsten und Regenten, zusammen, eine gleichstarke
Liste von Justizmorden, in einem
gleichgroßen Zeitraume, zu dokumentieren, als hier in ihrem Lieb-
lingsreiche, in dem Lande soge-

nannter Philosophie, sogenannter Freiheit, sogenannter Duldung, und ach! sogenannter Menschenrechte, beurkundet ist. Denn nicht im Getümmel und in der blinden Wut eines Volksauflaufs fielen diese Schlachtopfer; nein, man mordete sie kalt und mit Überlegung, indem man ihre Pein noch durch die höhnische Farce eines gerichtlichen Verfahrens vergrößerte. Accusé,[2] prévenu, convaincu! so lautet die allgemeine Formel, womit man sie aufs Blutgerüst fördert – aber von Beweisen, von Gründen, von wirklichen Untersuchungen, ist hier nie die Rede. Das Todeslos des Unglücklichen ist schon bestimmt, ehe er noch vor dem Tribunal erscheint, sobald nur einer der Volksdiktatoren es heischte, oder sobald er zu einer der geächteten Kasten des Adels oder der Klerisei gehörte, oder sobald sein Landhaus oder sein Reichtum der Nation anstand. Nein! so wurde noch nie, seit die Welt steht, mit dem Heiligsten auf Erden, mit Gerechtigkeit und mit Menschenleben, ein solcher Frevel, ein solches Spiel getrieben! – Und was müssen das für Menschen, was das für Charaktere, was das für Herzen sein, die einem solchen Zustand der Dinge, ihr Lob und ihre Bewunderung öffentlich zollen, und ihre vaterländische Konstitution gegen eine Anarchie, wie diese, herabsetzen können!

Man wird in den Hinrichtungen eine Art von steigender Gradation auf dieser Liste bemerken. In der ersten Hälfte sind sie fast selten, und nichts weniger als auffallend, dann aber mehrt sich die Anzahl, wie die Zahl der Gefangenen*, bis sie im März und im April 1794 endlich immer höher und höher, oft zwanzig und mehr an einem Tage, steigt. Auch Alter und Stand der Hingerichteten geben Stoff zu Bemerkungen. Welch' eine Menge von Greisen und von Männern von gesetztem Alter; die freilich an einem Chaos und einem System wie dieses, keinen Gefallen finden können, und kälter und reifer darüber nachdenken, als der schwindelnde und zügellose Geist, unbändiger unerfahrener Jugend, und die man folglich aus dem Wege zu schaffen suchte. Wie viele Mütter, Gattinnen, Töchter, Schwestern, wie viele Matronen und blühende Schönheiten, die einen Tod starben, vor welchem ihr zartes Geschlecht und ihr makelloser Wandel sie auf ewig zu behüten schien. Wie viele Domestiken, die ihren unglücklichen Herrn und ihren Gebieterinnen, noch im Tode ihre Anhänglichkeit unerschütterlich bewährten, und mit ihrem Blute ihnen ihre Treue versiegelten; ein edles und seltenes Schauspiel in unserem so egoistischen Zeitalter! Und endlich, welch ein

---

* Den 31 März 1793 war ihre Anzahl 24, den 19. Jul. 1794, aber 7500!!!

Beweis, in dieser Menge von hingerichteten Handwerkern und Landleuten, daß es selbst unter den niedrigen Ständen des Volkes, unzählige gibt, die Geradheit und Tugend genug besitzen, um eine bessere und ordentlichere Verfassung des Reiches zurück zu wünschen. [...]

Name	Stand	Alter	Hinr.
Luthier.	Grenadier, dann Kanonier des Bataillons der Sorbonne.	40	April 11
Blanchelande.	Marechal du camp, und Gouverneur zu St. Domingo.	–	15
Guyot.	Trödler. Wegen falscher Assignate.[3]	–	16
Catharina Clerc.	Dienstmagd, weil sie einen König gewünscht.	55	19
Vaujour.	Dragoner-Obrister. Wegen Dumouriez.	47	20
Clinchamp.	Prior de la Trinité de Clisseu. Als Verfasser der royalistischen Schrift: aux amis de la verité.[4]	58	21
Durigny.	Schiffslieutenant. Emigriert.	30	–
Boucher.	Zahnarzt. Wegen Dumouriez.	–	28
Mangol.	Fiaker. Er hatte in einem Kaffeehause gesagt, die Nation bestehe aus Lumpenhunden, Spitzbuben, Bösewichtern; man müsse einen König haben.	21	–
Inzeau.	Kaufmann. Emigriert.	23	1 Mai
Graf Mazu.	Ehemahliger Gendarm-Offizier. Er war zu Konstantinopel geboren; man beschuldigte ihn, und die beiden mit ihm Hingerichteten, sie hätten die Caisse Bussi wieder errichtet, und Geld für die Französischen Prinzen aufnehmen wollen.	34	–
Josephine de Robec.	Gemahlin des Finanz-Pächters Kolly, und vorher Witwe eines Kaufmanns zu Orient.	35	–
Breard.	Marine-Commissär.	54	–
Revier-Maury.	Edelmann; gewesener Dragoner-Hauptmann.	40	9
Beaulieu.	Bedienter.	36	–
Joseph Miaczinsky, aus Polen.	Divisions-General. Er hatte sich vor 20 Jahren bei der Konföderation in Polen ausgezeichnet, wo ihn Dumouriez kennenlernte, und ihm, als er auswandern mußte, eine Stelle in französischen Kriegsdiensten verschaffte. Bei seiner Ar-		

mee machte er ihn, nach der Revolution, zum General. Er kommandierte mit in Belgien 1793, als Coburg die Franzosen vor sich herjagte. Dumouriez, als er die Kommissarien in Verhaft nehmen lassen, trug ihm auf, sich Lille zu bemächtigen. Allein der Pole vertraute das Geheimnis dem bekannten St. George, Chef einer Legion, an, der ihn verriet; und so nahm man ihn zu Lille in Verhaft. Dumouriez gibt ihm das Zeugnis, er sei in der Schlacht eben so tapfer gewesen, als er sich feig auf dem Schafott zeigte.

als er sich feig auf dem Schafott zeigte.	45	22
Philipp Derouc, aus Brüssel. Adjudant von Dumouriez.	30	–
St. Marc. Kaufmann. Er und die vier folgenden wegen falscher 5 Livres Assignate.	36	Juni 6
Lieutaud. Gelehrter.[5]	37	–
Bremond. Gewesener Entrepreneur des Marktschiffs auf der Marne.	35	–
Dejuillet. Gewesener Rittmeister.	74	–
Richemond. Rechtsgelehrter.	27	–
de la Motte la Gulomarais der Vater. Ein Bretagnescher Edelmann.	50	17
Maria Micault. Dessen Gemahlin.	50	–
Alexander Thebault. Hofmeister in dessen Hause.	22	–
Lemoëlan. Ein Bretagnischer Edelmann.	59	–
Angelica Desilles, verheiratete la Fouchais. Schwester des jungen Helden Desilles, der bei Nancy sich durch seine Aufopferung verewigte: hätte er da diesen Schafotts-Tod seiner Schwester ahnden können?	24	–
de Laurai. Generallieutenant der Admiralität.	57	–
de Grandville. Ein Edelmann.	34	–
Grout de la Motte. Schiffs-Kapitän.	50	–
Fräulein Fougeres. Tochter eines Bretagneschen Parlaments-Rats.	30	–
Fonterieux. Gewesener Offizier eines Jäger-Regiments.	34	–
Pontarice. Edelmann, und Offizier.	–	
Vincent. Englischer Sprachmeister zu St. Malo.	48	–
Charlotte Corday d'Armand. Fräulein; die Mörderin Marats.	25	Juli 17
Malherbes, der Sohn. Edelmann; emigriert.	20	21
Mazeliere. Rittmeister; emigriert.	30	23

Bois-Vernier. Edelmann, und Offizier.	36	25
de Chouville. Edelmann.	—	1 Aug.
Fournier. Edelmann.	67	3
Lescuye. Brigade-General. Wegen Dumouriez' Verschwörung.	49	14
Custine. General: dieses Mannes Prozeß, der im Jahr 1792 der Schrecken eines Teils von Deutschland, und das Idol seiner Demokraten war, ist teils besonders abgedruckt, teils in Girtanners[6] Journal eingerückt, und zu bekannt, als daß ich nicht bloß daran erinnern sollte. An eben dem Tage, wo Mainz kapitulierte, setzte man ihn zu Paris in Verhaft.	—	27 Spt.
Acht Bürger aus Rouen und eine Frau, weil sie den Freiheitsbaum umgesägt.	—	5
Charles. Huissier.	40	11
Leveque. Präsident der Sektion von Mortrain.	58	19
Masson. Pfarrer zu Germain-Duplein.	40	22
Grondel. Weil er auf ein Assignat von 15 Sous, in einer Schenke vive le Roi! geschrieben! —	31	—
Werwick, aus Flandern. Pfarrer zu Harbruck.	45	—
Therese Werwick. Schulmeisterin an der Armenschule zu Harbruck.	46	—
Ribours. Ohne Profession.	57	1 Dez.
Lebas. Konstitutionsmäßiger Dorfpfarrer.	50	—
Lenillot. Desgleichen.	70	—
Aubert. Edelmann.	28	—
Cagnier. Dorfpfarrer.	59	—
Catrefons, genannt Marolle. Edelmann.	60	—
Barentin von Catrefons. Gemahlin des obigen.	45	—
Catrefons. Der Sohn, Lieutenant.	23	—
Lemeuton, genannt Chassey. Edelmann.	53	—
Vincenot. Besitzer eines Hôtel garni.	56	2
Manduit. Weinschenke und Traiteur.	49	—
Aubry, der Sohn. Eine Kostschule haltend.	24	—
Suder, aus Landau. Schuster. Wegen schlechter Schuhe.	52	—
Flamand. Schuster. Wegen schlechter Schuhe.	57	—
Gorneau. Beim Büro des Ministers des Inneren angestellt.	20	3
Dufresne. Medicus. Weil jetzt alles den Soldaten in		

Frankreich äffet, so heißen die Ärzte: officiers de
santé.[7]   –   –
Kersaint. Graf, See-Offizier, Deputierter der zweiten
Nat. Vers. und des Konvents.   52   4
Rabaud St. Etienne. Protestantischer Prediger. Depu-
tierter der ersten und zweiten N. V. und des Konvents.   –   5
Johanna Vaubernier, Gräfin Dubarry. Die letzte Mä-
tresse Ludwigs XV. und die letzte, die Frankreich
hatte, denn Ludwig XVI. lebte streng. Unter den An-
klagepunkten, die man gegen sie vorbrachte, befanden sich unter anderen, folgende: sie habe eine sil-
berne Münze mit Pitts Bildnis bei sich getragen; sie
habe Büsten von der königlichen Familie in ihrem
Garten vergraben; sie habe sich eine Sammlung von
satirischen Kupfern auf die Revolution gemacht. Ihr
Reichtum war eigentlich ihr Verbrechen, und ihre
Verbindung mit den Brissotinern[8], sonderlich mit
dem Zeitungsschreiber und nachherigen französischen Staatsminister, Lebrun, der sie auch mit Pässen
nach England versah, als sie dem Dieb nachsetzte,
welcher ihre Juwelen gestohlen hatte, und wirklich so
glücklich war, den größten Teil derselben zu London
wieder zu bekommen. Man legte ihr dieses als Emigration aus, da sie es doch mit gesetzlicher Erlaubnis
getan hatte. Als Freudenmädchen war sie zu Paris als
Mamsell Lange bekannt, und verleugnete den Charakter einer solchen, noch als königliche Geliebte
nicht. Sie war leichtsinnig, eitel, verschwenderisch,
aber eigentlich ein gutmütiges, harmloses Geschöpf,
über welches Frankreich weniger zu klagen hatte, als
über irgend eine der vorigen Mätressen. Denn daß sie
Choiseul stürzte, und bei Aufhebung des Parlaments
mitwirkte, war nicht sowohl ihr Betrieb, als Betrieb
der Hofkabale, die sie zum Werkzeug brauchte. Das
einzige, was ihr Paris einstmals sehr übel auslegte,
war der Einfall, auf den Schlag ihres Wagens das alte
Feldgeschrei der Franzosen, boute en avant! setzen zu
lassen; eine zweideutige Anspielung, die sich nicht gut
erklären läßt. Nach Ludwig XV. Tod wurde sie nach

Rhetel-Mazarin, dann nach Meaux in die Abtey Pont-aux-Dame exiliert. Zuletzt erhielt sie Erlaubnis, in ihrem schönen Pavillon zu Louveciennes, unweit Marly, zu wohnen. Da sie dem Volke nichts zu leid getan, und guttätig war, so liebte sie das Volk, und so läßt sich es begreifen, warum sie, bis zu Robespierre's Regierung, während der Revolution so ruhig und ungestört leben konnte. Louveciennes ist ein wahrer Zauberpalast, wert einer solchen Fee. Unter den Statuen ist die berühmte Diana im Bade. Als Kaiser Joseph in Frankreich war, besuchte er auch Louveciennes. Die Gräfin kam in den Garten, um selbst die Honneurs ihres Hauses zu machen. Der Kaiser bot ihr den Arm; sie weigerte sich diese Ehre anzunehmen, worauf er die äußerst feine Antwort gab: la beauté est toujours Reine![9] – Sie starb ganz als Weib, und ging in einer Ohnmacht in jene Welt über. · · · · · 42 · · 9

Vandenyver, aus Amsterdam. Bankier, sein und seiner Söhne Verbrechen, Reichtum. · · · · · · · · · 66 · · —

Vandenyver. Der älteste Sohn. · · · · · · · · · · · 32 · · —

Vandenyver. Der jüngste Sohn. · · · · · · · · · · 23 · · —

Noël. Deput. des N. K. Ein Brissotiner. · · · · · · 66 · · —

Dessales, aus Moudon im Pays de Vaud. Juwelier, dann Leder- und Monturen-Lieferant für die Armeen. · 40 · · —

Bouchel. Manns-Schneider. · · · · · · · · · · · · 30 · · —

Pinard. Desgleichen. · · · · · · · · · · · · · · · 32 · · —

Bouillon. Desgleichen. · · · · · · · · · · · · · · 30 · · —

Poujol. Desgleichen. · · · · · · · · · · · · · · · 31 · · —

Ragault. Administrator bei dem Monturen-Wesen. Er und die fünf obigen wegen Unterschleif. · · · · 35 · · —

Descours. Edelmann, Rittmeister, dann Adjutant der konstitutionsmäßigen königl. Leibgarde. · · · · 68 · · 11

Catharina Halbourg. Putzmacherin. · · · · · · · · 34 · · 12

Doigrepon, verwitwete Ferning. Witwe. · · · · · · 55 · · —

Magdalene Doigrepon. Ihre Schwester. · · · · · · 50 · · —

Herzog von Chatelet. Obrister des Regiments Gardes Françoises. Sein Regiment konnte ihn nicht leiden, und man behauptet, daß es nie zur Rebellion wäre verleitet worden, wenn es einen anderen Obristen gehabt hätte. 66 · · 13

Brunian. Prokurator zu Maubeuge.	55	14
Porchez. Emigrant.	33	–
Macli, Würzkrämer, Monturstücke-Kommissär.	30	16
Tormellier. Kaufmann, Monturstücke-Kommiss.	33	–

Anonym

Frauenschicksale

Am 7ten Messidor des 2ten Jahres[10], wurde bei einem der Guillotin-Amalgama's, die damals an der Tagesordnung waren, und welches diesesmal aus zweiundzwanzig Frauenzimmern bestand, auch eine junge Gattin hingerichtet, die ein stillendes Kind hatte. Als sie vor dem Tribunal erschien, lag ihr Kind an ihrer Brust. Dieses rührende Schauspiel erfüllte alle Zuhörer mit dem zärtlichsten Mitleiden! Wie die Richter bemerkten, welchen Eindruck dieses machte, ließen sie die Mutter mit dem Kinde in einem anstoßenden Saal abtreten, und sie wurde nicht verhört. Nach Verlauf einer Stunde meldete man ihr, daß sie mit den übrigen zum Tode verurteilt sei, und zugleich nahm man ihr ihr Kind. Man stieß sie in das Zimmer der Verurteilten, wo die unglückliche Mutter in ein Zetergeschrei ausbrach, und um die einzige Gnade bat, daß man ihr Kind ihr wiedergeben möchte. Allein weder ihr Jammern noch ihr Bitten vermochten die wilden Trabanten des Tribunals zu erweichen. Eine Viertelstunde zuvor, ehe sie zum Blutgerüste abgeführt wurde, fiel diese Mutter in der Verzweiflung ihren Henkern zu Füßen, und beschwor sie, ihr zu erlauben, zum letzten Male die Brust ihrem Kinde reichen zu dürfen. Aber dies rührende Flehen der Natur fand so wenig Gehör als das erste Mal. Die unglückliche Mutter, die unter der Last ihres Kummers erlag, geriet in einen Anfall von Wut, und starb, wie man sagt, in der schrecklichsten Raserei und Verrücktheit.

Eine Mutter reiste mit ihrem Sohn nach Nantes. Es geschah zur Zeit des Vendée-Krieges[11], und sie hatte ihren Sohn aus dem Lazarett abgeholt, wo er schon eine geraume Zeit an den Folgen der Wunden gelegen, die er in einem Scharmützel mit den Insurgenten erhalten. Die Reise war wegen der Streifereien der letzteren höchst gefährlich; sie hatte niemand bei sich, auf den sie sich verlassen konnte, als einen treuen Bedienten, denn ihr Sohn war selbst viel zu schwach, als daß er hätte Widerstand leisten können. Allein sie stützte sich auf ihren eigenen Mut, und war auf alle Fälle gefaßt. Sie wünschte sich schon Glück, die gefährlichsten Stellen des Weges zurückgelegt zu haben, und nicht weit mehr von den Vorposten der Konvents-Truppen entfernt zu sein, als sie beim Herausfahren aus dem Wald einige Flintenschüsse vernahm, und die Kugeln um ihren Wagen pfeifen hörte. Ihr erstes war, nach den Pistolen zu greifen, aber die Erscheinung einiger Reiter machte sie stutzig; einer derselben befahl ihr, doch ziemlich sanftmütig, auszusteigen. – «Ich kann nicht, gab sie zur Antwort, ich sitze neben einem Sterbenden, der mir anvertraut ist, und dessen Ruhe ich zu schonen gezwungen bin.» – «Recht gut», erwiderten jene: «allein erst mußt du uns berichten, wer der ist, den du bei dir hast?» – «Mein eigener Sohn!» – Unglücklicherweise sprach die Mutter diese letzten Worte mit sichtlicher Verlegenheit aus; die Insurgenten wurden es gewahr, und verlangten von ihr von neuem, daß sie aussteigen sollte, wenn sie nicht mit ihrem Begleiter erschossen sein wollte. Diese Drohung gab dem mutigen Weibe ihre ganze Unerschrockenheit wieder. Sie schmiegte sich an ihren Sohn, bedeckte ihn mit ihrem Körper, und zählte ihre Gegner. – «Es sind ihrer nur neune, raunte sie dem Bedienten zu, der bei ihr im Wagen saß; wehren wir uns!» – Mit diesen Worten begann sie ein Gefecht, das zu ungleich war, als daß sich ein glücklicher Ausgang erwarten ließ. Zwar schoß sie zwei vom Pferd, allein den Bedienten traf ebenfalls eine feindliche Kugel, Postpferde und Postillion wurden erschossen, und bald darauf erhielt auch ihr Sohn eine gefährliche Kopfwunde. Bei diesem letzten Anblick stieß die arme Mutter ein Zetergeschrei aus, ergriff den Säbel ihres Sohnes, und stürzte sich wütend aus dem Wagen. Allein die Insurgenten umringten und entwaffneten sie, und banden sie an einen Baum. Zu gleicher Zeit rissen sie ihren Sohn aus der Kutsche, schleppten ihn zu seiner Mutter, und schickten sich an, ihn unter ihren Augen zu füsilieren. Um die Marter der trostlosen Mutter durch den Anblick ihres auf der Erde liegenden, in seinem Blut schwimmenden Sohnes zu verlängern, zögerten sie vorsätzlich mit seiner Hinrichtung, und gerade dieses wurde das Mittel zu beider Rettung. Die Flintenschüsse waren von dem nächsten Nationalposten gehört worden; ein Detaschement von fünfzig Reitern wurde abgeschickt, um Erkundigung einzuziehen. Es eilte so sehr nach der Kampfstätte, daß die Insurgenten sich in einem Augenblick überrumpelt sahen, und alle niedergehauen wurden. Die Mutter war in Ohnmacht gesunken. Die Nationalsoldaten banden sie los, trugen sie in den Wagen, spannten zwei von ihren Pferden davor, und brachten sie so nach ihrem Posten. Hier leistete man ihr alle mögliche Hilfe, und rief sie ins Leben zurück.

Allein welch neuer Schrecken für sie, als sie ihren Sohn nicht gewahr wurde, und auch keiner von den Soldaten ihr von ihm Nachricht geben konnte! Sie begriff sogleich, was daran Ursache sein könne, und bat inständigst, daß man sie nach dem Kampfplatz zurückbringen möchte. Der Offizier willigte gern darein, und dasselbe Detaschement kehrte wieder mit ihr auf demselben Weg zurück. Sie waren nicht weit mehr von dem Ort entfernt, als die vorausreitenden Plänkler einen Menschen erblickten, der den Kopf mit einem blutigen Schnupftuch gebunden hatte; und sich vor ihnen zu flüchten suchte. Es war der Sohn, der wieder zu sich selber gekommen, und von diesem Schauplatz des Greuels und Blutvergießens sich in den nahen Wald zu retten bemühte. Seine Bestürzung, und das Blut, womit er bedeckt war, machten die Plänkler glauben, er sei einer von den Insurgenten, welcher dem Schicksal seiner Kameraden entronnen wäre. Sie sprengten auf ihn zu, und ohne auf sein Geschrei und sein Flehen zu achten, hieben sie ihn zusammen, und warfen ihn in einen Graben. Unterdessen kam auch der Wagen der Mutter heran, und fuhr dicht an der Stelle vorbei, wo ihr Sohn lag. Sie erkannte ihn beim ersten Blick, schrie laut auf, sprang aus der Kutsche, und sank ohnmächtig auf ihn nieder. So viele vereinte Unglücksfälle hatten beider Kräfte gänzlich erschöpft, und die Soldaten, die sie zu ihrem Posten trugen, wußten lange nicht, ob sie in ihnen tote Leichname, oder lebendige Wesen zurückbrächten. Unterdessen überlebte doch der Sohn die Katastrophen dieses Tages, und die Mutter hatte den Trost, ihn zu Nantes nach einer langwierigen Kur, zwar als Krüppel, doch völlig genesen zu sehen.

In einem der westlichen Departements wurde einer, namens Lefort, als Verschworner eingezogen. Seine Frau, die für sein Leben zitterte, und vergebens alle Mittel versucht hatte, ihm die Freiheit zu verschaffen, erkaufte endlich die Erlaubnis, ihn einen Augenblick zu sprechen. Zur bestimmten Zeit flog sie in seinen Kerker. Ohne sich bei leeren Ausdrücken von Schmerz und Zärtlichkeit aufzuhalten, zieht sie sich so gleich aus und bewegt ihren Mann, die Kleidungsstücke mit ihr zu wechseln, und so verkleidet das Gefängnis zu verlassen; unterdessen sie an seiner Stelle zurückbliebe. Alles gelang nach Wunsch, und der Mann entkam glücklich. Erst den andern Morgen wurde die List entdeckt. – «Unglückliche! was hast du getan»? sagte der National-Kommissär zu ihr. – «Meine Pflicht! antwortete sie fest: tue deine!»

Frau von B..., im Überfluß geboren, aber durch die Revolution zur Dürftigkeit herabgewürdigt, lebte in einer Pariser Vorstadt von ihrer Hände Arbeit. Ihr einziger Trost bei ihrem Unglück war das Andenken an einen Mann, den sie über alles liebte, und dessen Schicksal ihr unbekannt war. Sie verdankte ihrer Abgeschiedenheit von allem menschlichen Umgang, die Hoffnung, mit der sich ihre Liebe labte, daß sie einst den wiederfinden würde, den das Schafott schon seit einigen Monaten verschlungen hatte. Sie war voll von dieser schmeichlerischen Hoffnung, als das Gesetz, welches binnen drei Tage alle Adligen aus Paris verbannte, ihr die traurige Aussicht öffnete, der einzigen Mittel zur Fristung ihres Daseins beraubt zu werden. Wie durfte sie hoffen, anderwärts die Hilfsquellen zu finden, die sie mit so vieler Mühe zu Paris sich verschafft hatte? Wie könnte sie erwarten, in der Fremde durch ihre Arbeitsamkeit dem Mangel abzuhelfen, der sie dahin begleiten würde? Diese niederschlagenden Betrachtungen bewogen sie, trotz des strengen Gesetzes, in ihrem traurigen Zufluchtswinkel zu bleiben. Sie schmeichelte sich überdies, daß ihre Eingezogenheit und große Armut, sie der öffentlichen Aufmerksamkeit entziehen würde. Vergebliche Hoffnung! Die Agenten des Revolutionsausschusses ihrer Sektion hatten sie bereits erkannt und aufgezeichnet. Als die drei Tage verflossen waren, ließ der Ausschuß in dem Hause, wo sie wohnte, Haussuchung tun, mit dem Befehl, sie auf der Stelle zu verhaften, wenn sie dem Gesetze nicht gehorcht hätte. Sie war allein auf ihrer Stube, und mit einer Näharbeit beschäftigt, als die Abgeordneten des Revolutionsausschusses eintraten. Der Verhafts-Befehl des Ausschusses wurde ihr vorgelesen. Sie hörte ruhig zu, bis die Worte: Witwe des von B..., der als Verschworener auf dem Blutgerüste starb, ihr einen lauten Schrei auspreßten, und sie sinnlos zu Boden stürzte. Verwundert hoben die Mitglieder des Ausschusses sie auf, und als sie die Ursache ihres Schmerzes erfahren, sagte der eine: «Wie? du wußtest nicht, daß dein Mann guillotiniert worden? Es ist doch schon lange her, und du solltest schon längst um ihn ausgetrauert haben!» – Dieser grausame Spott gab Frau von B... alle ihre Stärke wieder. «Ihr Barbaren!» rief sie, «ihr spottet noch meines Unglücks; aber ihr sollt euch nicht an meiner Verzweiflung weiden. Wißt, daß ihr mit allen euren Martern meine Festigkeit nicht zu erschüttern vermöget. Ich sehne mich noch mehr nach dem Tode, als ihr nach meinem Blute. Und damit es euch nicht an Vorwand fehlt, so tue ich hiermit das Bekenntnis, daß ich nie aufgehört habe, für die Rückkehr des Königtums zu konspirieren!» – Es bedurfte dies

nicht, um den Zorn des Ausschusses zu entflammen. Frau von B...
wurde unverzüglich ins Gefängnis geschleppt, und einige Tage darauf
zur Guillotine geschickt.

Claviere, der bekannte Genfer, berüchtigt in der ersten Revolution seiner Vaterstadt, wo er zuletzt nach Savoyen entfloh, dann eine Rolle in
der französischen Revolution spielend, und Neckers Nachfolger im Fi-
nanzministerium, bis er sich mit der Faktion Marat[12] überwarf, und
sich eigenhändig im Gefängnis erstach, um dem Schimpf zu entgehen,
die Blutbühne besteigen zu müssen – dieser Claviere hatte eine Gattin,
die er eben so sehr liebte, als er von ihr geliebt wurde. Er fand Mittel, sie
von seinem gefaßten Entschluß des Selbstmordes zu benachrichtigen,
ehe er ihn vollzog. Bisher hatte die Hoffnung, ihren Mann gerechtfer-
tigt und ihren Wünschen wiedergegeben zu sehen, allein noch das trost-
lose Weib aufrecht erhalten: und schon wähnte sie sich der Erfüllung
nahe, als sie den traurigen Brief erhielt, den er an sie geschrieben. Vielleicht äußerte nie ein Schmerz einen ruhigeren und konzentrierteren
Ausdruck, als der ihrige. Sobald sie aus den öffentlichen Papieren den
Tod ihres Gatten erfuhr, war ihr Plan gemacht; sie schloß sich einige
Augenblicke ein, nahm Gift, und trat kaltblütig ins Zimmer, wo ihre
Freunde sich eingefunden hatten, um sie zu trösten. Man wurde nicht
eher etwas von ihr gewahr, bis das Gift zu wirken anfing. Hierauf ließ
sie ihre Familie rufen, und erklärte ihren Kindern und Verwandten, daß
der letzte Augenblick ihres Lebens gekommen sei. «Mein Tod», sagte
sie, «muß euch nicht betrüben: er erfüllt meinen liebsten Wunsch, da er
mich wieder mit dem vereint, für den ich nur lebte und ohne den ich
nicht leben mag. Segnet stets sein Andenken», fuhr sie fort; indem sie
sich zu ihren Kindern wendete; «er flößte euch die Grundsätze der Tugenden ein, die in seinem Herzen waren: schenkt auch einige Tränen
seinem unglücklichen Weibe und eurer Mutter!» – Sie traf hierauf verschiedene Familienanstalten, brachte ihre Sachen in Ordnung, schlug
alle Hilfe aus, und schickte sich zum Sterben. Während der schrecklichen Konvulsionen, die fast eine Stunde lang sie peinigten, verließ das
Bild ihres Mannes sie keinen Augenblick. Von Zeit zu Zeit hörte man
sie, mit häufigen Unterbrechungen von Schmerz, ausrufen: «Ich bin
deiner wert... ich habe gesehen, wie du mit sicherer Hand den Stoß
führtest... du gabst mir den Wink... ich habe ihn befolgt... empfange
das Opfer meines Lebens!» u. s. w. So starb diese berühmte Frau, die in
ihrer Bescheidenheit alles vermied, was Aufsehen erregen konnte, die

aber nach der Stärke ihrer Seele und nach ihren Fähigkeiten, einen Rang unter den ausgezeichnetesten Personen ihres Geschlechts würde behauptet haben, wenn sie die Eigenliebe gehabt hätte, sie gelten zu machen.

Madame Dudon, Gemahlin des General-Prokurators des Parlaments von Bourdeaux, beseufzte im Schoß ihrer Familie die Einkerkerung ihres Mannes und die Gefahren, denen sie ihn, seit der Errichtung einer Revolutions-Kommission in dieser Stadt, ausgesetzt sah. Sie erfuhr, daß man mit Geld die Proskribierten retten könne. Einhundert Louisd'or waren alles, was ihr übrig geblieben, um ihr und ihrer Kinder Leben zu fristen. Sie hatte sie aus den Trümmern ihres alten Wohlstandes geborgen, und in einem Schreibpult versteckt, wo sie mehr als einmal den habsüchtigen Nachforschungen der Revolutionäre entronnen waren. Jetzt bot sie, in der Hoffnung ihren Mann zu befreien, die hundert Louisd'or dem Revolutionsausschuß für seine Rettung dar. Der Präsident, Lacombe, nimmt sie an. Voller Freude läuft die Unglückliche nach Hause, und in der Eile und Verwirrung vergißt sie neun Stück im Schreibpult. Sie fliegt zum Unterhändler des Revolutionspräsidenten, und glaubt die hundert Louisd'or zu haben. Der Elende zählt das Geld, und da er nur 91 Stück findet, gerät er in Zorn, schimpft das arme Weib aus, und sagt ihr, wenn sie nicht den Augenblick die fehlenden neun Stücke brächte, so sei der Tod ihres Mannes gewiß. Madame Dudon läuft, was sie laufen kann, nach Hause, sucht die neun Stück und bringt sie auf der Stelle. Aber kaum sind die hundert Louisd'or in Lacombes Schatulle, so läßt er ihr mit Ungestüm andeuten, hundert seien viel zu wenig, es müßten wenigstens tausend sein. Man stelle sich das Erstaunen und die Bestürzung der unglücklichen Dudon, bei dieser Nachricht vor. Um sie noch mehr zu ängstigen, hatte die Habgier des Präsidenten die Verurteilung ihres Mannes beschleunigen lassen, und es waren ihr nur drei Tage Frist gestattet, um entweder die verlangte Summe aufzutreiben, oder Dudon auf der Blutbühne zu erblicken. In dieser traurigen Alternative fleht, bittet, bettelt Madame Dudon, man möchte ihr eine längere Frist bewilligen; denn weil alles bei ihr versiegelt sei, so wäre es ihr unmöglich, jetzt die tausend Louisd'or zu erhalten, die sie hingegen mit leichter Mühe zusammenbringen würde, so bald ihr Mann in Freiheit wäre. Aber vergebens waren ihre Vorstellungen und Bitten! Sie bekam zur Antwort, entweder den dritten Tag tausend Louisd'or, oder Dudon zur Guillotine. – Madame Dudon machte nun die Runde bei allen Freunden und Bekannten, bei allen Kapitalisten, allen Reichen, versuchte alle Mittel, bot Prozente auf Prozente: ach! ihre Tränen und Bitten fanden überall taube Ohren. Man wußte, daß der Präsident des Revolutions-Tribunals darauf ausging, herauszubringen, wer Geld vorrätig habe, und niemand wollte reich, alle wollten arm scheinen. So verstrichen zwei Tage in vergeblichen Versuchen. Am Morgen des dritten führte die Verzweiflung die unglückliche Gattin in die Wohnung ihres Peinigers. Sie umfaßte seine Knie, sie rief die Menschheit, die Gerechtigkeit, das Mitleiden an; sie bat nur um einen einzigen Tag Aufschub. Statt aller Antwort wendete sich der Barbar zu einem von seinen Agenten mit den Worten: «ich gehe auf das Tribunal; melde mir dort, ob du die Summe hast.» – Madame Dudon, deren Verzweiflung nun keine Grenzen mehr kannte, brach in ein Zetergeschrei aus, und erfüllte Haus und Straße mit ihrer Wehklage und ihrem Jammer. Als die Stunde der Audienz schlug, trat Lacombe's Unterhändler in das Sitzungszimmer des Tribunals, und sagte: «Präsident! ich habe das Geld nicht!» – Sogleich wurde Dudon vorgefordert, verurteilt, und zur Guillotine abgeführt.

Frau von Chatelet hatte 60 Jahre die öffentliche Achtung und die herzlichste Verehrung und Liebe von ihrer Familie und ihren Freunden genossen. Da sie das Glück entbehren mußte, Mutter zu sein, so hatte sie sich mit Verwandten umgeben, die sie wie ihre Kinder ansah. Die Wohltaten, die sie ihnen zufließen ließ, hielten sie nicht ab, den Armen beizuspringen, die sie zu Paris, auf ihrem Gute, und überall, wo sie welche antraf, auf das tätigste unterstützte. Es war als ob sie vom Schicksal nur Glücksgüter empfangen hätte, um sie zu Spenden ihrer wohltätigen Güte, und zur Befriedigung ihres Hilfe-Eifers zu verwenden. Ein richtiger Verstand, ein starker Geist, eine für das Gute glühende, und für Freundschaft unermüdliche Seele, fester Mut im Unglück; wahre Empfindsamkeit; kurz, ein Verein der seltensten Eigenschaften, noch durch eine nicht gemeine Bescheidenheit gehoben… dies war das Bild von Frau von Chatelet. Sie beseufzte im Gefängnisse den Verlust eines angebeteten Gatten, den die Guillotine ihr geraubt hatte, und man konnte sagen, daß sie seit diesem Augenblick lebte, ohne zu sein. Ihre einzige Bitte war, daß man auch ihre Tage, und mit ihnen die nie versiegende Quelle ihrer Tränen endigen möchte. So oft die Glocke das Signal gab, hüpfte das Herz ihr vor Freude, in Hoffnung, daß sie endlich aufs Schafott gerufen werden würde; und wenn sie sich in ihrem Wunsch betrogen sah, versank sie wieder in ihre tödliche Traurigkeit. Aber in jenen scheußlichen Zeiten der Barbarei, labte man sich an ihren Tränen, und versagte ihr das grausame Mitleid, sie an einem Tage mit ihrem Gatten hinzurichten. Sie sollte zweimal sterben, und jede Minute, jede Sekunde sollte der bitterste Schmerz unablässig in langsamer Marter an ihr nagen. Endlich kam der ersehnte Augenblick, und der Mut, mit dem sie die Blutbühne bestieg, war ein neuer rührender Charakterzug von dieser berühmten Frau.

Unter den fremden Gefangenen, die bis zum Empfang ihres Urteils eingesperrt waren, befand sich auch ein Jüngling von interessanter Gestalt, den die zärtlichste Liebe mit einem jungen und schönen Weibe verband. Beide waren in ihrem Unglück so unzertrennlich, wie sie es in den schönen Tagen ihrer Ehe gewesen waren. Beide schmeichelten sich, daß ein Schafott ihr Leben endigen, und ihre Seelen wiedervereinigen würde, und diese Hoffnung ewiger Wiedervereinigung verbreitete einen Zauber selbst über die Schrecknisse, die sie umgaben. Einmal, als die Frau mit anderen Gefangenen im Hof spazieren ging, hörte sie ihren Mann aufgerufen werden. Sogleich ahnte sie, daß dieses das Zeichen zu seiner Verurteilung sei, stürzte herbei, und wollte ihm folgen. Der Kerkermeister wollte es nicht zugeben, allein der Schmerz gab ihr Stärke, sie stieß alles zu Boden, was sich ihr widersetzte, fiel ihrem Mann um den Hals, und verlangte mit großem Geschrei, ihn begleiten und sein Schicksal teilen zu dürfen. Die Wache riß sie von einander... Barbaren, rief sie, ich will doch sterben! – Mit den Worten rannte sie mit solcher Gewalt mit dem Kopf an die Gefängnistüre, daß sie sich den Hirnschädel einstieß, und den Geist aufgab.

Johann Friedrich Reichardt
Der wüste Triumphplatz der Pariser Freiheit

Paris, den 22. März 1792
Erinnerst Du Dich wohl noch des schauerlichen Abends, als wir vor acht Jahren bei sinkendem Tage bis zum Aufgange des Mondes um die fürchterliche Schreckensburg, die Bastille, herumgingen und voll Abscheu gegen alle Tyrannei, welche Menschen gegen Menschen verüben,

Eroberung der Bastille, 14. Juli 1789.

und voll Mitleid über die schuldigen und unschuldigen Opfer, die da litten, des überwiegenden Guten fast vergaßen, das doch überall, selbst damals in Paris, den Menschen mit dem Schicksal aussöhnen konnte? Wie wir damals einen kleinen neunjährigen Savoyarden, der sich nur die Glückseligkeit auf Erden wünschte, erst so viel zusammengebettelt zu haben, daß er sich als ein wirklicher Schuhputzer etablieren könnte – wie wir den aus einer an die Mauer der Bastille angeklebten Bude auf der Stelle mit Bürsten und allem Zubehör ausrüsteten und er sich sogleich an der Bastille etablierte und von seiner kleinen Fußbank herunter mit Jubel rief: «Voilà, Messieurs, le petit décrotteur!»[13] – Nun, denselben Weg her kamen wir heute an einem schönen hellen Morgen zu den Trümmern der Bastille.

Mein erstes Gefühl war mir selbst sehr unerwartet. Ich bedauerte, daß das als Werk der Baukunst idealisch schöne Monument der Tyrannei nicht mehr vorhanden war; vielleicht auch nur, daß W. es nicht mehr zu sehen bekam. Der nahm aber nicht den mindesten Anteil an meinem ästhetischen Mitleid und eilte nur, den Eingang in die Umzäunung zu finden, die jetzt den Schutthaufen umgibt.

Nun standen wir denn auf diesem wüsten Triumphplatze der Pariser Freiheit. Alles Gemäuer über der Erde ist gänzlich umgerissen, und die Steine sind größtenteils beiseite geschafft. Die Gewölbe sind zum Teil mit dem

Schutte der oberen Mauern ausgefüllt worden, so daß man nur hier
und da in einzelne Öffnungen hineinkriechen kann und oben noch immer auf- und abzuklettern hat.

Die Zeit hätte jene fürchterlich feste Burg, die bereits vier Jahrhunderte trotzte, vielleicht nie so ganz zerstören können, und sie wäre vielleicht das angemessenste und wirksamste Denkmal gewesen, das man
dem alten Despotismus und dem Tage der Befreiung zugleich hätte errichten können, wenn man sie durch Kunst, durch Pulver und Eisen nur
so weit zerstört hätte, als es die Zeit nach Jahrhunderten von selbst
getan haben würde. Man hätte dadurch zugleich eine in ihrer Art
ebenso schöne, große Ruine erhalten, als es das Kolosseum in Rom nur
immer in der seinigen sein kann.

Jetzt ist man gesonnen, den Platz völlig zu ebnen, um ihn zu Bürger-
festen brauchbar zu machen und in der Mitte ein großes Monument der
Freiheit zu errichten. Die erste Idee, dem Könige als Wiederhersteller
der französischen Freiheit hier eine Statue zu setzen, hat man jetzt wohl
gänzlich aufgegeben. Das Mißtrauen gegen den König wächst mit jedem Tage, und man scheint ihn ebensowenig mehr für einen gutwilli-
gen Restaurateur der Freiheit zu halten, als die neuen Köche im Palais
Royal für gut gesinnte Restaurateurs der Gesundheit zu halten sein
mögen.

Ein sonderbares Gemisch von Empfindungen drängte sich mir von
allen Seiten auf den Trümmern des Gebäudes zu, das erst ein Sicher-
heitstor für die Pariser Bürger, bald eine feste Burg und Königswoh-
nung (der man ehemals so gern die Staatsgefängnisse anhängte), dann
ein Sicherheitsort für den Staatsschatz und nur zu bald und zu lange ein
allgemeines Gefängnis war, das alle Arten von Verbrechern und Verfolgten, Schuldigen und Unschuldigen in sich faßte. Es ging eine Reihe
leidender Menschen an meiner Seele vorüber: von dem ersten Erbauer
Aubriot an, der selbst als verfolgter Apostat oder vielmehr wohl als von
dem Hause Orléans verfolgter Anhänger des Hauses Bourgogne hier
sein Leben bei Wasser und Brot in einem Kellergefängnisse endigen
mußte, bis auf den Kardinal Rohan[14], der hier durch ein hartes, unge-
rechtes Gericht seinen Leichtsinn und seine Liederlichkeit zufällig ab-
zubüßen bekam. Unzählige Namen werden uns von der Geschichte
und der chronique scandaleuse[15] der letzten Jahrhunderte genannt;
und viele Tausende bleiben uns gewiß noch verborgen. Ja, Tausende
blieben vergessen, selbst von denen, die sie aus Privathaß, aus eigennüt-
zigen Absichten, um sich selbst Raum in einem Amte, bei Hofe oder bei

dem Weibe, bei der Tochter des Verbannten zu schaffen, durch die elendesten Mittel in diese hoffnungslose Hölle gebannet hatten. Seit Ludwig dem Vierzehnten, der diese Hölle zum Mittelpunkte der Pariser Polizei machte, brauchte man ja nur dem Lakaien bei der Mätresse eines Schreibers von dem Commis des Ministers im Wege zu stehen, um ein ewig vergessener Bewohner der Bastille zu werden.

Fast kein großer französischer Gelehrter, der sich um die wahre Aufklärung der Nation verdient machte; fast kein Staatsmann, kein Held, der mit Selbständigkeit und festem Mute seine eigene gerade Bahn laufen wollte, blieb so ungehemmt und unbedroht von diesem Zwinger.

Und die innere Einrichtung, die anfänglich den wichtigsten Staatsgefangenen wie dem gefühlvollen Charakter der französischen Nation angemessen war und dem Hofe immer sehr große Kosten machte, ward seit Ludwig XIV. mit jedem Jahre strenger, grausamer und elender, aber dabei für den Hof nur noch kostbarer. Mit den Effekten der Gefangenen, mit der ihnen angewiesenen Nahrung und Bedienung ward der niederträchtigste Wucher getrieben. Die besonders hierdurch sehr einträgliche Kommandantenstelle schändete auch in der Volksmeinung schon lange ihren Mann, und de Launay[16], den in diesem Amte das unerwartete Volksgericht traf, konnte kein anderes Schicksal erwarten, als das über ihn erging und das er dabei noch persönlich durch teuflische Härte gegen die Gefangenen und grenzenlosen Wucher mit dem Elende zehnfach verdiente.

Das Volk hier in Paris weiß sehr wohl, daß es an ihm nicht den Widerstand, den er den Stürmenden soll haben tun lassen, bestrafte. Die bei der sogenannten Eroberung der Bastille wirklich mit Hand anlegten, können nicht leugnen, daß sie dabei keine große Heldentat getan haben. Eigentlicher Widerstand wurde gar nicht geleistet; nur konnte der Kommandant eine ihm anvertraute Festung dem bloß truppweise zusammengelaufenen Volke nicht für seinen Kopf öffnen, ohne von einer höheren Autorität dazu berechtigt zu werden.

Gerhard Anton von Halem

Bastille-Steine als Talisman

Mir – so wenig gedrückt ich mich auch fühle – mir ist's, seit ich auf den Trümmern der Bastille ging und dort *diesen* Stein sammelte, mir ist's, als trüg' ich einen Talisman wider jede Bedrückung bei mir. «Wissen Sie den Weg nach der Bastille?» fragte er, «ich bin noch nicht dagewesen.» Ich wußte ihn, und wir schlenderten unter mancherlei Gesprächen dahin. «Man las», sagte er, «so schreckliche Erzählungen von dem Ungeheuer Bastille, daß man sich *wunderte*, als es nach der Befreiung nur sieben seiner Opfer ausspie.» [17] «*Gefreut*», sagte ich, «hab ich mich auch darüber. Ludwig der sechzehnte war milder, wie seine Vorgänger.» Doch wir sind wohl darüber eins: daß willkürlich handeln nicht Despotismus sei, sondern handeln *können*. Wir waren jetzt auf dem Platz und sahen den Arbeitern zu, die mit großer Anstrengung die Steine aus dem Grunde hervorgruben. «Ich muß doch auch einen Talisman zu mir stecken», sagte der Engländer und nahm einen Stein noch einmal so groß, wie der meine. Wir sahen uns an, und drückten uns die Hand. Einer der Arbeiter hatte uns lange beobachtet. Endlich redete er uns an und fragte, ob wir auch am Föderationsfeste hier gewesen wären? Als wir's verneinten, «O Schade!» rief er, und ihm funkelten die Augen. «Dort am Eingang war geschrieben: ici on danse! und wir haben getanzt.» Das Tanzen auf den Ruinen der Bastille charakterisiert doch außerordentlich die Franzosen. So tanzten auch die Franken nach Eroberung Konstantinopels in der Sophienkirche.

«Vive la France,
Où tout va bien pourvu, qu'on danse.» [18]

Heißt es nicht so im Tardre? Ein Bettler merkte vielleicht, daß wir in froher Stimmung waren. Er nahte sich und bat freundlich um ein Almosen. Messieurs! setzte er lächelnd hinzu, je n' ai pas mangé depuis la prise de la Bastille. [19] «Geist der Revolution», riefen wir, indem wir unsere Beutel zogen, «Geist der Revolution, mache, daß diese Steine Brot werden!»

Friedrich Johann Lorenz Meyer

Kunst-Vandalismus

Der, durch viehische Unwissenheit, durch politischen Wahn, durch Eigennutz, Wucher und Raubsucht erzeugte, von den Sprachneuerern sogenannte *Vandalismus*, hat in Frankreich unermeßlichen, nie zu ersetzenden Schaden gestiftet. – Die Bildsäulen der Könige und Großen wurden zertrümmert; die trefflichsten antiken und modernen Werke zerschlagen, oder wenigstens verstümmelt; die kostbarsten Bibliotheken und seltensten Handschriftensammlungen entwendet, zerstreut, für elende Preise in öffentlichen Versteigerungen verschleudert, oder gar vernichtet; Sammlungen der schönsten alten und neuen Münzen eingeschmelzet; Kabinette von geschnittenen Steinen gestohlen; mechanische Kunstwerke zerschlagen; Gemälde zerfetzt und verbrannt. –– Die Zerstörer wüteten lange ungestört in den Tempeln der Wissenschaften und Künste. – Es ist ein schauderhaftes Bild, was der, für die Beförderung der Literatur und Kunst so männlich tätige *Gregoire* in seinem, am 14ten *Fruktidor*, im 2ten Jahr[20], an den Konvent erstatteten Bericht, über diese Greuel der Verwüstung aufstellt.

In dem Dekret des Konvents, alle Zeichen des alten Feudalsystems und des vernichteten Königtums fortzuschaffen, fanden die Barbaren in Frankreich einen willkommenen Vorwand zu ihren Verheerungen. Die, auf der Rednerbühne des verblendeten Volkssenats, und in den Revolutions-Tribunalen, täglich, von den verworfensten Menschen ausgestoßenen Schmähungen und Herabwürdigungen der Wissenschaften, der Gelehrten, und der Werke des Genies, zündeten die Fackel der Herostraten[21] an, womit sie in das Heiligtum der Wissenschaften und Künste zerstörend eindrangen; – und als man endlich Maßregeln ergriff, der alles verzehrenden Flamme zu wehren, waren diese zu schwach, um schnell wirken zu können. Gesetze wurden verspottet, Befehle blieben unbefolgt. Der wilde Haufen des durch die Furien der Hölle aufgereizten Pöbels, übertraf selbst *Attila's* Hunnen-Horden in Italien; denn dort verheerten nur rohe ausländische Barbaren *eroberte* Länder; – hier zerstörten Franzosen ihr eignes Vaterland! Was die Kunst, Jahrhunderte hindurch, Schönes und Großes geschaffen hatte, ward von ihnen, in einem kurzen Zeitraume, unwiderbringlich vernichtet. In dem Departement von Paris allein, ist der angerichtete Schaden auf zehn Millionen geschätzt.

*Plünderung des Hôtel de Castries in der Vorstadt St. Germain,
Paris, 13. November 1790.*

Endlich erreichte, nach lange vergeblicher Anstrengung, die niedergesetzte *Commission temporaire des Arts*[22] ihren Zweck, zu retten, was die republikanische Axt, wie der rasende *Hébert*[23] das Zerstörungswerkzeug nannte, übrig gelassen hatte. Mehrere Sicherheitsorte, *(dépôts),* wurden zur vorläufigen Aufbewahrung der Kunstwerke bestimmt, und dahin diese, bis zur weiteren Anordnung und Versetzung, aus den Kirchen, Klöstern, Palästen und Gärten gebracht. Nur zu sehr ward diese Maßregel auf Kosten dieser Orte genommen und ausgeführt. – Besonders stellt das Äußere vieler, ihres Schmucks beraubten Kirchen in Paris, einen traurigen Anblick dar, und erinnert nur noch zu lebhaft an jene Zeiten des allgemeinen Ruins in Frankreich. Die Stellen an den Wänden und Pfeilern, wo vordem die abgenommenen Grab- und Denkmäler eingemauert und aufgestellt waren, und nun durch das Ausbrechen und Abnehmen der Kunstwerke zersprengt wurden, hatte man damals noch in diesem verderbten Zustande gelassen, und sie nicht wieder ausgebessert. Große Schutthaufen lagen hier umher; der Fußboden, wo die Marmorsäulen und Balustraden hinweggenommen wurden, war zerrissen und unausgefüllt; Basre-

liefs, und die ihrer Marmorbekleidung beraubten Altäre, waren einge-
sunken; und die Kirchenfenster, aus welchen die, mit trefflichen Glas-
malereien bemalten Scheiben, gebrochen wurden, waren zum Teil noch
nicht wieder eingesetzt. – Eins der schönsten Werke *Pigals* stand in der
Nähe des Hauptaltars der Kirche *S. Sulpice*; eine kolossale, von Wol-
ken getragene Statue der Maria mit dem Kinde. Noch stand sie da;
aber, im welchem Zustande! Dem Kinde ist der Kopf abgeschlagen, die
Statue selbst an mehreren Stellen verletzt, und die Wolkengruppe, mit
den Säulen, woran sie ruht, halb zertrümmert. – Der erste Eindruck
dieses scheußlichen Anblicks, und der in der Kirche noch umherlie-
gende Schutthaufen und Trümmer, ist unauslöschlich in meiner Seele.
Der treffliche Orgelspieler *Sejan* hatte mich und meine Freunde zu
einem Orgelkonzerte, welches er uns aus Gefälligkeit gab, eingeladen.
Als nun die hehren Töne eines Chorals an dem hohen Kirchengewölbe
wiederhallten, ging ich in den leeren Hallen und Kapellen umher, – sah
diese Zerstörungen, die Ruinen der Altäre, die Ruinen der Gräber! ––
Worte fehlen mir, um mein Gefühl bei diesem Anblick auszudrücken.

Kaspar Heinrich Graf von Sierstorpff

Bildersturm

Während der ersten Revolutionszeit, in der alles überschreiende Advo-
katen, Bierbrauer und unwissende Bösewichte aus der niedrigen Volksklasse am Ruder der Regierung saßen, und alles mißbrauchten, um ihre
teuflischen Absichten zu erreichen, wo selbst Priester die Kirchen,
Gelehrte und Künstler die Kunstsachen zerstören halfen und alles wütend zerschlugen, in dieser Zeit waren doch hin und wieder noch
einige Menschen, welche teils das Volk beim Bilderstürmen besänftig-
ten, teils manches Monument dadurch zu erhalten suchten, daß sie davon das, was nach der Tagesordnung den Unwillen des Volks erregen
sollte, als: Adelszeichen, die Worte König, Christus, Erlösung u. s. w.
entweder aushauen oder bedecken ließen. Auf solche Weise ist nun
noch manches Monument ganz, oder doch nur einigermaßen verstümmelt erhalten, manches auch von Kunstkennern bei Seite gebracht worden.

In vielen Kirchen geschah das Bilderstürmen auch nicht im allgemeinen vom Volke, sondern oft mit Unwillen der Leute selbst, die dazu

vom Gouvernement bestellt waren. Es wurde also dabei noch manches Stück durch Vermittlung der Vorsteher so ziemlich verschont. In den größeren Kirchen hingegen, in welchen die vorzüglichsten Monumente standen, war dies nur leider! der Fall nicht. Es wurden darin vielmehr von dem damals bei dergleichen Begebenheiten haufenweise herumziehenden wütenden Pöbel alles zerschlagen und abgebrochen. Man sieht davon noch große Haufen Bruchstücke der kostbarsten Marmorarten an mehreren Orten, besonders bei den Steinhändlern liegen, welche damals die seltensten Sachen dieser Art für unbedeutende Preise kaufen konnten.

Wenn man nun darauf zurück denkt, daß *Paris* und überhaupt *Frankreich* so manches Stück selbst aus den ältesten Zeiten der Römer aufzuweisen hatte, die man zum Teil in den bekannten Werken von *Montfaucon*[24] u. s. w. abgebildet findet; daß so vielen Königen und Königinnen, so vielen Prinzen, so manchem in einem so großen und seit undenklichen Jahren so sehr volkreichen Staate sich berühmt gemachten Helden, Staatsmann, Gelehrten, Künstler, oder sonst so manchem berühmten und wohlhabenden Manne, in den vielen alten Kirchen und auf öffentlichen Plätzen Denkmäler aller Art seit tausend und mehreren Jahren gesetzt worden sind; daß so sehr viele Heiligenbilder in Statuen, Basreliefs von Marmor und Erz in jenen reichen Kirchen nach altreligiöser Sitte aufgestellt waren, und daß man überhaupt so viel auf Kirchenverzierungen verwendet hat: so kann man leicht einen Überschlag machen, welche ungeheure Anzahl solcher Sachen allein in Paris zerstört sein muß.

Dergleichen Volksunternehmungen wurden aber damals alle gleichsam in dem wahnsinnigen Anfalle eines hitzigen Fiebers betrieben, und es würde wahrscheinlich nichts übrig geblieben sein, wenn nicht manches Stück noch durch einen glücklichen Zufall gerettet worden wäre, und man nicht bald dem Umwesen gesteuert hätte. Heute wurden Heilige zerschlagen, morgen haufenweise unschuldige Menschen gemordet und übermorgen etwas anders getrieben. *Nous sommes en révolution, et alors il faut faire ces choses la*[25], sagte man sich einander, und so wurde bis zum Eintritt einiger erschlaffender Besinnung vom leichtsinnigen Haufen fortgearbeitet. Mehrere besser denkende Menschen und Kunstfreunde fingen aber dabei bald an, über solche unsinnigen Verwüstungen zu schreien, so daß am Ende des 1790sten Jahres schon eine Kommission *des monuments* ernannt wurde, um alles, was zur Kunst und Wissenschaft gehört, zusammen zu bringen, und zwar die Monumente und Gemälde nach dem ehemaligen Kloster *des petits Augustins*, Handschriften und Bücher aber vorerst nach den Kapuziner- und Jesuiten-Klöstern. Dort ist nun daraus das jetzige *Musée des monuments français* entstanden, und in den letztern Orten, wo noch eine ungeheure Menge von literarischen Klosterwaren liegen soll, wird das beste für die große Nationalbibliothek ausgesucht, und das übrige, teils in die Büchersammlungen für die Departements verteilt, teils verkauft werden. Endlich wurde im zweiten Jahre der Republik alles Zerstören solcher Sachen auch unter dem Vorwande der beleidigenden Königs- und Adelszeichen durch ein Gesetz bei zehnjähriger Galeerenstrafe verboten, und auf solche Weise leider nur zu spät! dieses republikanische Unwesen gänzlich aufgehoben.

Konrad Engelbert Oelsner

Eine neue Hut-Ordnung

Sobald der König, bei Eröffnung der Generalstaaten, den 4. Mai 1789, seine Rede geendet hatte, sagte der Großsiegelbewahrer zu den versammelten Ständen: *der König erlaube ihnen sich zu bedecken!* Eigentlich ging dieser Ausdruck nur die zwei ersten Stände an. In den vorhergehenden Generalstaaten, und noch in den lezten von 1614, begann der Sprecher des dritten Standes, seine Rede knieend und mit entblößtem Haupte. Erst nachdem er einige Worte in dieser Stellung hergesagt hatte, vergönnte ihm der König aufzustehen.

Kaum hatte diesmal der Großsiegelbewahrer seine Erlaubnis verkündigt, als sich Mirabeau[26] den Hut tief in die Augen drückte, und alle Deputierten des dritten Standes seinem Beispiele folgten. Ein Auftritt der die, so weiter sahen als König und Necker[27], stutzig machte. Die Deputierten, so das Herz nicht hatten aufzusetzen, bekamen und verdienten Rippenstöße. Da half kein Sträuben, sie mußten sich nach ihren Nachbarn bequemen. Als der König den Auftritt bemerkte, rieb er sich die Stirn, als wenn ihm zu warm würde, und legte den Hut ab wie von ohngefähr. – Niemand wollte ihn nachahmen. – Ihm soll an diesem für sein Schicksal entscheidenden Tage, gar nicht wohl gewesen sein. Er war gleich morgens mit übler Laune aufgestanden.

Ein Emigrierter, der dem nachmaligen Riquetti gegenüber in der Gallerie gesessen haben will, versichert, Mirabeau sei unbedeckt geblieben. – Man weiß, daß Mirabeau erstaunend viel auf seine elegante Frisur hielt. Sein großes Haupt war beständig in Haarlocken wie in Donnerwolken eingehüllt. Vermutlich wollte er nichts an ihrer Schönheit verderben, oder besorgte, wofern sich noch etwas an der seinigen verderben ließ, mit aufgepflanztem Hute ein gar zu desparates Ansehen zu bekommen. Die Personen von Stande, welche sich in der Bühne ihm gegenüber befanden, hielten es nicht unter ihrer Würde, ihm die ganze Zeit der Sitzung hindurch, mit Worten und Gebärden Schimpf anzutun. Mirabeau warf drohende Blicke ihnen zur Antwort.

Es ist also wohl möglich, daß nicht er es sei, der das Signal des Hutaufstandes gegeben hat. Geisteszelebrität wirkt wie der Vermögenskredit eines Kaufmanns. Man leiht dem Hause mehr als es besitzt. Jedes Dienstmädchen macht sich's zur Ehre, ihm seine Sparbüchse zu bringen. So wuchert der Reiche mit dem Gute der Armut. Wie viel glückliche Einfälle nicht dem verstorbenen Könige von Preußen geschenkt worden sind. Das nämliche widerfuhr einem Manne, der so gut wie Friedrich, sich durch die Kraft eines stets gegenwärtigen Menschenverstandes, das Ansehn aller Talente zu geben wußte.

Was nicht geleugnet werden kann, ist daß Mirabeau hauptsächlich, den Deputierten des dritten Standes Mut eingeflößt hat. Er nahm die schwachen und feigherzigen, Mann für Mann vor. Wollt Ihr ewig Halunken sein, sagte er: Seht, ich bin ein Edelmann und zwar ein echter alter. Fühlt mich an. Bin ich nicht von Fleisch und Bein wie Ihr? Nun so sind sie alle. Narren, wofür fürchtet Ihr Euch. Was sie von Euch unterscheidet, ist Eure dumme, einfältige Meinung. Entsagt ihr, und die Präponderanz des Adels nimmt ein Ende.

Johann Friedrich Reichardt

Der Zwang zur Freiheitsmütze

Das Wichtigste aus unserem gestrigen Leben – denn es wird immer mehr unmöglich ganz vollständig zu erzählen – war eine Jakobiner-Sitzung, zu der Freund B** uns abholte.

Beim Eingange wurden uns rote tuchene Freiheitsmützen zum Kauf angeboten, und ein Junge rief uns mit der größten Zuversichtlichkeit nach: *vous n'entrerez pas, Messieurs, sans le bonnet de la liberté.*[28] B** führte uns erst in das *Bureau*, und ging dann allein in den Versammlungssaal, die Erlaubnis für uns auszuwirken, da man jetzt mit dem Zulassen schwieriger wird. Ein Mitglied muß den Fremden erst laut proponieren und ein anderes ihn unterstützen; dann liest der Präsident den Namen laut vor und fragt an, ob keine Reklamation dagegen sei. Gegen Messieurs* * war keine Reklamation erschollen, und so holte *B** * uns bald.

Wir hatten bei ihm noch einen jungen Schlesier gefunden, der schon zwei Jahre in Paris lebt und wirkliches Mitglied des Jakobinerklubs ist. Dieser ging mit uns, und zeigte uns im Büro einen Offizier der Nationalgarde, *Santerre*, einen reichen Bierbrauer im *Fauxbourg St. Antoine*, und die Seele dieser tätigen Vorstadt. Es ist ein großer, starker, schöner Mann mit sehr tüchtigem und zugleich feinem Gesichte, der unaufhörlich mit Expedieren für diesen und jenen, an der Ecke eines Tisches stehend, beschäftigt war, auch hernach in der Sitzung viel sprach und immer in großer Tätigkeit blieb.

In dem Saale fanden wir den Präsidenten, die Zensoren, einen Redner auf der Tribüne und viele Mitglieder, wirklich mit der Freiheitsmütze auf dem Kopfe; auch auf den Volkstribünen saßen viele damit. Es ist doch eine gar zu häßliche Form! Auf unserem Theater pflegt der Galeerensklav von Falbaire in einer solchen roten Sackmütze zu spielen; vielleicht fiel mir diese Freiheitsmütze auch mit deshalb so widrig auf. Übrigens bestieg kein Redner die Tribüne ohne sie. Einem Deputierten von Lyon, der keine aufhatte, warf ein Mitglied von unten seine zu. Jener schien dies erst für Scherz zu nehmen, und warf sie hinter sich; bald flog ihm aber eine andere zu, und die Volkstribünen schrieen: *le bonnet! le bonnet!* bis er sie aufsetzte. Da diese Mütze vermutlich künftig oft auf dem Tummelplatz erscheinen wird, so bring' ich eine zur Probe mit. Sie soll mir auf der weiteren Reise zur Schlafmütze dienen, und das ist bei unserem Freiheitsschlafe gar nicht außer dem Kostume.

Robespierre[29] zeichnete sich heute, ohne ein Wort zu sprechen, durch sein auffallend übermütiges Betragen aus. So wie er hinein trat, warf er sich gleich mit trotzender Gebärde auf einen Stuhl, der etwas vorgerückt dicht am Eingange stand, und saß mit in die Höhe geworfenem, elegant frisiertem Kopfe und übereinander geschlagenen Beinen unbeweglich da, ohne daß er irgend einigen Anteil an den Verhandlungen nahm: gerade, als müsse er sich unter die Burschen bloß deshalb mengen, weil er sie brauche, und als erwarte er nur, daß etwas ihn Betreffendes vorkommen werde. Sein flaches, etwas eingedrücktes Gesicht von blasser Farbe und sein heimtückisches Auge machten seine Insolenz in Stellung und Gebärden noch beleidigender.

Karl Friedrich Woyda

Das Ende Robespierres

Die Bänke in diesem Saale sind ebenfalls amphitheatralisch erbaut, und die Plätze der Deputierten numeriert. Von Zeit zu Zeit werden sie verlost, und dadurch ist man der Zurückkehr der Benennung des Berges[30] und der rechten und linken Seite, die in der Revolution so viel Böses gestiftet haben, zuvorgekommen. Die Sitzungen werden allemal von dem Präsidenten, oder in seiner Abwesenheit, von einem der Sekretäre, durch das Läuten der Glocke eröffnet. Wenn dieses geschehen ist, werden die Protokolle der vorhergegangenen Sitzung, und die eingelaufenen Bittschriften verlesen, darauf statten die Kommissionen die an der Tagesordnung befindlichen Berichte ab, und alsdann erst fangen die Debatten entweder über die Berichte und Vorschläge der Kommissionen, oder über die neuen Motionen der Mitglieder an. Jetzt hört man von allen Seiten rufen: Je demande la parole[31], und wenn sich mehrere Deputierte nach der Rednerbühne drängen, so entscheidet der Präsident, welcher von ihnen zuerst sprechen soll. Nachdem die eingeschriebenen Redner für und gegen eine Motion gesprochen haben, und weiter niemand zu sprechen verlangt, so fragt der Präsident, ob er die Diskussion schließen darf. Wenn niemand sich dawider setzt, so erklärt er, daß sie geschlossen sei, und läßt über die urgence[32] zuerst, wenn sie vorgeschlagen ist, und dann über jeden Artikel der Proposition selbst stimmen. Je mets aux voix l'urgence[33], heißt es nun, que ceux qui sont pour l'urgence se lèvent[34], und hin und wieder stehen einige Deputierten auf, – que ceux qui sont contre l'urgence se lèvent[35], und wenn jetzt niemand, oder doch nur wenige sich von ihren Sitzen erheben, so erklärt der Präsident, la majorité de l'assemblée est pour; l'urgence est adoptée[36]. Dieses wird sogleich niedergeschrieben, und alsdann über jeden Artikel des Dekrets gestimmt. Derjenige, der es vorgeschlagen hat, liest einen nach dem anderen vor, und der Präsident fragt bei jedem, ob ihn die Versammlung annehmen wolle oder nicht. Findet gar kein Widerspruch statt, und schlägt niemand Verbesserungen oder Abänderungen zu dem einen oder

Robespierre wird verwundet in den Vorsaal des Wohlfahrtsausschusses gebracht, 28. Juli 1794/ 10. Thermidor Jahr II.

dem anderen Artikel vor, so wird der Vorschlag, wie er gemacht worden ist, dem Rat der Alten, durch eine besondere Message zur Bestätigung zugeschickt.

Bei unbedeutenden Diskussionen gibt fast kein einziger Deputierter auf den Redner acht, sie sprechen entweder untereinander, oder lesen Zeitungen und die den vorhergehenden Tag in beiden Räten gehaltenen gedruckten Reden. Wenn gestimmt wird, stehen wenige von ihren Sitzen auf, und es kommt oft auf den Präsidenten allein an, ob er für oder gegen einen Vorschlag entscheiden will. Bei wichtigen Debatten nur ist alles Ohr, die Redner stürzen sich mit Ungestüm auf die Rednerbühne, jeder will zuerst sprechen, und das Rufen des Präsidenten und der Huissiers [37], silence citoyens, und das Läuten der Glocke sind oft nicht im Stande, den Lärm und die Unruhe zu stillen. Dergleichen unanständige Szenen sind gegenwärtig selten, aber unter den vorhergehenden Assembleen fielen sie sehr häufig vor. Auch die Tribünen haben keinen Einfluß mehr auf die Versammlung, es darf sich niemand erlauben, weder zu klatschen noch zu murren, ja selbst still sprechen dürfen die Zuschauer nicht untereinander, und die geringste Unordnung wird sogleich vom Präsidenten verwiesen, und der Ruhestörer durch die Wache hinausgebracht.

Hier war es, wo Mirabeau[38] so oft siegte, und die Zuhörer durch seine hinreißende Beredsamkeit zur höchsten Bewunderung stimmte; hierher flüchtete sich Ludwig XVI. am 10. August[39], und war Zeuge, als über seine Absetzung debattiert wurde; an den Schranken eben dieser Versammlung stand er kurz darauf als Angeklagter, und mußte sich, vor seinen Klägern und Richtern verteidigen; in diesem Saale herrschte Robespierre unumschränkt über seine Kollegen, und alles schwieg, wenn er seine Stimme erhob. Aber hier war es auch, wo ihn Tallien am 9. Thermidor[40] mit so viel Mut und Entschlossenheit anklagte, und das Verhaftsdekret gegen ihn durchsetzte. Sprachlos vor Wut und Verzweiflung wußte er sich nicht zu verteidigen, er schaute um sich, und wurde gewahr, daß auch seine Henker schwiegen, die Besinnung verließ ihn, und der allmächtige Diktator, vor welchem vierundzwanzig Stunden vorher ganz Frankreich zitterte, wurde ohne Widerstand als Gefangener aus dem Saale geführt. Hätte Robespierre in diesen Momenten nicht den Kopf verloren, sich, anstatt in das Gemeindehaus, in den Sicherheitsausschuß begeben, die Konvention in demselben geächtet, und den Pöbel von Paris zu Hilfe gerufen, so siegte er über seine Gegner, und befestigte sein Ansehen mit unerschütterlicher Stärke. Personen, die an diesem schrecklichen Tage in Paris waren, und die Konvention in der Nähe beobachtet haben, haben mich versichert, daß sie eine zeitlang so furchtsam und unentschlossen gewesen sei, daß Robespierre sie mit einigen hundert Mann hätte gefangen nehmen können. Als er in derselben angeklagt wurde, hatte sie noch nicht die geringsten Anstalten zu ihrer Sicherheit und Verteidigung getroffen, und nachdem man ihn daraus entfernt hatte, waren die Anführer dieser Insurrektion erst bemüht, das Volk auf ihre Seite zu ziehen. Die rege Masse des Pöbels, die in diesen Augenblicken die Majorität bildete, war ganz für Robespierre, er durfte sie nur um sich her versammeln, sich an ihre Spitze stellen, und mit Kaltblütigkeit und Entschlossenheit gegen den Konvent anrücken, und er lag wieder zu seinen Füßen. Aber dadurch, daß er sich aus einem Gefängnisse ins andere bringen ließ, und sich endlich der Gemeinde in die Arme warf, verlor er Zeit, und versäumte den für ihn günstigen Moment. Diesen benutzte die Konvention, setzte sich in den gehörigen Verteidigungsstand, ächtete ihn und seine Gehilfen, und nachdem sie eines glücklichen Erfolgs gewiß war, rückte sie vor das Gemeindehaus, zerstreute Henriots zusammengebrachte Hilfstruppen, und bemächtigte sich der angeklagten Konventsglieder. Bis zu diesem Augenblicke hatten es nur wenige gewagt, sich gegen

Robespierre zu erklären, aber kaum war er in sichere Verwahrung gebracht, als ganz Paris gegen ihn aufstand. Die Freude war unbeschreiblich, die sich der Einwohner bemächtigte, sie glich dem Ungestüm, mit welchem dem Tode Entronnene sich ihren Freunden in die Arme stürzen, die bis zum Erdrücken angefüllten Gefängnisse tönten davon wieder und wahre, ungeheuchelte Zufriedenheit glänzte auf allen Gesichtern.

Tallien, der an diesem Tage Frankreich und Paris von dem schrecklichsten Ungeheuer befreite, nimmt heute noch seinen Plaz in dem Rate der Fünfhundert ein. Dort habe ich ihn zuerst gesehen, und eine einnehmende, etwas ernsthafte Gesichtsbildung an ihm bemerkt. Er ist allezeit sehr gut und geschmackvoll gekleidet, versäumt selten eine Sitzung, besteigt aber nie die Rednerbühne, sondern sitzt einsam und vor sich hinstarrend auf seinem Platze. Das Volk hat vergessen, daß er am 9. Thermidor es mit Lebensgefahr rettete, aber daß er an den Septemberszenen Anteil genommen, vergißt es ihm nie.

4
Revolution
unter den Deutschen?

Anonym

Geheilt von der französischen Freiheitsraserei

Ich bin, wie Sie wissen, mit großen Erwartungen nach Frankreich gegangen. Ich habe geglaubt, die Revolution müßte auf den Charakter der Einwohner einen sehr auffallenden Einfluß gehabt haben. Ich vermutete an jedem, wenigstens an den meisten derselben, die Würde eines freien Bürgers eingedrückt zu sehen. Der mir so widerliche französische Kleingeist sollte, wie ich hoffte, verschwunden und Solidität an seine Stelle getreten sein. Der freie Franke würde, nach meiner Meinung, nicht mehr wie ehedem, an der äußeren Schale hängen, sondern das Wesen der Dinge zum Augenmerk haben. Taten und nicht bloß schöne Phrasen und leeres Geklimper erwartete ich zu vernehmen. Ich glaubte nicht, daß dieses wiedergeborene Volk mit dem ehemaligen Leichtsinn eben den Menschen jetzt vergöttern und in einigen Wochen verabscheuen würde. Reifliche Prüfung und Gründe, meinte ich, würden sein Urteil, sein Lob und seinen Tadel, bestimmen; sein Vertrauen und sein Mißtrauen leiten; einmal von ihm bewährt befunden, wäre hinlänglicher Beweis der Würdigkeit. Ich glaubte, der freie Franke würde überall offen handeln und sich nie zu den Intrigen und heimlichen Machinationen des ehemaligen Franzosen erniedrigen. Ein freundliches Gesicht und Tücke im Herzen (ein eines biederen freien Mannes so unwürdiges Betragen) ahnte ich nicht, zu finden. Jeder, wenigstens die meisten, meinte ich, würden, von Gemeingeist beseelt, das Wohl des Staates, wo nicht zu dem einzigen, doch zu dem ersten Zweck ihrer Handlungen setzen. Nichts mehr von der ehemaligen französischen Indolenz in ihrem Ruhestande, und nichts von ihrer ehemaligen Blutgierigkeit, wenn sie einmal aufgereizt sind, hoffte ich zu finden. Großmut hielt ich für die erste Eigenschaft eines freien Mannes; Achtung gegen jedes Eigen-

tum, Hochschätzung jedes Zweigs der
Industrie für die erste Pflicht eines
freien Bürgers; Freiheit im Reden und
Schreiben für das erste Gesetz in einem
Freistaat; Duldung jeder Verschieden-
heit der Meinungen und schonende
Rücksicht gegen jeden andersdenkenden Mitbürger für den ersten Satz der
freibürgerlichen Moral; Gerechtigkeit
für den Grundstein der Freiheit. Ich
glaubte, die Retter der Rechte der
Menschheit würden ihren ehemaligen
Dünkel, ihre unwissende Geringschät-
zung anderer Nationen abgelegt haben. Und wie konnte ich glauben, daß
alt-französische Eroberungssucht den
Neufranken entflammen würde, der
feierlich allen Eroberungen entsagt
und erklärt hat, daß er bloß damit beschäftigt sei, sein bürgerliches Glück
zu erschaffen? –

Aber was fand ich? Etwas weniger als
ich erwartete? Dieses wäre bei den
hohen Ideen, die ich mir von dem Neufranken machte, ziemlich natürlich gewesen. Aber ich fand just das Gegenteil von allem; ganz die alten Franzosen; überall faselnde Gecken, auf der
Rednerbühne der Jakobiner und auf
der Kanzel der Volksrepräsentanten,
(einige Dutzend der Mitglieder der
constituierenden Nationalversammlung nehme ich aus); nirgends die
Würde eines freien Volks. Ich sah die
Harlekinade des Tollhäusler Cloots[1]
in dem Volkssenat. Ich sah, wie ein
Bonmot, ein leeres Wortspiel den
Schluß dieses Senats bestimmte und

Blutszene am 10. August 1792.

alle gegenseitige Gründe auf ein Mal niederschlug. Leere Deklamationen und schön gesagte Sentiments, wovon ihre heroischen Schauspiele von jeher strotzten, sind auch jetzt und mehr als jemals im Umlauf; aber von großen Taten, von edlen Bürgertugenden habe ich nur wenige Beispiele vernommen. Gassenhauer, Bäumchen, bunte Bänder, rote Kappen und dergleichen elende Spielereien haben mehr Wert, als die gute Sache der Freiheit, von welchen nur wenige einen nur einiger Maßen erträglichen Begriff haben. Mit wahrem alt-französischen Leichtsinn haben sie Necker[2], haben sie Fayette[3] und andere der vorzüglichsten Mitglieder der ersten National-Versammlung zum Himmel erhoben und bald darauf mißhandelt. Wo ist Luckner[4]? Wo ist Montesquieu? Ich habe Mirabeaus[5] Bildsäule im Jakobinersaal von den nämlichen Händen zertrümmern sehen, welche sie aufgestellt hatten. Intrige war die Seele aller Volksversammlungen, aller Verhandlungen mit dem Hof. Ist es nicht weltbekannt, daß die Intrige und die Machinationen der Jakobiner Ministerium, Volkssenat, Munizipalitäten, kurz alle Staats-Gewalten fast ausschließend besetzt haben? Haben nicht die Kommités und der vollziehende Rat noch kürzlich eingestanden, daß sie ein Heer von heimlichen Emissärs über Europa verbreitet haben, welche in Lebensgefahr kommen würden, wenn man sie nennen wollte? Die Wahlversammlungen sind leer von rechtlichen Bürgern und größten Teils einem Haufen Gesindel überlassen. Der Pöbel in der Halle tyrannisiert jetzt eben so despotisch, wie vorher der Pöbel in den Palästen und man erträgt es mit eben der Indolenz. Die vorigen Polizeispione sind in den Dienst der Jakobiner und der Kommune von Paris übergegangen. Verhaftnehmungen ohne Klage, ohne Verhör sind, auch ohne die königlichen Lettres de Cachet, noch immer gewöhnlich und an Gefängnissen fehlt es, nach der Zerstörung der Bastille, nicht. Ich habe die Greuel des 20ten Junius, des 10ten Augusts und der ersten Tage des Septembers[6] gesehen, und wer hat den 6ten Oktober 1789 vergessen? Aber schauderhafter als alles dieses war mir, daß eine große Menge freier französischer Bürger an jenen Blutszenen vorüber ging und sich in Possenspielen und Komödien amüsierte. Welcher Gemeingeist belebt die Lieferanten der für das Vaterland streitenden Armeen? Wie werden die öffentlichen Gelder verwaltet? Selbst die eifrigsten Apostel der Freiheit haben sich durch Assignatenhandel bereichert. Die erzpatriotischen Mitglieder des Pariser Kommunenrats sind des Diebstahls überführt, und die Kriegslieferanten und Kommissärs als Betrüger öffentlich aufgestellt worden. Die Gerichte sind gierig nach Sporteln wie ehedem, und noch gieriger, weil ihre Ernte vorübergehend ist. Kurz, überall finde ich den alten französischen Prellgeist, den alten Generalpächters-Sinn. Wie schnöde hat man das wohlerworbene Eigentum eines ansehnlichen Teils der Staatsbürger einer philosophischen Grille aufgeopfert? Unzählige Fabriken stehen still, und Hunderttausende sind durch die Vernachlässigung der Staatsgewalten zu Bettlern geworden. Nur ein Wort gegen die gegenwärtig herrschenden Ideen – und die Laterne droht mir. Hat man sich nicht selbst im Volkssenat darüber belustigt, daß das Volk in die Klöster drang und die Nonnen mißhandelte, die stillen vom Staat garantierten Versammlungen der ungeschworenen Geistlichen mit wilder Wut auseinander trieb und die Tempel zerstörte? Der Volksrepräsentant Manuel hatte die Unverschämtheit öffentlich das, was noch dem größten Teil der Nation ehrwürdig ist, die Religion, zu verspotten, und ihre Diener, bei welchen noch Millionen seiner Mitbürger Trost und Beruhigung suchen und finden, zu pasquilisieren. Wo kann da nur einiges Gefühl von Gerechtigkeit sein, wo die Schurken Marat, Carra und Robespierre die Mehrheit für sich haben; wo man, um den Staatsverlegenheiten einiger Maßen abzuhelfen, mit räuberischen Händen selbst die Güter derjenigen wegnimmt, welche die Greuelszenen des Septembers über die Grenze scheuchten, und wo noch öffentliche heftige Debatten über die Frage statt finden konnten, ob der König gerichtet oder ungerichtet verdammt werden, ob er einen Verteidiger, einen Rechtsfreund erhalten solle, oder nicht? Der Dünkel, mit welchem jedes französische Blatt, jeder Volksredner der französischen Nation Weihrauch streut und andere Nationen wegwirft, sobald sie es wagen, anders zu denken als diese, ist zu auffallend, zu lächerlich, als daß er noch gerügt zu werden verdiente. So bald wir nicht ihre roten Kappen aufsetzen, sind wir, in ihren Augen, noch eben das Vieh in dem Norden, wie ehemals. Sie finden jeden Zuschnitt von Konstitution, wie sonst jeden Zuschnitt von Rock, abscheulich, der nicht von Pariser Meistern herrührt. Der umgeworfene Mantel der Freiheitsliebe bedeckt ihre Eroberungssucht so wenig, daß sie wohl von niemanden verkannt werden wird. Ihr Volkssenat, ihr Ministerium, ihre Konstitutionsgesellschaften atmen ganz den Geist der ehemaligen Reunionskammern. Auf welche schändliche, blutige Weise haben sie Avignon an sich gerissen? Wie schnöde haben sie die deutschen Fürsten aus ihren Besitzungen verdrängt? In diesem Punkt stimmen alle Parteien, Aristokraten, Demokraten, Konstitutionisten überein. Es ist bekannt, daß Emigranten selbst den Fürsten, unter deren Schutz sie flohen, deren Gastfreiheit sie mißbrauchten, nicht verhehlten, sie würden keine Erdscholle ihres geraubten Landes zurück erhalten, es möchte auch eine Partie, welche wolle, die Oberhand behalten. Ganz dieselbe Sprache, welche die Abgesandten der demokratischen Partei führten. Wer kann es verkennen, daß sie sich der Freiheitsraserei bedienen, um die anliegenden Länder Frankreich einzuverleiben? Sie wollen die ganze Welt nach ihrer Art frei machen, um über die ganze Welt zu herrschen. Kurz, wertester Freund! die so sehr (freilich am meisten von sich selbst) gepriesenen Neufranken sind ganz die alten Franzosen. Ich bin geheilt von der übereilten Verehrung dieser leichtfertigen, unzuverlässigen Nation, seit dem ich mitten unter ihr lebe. Sein sie unbesorgt, daß, wenn die französische Armee auch bis in ihre Gegend vordringen sollte, sie die Einwohner irre machen, durch französische Grundsätze ihre Ruhe stören und ihr auf die dermalige Verfassung gegründetes Etablissement zernichten würde. In der Nähe kann dieses Volk auf solidere Deutsche unmöglich wirken. Ihre schönen Deklamationen haben wohl manchem in der Ferne den Kopf verrückt; allein lassen sie diese Freiheitsprediger nur näher kommen – der Nimbus verschwindet, und der Deutsche sieht den Franzosen in seiner ganzen Blöße, belächelt ihn, wie immer, und bleibt ein Deutscher. Ich habe zuverlässige Nachricht, daß die Rheinbewohner, die Mainzer, Pfälzer, Wormser, Speierer von ihrem Freiheitsfieber kuriert sind, seitdem sich Franzosen in der Nähe befinden. In Brabant brauchten sie sich nur zu zeigen, um die Einwohner von ihrem Wahn zurück zu bringen. Ich schließe endlich meinen langen Brief, und brauche Ihnen wohl nicht hinzu zu fügen, daß ich durch meine Reflexionen den einzelnen, großen, guten würdigen Bewohnern Frankreichs nicht zu nahe treten will. Diese seufzen selbst über den Charakter ihrer Nation, wodurch Unglück aller Art über eins der besten Länder der Erde gebracht, ja sogar die lachendsten Aussichten in eine glückliche Zukunft zernichtet worden sind.

Georg Forster

Die Revolution – guter Geist oder feindseliger Dämon?

Paris, den 1. des Eismonds, 1793

Es ist wahr, in Revolutionszeiten wird den Prinzipien öfters durch willkürliche Ausdehnung Gewalt angetan; auch bei uns hat man – wiewohl ich hier eine fremde Einwirkung in Verdacht habe – unter dem Vorwande der Gleichheit vom Ackergesetz gesprochen, alles Eigentum aufheben, durch Herabwürdigung aller Geistesvorzüge eine wilde Barbarei herbeiführen und ihre natürliche Folge, das Recht des Stärkeren, wogegen wir eben kämpfen, wieder geltend machen wollen. Der Umweg mochte so übel nicht ausgedacht sein; indessen gärten diese Exzentrizitäten hier und dort nur einen Augenblick: im nächsten vertilgte sie der allgemeine Umschwung der Revolutionskräfte und stellte die Vernunft siegreich wieder her. Sie mußte wohl in allen Gemütern schon rege und über gewisse Hauptwahrheiten ins reine sein, um so, wie es jetzt geschieht, gleich bei ihrer Erscheinung die Huldigung des ganzen Volkes zu erhalten.

Aus dieser Anregung der Verstandeskräfte, die wir der demokratischen Regierungsform verdanken, und aus der vorhin erwähnten Gleichartigkeit der jetzigen Generation folgt mit der höchsten Wahrscheinlichkeit die Sicherheit und Dauer der Republik. Die Grundsätze der republikanischen Freiheit haben bei uns überall desto tiefere Wurzel geschlagen, je mehr sie simplifiziert worden sind und sich daher von jeder Fassungskraft aneignen lassen. In Frankreich wachen wenigstens fünfmal hunderttausend Menschen über die Gesinnungen eines jeden Bürgers und die Anmaßungen eines jeden öffentlichen Beamten. Wer wäre jetzt so kühn, sein Haupt über die Menge zu heben? Wer wagte es, auch nur Demut zu heucheln und es tiefer als die anderen zu beugen?

Die übrigen Wirkungen des Revolutionsgeistes kommen noch hinzu, um den Raub der obersten Gewalt so gut als unmöglich zu machen. Alle Oberherrschaft hat man nicht bloß hassen, sondern auch verachten gelernt; alle Götzen liegen im Staube; alle Vorurteile sind zertrümmert; der Reichtum hat seine Reize, die Bestechung ihre Kraft verloren; die öffentliche Meinung verurteilt, noch schneller als das Revolutionstribunal, jeden Volksverräter; vor beiden gilt, wie unzählige Beispiele lehren, kein Ansehen der Person, und die freiwillige Aufopferung ist an der Tagesordnung. Hundert Dolche würden den neuen Cromwell durchbohren, ehe er als Protektor geschlafen – was sage ich? –, ehe er sich selbst noch recht seinen Ehrgeiz gestanden hätte!

«Es daure die Republik, und unser Name mag vergehen!» Dies ist die oft wiederholte Losung unserer Volksvertreter. Man lacht und spottet in Deutschland über diese Rednerfloskeln, diese Deklamationen, dieses Wortgepränge, wie man es nennt, hinter dem sich oft ein fühlloses Herz und ein schaler Kopf verbirgt. Ich gebe Ihnen willig zu, daß die Übertreibung in Worten, daß eine gewisse hohle Begeisterung im Sprechen, daß der Kitzel, sich perorieren zu hören, zum französischen Nationalcharakter gerechnet werden müsse, und ich streite Ihnen keine einzige der üblen Folgen ab, die tausendfältig aus dieser geräuschvollen, geschwätzigen Lebhaftigkeit und Reizbarkeit erwachsen. Wenn ich aber auch noch obendrein gestehen sollte, daß bei uns der Weg zum Herzen mehrenteils durch den Kopf geht (eine vollgültige Ursache, warum fast alles bei uns auf dem halben Wege dahin steckenbleibt): so fordere ich desto zuversichtlicher von Ihnen die Anerkennung der davon unzertrennlichen Wahrheit, daß der Kopf eines Franzosen außerordentlich tätig, für Ideen empfänglich und mit ihrer Verarbeitung sehr beschäftigt ist. Bisher waren es, leider, Frivolitäten, womit unsere Landsleute, zur großen Zufriedenheit ihrer Herren, ihr Possenspiel trieben; es tanzte und pfiff beständig im Hirn eines Franzosen wie in seinen äußeren Organen. Jetzt kamen aber ernsthafte wichtige Vernunftwahrheiten in Umlauf; die Umstände gaben ihnen Nachdruck und Interesse; uns ging so manches neue Licht auf; wir nahmen das neue Thema und die neuen Ideen begierig hin und fingen an, rascher als je unserer Einbildungs- und Denkkraft auf diesem Felde freien Lauf zu lassen. O mein Freund, huldigen Sie mit mir der Wahrheit; bekennen Sie, daß nichts so kräftig auf den Willen wirkt als die *einmal erkannte* Wahrheit. [...] Hier trete nun die Erfahrung auf und gebe Zeugnis. Haben wir seit dem Anfange der Revolution bloß geschwatzt oder nicht auch getan?

Ich begegne dem Einwurf, «ob denn die Sprecher auch immer die Handelnden waren?» In einzelnen Fällen mag es sich so zusammengefunden haben; allein im Ganzen, wenn beides getrennt war, so tut es nichts zur Sache. Ist die Wirkung für die Revolution, für die Republik nicht dieselbe? Daß man es noch immer nicht begreifen *kann* oder nicht begreifen *will*, wie unabhängig bei uns das Ganze vom einzelnen ist! Ihre Politiker, Ihre Philosophen suchen immer noch die Republik und die Revolution in diesem oder jenem Kopfe. Lassen Sie sich diese Grille vertreiben; sie ist bei uns de l'ancien régime und völlig aus der Mode. Befragen Sie einmal einen unserer Republikaner, ob das Heil seiner Republik an Robespierrens, an Dantons, an Pachens[7], Héberts[8] oder irgend eines anderen Patrioten Leben hängt? Er wird Ihnen antworten, daß er von keines Menschen Namen etwas weiß, wo von dem Volk und Staat die Rede ist. So verschwinden *die einzelnen Käferchen* vor dem Auge des Beobachters; ihr Licht gilt nur in der Masse, wo es sich mit 24 Millionen multipliziert. Was liegt uns daran, ob dieser nur *sprechen*, jener nur *handeln* kann? Wenn man dort die Vernunft, hier den Arm in Bewegung setzt, so ist der Endzweck des Staates erfüllt.

«Wird aber der Arm solchergestalt nicht öfter den Privatleidenschaften als dem gemeinen Besten dienen?» – Mir ist bei dieser und ähnlichen Fragen immer so zumute, als fragte man, ob die Franzosen wirklich auch lauter Engel sind. In der Tat, das sind sie so wenig als lauter Teufel. Die große Aufgabe der Staatskunst ist die gehörige Einschränkung der Leidenschaften und ihre Unterwerfung unter das Gesetz der Vernunft. Jeder einzelne Mensch reift zuerst zur physischen Vollkommenheit, zur Erfüllung des Zweckes seines physischen Lebens, und spät entwickeln sich in ihm die Früchte des Nachdenkes und der Erfahrung. Der *Bürger* soll daher von seiner Verbindung mit seinesgleichen über den bloßen Naturmenschen den Vorteil genießen, daß eine Macht, die mit seinen Trieben nichts zu schaffen hat, eine Macht, deren einzige Grundkräfte Vernunft und Gerechtigkeit sind, für die Entwicklung seiner sittlichen Anlagen sorgt und sie mit der physischen Bildung Schritt halten läßt. Wem der Staat etwas anderes ist als diese für die sittliche Vervollkommnung waltende Macht, der darf mich nicht nach der Tugend und Sittlichkeit meiner Landsleute fragen; wer hingegen mit mir hierüber einverstanden ist, wird der von dem ersten Ringen eines Volkes, das seine Vernunft frei haben will, um sich jene zur sittlichen Vervollkommnung führende Verfassung zu schaffen, schon die Wirkung verlangen, die erst die *Frucht* einer solchen Verfassung sein kann?

Allerdings mußten heftige Leidenschaften bei der Revolution miteinander in Kampf geraten und ihrem Zwecke bald günstig, bald hinderlich sein. Wenn man aber fragt, ob je die Revolution lediglich den Leidenschaften dieses oder jenes Ehrgeizigen, dieser oder jener Partei gefrönt habe oder noch frönen werde, so muß ich nach der Geringfügigkeit und Gleichheit der einzelnen Personen im Verhältnis zur Größe des Staates, nach der Kleinigkeit ihrer Leidenschaften selbst, nach der redlichen Vaterlandsliebe, die wenigstens eine große Menge der Einwohner Frankreichs beseelt, nach der Richtung der Revolution und dem Gange, den sie nun einmal genommen hat, nach der allgemeinen Aufklärung des Jahrhunderts und den in unserer Volksmasse verbreiteten geläuterten Grundbegriffen, kurz, nach der Vernunft, die von der öffentlichen Meinung, wenn nicht immer rein empfangen, doch immer rein verlangt wird – nach diesem allen muß ich schließen, daß alle die feindseligen Leidenschaften, die bei dem Umsturze verjährter Zwangsformen legionenweise hervorbrechen, sich beständig in Tugend und Weisheit so tief verhüllen müssen, daß die Verkleidung ihnen das Gehen erschwert und ihre Befriedigung dem großen Zwecke der Revolution stets untergeordnet bleibt.

Ich will hier nur das auffallendste Beispiel, den vollkommenen Sieg der Bergpartei, erwähnen. Wenn sie in diesem Augenblicke das Ruder führen, bringt nicht jeder Tag die Überzeugung unleugbarer mit sich, daß sie es als Diener, nicht als Gebieter des Staates tun? Der Geist der Revolution, den sie selbst heraufgerufen haben, erzwingt von ihnen Tugenden und Opfer, woran einige von ihnen vielleicht bei dem Eintritt in diese Laufbahn nicht gedacht haben mögen. Sie regieren; aber sie stehen unter der wachsamsten Aufsicht, und die heiligste Verwaltung des Volksinteresses ganz allein kann ihnen die Stütze der öffentlichen Meinung sichern. Sie haben ihre Rache befriedigt; aber der Staat ist einer tödlichen Spaltung entgangen. Sie wenden Tausende von Millionen für Staatsbedürfnisse auf; aber sie haben den Reichtum verächtlich gemacht und müssen Muster der Selbstverleugnung und der republikanischen Sitteneinfalt sein. Wenn sie, wie es dem Menschen so natürlich ist, *ihren* Zweck vor seiner Erreichung für ganz etwas anderes hielten, als die Erfahrung hernach es auswies: so müssen sie jetzt innewerden, daß die kleinste Anmaßung den Strom der öffentlichen Meinung gegen sie richtet und ihnen selbst das Schicksal ihrer Gegner bereitet. – Wer zieht nun von ihrem Ehrgeize den Gewinn?

Leicht könnten also die ehernen Gesetze der Zeit und Notwendigkeit jenen vorhin erwähnten Ausruf, bei dem man sich etwa nur dachte: es ist doch schön und groß gesagt, zum Prinzip der Handlungen derer machen, die ihn zuerst auf der Rednerbühne erschallen ließen. Sobald wir aber erkennen müssen, daß die Vorsehung durch die Revolution ganz andere Zwecke als die Befriedigung der Leidenschaften einer Handvoll Ehrgeiziger erreichen will – und dies ist augenscheinlich, in-

dem die Revolution von diesen einzelnen Personen unabhängig ist –:
sobald gewinnt auch diese große und in mancher Rücksicht beispiellose Begebenheit in ihren allgemeinen Verhältnissen eine so überwie-
gende Wichtigkeit, und ihr Totaleindruck wird so kolossalisch, daß ich
mich nie genug wundern kann, wenn Menschen mit gesunden Augen
nach dem Vergrößerungsglase greifen, um in der Atmosphäre dieses
Kometen Sonnenstäubchen tanzen zu sehen.

«Wer ist nun aber dieser Geist des stürmenden Frankreichs? Ist's am
Ende ein guter Geist oder ein feindseliger Dämon, ein Meteor, der blen-
dend durch die Lüfte fährt, zerplatzt und keine Spur seines Daseins
hinterläßt oder ein kräftiger Hauch des Lebens, der in den Abgrund der
Zeiten hinabsteigt und die kommenden Generationen zu einer noch nie
gekannten Entwicklung vorbereitet?» – Oh, mein Lieber! wie kann ich
Ihnen antworten? Fragen Sie Ihre Weisen und Schriftgelehrten, ob jenes
halsstarrige Volk, das wütend über sich und seine Kinder das Blut des
Gerechten herabrief, nicht vor den Augen des Menschengeschlechts,
ein Denkmal seiner Verblendung, unheilbar durch Jahrtausende, in der
Welt hat umherirren müssen! Und alsdann fragen Sie Ihr Herz: was
wird das Los eines Volkes sein, das allen Greueln der innerlichen Zerrüttung und allen Schwertern Europas mutig entgegenkämpft und bei
jedem neuen Kummer, voll der edelsten Selbstverleugnung, aus allen
Städten und Dörfern, in den rührenden Trostgedanken ausbricht: *«Es
kommt unseren Kindern und Kindeskindern zugute!»*

Georg Forster

Die Reihe ist jetzt nicht an Deutschland

Paris, den 15. des Wintermonds, 1793

Sie wissen so gut wie ich, mein Lieber, daß, wenn man dem französischen Leichtsinne Zeit läßt und das Stündlein des Ernstes und der Be-
sonnenheit abwarten kann, niemand gegen andere, und zumal gegen
Fremde, billiger ist und ihnen lieber Gerechtigkeit widerfahren läßt als
der Franzose. Dieser Zug in unserem Nationalcharakter hat sich nicht
geändert; ich möchte vielmehr sagen, man ist in der Billigkeit des Urteils fortgeschritten, so wenig der allgemeine Krieg diese Denkungsart
zu begünstigen scheint. Die Phraseologie unserer Tribünen und Zei-

tungsblätter muß Sie hierüber nicht irre machen; sie ist bloßer Kurial-stil[9] und gehört zur neueren Diplomatie. Solange wir von unseren Feinden keine andere Benennung als die von Schurken, Spitzbuben, Böse-wichtern, Gottesleugnern und Königsmördern erhalten können: so-lange schallt es gräßlich aus unserem Revier mit Tyrannen, Räubern, Ungeheuern, Sklaven, Banditen und Viehmenschen zurück. Vernünf-tige Leute, deren es, will's Gott, viele auf beiden Seiten gibt, wissen, was von diesem Feldgeschrei zu halten ist, und führen den Krieg nur in der Absicht, zum Frieden zu gelangen. Im Ernst hat wohl noch niemand, der bei gesundem Verstande war, mit Schimpf- und Ekelnamen etwas zu beweisen geglaubt; und *wem* wollte man endlich auch auf diese Art beweisen? Ich weiß nicht, was größer wäre, der Eigendünkel auf der einen oder die Selbstverleugnung auf der anderen Seite, wenn so *gelehrt* und so *gelernt* werden könnte. Wenn es einmal zwischen zwei großen Mächten so weit gekommen ist, daß sie mit Kanonenkugeln und Kar-tätschen argumentieren, dann wird wahrlich eine Handvoll ungeschlif-fener Redensarten den Kampf nicht entscheiden.

Zwischen dem politischen Schimpfen diesseits und jenseits bemerke ich aber einen sehr wichtigen Unterschied. Bei uns ist es eine Art Exple-tive[10] oder Lückenbüßer oder auch etwas, das genialisch aus der Fülle des Herzens sich hervordrängt; es gehört jetzt fast auf die Weise wie unsere unartigen, aber ganz unschädlichen Flüche oder wie die allzu geläufigen Gewohnheitsworte f. und b. in unsere Sprache. Bei Euch aber hat es etwas Gesuchtes, Geflissentliches, Erbittertes; und weit ent-fernt, das Bürgerrecht in Euren Volksdialekten erhalten zu haben, fin-det man es nur in Euren Büchern oder höchstens im Munde Eurer Bra-marbasse.[11] Bei uns fließt es unmittelbar aus der öffentlichen Meinung und ist ihre eigentliche Stimme; bei Euch möchte man, umgekehrt, eine öffentliche Meinung damit heraufzaubern und auf dieselbe wirken.

Da liegt es eben, mein guter Antigallikaner: bei Ihnen gibt es noch keine öffentliche Meinung, und es kann keine geben, wenn das Volk nicht zugleich losgelassen wird. Es dort loslassen, diese ungemessene, unberechnete Kraft auch in Deutschland in Bewegung setzen: das könnte jetzt nur der *Feind des Menschengeschlechts* wünschen. Wir haben uns für unsere ganze Gattung aufgeopfert oder, was gleich gilt, aufopfern *lassen*. Wenigstens komme unser Kampf, unser übermensch-liches Ringen, unser wahres Märtyrertum den übrigen Nationen Euro-pas zugute! Eure Weisen und Gelehrten haben gut deklamieren, sich ereifern und uns beweisen, daß wir es hätten besser machen sollen. Ei, ihr lieben Herren, wir konnten's eben nicht besser. Nun, dann hätten wir's nicht anfangen sollen. freilich wohl! Aber auch *das* hat nicht von uns abgehangen. Wenn Don Quichotte die Galeerensklaven auf freien Fuß stellt und zum Lohn von ihnen zerbleut und geplündert wird: wer hat die meiste Schuld, der schwärmende Ritter oder die verwahrlosten Menschen? Doch ich dächte, wir täten hier am besten, niemand zu richten und zu verdammen. Die Menschen erscheinen in ihren Handlungen, wie sie sind; jeder tut, was er nicht lassen kann, und trägt die unausbleibliche Folge. Wenn ein Thron stürzt, und zwar so leicht und ohne Anstrengung, wie es bei uns der Fall gewesen ist, so ist es doch wohl augenscheinlich, daß alle seine Stützen und Untergestelle schon morsch gewesen sind! Nun bedurfte es nur jenes weltbekannten Zusammenflusses von Ursachen, die im Jahr 1787 die unbegreifliche Schwäche und Hilflosigkeit des französischen Hofes vor aller Augen entblößten, und jede nachherige Katastrophe folgt in einer nicht zu unterbrechenden, nicht zu ändernden Verkettung. Fragen Sie, warum die Vorsehung dieses Mißverhältnis zwischen der Unhaltbarkeit einer Regierung und der Unfähigkeit des Volks, sich eine neue zu schaffen, geduldet und in diesen Zeitpunkt die Revolution hat fallenlassen? – Wer anders kann Ihnen antworten, als die unbegreifliche und ergründliche Weisheit der Vorsehung selbst! Ich fühle nicht den Beruf, diesen Artikel der Theodizee auszuarbeiten, wenn ich gleich für mich überzeugt bin, daß unsere Revolution, als Werk der Vorsehung, in dem erhabenen Plan ihrer Erziehung des Menschengeschlechts gerade am rechten Orte steht und daß Frankreich nach dem schweren Verhängnisse, das über ihm waltet, sich dennoch zu einer geläuterten, vernünftigen, wohltätigen Verfassung emporarbeiten wird. «Wer aber diese Revolution als eine *bloß französische* ansieht», hat Mallet du Pan mit einem echten Sehergeiste gesagt, «der ist unfähig, sie zu beurteilen»; denn sie ist die größte, die wichtigste, die erstaunenswürdigste *Revolution der sittlichen Bildung und Entwickelung des ganzen Menschengeschlechts!*

Je richtiger der Blick ist, womit die auswärtigen Regenten den gärenden Zustand Frankreichs gefaßt und daraus die Notwendigkeit abgenommen zu haben scheinen, gerade jetzt den Völkern auf keine Weise Luft zu machen oder den Zügel schießen zu lassen: desto unzweckmäßiger, ich möchte sagen widersinniger, kommt mir das unablässige Bemühen so vieler Schriftsteller bei Ihnen vor, einen Geist des Hasses gegen die Franzosen unter ihren Landsleuten anzufachen und sie auf eine solche Art *in ihrer eigenen Kraft und Wirksamkeit* gegen uns zu schikken. Ich lasse das Unsittliche dieser Aufhetzerei an seinen Ort gestellt; die unbefleckte Tugend, die kein angelegeneres Geschäft kennt, als unser Schuld- und Sündenregister unaufhörlich abzulesen, wird vermutlich in ihrer Kasuistik über diesen Punkt Beruhigung gefunden haben. Allein, auch die Erfahrung hat hier mitzusprechen, und wie hat man es vergessen können, daß nichts gewöhnlicher ist, als Menschen von einem Extrem zum anderen übergehen, eine aufgereizte Leidenschaft in Unbändigkeit ausarten und alle Leitung verschmähen zu sehen? In der Tat, wenn es nicht weltkündig wäre, daß unsere gänzliche Vernachlässigung alles Verkehrs mit dem Auslande unserem ehemaligen diplomatischen Ruf zur unauslöschlichen Schande gereicht, und wenn man nicht auf diese angeerbte Tugendtafel hin uns jene berüchtigte *Propaganda*, die wir bei einigem Machiavellismus unstreitig hätten stiften müssen, bloß *angedichtet* hätte – so könnte man leicht auf den Gedanken kommen, daß wir jenen Schwarm von Aufhetzern heimlich besoldeten, um den Völkern, die bisher geistlich tot geblieben sind, einen lebendigen Odem der Eigenmächtigkeit, des *leidenschaftlichen Wollens und Vollbringens* in die Nase zu blasen.

Zum Glücke hat es mit der ganzen Sache keine große Gefahr, und das Mittel, die öffentliche Meinung zu beleben, ist übel, ja im höchsten Grade schlecht ausgedacht. Die Frage: wie entsteht öffentliche Meinung, und wie erhält sie ihre Kraft, auf den Willen zu wirken? kann uns bald aus dem Traume helfen. Man wird ebenso leicht beweisen, daß der Katechismus tugendhaft machen, daß die Prosodie in dithyrambische Begeisterung versetzen, kurz, daß die Regeln das Genie und nicht das Genie die Regeln schaffen können, als es uns deutlich und überzeugend dartun, daß die Äußerungen des freien Willens (öffentliche Meinung) erscheinen können, ehe der Wille frei ist. Gestehen Sie es nur, der Karren steckt im Schlamme, und nichts ist possierlicher, als die kannengießernden Heupferde herabspringen zu sehen, in der Hoffnung, ihn in Bewegung zu zirpen. Wenn indes nicht alle (französischen) Zeitungsnachrichten trügen, so regt sich hier und dort in Deutschland etwas, das der zahmen Gelehrigkeit der Nation eben nicht das Wort redet und die Weisheit Eurer Prophetenknaben zuschanden macht. Ich beteure Ihnen, daß mir diese Nachricht keine Freude verursacht; die Reihe ist jetzt nicht an Deutschland, durch eine Revolution erschüttert zu werden; es hat die Unkosten der lutherischen Reformation getragen, so wie Holland und England, jedes zu seiner Zeit, den Schritt, den sie zur sittlichen und bürgerlichen Freiheit vorwärts taten, mit einem blutigen Jahrhundert haben erkaufen müssen. Jetzt gilt es uns, und ich wünschte so herzlich, Ihr möchtet Euch an unserem Feuer wärmen und nicht verbrennen! Aber ach, durch Schaden klug werden und am Unglücke anderer sich spiegeln, ist nicht jedermanns Sache!––

5
Revolution und bürgerliche Republik

Leonhard Meister

Abkehr vom Vandalismus?

Seit dem Sturze des furchtbaren Diktators *Robespierre* glaubte ich in den Verhandlungen des Konvents ein ausdauerndes Bemühen, die öffentliche Meinung zu den großen Grundsätzen der Ordnung und der Gerechtigkeit wieder zurück zu führen, wahrzunehmen. Das System des Vandalismus; die studierten Mord- und Plünderungstheorien, denen man so lange die schönen Benennungen Freiheit, Gleichheit, Menschenrechte, beigelegt hatte; der lächerliche Plan, eine allgemeine Republik zu stiften, die fürchterliche Propagandismussucht – alle diese verderblichen, so empörenden Narreteien schienen mir jetzt fast aufgegeben zu sein. Es ängstigte mich nun nicht mehr bange Furcht, daß ich vielleicht bald die gesittete Verfassung des schönsten Landes der Erde würde aufgehoben sehen; daß ich es sehen würde, wie vielleicht mit ihr zugleich die Ruhe und das Glück von ganz Europa dahin schwände. Ich war bei mir fest davon überzeugt, daß so verschiedene Faktionen, die es wechselseitig dahin gebracht hatten, herrschende Partei zu werden, endlich einmal aus eigener Erfahrung gelernt hätten, daß der Geist des Jakobinismus, vermöge seiner eigenen Natur, jede Art von Regierungsverfassung über den Haufen wirft, und daß bei Grundsätzen und Einrichtungen, die so sehr auf gänzliche Zerrüttung und Verwirrung aller Ordnung abzwecken, eine ganz demokratische Republik sich eben so wenig halten würde, als die unbeschränkteste Monarchie. Ich muß sogar gestehen, daß die schlechte Verfassung der vollziehenden Gewalt, die höchst mangelhafte Einrichtung der Primärversammlungen, die vom Ausschusse der Elf [1] vorgeschlagene Konstitution, mir noch folgerechter und für die gesellschaftliche Ordnung weniger gefährlich schien als die drei vorigen. Ich sprach endlich so zu mir selbst: Die Philosophie

Die Schließung des Saales der Jakobiner in der Nacht vom 27. auf den 28. Juli 1794/ 9. auf 10. Thermidor Jahr II.

hat nun das kühnste Unternehmen, das man je zu versuchen wagte, ausgeführt. Es ist ihr wenigstens in einiger Hinsicht wirklich geglückt. Sie hat uns Wunderdinge von Macht und von Zerstörung aufgestellt. Freilich hat sie sich denn auch – damit sie ihren Zweck glücklich erreichen möchte – nicht gescheuet, alle Verbrechen einer zügellosen Volksmenge in ihr Interesse zu ziehen; sie hat sich nicht gescheut, die verhaßtesten Leidenschaften, den Haß und die Rache, den alle Grenzen überschreitenden Fanatismus, jede Gewalttätigkeit, die ungerechteste und grausamste Tyrannei, die Treulosigkeit, und jedes Hilfsmittel des studiertesten und feinsten Despotismus zu Hilfe zu rufen. Vielleicht haben alle Tyrannen vereint der menschlichen Brust nicht so viele Seufzer, dem menschlichen Auge nicht so viele Tränen entlockt, als sie dem sanftesten und aufgeklärtesten Volke Europas entlockte. Den glücklichsten Boden der Erde hat sie mit Schlachtopfern und mit Trümmern, mit Blut und mit Schrecken bedeckt. Doch hat sie den nämlichen Boden gegen den Verein der furchtbarsten Mächte glücklich zu schützen gewußt. Denselben Boden, den sie durch Schande und durch Taten des Frevels entweihte, hat sie mit Eroberungen, mit Ruhme und unüberwindlicher Macht gekrönt.

Und welches war denn der Zweck, den die ersten Schritte jener in ihren Plänen so neuen, in ihren Mitteln so verheerenden Philosophie ankündigte? Es war kein anderer als der, eine verdorbene Nation neu zu schaffen, und durch Beispiel und glücklichen Erfolg alle Regierungen zu zwingen, das Wohlergehen der Gesellschaft auf einem reineren und haltbareren Grunde wieder herzustellen. Man entferne einmal auf einen Augenblick alles Chimärische und Ungereimte dieses Plans, und man wird sehen, daß das große Geheimnis dieser feinen Theorie sich auf folgende zwei wesentliche

Punkte beschränkt: Eine repräsentierende Regierung überall einzuführen; und, jede Art erblichen Rechts davon auszuschließen.

Ich erlaube mir immer den Gedanken, daß, wenn dieses neue System selbst auf diese Art auf so einfache und vernünftige Punkte beschränkt wird, es doch nur ein glänzender Irrtum sein kann, und das 1. deswegen, weil es durchaus keine Verfassung gibt, die für alle Völker der Erde gleich passend ist; 2. weil es eben so grausam als abgeschmackt ist zu wähnen, daß man die Gesetze und Sitten einer Nation eben so verändern könne, wie man Kopfputz und Kleidertracht verändert: 3. weil der Grundsatz der Erblichkeit nur mit der Macht der Dinge und vor allem mit der natürlichen Folge unserer Empfindungen und Gefühle verwandt zu sein scheint.

Auch kann ich es nicht verhehlen, daß ich nach der nun einmal gemachten so teuren und schrecklichen Erfahrung, nach Vollendung aller der Verbrechen, und nach dem großen Maße von Leiden, die den glücklichen Erfolg der Unternehmung sichern sollten, fast den Wunsch hegte, daß man denen, die vor einem solchen Unternehmen nicht zurückbebten, dasselbe zur Belehrung der künftigen Geschlechter auch nach Belieben zu vollenden hätte überlassen mögen. Nur weinte ich zuweilen Tränen des Kummers, daß eine so schreckliche Erfahrung nicht vielmehr am äußersten Ende *Afrikas* oder *Asiens* gemacht war; ich weinte, daß sie gemacht war in dem liebenswürdigen Lande, an welches ich alle meine Einbildungen von Glück geknüpft hatte.

Karl Friedrich Woyda

Revolutionsmüdigkeit

Was ich Dir über die öffentliche Meinung in den Departementern gesagt habe, kann auf Paris ebenfalls mit Grund angewandt werden. Der Masse des Volkes ist es gleichgültig, wer an der Spitze der Regierung steht, ein Direktorium oder ein Bourbon, es ist ihr gleichgültig, unter was für einer Konstitution man sie leitet, sie sei Republik oder Monarchie, ihr höchster Wunsch geht nach Ruhe und Ordnung, sie ist der Revolution satt und müde, der Souveränitätsschwindel hat sie verlassen, und sie will die bestehende Verfassung, nicht weil sie sie für die beste hält, nicht weil sie reiner Republikersinn belebt, nicht weil sie sich und ihre Rechte fühlt; sondern weil sie ihren Wünschen Erfüllung gewährt, den Revolutionsübeln vorzubeugen sucht, ihr Eigentum schützt, und Recht und Gerechtigkeit zu üben bemüht ist.

Dadurch wird sie die mächstigste Stütze des Direktoriums und des gesetzgebenden Corps, und diesen kann es gleichgültig sein, aus was für Bewunderungsgründen sie jetzt das Volk aufrecht zu halten sucht, wenn nur die Wirkung davon die nämliche ist. Die Überzeugung leitet auch in anderen Staaten nicht immer den Gehorsam und die Unterwürfigkeit, und ich glaube nur in wenigen würde man sie leisten, wenn es der Menge frei stünde, sich darüber ohne Rückhalt zu erklären. Es ist nicht immer Liebe zu seinem Souverän, nicht Anerkennung der Vortrefflichkeit der Regierung, nicht Überzeugung von ihrer Musterhaftigkeit oder wahrer reiner Patriotismus, welcher dem Volke zu gehorchen befiehlt; sondern Indolenz, Apathie, Abwesenheit des Gemeingeistes, Wunsch nach Ruhe und Ordnung, Genuß der Sicherheit des Eigentums, und öfter als alles andere, die Unmöglichkeit des Ungehorsams.

Alle diese Ursachen wirken jetzt mächtiger in Frankreich, als in jedem andern Lande, auf die Masse des Volks. Die Revolution hat es müd und mürbe gemacht, es ist von seinen vielen unnatürlichen Anstrengungen in eine Erschlaffung verfallen, von welcher es sich lange nicht wird erholen können, die Laufbahn, in welche man es gestürzt, ist durchlaufen, ein jeder keucht atemlos am Ziel und schlägt alle Aufforderungen ab, sich noch einmal in dieselbe zu wagen. Seine Wünsche werden gänzlich erfüllt sein, wenn der Friede sie krönet, und um ihn zu erhalten, bald zu erhalten, ist es bereit den Überrest der Kräfte, mit welchen es Europa erobern könnte, aufzubieten. Man irrt im Auslande außerordentlich, wenn man sich einbildet, daß der Umsturz der gegenwärtigen Verfassung, die Intrigen des Parteigeistes, und eine Spaltung zwischen den beiden höchsten Autoritäten die Fortschritte der französischen Armeen aufhalten würden. Die Erfahrung hätte schon längst die Koalition davon zurückbringen sollen, aber es hält schwer zu glauben, was man nicht wünscht, und der Mensch ist allezeit geneigt, sich eher einem schmeichelnden Irrtum, als der unangenehmen Wahrheit zu überlassen. Nicht ein einzigesmal, während dem gegenwärtigen Kriege, wurden die Armeen durch den Wechsel der Faktionen aufgehalten, und jetzt, da die Nation sie als unüberwindliche Helden anzusehen gewohnt ist, jetzt würde man es für das größte Staatsverbrechen halten, wenn ihr die triumphierende Partei die erworbenen Lorbeeren entreißen sollte, und ihr naher Sturz wäre unvermeidlich, wenn sie auch nur ahnte, daß sie sie, durch ihre Schuld dem Feinde zugewandt habe.

Foulons Ermordung auf dem Grève-Platz, 23. Juli 1789.

Andreas Riem

Direktorial-Despotismus oder: Frißt die Bourgeoisie die Revolution?

Ich habe während meines langen und öfteren Aufenthalts in der *Republik* ganz vorzüglich mein Augenmerk auf die beiden Systeme des *Schreckens* und der *Mäßigung* gerichtet, um aus ihren Folgen, von der Anwendbarkeit derselben zu urteilen, und die Fehler des einen oder des andern darzulegen.

Es ist nicht zu leugnen, daß das *Schreckens*-System, von der Seite, wie es *Robespierre* mit Hilfe der späteren *Jakobiner* einführte, ein scheußliches und Abscheu erregendes System sei, wo auch die besten Folgen das Mittel nicht Recht sprechen lassen. Indessen wir müssen die französische Nation so nehmen, wie sie zur Zeit der Einführung dieses Systems war, um zu begreifen, wie es möglich war, daß man gerade nur zu ihm seine Zuflucht nehmen konnte.

Frankreich war damals in einem allgemeinen Streite der Grundsätze, und jede Partei suchte die Ihrigen für jeden Preis durchzusetzen. Hieraus entstand eine gewaltige Spannung unter den Faktionen. Je mehr der *Royalist* mit den Waffen der List, der Gewalt, des Meuchel-Mords und der Intrige die *republikanische Partei* angriff, desto größer wuchs der Geist der Exaltation bei der letzteren. Da die Royalisten mit der schrecklichsten Rache drohten, so erweckten sie gerade dadurch die Gedanken, ihnen durch *Schrecken* zuvorzukommen, und die Gefahren, die gedroht wurden, dadurch zu vernichten. Es ist offenbar, daß die Gärung der Parteien damals eine solche Höhe erreicht hatte, daß nur der völlige Untergang einer von beiden, die Verfassung zu sichern schien, welche die siegreiche eingeführt haben würde. Ein anderer Ausweg fand nicht statt.

Mäßigung war zuvörderst bei der Spannung der Rache und der Gärung der Parteien undenkbar. Sie würde einen immerwährenden Krieg im Innern unterhalten und die Verfassung unaufhörlichen Stürmen ausgesetzt haben. Von keiner Seite wurde Schonung verlangt. Man würde *Mäßigung* für Schwäche ausgeschrien, sie mit Verachtung gebrandmarkt, und von Seiten der Royalisten, nur desto wütender angegriffen haben. Der Streit für Knechtschaft und Freiheit war hier wie bei allen Völkern: ein Krieg *auf Leben und Tod*. Hätten die Republikaner nicht gewütet, so würden die Royalisten sie völlig vertilgt haben. Da nun der größte Teil der Nation auf der Seite der *Republik* war, so wurde *Frankreich* noch durch gräßlichere Szenen, des Köpfens, Hängens, Räderns und Vervierteilens hindurch gegangen sein, wenn ein *Artois*[2], oder eine *Antoinette*[3] von Östreich gesiegt hätten. Hier lag also eine unglückliche Alternative auf der Wagschale der Parteien – entweder *vernichtet zu werden*, oder *zu vernichten*. Es war daher kein Wunder, daß man das *System der Mäßigung* für verderblich, und die Verfechter desselben für heimliche Feinde des Systems der Freiheit ansah. Es war kein Wunder, daß die dem Republikanismus ergebene Nation, so gleichgültig dabei blieb, als die Demagogen zu schlachten anfingen. Jeder freie Mann sah im Tode eines Royalisten die Sicherung des Ganzen der Freiheit.

Sie würde auch nie gegen *Robespierre* aufgestanden sein, hätte er bloß gegen die Feinde der *Republik* gewütet. Aber er streckte zuletzt auch seine Hände nach den Republikanern aus, die er auf seinem Wege als Hindernisse ansah – er würgte die erklärtesten Freunde der guten Sache, und von diesem Augenblicke an überzeugte er die Nation, daß er mehr für sich als er für die *Republik* arbeite.

Der Grundsatz: «*der Baum der Freiheit müsse mit Blut begossen werden, wenn er gedeihen sollte,*» war daher sehr allgemein. Aber der Baum des Despotismus fordert nicht weniger Schlachtopfer, als jener der Freiheit. Jeder rechtliche Mann in *Despotien* und *Monarchien*, der nur die Meinung äußerte: *Freiheit sei besser als Knechtschaft*, war zu einem gräßlicheren Tode, als jener der Guillotine war – zur *Deportation*, reif. Sehen wir auf die gleichzeitigen Beispiele, welche die Feinde der *Demokratie* aufstellten, so finden wir die Wahrheit bestätigt, daß sie unstreitig ungleich grausamer gegen die Demokraten würden verfahren haben, als diese taten.

Aber zur Ehre der Menschlichkeit gestehen wir gern ein, daß *Mäßigung*, welche nicht in Trägheit ausartet, dem *Schrecken* bei weitem vorzuziehen sei. Freilich werden Konspirationen von mannigfaltiger Art dadurch die Tore eröffnet – aber es gibt ja noch einen Mittel-Weg, so daß man eben nicht nötig hat, auf die Extreme, als die einzig dienlichen Mittel zu verfallen. Dieser Mittel-Weg heißt «*Wachsamkeit der Regierung* und *Energie des Gesetzes.*» Beide führen sicherer zum Zweck.

Mäßigung, welche von ihrer Seite eben so weit geht, als der *Schrekken* von seiner Seite ging, wäre eben so verächtlich, als letzterer abscheulich ist. Sie darf hier nichts anderes sagen, als «*gerechte und strenge Handhabung der Gesetze.*» Ein anderes ist der *Schrecken des Gesetzes* gegen wirkliche Beleidiger desselben; ein anderes ist der Schrecken *willkürlicher Gewalt*, der den Unschuldigen wie den Schuldigen trifft und zum Tode schleppt.

Müßte man einen großen Teil der Nation vertilgen, welcher sich gegen die Verfassung setzt, das ist: dem Gesetze den Gehorsam aufsagt, alsdenn tritt der Fall allein ein, daß das Gesetz gegen die besiegten Feinde nicht unerbittlich bleiben darf. Es muß verzeihen können, mit anderen Worten: «*Die Proklamation einer Amnestie wird Bedürfnis.*» Aber von diesem Augenblicke an muß die *Wachsamkeit der Regierung* sich verdoppeln, weil das Gesetz auch unbekannte, unternehmende Verschwörer begnadigt, die sich der Nachsicht zu Nutze machen, um dem Staate zu schaden.

Findet die Regierung solche Leute, so tritt das Gesetz, das nur einmal nachsehen darf, in seine vorige Energie und bestraft ohne alle Nachsicht. Auch war dies der Gang, den das Gouvernement *der Republik*, bei und nach dem Sturze des Tyrannen einschlug. Indessen konnte nun das *System des Moderantismus* nicht hindern, daß *die Republik* nicht am 18ten Fruktidor des 5ten Jahres[4], die Konstitution durch *fünf* neue Tyrannen suspendiert und gleichsam vernichtet sah. Ich nenne diese Männer Tyrannen, denn sie ließen sich durch eine in Schrecken gesetzte Versammlung die Rechte der willkürlichen Gewalt übertragen, gegen welche die Konstitution ein Damm sein sollte. Sie ächteten die besten und rechtschaffensten Bürger, deren Abneigung gegen Direktorial-Despotismus sie durch ihre Spione erfuhren, welche in allen Kantonen zerstreut waren, und mit Recht kann man sagen, daß der 18te Fruktidor eigentlich eine Verschwörung gegen die Freiheit und die Staats-Verfassung der französischen Nation war.

Unter den Tyrannen *Frankreichs* war im letzten Jahrzehend, *Robespierre* ehrlicher als *Rewbel*[5] cum suis. Ersterer despotisierte *für die Republik*, letzterer *gegen* sie. Ersterer hinterließ keine Schätze, letzterer hatte die Nation um viele Millionen bestohlen, da er sich zurückzog. Ersterer war ein Tyrann, der gerade zu zu Werke ging, letzterer ein schleichender Despot, der den besten Republikanern meuchlings den Dolch in den Rücken stieß. Ersterer schlachtete durch einen schnellen Tod, letzterer durch den langwierigsten und grausamsten, in den ungesunden Morästen von Guiana.

Der *Moderantismus* hat diesen Buben und *Scherer* und alle Anhänger *Rewbels*, welche die alliierten Republiken plünderten und vernichteten, die den Namen der Franken in ganz *Europa* stinkend machten und brandmarkten, gegen die allgemeine Stimme der Nation in Schutz genommen. Man hat vorgegeben, es sei weder politisch noch klug, einen solchen Verbrecher zu richten, der an der Spitze der öffentlichen Geschäfte stand. Es mag sein, denn in der Entfernung urteilt es sich nicht zum besten über solche Dinge. Aber wahr bleibt es, daß die Unbestraftheit dieser Royal-Folio-Schurken ein wahres Gegenstück zu *Hästings* Prozeß[6] in *England* ist; und *Frankreich* gewiß nicht zu größerer Ehre gereicht als der letztere.

Das *neue Direktorium* hat sich die Liebe der Nation durch diese große Schwachheit so wenig verschafft, daß man mit Wahrheit ihm eine kurze Existenz vorhersagen konnte. Das Gesetz ist heilig und darf nicht schweigen. Warum, wenn man dem Gesetze Achtung verschaffen wollte, hat man das Gesetz vom 19ten Fruktidor, das doch nur zum Despotismus berechtiget, nicht gänzlich abgeschafft? und besitzt es etwas Gutes, warum hat man dieses nicht lieber durch ein neues Gesetz gesichert? So lange noch ein Titel, noch eine Spur dieses Gesetzes und vom 18ten Fruktidor vorhanden bleibt, so lange hat das neue Gouvernement die Vermutung gegen sich, daß es aus eignem Interesse, die Despotie nicht gänzlich vernichten wolle – und welches Vertrauen kann dieses gewähren?

Georg Friedrich Rebmann

Umsturz droht immer noch

Paris, den 30. Fruktidor 1796 IV

Ich bin bereits vier Wochen hier, teuerster Freund! und noch kann ich Ihnen von der neuen Welt, in der ich lebe, nichts sagen. Die ungeheure Menge von neuen Eindrücken, die ich mit jeder Minute empfange, jagt und drängt sich so schnell und so sehr, daß ich einen über den andern vergesse und am Abend müde und überwältigt in mein Zimmer zurückkehre. Noch habe ich nicht einmal dazu kommen können, meine Briefe abzugeben und meine ersten und notwendigsten Geschäfte zu besorgen, viel weniger irgendeine zusammenhängende Arbeit zu unternehmen. Wer hier nicht eignes Fuhrwerk halten oder zu jedem Wege einen Fiaker mieten kann, wird von zwei oder drei Gängen so müde, daß er am Abend froh ist, ausruhen zu können. Ehe ich Ihnen alles erzähle, was mir begegnet ist und was ich hier schon von kleinen Revolutionsvorfällen erlebt habe, will ich Ihnen erst einige allgemeine Beobachtungen mitteilen. Nachher brauche ich Ihnen bloß mein Tagebuch mitzuteilen, um Sie gleichsam mit mir in die neueste Geschichte der Revolution einzuweihn.

Wenn man in Paris auf irgendeinem öffentlichen Platze steht und diese ungeheure Menge von Menschen übersieht, unter denen sicher zwei Dritteile von Intrigen leben; wenn man bedenkt, daß unter den achthunderttausend Menschen (eher mehr als weniger), die sich hier aufhalten, vielleicht höchstens zweihunderttausend sind, die Ordnung und Ruhe wollen, während zweimal hunderttausend, offenbar und heimlich, durch alle möglichen Mittel dahin arbeiten, Gärungen, Unruhen und den Umsturz der bürgerlichen Ordnung auf diese oder jene Art zu bewirken, zweimal hunderttausend andere zwar nicht tätig dazu beitragen, aber nur immer auf Raub und Intrigen bei jeder mög-

lichen Verfassung lauern und wieder zweimal hunderttausend sich
an dem jedesmaligen Strom der Dinge dahinreißen lassen; wenn man
bedenkt, daß sich hier alle Mörder, Diebe und Räuber verstecken,
die im ganzen weiten Lande sonst keinen Zufluchtsort finden können; daß Tausende durch Hunger und Not zu allem aufgelegt sind,
was ihnen Brot schaffen kann; daß hier in jeder Straße Mordtaten
vorgefallen, daß jetzt wieder alle Leidenschaften aufgeregt sind und
fast täglich neue Bewegungen sich spüren lassen – so staunt man
darüber, daß man bei alledem sich ruhig zu Bette legen kann und
daß ein Individuum irgendeiner Art es sehr klug anfangen muß, um
nicht der Polizei am dritten Tage nach seiner Ankunft genau bekannt
zu werden.

Karl Friedrich Woyda

Eine neue Revolution?

Paris den 4. Juli 1797.

Als ich in Paris ankam, glaubte ich alle Tage eine neue Revolution
ausbrechen zu sehen. Die lebhafte Stimmung der Einwohner in den
Departementern, die Zügellosigkeit der hiesigen Journalisten, die
große Menge Emigranten, die hier ganz frei herumgehen, die gröbsten
Persönlichkeiten, die man sich sich gegen die Regierung erlaubt, die
wirkliche oder vorgespiegelte Bangigkeit des Rats der Fünfhundert[7],
das unaufhörliche Geschrei der Aristokraten, Royalisten, Gemäßigten
und ununterrichteten Republikaner gegen die geheimen Intrigen der
Jakobiner, und die wirklichen Anstrengungen derselben, sich wieder
empor zu schwingen: alles dieses ließ mich den nahen Umsturz der
gegenwärtigen Verfassung befürchten, und ich sah im Geiste schon
alle Schrecken der Revolution auf das arme Frankreich wieder herein-
brechen.

Diese Besorgnisse hatten sich meiner so sehr bemächtigt, daß ich
mehreren meiner Freunde, die sich hier ankaufen wollten, die unsi-
chere Lage der Dinge in Frankreich als eine unumstößliche Wahrheit
mitteilte und ihnen von ihrem Vorhaben abzustehen anriet. Auch du
wirst in einigen meiner Briefe Spuren davon gefunden haben, und wenn
ich mich nicht deutlicher darüber erklärte, so geschah es aus Vor-

sicht, aus Politik. Aber mit dem Geiste der Nation, den Plänen der Regierung und den geheimen Absichten und Intrigen der Faktionsmänner gänzlich unbekannt, wie konnte ich, ein Fremder, anders darüber urteilen. So lange ich mich noch nicht zu orientieren wußte und das Terrain nicht kannte, auf welchem ich mich befand, mußte ich, nach den äußeren Symptomen zu urteilen, notwendig an einen nahen Ausbruch des Vulkans glauben. Diesen Irrtum habe ich mit mehrern Ausländern, die ich hier kennen gelernt, gemeinschaftlich gehabt, und man muß in der Tat einen Kurs der Revolution mitgemacht haben, um sich an solche Kleinigkeiten nicht mehr zu stoßen.

Nachdem ich einige Zeit hier zugebracht hatte, fingen mir endlich an die Augen aufzugehen; ich gewöhnte mich den großen Haufen nach ganz andern Prinzipien zu beurteilen, glaubte in manchen Stücken die geheimen Absichten der beiden höchsten Autoritäten nicht zu verkennen, kehrte mich nicht mehr an den Lärm und das Geschrei der Journalisten und zweifelte endlich gar an der Wahrscheinlichkeit eines nahen Ausbruchs irgend einer neuen Revolution.

Allein wenn ich von der andern Seite wieder über den Gang der Geschäfte und den Charakter der Parteien nachdachte, so konnte ich mir unmöglich verhehlen, daß, wenn man auf diesem Wege fortginge, das Direktorium und das gesetzgebende Korps am Ende notwendig an einander geraten und dadurch einen heftigen Stoß hervorbringen müßten. Seitdem das neue Drittteil seine Funktionen angetreten hat, sind mehrere Motionen[8] gemacht worden, die, wenn man sie mit den besonderen Instruktionen und den Grundsätzen der meisten Deputierten zusammenhält, durchaus diese Wirkung erzeugen müssen. Die Majorität in den beiden Räten hat sich nun entschieden gegen das Direktorium erklärt, aber ihren Plan deckt bis jetzt noch ein tiefes Dunkel, und sie begnügt sich vor der Hand bloß damit, die Dekrete des Konvents aufzuheben, ohne sie durch andere zu ersetzen. Allein wenn dasjenige, was ich dir über die Wahlen der Deputierten von dem neuen Drittteil gesagt habe, sich in der Zukunft bestätigt und das Mißverständnis, welches gegenwärtig zwischen der gesetzgebenden und der ausübenden Gewalt stattfindet, nicht bloß Neid und Privathaß zum Grunde hat, so kann in der Folge wirklich eintreten, was ich bis hierher ohne hinlänglichen Grund befürchtet habe, und die Ruhe Frankreichs aufs neue und schrecklich erschüttert werden.

Georg Kerner

Die Gärhefe des Spätjakobinismus

Der erste Germinal[9] war der Tag, wo die angeklagten Mitglieder des Konvents zum erstenmal auf der Rednerbühne erscheinen und sich im Angesicht des Senats verteidigen sollten. Die Sitzung wurde anfangs durch die Petitionen und die Debatten, die diese veranlaßten, endlich aber durch den Einfluß der außerhalb des Konvents vorfallenden Szenen auf das innere desselben hinweggenommen. Man hatte schon längst befürchtet, daß die Eröffnung dieses Prozesses der Anfang neuer Unruhen sein möchte, die der beginnende Brotmangel um so gefährlicher machen konnte. Der 30ste Ventose[10] war ein Decadi[11], oder mit andern Worten ein republikanischer Sonntag – der Versammlungstag der Sektionen. Das schon frühmorgens verbreitete Gerücht, daß die Terroristen sich der Versammlungen bemeistern, und zu dem Ende aus den Sektionen der Vorstädte große Deputationen an die übrigen Sektionen ihren Freunden zu Hilfe schicken wollten – hatte diese Versammlungen sehr zahlreich gemacht. Es kam übrigens demungeachtet zu Zwiespalt und Faustkampf. [...] Während die zwei Sektionen der Vorstadt Antoine in Masse vor dem Konvent erschienen, und der Präsident des Konvents ihnen mit Würde antwortete, so ließ die Terroristenpartei auf der Terrasse der Tuilerien durch ausgestellte Banditen Mord und Blutpredigten halten, und die Fackel der Zwietracht schwingen. Die erhitzten und erbitterten Gemüter ließen sich nun leicht zu Ausschweifungen aller Art hinreißen, und die aus Bösewichtern, Neugierigen, Maulaffen, ungezogenem Gassengesindel und irregeführten Arbeitsleuten zusammengesetzten Gruppen fielen über alle wohlgekleideten jungen Leute her, mißhandelten sie – und warfen einige von ihnen des Widerstands der Wachen ungeachtet in die im Nationalgarten befindlichen Bassins.

Ein Teil der Mordbande stürzte aus den Tuilerien in den Revolutionspalast – alles was ihnen von jungen Leuten auf ihrem Zug begegnete, erlitt die kränkendste Behandlung. Die in den Straßen befindlichen Bürger beobachteten das tiefste Stillschweigen, und wiederholten nur hie und da aus Furcht das wilde Gebrüll des Verbrechens. Paris war einige Stunden lang von diesen Räubern beinahe beherrscht – der Revolutionspalast war von ihnen angefüllt, und die Tuilerien ertönten von ihrem Aufruhrsgeschrei. Der Konvent selbst wurde von ihnen bedroht. In dem Innern desselben leitete eine blutdürstige Faktion ihre Bewegungen. Freude und Hoffnung glänzten auf den verzerrten Gesichtern jener noch vor kurzem so erniedrigten Leute, die Beleidigungen, die sie sich gegen ihre Kollegen erlaubten, ihr Mienenspiel mit den Volksbühnen, die mit weiblichen Furien angefüllt waren, alles verkündigte, daß dieser Tag der Tag der Unterjochung des Konvents werden sollte. [...] Die große Majorität des Konvents war während diesen Augenblicken der Gefahr ruhig und imposant. Sieyès erschien im Namen der Ausschüsse, um ein sehr strenges auf die augenscheinliche Größe der Gefahr sich gründendes Polizeidekret vorzuschlagen. – Bisher hatte man auf der einen Seite eine Minorität gesehen, deren ganze Stärke in einer anhaltend unter den wildesten allein kombinierten Bewegungen fortdauernden Kraftäußerung bestand – während man auf der andern eine Majorität erblickte, die mehr Willen als Kraft, mehr Einsichten als Einigkeit hatte, und öfters eine seelenlose Macht schien. Das von Sieyès vorgeschlagene Dekret gab ihr gleichsam einen belebenden Mittelpunkt, die Bergfaktion geriet in die größte Verlegenheit. [...] – Die Szene hatte sich außerhalb des Konvents unterdessen geändert. – Eine Menge junger Leute hatte kaum Nachricht von dem, was in dem Revolutionspalast und in den Tuilerien vorgefallen war, erhalten, als sie ohne vorherige Verabredung, auf bloßes Eingeben jenes Feuergefühls, das der Gedanke an die allgemeine Gefahr in ihrer Seele entzündete – in den Revolutionspalast stürzten, den Haufen der Räuber, der sich noch daselbst befand, zerstreuten, und auf ihrem Marsch durch Hunderte verstärkt, in die Tuilerien drangen. Wir umringten die Mordprediger – zerstreuten die Gruppen – von den ersten wurden einige in Verhaft genommen und dem Sicherheitsausschuß übergeben – die übrigen hatten ihr Heil in der Flucht gesucht. Ein Teil der Gruppenelemente hatte sich auf die Nationalbrücke zurückgezogen, die von den Tuilerien in die Vorstadt St. Germain führt: die Neugierde trennte mich von meinen Kameraden; mit einem bloßen Stock bewaffnet, durchlief ich die Gruppen, die sich hier gebildet hatten, und hörte die abscheulichen Verleumdungen, womit man die guten Absichten des großen Teils der Jünglinge in ein verhaßtes Licht zu setzen und besonders die Handwerksleute gegen sie aufzubringen suchte. Dem Mut der Verleumder setzte ich an mehreren Orten jenen Mut entgegen, der die Bösewichter zurückschreckt; jenen Grad von Beredsamkeit, dessen Mutter mehr die Gefahr und mein Unwille als wirkliche Sprachkenntnis war. Ich habe an diesem und den folgenden Tagen mehr als jemals die Erfahrung gemacht, daß es eben so leicht ist, die Volksbetrüger erblassen zu machen, als die Verführten zu den Grundsätzen zurückzuführen. Ich erinnere mich nur einmal während diesen Tagen der letzten Unruhen mich in wirklicher Gefahr befunden zu haben. Ein lebhafter Jüngling, der einst mit mir ging, hatte die Unvorsichtigkeit, es einem großen Volkshaufen zu sagen, man müsse allen aufrührerischen Weibern die Rute geben, eine Furie, die uns den Rücken gekehrt hatte, und mit einigen andern Weibern im Gespräch begriffen war, kehrt sich plötzlich um und fängt gegen uns zu bellen an. Auf ihr Brüllen und Toben richteten alle Anwesenden ihre Augen auf uns; die Weiber, die in großer Anzahl zugegen waren, nannten uns Muskadiner und Aristokraten, der größte Teil des Haufens teilte bald ihre Wut – und wir würden wohl nicht zum Besten davon gekommen sein, wenn ich nicht eine heftige Bewegung gegen die wilde Amazone gemacht und ihr die Worte zugerufen hätte – du nennst mich einen Aristokraten – je nun so ziehe dein Messer, bohre es in meine

Hinrichtung von Hébert, Ronsin, Vincent, Gobel, Chaumette und anderer Bösewichter, 24. März 1794/4. Germinal Jahr II.

Brust – und du wirst republikanisches Blut herausströmen sehen. Dieser Ausruf entwaffnete die Menge und rettete mich und meinen Begleiter aus der Gefahr. – Das hauptsächlichste Erfordernis, im Fall man zu den Minderaufgeklärten spricht – ist dies, *daß man sich glücklicher Bilder bediene und durch die Sinnen zu dem Herzen gelange.* Von der Nationalbrücke begab ich mich in den Revolutionspalast, und vereinigte mich wiederum mit meinen jugendlichen Waffenbrüdern. Wir hatten an unserer Spitze eine Art von Fahne oder vielmehr einen schwarzen runden mit weißen, blauen und roten Federn geschmückten Hut, den ein Bürger auf einem langen Stocke trug. Wir teilten uns in mehrere Parteien – jede wählte ihren Weg: ich blieb mit dem Haufen, der die Boulevards durchstreifte. An der Martins- und Denispforte befinden sich abends gewöhnlich eine Menge von Handwerksleuten und anderen Personen, die hier Gruppen bilden, in die sich die Übelgesinnten schleichen, und das Gift der Anarchie zu reichlichen Dosen austeilen. Auf diesem Zug war es, wo ich es mehr denn jemals bemerkte, daß auch unter uns Verräter waren, die sich unter dem Vorwand ihres Hasses gegen Terroristen u. s. w. das allerabgeschmackteste, das schändlichste Betragen erlaubten und den Beistand, dessen sie wegen unserer Zahl sicher zu sein glaubten, dazu mißbrauchten, alle Vorübergehenden zu dem Ausruf – nieder mit den Jakobinern – zu zwingen. Diese tyrannische Insolenz könnte als Wirkung der Leidenschaft angesehen werden, allein ich beobachtete diejenigen, die sich dieser Intoleranz schuldig machten, zu genau, als daß ich nicht hätte die wirkliche Absicht, die jungen Leute dadurch bei dem Volk verhaßt zu machen, die Gemüter gegenseitig zu erbittern und den Ausbruch des Bürgerkriegs in Paris zu befördern, – entdecken sollen. Es waren in unseren Haufen etwa vier solcher Kerls, die ganz die Physiognomie der Aristokratie hatten: sie fanden an mir einen unermüdeten Gegner, und derjenige, der von ihnen angegriffen wurde, war jedesmal meines Beistands gewiß. – Ich mußte dagegen auch öfters hinter mir die Worte hören – wir haben noch Jakobiner unter uns: ohne Zweifel hatten sie recht, dieses zu glauben, ohne Zweifel waren Jakobiner zu ihrer Seite – ich spreche von jenen Jakobinern, die von der Morgenröte der Freiheit zu edlen Taten aufgeweckt seit den ersten Augenblicken der Revolution ihre ganze Existenz dem Vaterland weihten, der Tyrannei die erste furchtbare Wunde schlugen, und die erste Grundlage zu einer bessern Ordnung der Dinge schufen! – Diese Klasse von Jakobinern wird man nicht mit jenen elenden Pseudopatrioten verwechseln, die das bessere Original mordeten und dem Volke nichts als ein ekelhaftes, nach Leichen riechendes Konterfei dafür aufdrängten!

Die Herren hatten gerade an der Pforte St. Martin, wo wir auf unserem Rückweg wiederum eine Gruppe antrafen – einen armen Teufel von Uhrmacher, der in der Martinsstraße wohnt, und in dieser Gruppe sich befand, beim Kragen genommen und wollten ihn zu dem obigen Ausruf zwingen – er weigerte sich mit einer unüberwindlichen Hartnäckigkeit: da er schon betagt und von mehreren Anwesenden als ein ehrlicher, allein fanatisierter Mann gekannt war, so brach ein allgemeines Gemurr aus – ich warf mich mit denjenigen, die mir bisher zur Seite gingen, zwischen den alten Starrkopf und die benannten Herrn – sie setzten ihren Weg mit dem übrigen Haufen ungestört fort – und ich blieb in der anwachsenden Gruppe, weil ich leicht einsah, daß dieses Betragen und dieser Auftritt unserer Sache in der Meinung vieler Individuen schaden müßte – und mir alles daran lag, dieselbe überall mit Richtigkeit beurteilt zu wissen. Ich erklärte also laut, daß ich zu dem eben vorübergezogenen Jünglingshaufen gehöre, erzählte die Ursachen unseres Zugs – legte unsere Absicht, die öffentliche Ruhe zu erhalten und denjenigen die Spitze zu bieten, die, nachdem sie das Vaterland mit Schafotten und Leichnamen übersät hatten – ihre begangenen Verbrechen jetzo unter neuen Vergehungen begraben wollten – dar, und endigte damit, daß ich den erbitterten Gemütern die Ränke unserer gemeinschaftlichen Feinde schilderte, ihnen klagte, daß sich Nichtswürdige unter die bessere Masse der jungen Leute mischten, und aus überlegter Bosheit tyrannische und gewalttätige Handlungen in der Absicht sich erlaubten, das Volk gegen uns aufzubringen, uns bei demselben verhaßt zu machen und uns außer Stand zu setzen, das Gute zu bewirken. Ich blieb über eine halbe Stunde in dieser aus einigen hundert Köpfen bestehenden Volksgruppe – und verließ sie endlich nicht nur ohne im geringsten beleidigt worden zu sein, sondern mit der Überzeugung auf die Anwesenden einen vorteilhaften Eindruck zu Gunsten der Gesetze, der Einigkeit und der Erhaltung der öffentlichen Ruhe gemacht zu haben.

Georg Kerner

Der Schoß ist fruchtbar noch

Ich nehme meinen Standpunkt in dem *Café de Chartres*, den die Zeitungen bisher so oft erwähnt haben. – Seitdem die Börse geschlossen ist, war dieser Kaffeesaal der in dem Revolutionspalaste çi devant Palais royal sich befindet, mehr oder minder öffentlich, nach Beschaffenheit der Zeitumstände oder der mehr oder minder großen Strenge der revolutionären Polizei, der Versammlungsort der Wechsler, Kaufleute u. s. w. Auch wurde dieser Kaffeesaal, seitdem der Handel und alle seine Zweige wiederum nach einer langen Verfolgung begünstigt werden, die eigentliche Börse von Paris, und wegen der engen Verwandtschaft der politischen Erscheinungen mit den Kommerzangelegenheiten, zu gleicher Zeit der erste Versammlungsort der Politiker. –

Da diese beide Klassen von Bürgern auf das härteste unter Robespierres Herrschaft verfolgt wurden, so läßt es sich leicht begreifen, daß sie auch am lautesten ihren Haß und ihren Abscheu gegen den ehemaligen Despotismus sprechen ließen, so läßt es sich leicht begreifen, daß der Ort, wo diese Leute sich mehr aus Gewohnheit als zufolge einer Verabredung versammelten, der Sammelplatz oder das Zentrum aller feurigen und ungestümen Freunde menschlicherer Grundsätze und sanfterer Regierungsmaßregeln wurde. Man strömte nun bald mit eben dem Ungestüm in den Revolutionspalast als man ihn vorher geflohen hatte, man erinnerte sich, daß an eben diesem Ort Camille Desmoulins[12] zuerst das Zeichen zur Empörung gegen die königliche Tyrannei – die Kokarde der Freiheit aufgesteckt habe; – diese Erinnerung erzeugte analoge Ideen oder jenen Enthusiasmus der bald die fruchtbare Mutter von tausend Deklamationen gegen die Revolutions-Tyrannen oder die revolutionäre Tyrannei wurde, man fühlte die Notwendigkeit, sich enger an einander zu schließen, sich gegen die immerwährenden Bewegungen der Jakobiner- oder vielmehr Robespierristenpartei auf der Hut zu halten und den Kannibalen einen Bund mutvoller Jünglinge entgegen zu stellen. Die Terroristen ermangelten nicht in den wenigen öffentlichen Blättern, die sie noch zu ihrem Gebot hatten, die Versammlungen in dem Chartres-Caffeesaal, als eine Versammlung von Royalisten und Aristokraten, als Feinde der Freiheit und des Volks zu schildern […]

Ich habe mit Aufmerksamkeit, mit kalter Beobachtung, diesen Versammlungen öfters beigewohnt, mich bemüht, die Elemente genau zu sichten und den Bewegungen einer solchen Versammlung zu folgen, die der Zufall erzeugt, und die die Intrige bald zu ihren Zwecken zu organisieren sucht. Ich kann nicht leugnen, daß ich bald Leute bemerkte, die ich als ehemalige Aristrokraten erkannte, die das Gepräge der Ausschweifung im Gesicht trugen, daß ich endlich bald in der übrigen Masse einen Haufen jugendlicher Personen sah, die mehr Willen als Kraft hatten, mehr Empfindungen oder Ideen zu empfangen, als welche mitzuteilen gemacht waren, die den ersten Regungen eines Enthusiasmus folgten, der je ungestümer er war, und je mehr irreguläre Bewegungen hervorbringen mußte, die bei eben so guten Absichten dennoch mehr Schaden als Nutzen erzeugten, und überdies einige Zeit lang alle jene zerschmetternde Donner, die man dem Rest der Tyrannen zudachte, in schön anzusehende Freudenfeuer verwandelten.

Es war nur ein leichtes, die Hoffnungen zu durchschauen, womit sich einige Leute schmeichelten, so wie ihre analogen Bemühungen aus diesen irregulären Versammlungen reguläre und so den Keim zu einer neuen Gesellschaft zu bilden, die nur unter einem andern Namen eine neue Volksgesellschaft, ein neuer Tummelplatz der Leidenschaften, der Sitz einer neuen Faktion geworden wäre. Denjenigen, die die Jakobinergesellschaft zum Instrument ihrer höheren Pläne brauchten; denjenigen, die es nicht verschmerzen können, daß die Nationalrepräsentation sich von dieser mächtigen parasitischen Nebenbuhlerin zu befreien gewußt hat; denjenigen, die eines Mittelpunkts bedürfen, von wo aus schnell und mit Nachdruck sie auf das Volk wirken und ihm in tausend Kanälen das langsamere oder schneller wirkende Gift mitteilen können, mit dessen Hilfe sie bisher eben dieses Volk bald in einem rasenden Taumel, bald in einer tödlichen Ohnmacht, und immer in einer der Freiheit und der Gründung des republikanischen Systems widersprechenden Bewegung erhielten – denjenigen sage ich, die unsichtbar wie eine höllische Gottheit, teuflisch wie diese, durch die bösartigsten Ränke eine Nation zum Königsdespotismus zurückführen wollten, welche bei einem hohen Grad von Sittenverderbnis dennoch noch Gefühl genug für's Erhabene hatte, um an die Möglichkeit der Gründung des republikanischen Systems zu glauben – diesen Leuten sage ich, konnten diese Versammlungen unmöglich gleichgültig bleiben und sie haben keine Mühe gespart, um sich derselben wie einer jugendlichen Pflanze zu bemächtigen, der man mit leichter Mühe eine falsche Richtung geben und so den Stoff der Ausartung einimpfen kann. Ich hatte mehrmals Gelegenheit, einige fatale Physiognomien zu bemerken, die sich viele Mühe gaben, den Samen des Mißtrauens auszustreuen, die Anwesenden gegen Spionen zu warnen, wie wenn die Grundsätze für die Gegenwart eines Bösewichts oder eines Irregeführten zu zittern und nicht vielmehr dieselbe zu wünschen hätten. Andere suchten die Versammlung zu organsieren und in eine förmliche Gesellschaft zu verwandeln; Privatrache, Ehrgeiz und Eitelkeit waren eben so viele unsichtbare Gottheiten, die das edle Feuer zu bekämpfen suchten, wovon der größere Teil dieser jugendlichen Versammlung beseelt war. Einige gutdenkende und hellsehende reifere Bürger sahen die bevorstehenden Gefahren nur zu gut ein, sie kannten die Inkonvenienzen, die in diesen Versammlungen bei ihrem ganzen schönen Äußern verborgen lagen, sie hörten demnach nicht auf, gegen förmliche Zusammenkünfte zu predigen, sie schilderten mit lebhaften Farben die Notwendigkeit, sich in die Sektionszusammenkünfte zu begeben, und suchten auf diese Art den gutgemeinten Eifer und den edlen Haß gegen Tyrannei, mit Hilfe der Anwesenden, zu denen sie sprachen, in die Sektionsversammlungen zu verpflanzen, und ihnen hier den Ort der Explosion anzuweisen. – Diesen Männern nur konnte ich meinen Beifall nicht versagen, sie allein mußte ich als Leute erkennen, die richtig sahen, richtig fühlten, und eine dem Wohl der Republik angemessene Absicht haben. Sie erhielten einen Beifall, der anfangs leider nur momentan war. Die brausende Jugendhitze vergaß bald den kälteren Rat, der aller Beredsamkeit, deren er sich zur Hülle bediente, unerachtet, weder die Bilderstürmerei, noch die antijakobinischen Prozessionen noch alle jene Theaterszenen, und Neckereien verhindern konnte, die den Hauptzweck verfehlen, und die wirkende Kraft in Luftspringen darauf gehen machen. Erst als es offenbar wurde, daß die Terroristen bei diesem planlosen Widerstand am meisten gewannen, erst als es offenbar wurde, daß die Bösewichter die Zeit, die der besserdenkende Teil mit Hinrichtung von Gipsbildern verschwendete, zu tätigen Zurüstungen und Vorbereitungen neuer Blutszenen benutzten, erst alsdann sah man zum Glück noch zeitig genug die Gefahren eines unüberlegten Betragens und eines unzeitigen Eifers ein, erst jetzt erhielten jene Männer Gehör, die gegen jede andere Versammlung als die Sektionsversammlung predigten – und nun erst entschloß man sich, der Blutpartei, die sich der Sektionen bemächtigen wollte, auf dem Kampfplatz, den sie sich selbst erwählt hatte, ein entschlossenes Treffen zu liefern.

Georg Friedrich Rebmann

Schwelbrände der Reaktion

Die hiesigen Journale lassen sich in *drei* Klassen einteilen. Diese sind: 1. Offizialblätter; 2. republikanisch-konstitutionelle Blätter; 3. Oppositionszeitungen, und zwar a) royalistische, b) jakobinische.

1. Offizielle Zeitungen

Darunter gehört der «Rédacteur», das «Journal des Défenseurs de la Patrie», das «Journal des Débats» und der «Moniteur». Obgleich der «Rédacteur» auf Befehl des Direktoriums hat anzeigen müssen, daß kein Artikel dieser Zeitung als offiziell betrachtet werden könne, wo es nicht ausdrücklich bemerkt ist, und daß das Direktorium alle übrigen nicht anerkenne, so ist es doch sicher, daß auch die übrigen mehr oder minder durch Winke des Direktoriums veranlaßt werden.

Die «Sentinelle» [...] und die von einigen Mainzern herausgegebene deutsche Zeitung «Der Pariser Zuschauer» können auch halb und halb unter die Ministerialzeitungen gezählt werden, da das Direktorium sie unterstützt. Die letzte hat inzwischen kein Glück gemacht, und das Direktorium hat deshalb auch die beträchtliche Unterstützung an Geld, die es den Verfassern angedeihen ließ, neuerdings zurückgenommen. Man findet gewöhnlich nichts darin als einen höchst mageren Auszug aus den Verhandlungen der beiden Räte und aus dem «Rédacteur».

2. Republikanisch-konstitutionelle Blätter

Leider! haben wir deren wenige, und noch weniger gut geschriebene. Indessen zeichnet sich die «Décade politique & littéraire» vor allen anderen aus. Man kann unter diese Bätter ferner rechnen «Le Journal du Soir», «Le Républicain» und einige wenige andere unbedeutendere.

3. Oppositionszeitungen

a) royalistische

Diese sind unglücklicherweise die zahlreichsten, die gelesensten und die, welche am besten geschrieben sind. Unter die vorzüglichsten gehören Roederers Journal, der «Historien», [...], der «Messager du Soir», die «Nouvelles Politiques» [...] und der «Postillon», [...] Journale, welche Meisterstücke in ihrer Art sind. Die plumperen, doch aber immer mit Witz geschriebenen sind hauptsächlich der «Miroir», «L'Eclair», «Le Gardien de la Constitution» und die «Rapsodies du Jour», worin man nichts als Pasquille auf die Direktoren, bei beiden Räte und ihre

Sitzungen, meist in Vaudevillen, antrifft. Seltener erscheint der «Öffentliche Ankläger» [...] , dies Meisterstück von Pfaffenbosheit, welches den Parisern wegen der schwulstigen Schreibart so wohl gefällt. [...] Ihre Verfasser haben die Kunst gefunden, selbst die Wahrheit auf eine giftige Art zu sagen und selbst da zu schaden, wo man in der Hauptsache mit ihm übereinstimmen muß.

b) jakobinische

Hierunter rechnet man «L'Ami des loix» von Charles Duval[13] (Prinz von Hessen), Poultiers[14] Blatt und *mit Recht* «L'Ami du peuple» von Lebois.[15]

Dies ist eine zwar unvollständige, aber doch richtige Übersicht unsrer hiesigen Journale, die einen allgemeinen Einfluß auf den Gemeingeist haben und gegen deren Machinationen die Regierung Maßregeln zu nehmen sich gezwungen sah, welche jedoch zuverlässig bloß gegen offenbare Verleumdungen und Pasquille und keineswegs gegen die Preßfreiheit gerichtet sein werden. Es läßt sich um so mehr hoffen, daß man alle nötige Vorsicht bei einer so delikaten Materie beobachten werde, da die zu Abfassung eines Gesetzes gegen den Mißbrauch der Journalisten ernannte Kommission unter ihre Mitgleider Treilhard[16], Daunon[17] und Sieyès[18] zählt.

Lassen Sie sich durch das Geschrei über Unterdrückung der Preßfreiheit nicht irremachen, welches man auch in Deutschland anstimmen wird. Sie werden gleich wissen, woran Sie sind, wenn Sie bedenken, daß eben diejenigen jetzt so laut unbeschränkte Preßfreiheit fordern, welche unter der ehemaligen Regierung dem menschlichen Geiste die engsten Fesseln anlegten und darauf denken, die zerbrochenen aufs neue fester zu schmieden. Zu dem großen Plan der Konterrevolutionäre gehören die Journale hauptsächlich mit. Ihr Zweck ist, alles Üble, was unter der republikanischen Regierung geschieht, zu vergrößern und dagegen das wenige Gute der ehemaligen Regierung zu erheben, die rechtschaffenen Konventsglieder durch Verleumdungen und Angriffe aller Art zu ermatten, lächerlich und verdächtig zu machen, die schlechten zu loben, kleine Diebe zu denunzieren, um den großen freien Spielraum zu geben, den Verschworenen aller Arten Signale zu verschaffen, das Gift, das im Auslande bereitet wird, hier zu verteilen, die kleinsten Greuel der Revolution zu vergrößern und das verlöschende Andenken darin immer zu schärfen, bei jeder guten Maßregel der Regierung sie zu verleumden und die Begriffe zu verwirren etc. Sie dürfen nur die Journale bei Gelegenheit der Verhandlungen über den aufs Tapet gebrachten Widerruf des Gesetzes vom 3. Brumaire[19] lesen, um sich über die Bosheit und die Absichten dieser Journalisten aufzuklären, denen es wirklich gelungen ist, die infamen Verschwörer vom Vendémiaire so zu rechtfertigen, daß diese nämlichen Bösewichter jetzt das Heft beinah überall in den Händen haben. Wer etwas mit der inneren Verfassung Frankreichs bekannt ist und Geheimnisse kennt, die ich hier nicht enthüllen darf, muß einsehen, daß die Aufhebung dieses Gesetztes der größte Schritt zur Gegenrevolution gewesen wäre, und muß überzeugt sein, daß einige sechshundert Hauptmeneurs seit Anfang der Revolution das Heft in den Händen gehabt und immer den konsequenten Plan ausgeführt haben, die Revolution durch sich selbst zu verderben. Ich werde Ihnen im nächsten Kapitel, soweit ich darf, einen Schlüssel zu mancher Verirrung des Direktoriums geben, unter welchen sich die Affäre von Grenelle[20] auszeichnet.

Sie werden mir auch wohl zugestehen, daß es nicht Gebrauch der Preßfreiheit heißt, wenn die ärgerlichsten, unwahrsten Anekdoten von allen braven Republikanern bei der Regierung öffentlich und namentlich ausgestreut, wenn die Royalisten zum Morde der Republikaner aufgefordert und die Wege, welche sie zu nehmen haben, angegeben werden. Eine *monarchische* Regierung kann dem Mißbauch der Preßfreiheit nicht leicht Grenzen setzen, weil sie die öffentliche Meinung auf keine andere Art erfahren kann; bei einer *angehenden republikanischen* aber, wo es mir freisteht, jede richtige Denunziation gegen die ersten Autoritäten gerichtlich zu jeder Stunde anzubringen, braucht der, welcher ehrlicherweise einen Bösewicht entlarven will, keine Schleichwege. Es muß erlaubt sein, jede öffentliche Autorität, jeden öffentlichen Beamten, jeden Fehler der Regierung durch den Weg der Journale anzugreifen und zu denunzieren, sobald der Verfasser die Denunziation beweisen kann; es muß erlaubt sein, Spitzbuben jeder Art zu entlarven und alle Schritte der Regierung zu beurteilen – aber es kann nicht erlaubt sein, Pasquille ohne allen Grund zu erfinden, Manifeste Ludwigs XVIII.[21] mitzuteilen, zur Empörung aufzurufen und die Mittel dazu laut anzugeben. [...] Im Palais verkauft man überall Manifeste des Mondkönigs und der Priester, worin man geradezu zum Morde des Direktoriums auffordert. Man weiß, daß die Verfasser dieser Blätter die nämlichen Vendémiairisten sind, welchen die Regierung unklugerweise verziehen hat, statt daß man sie hätte erschießen lassen sollen; das Bureau Central, die Tribunale, die Munizipalitäten von Paris sind alle mit solchen Verschworenen besetzt, und es ist nichts Selte nes, daß man ein Subjekt gerade deswegen anstellt, weil es Ludwig XVIII. öffentlich gehuldigt, und es gerade deswegen verwirft, weil es die republikanische Regierung verteidigt hat. Man geht so weit, daß man diese Gründe nicht etwa bloß in petto behält, sondern sie laut angibt. Das Direktorium, so verblendet es auch noch im ganzen ist und so üblen Menschen es auch sein Zutrauen geschenkt hat, fühlt doch endlich, daß irgend etwas hinter diesen Machinationen steckt, was nicht recht ist, und sucht dem Übel abzuhelfen. Das Gesetz gegen die Verleumdung, welches man bald geben wird, ist zwar auch noch nur eine partielle und unvollständige Maßregel, man putzt hier immer den Schmutz ab, der auf das schöne Gemälde fällt und denkt nicht daran, die Knaben zu umringen, welche es beflecken. Inzwischen läßt sich hoffen, daß Erfahrung uns nach und nach zur richtigen Quelle aller dieser Übel führen und uns lehren wird, sie zu verstopfen.

Andreas Riem

Segen und Übel der Revolutionen oder: Die fette deutsche Nachbarkuh

Wir leben in einer Zeit, wo ein großer Teil der Nationen zu *Revolutionen* bereit ist, und eine große Geneigtheit *nach Veränderungen ihrer Staatsformen* äußert. Es ist eine Frage, ob diese Nachahmungssucht auf richtigen Quellen beruht, oder Überspannung, oder Privateigennutz ist oder Hang, herrschen zu wollen? Kein Mann von guten und wahrhaft moralischen Grundsätzen kann eine *Revolution* wünschen, *wenn der Staat sie nicht bedarf*, oder *der Fürst löblich regiert*. Dieser Wunsch gereicht in diesen Fällen der Vernunft solcher Revolutionsfreunde zur Unehre, und zeigt wenigstens keine reife Beurteilungskraft. Keine *Revolution als solche*, hat irgend etwas Wünschenswürdiges, denn sie ist *ein Übel*, das *nur dann zur Wohltat wird*, wenn dadurch *die Tyrannei und Torheit der Despoten gestürzt wird*. Wenn sie *einen gerechten und weisen Fürsten*, der Erleuchtung und Erleuchtete schätzt, zum Gegenstand hat, so tritt gewiß kein Vernünftiger auf ihre Seite, denn sie ist sodann *wahrer Hochverrat*, zugleich *gegen das Glück einer gut regierten Nation*, und *eines gut regierenden Fürsten*.

Jede *Revolution* ist *ein Übel in sich*, denn sie zerstört die Ordnung der Dinge; stürzt das Glück von viel Tausenden um, hat, wenn sie ausgebrochen ist, den Kampf von Faktionen zur Seite. Nicht *der große Mann*, nicht *der Weise*, kommt immer durch sie an seine Stelle. *Die Gleichheit in reinen Demokratien* gibt dem *Ehrsüchtigen* gleiche Ansprüche, nach seiner Denkungsart, an der Regierung des Ganzen, wie *den Volksfreunden*. Die Selbst- und Habsucht bedient sich dieser *Gleichheit* der Rechte der Bürger, um zu Ämtern zu gelangen, wo sie den Staat plündern und sich selbst bereichern können, ohne Hinsicht, ob das Ganze dabei leide, oder nicht.

So sehen wir in der *französischen Revolution* die vernünftigsten und tugendhaftesten Männer unter Schurken und ihren scheußlichen Bemühungen fallen. [...]

Und doch sind dieses alles Folgen, welche *jede Revolution*, da sie immer *Anarchie* zur Seite hat, *überall* und *allenthalben* hervorbringen kann, wo der Weise nicht Fähigkeit besitzt, jene Faktionen, die immer allenthalben entstehen müssen, auf Unkosten seiner Menschlichkeit zu vertilgen oder zurückzuhalten, ehe er von ihnen vertilgt oder seiner Freiheit beraubt wird. Denn durch *jede Revolution*, welche eine *Regierungsform* despotischer oder monarchischer Art umstößt, geht die Nation, ehe sie eine *Konstitution*, das ist, *Gesetze* erhält, interimistisch in einen Zustand der Gesetzlosigkeit über, wo sie eine revolutionäre Gewalt über sich erhält, welche ohne Gesetze, das ist, nach dem jedesmaligen Bedürfnisse und nach Gutdünken herrscht. Sind da die vernünftigen, wahrhaft *für* die Nation gesinnten, Männer in der größeren Zahl; oder verstehen sie das Volk auf ihre Seite zu bringen und für die gute Sache zu gewinnen, so ist keinem Zweifel unterworfen, daß selbst eine interimistische revolutionäre Regierung gut in ihren Erfolgen sein kann.

Aber dieses hindert nicht, daß der Ehrsucht, den Intrigen und anderen Absichten der Stolzen, Herrschsüchtigen und Geizigen nicht ein weites Feld eröffnet bleibe, auf welchem sie den Kampf mit den besseren Freunden der Nation bestehen werden. Mäßigung verschreit der Enthusiast für Schwachheit; Beharrlichkeit und Festigkeit in den Beschlüssen für Diktatordespotismus. Ein Teil des Volks wird hintergangen, und die Faktionen entstehen und bekämpfen einander. *Gleichheit der Meinungen* ist undenkbar, wo eine einzelne Nation nur eine einzelne Kammer besitzt, welche durch die Mehrheit der Andersdenkenden influiert wird; und wo kein *Rat der Alten*[22] mäßigen oder verwerfen kann, was die übereilte Hitze der Jüngeren oft entwarf, und der guten Sache oft schädlicher als nützlich ist. Hier auf diesem Kampfplatze kommt es nun alles darauf an, ob die *Vernünftigen* oder die *Enragierten* und *Wütenden* siegen; alles darauf an, auf welche Seite sich *das Volk* oder der *bessere Teil der Nation* schlägt, denn der Pöbel darf nie eine Stimme haben, wenn man anders keine *Pöbelrepublik* errichten will.

Und was gehört nicht alles dazu, daß dieser Teil der Nation, der zwischen beiden Parteien zur Zeit der *Anarchie* oder *Gesetzlosigkeit* den Ausschlag gibt, so gebildet, so erleuchtet, so für das wahre Beste des Ganzen eingenommen sei, daß sein Beitritt auf die Seite der Vernünftigen denkbar werde.

[...]

Aber wir, wird man sagen, *stehen ja auf den Schultern dieser Nation; haben alle Erfahrungen vor uns und können uns hüten.* Dies würde allerdings der Fall sein, wenn gewisse Übel nicht notwendig mit den *Revolutionen*, ihrer Natur nach, begleitet gingen. Man kann allerdings jenen kannibalischen Grausamkeiten der Ungeheuer entgehen, welche *Frankreichs* Provinzen entvölkerten, aber nicht dem großen Übel, unter der Bedingung eine *Demokratie* einzuführen, Grausamkeiten anderer Art auszuüben. Sollte zum Beispiel *Adel* und *Geistlichkeit* ihre ständischen Vorrechte verlieren, und beide in das Volk verschmolzen werden, so kann jeder revolutionäre Staat auf Widersetzlichkeit von einem großen Teil dieser beiden Stände rechnen. Die *neue Republik* würde in der Meinung, menschlich zu verfahren, diese Gegner nicht erwürgen; aber was im Grunde noch weit grausamer ist, *von Herd, Vermögen und Vaterland jagen*, und sie der Armut und Bettelei in fremden Ländern preisgeben. Wollte man ihnen alles Vermögen mitgeben, so wäre ihr Zustand zwar besser, ob aber ein Staat eine solche plötzliche Emission des ganzen Vermögens *des Adels* und *der Geistlichkeit* ertragen könne? dieses ist eine gewiß nicht unwichtige Frage.

Hier würde die *interimistische Anarchie* auf ein *Plünderungssystem* ablaufen *müssen*, dessen Moralität den obersten Prinzipien aller *Republiken*, der *Tugend*, sehr wenig entsprechen möchte. Dies ist noch nicht alles. Durch eine *Revolution* geht der Mensch in den Zustand von *Gesetzlosigkeit* so lange über, als die Zwischenzeit zwischen Umsturz der *alten Verfassung* und der Vollendung einer gesetzlichen *Konstitution* dauert. In diesem Zustand sind die Glieder der Nation entweder im Besitz einer *ungebundenen, zügellosen Freiheit*; oder unter dem *furchtbaren Despotismus* eines *revolutionären Tribunals*.

Welches sind die Gründe, warum aus Deutschland selbst keine beständige, dauerhaftere republikanische Regierungsverfassung hervorgehen können?

Dieser sind viele. Teils greifen die im vorhergehenden Kapitel angeführten hier ein, teils gibt es noch mehrere, deren wir hier Erwähnung tun wollen. Die hauptsächlichsten bestehen *in dem Nationalcharakter der Deutschen*, so wie im *verschiedenen Staatsinteresse der angrenzenden Mächte*.

Angenommen, es gäbe wirklich eine *deutsche Republik*, so würde sie die *Elbe* nicht überschreiten können. Unter diesen vereinten Staaten gibt es viele widersprechende Nationalcharaktere, denn die Bewohner von *Schwaben* haben einen andern Charakter als die *Mainzer*; die *Obersachsen* einen andern als die *Würzburger* und *Bamberger*; die *Reichsstädte* einen andern als die Bewohner jeder andern Provinz von *Deutschland*. Dieser Widerstreit der Denkungsweise eines *Bambergers* gegen die eines *Niedersachsen* würde bei allen Geschäften influieren, welche eine deutsche Nationalversammlung abzumachen hätte. Jeder würde auf seinen isolierten alten Provinzialzustand, seine Religionsverhältnisse, seine Gewohnheiten und Sitten Rücksichten nehmen, welche einen immerwährenden Faktionsgeist erhalten würden. Die katholischen Deutschen sind in der philosophischen Kultur noch viel zu weit zurück, und die protestantischen im Bürgerstand noch darin nicht weit genug vorwärts, um etwas *Dauerhaftes* hervorzubringen.

Unstreitig würden die Reste von *Trier* und *Köln*; ferner *Mainz, Münster, Paderborn, Würzburg, Bamberg, Fulda, Eichstätt, Salzburg, Passau, Freising, Regensburg, Konstanz, Augsburg, Speyer, Worms, Straßburg* etc. welche gegen *drei Millionen Menschen*, mit den übrigen geistlichen Stiften, Probsteien, Abteien und Klöstern besitzen, eine Menge Pfaffen, die da noch alles vermögen, in den Nationalkonvent schicken. Die römischen Staaten, gute Katholiken; die gemischten eifrigen Verteidiger ihrer verschiedenen Meinungen, welches ein trauriger Mischmasch werden müßte, der nichts, wenigstens nicht viel Kluges, hervorbringen könnte. Zu glauben, daß der so sehr bigotte deutsche Bürger und Bauer die Klügsten der Nation aussuchen werde, um eine Konstitution zu machen, ist ein sehr gewagter Glaube; und ich vermute gar sehr das Gegenteil.

Nun urteile ein Jeder selbsten, was für ein Gebäude aus dieser heterogenen Zusammensetzung, aus dieser Amalgamation von Religionsvorurteilen, Haß, Provinzialabneigung, Stupidität und Halbweisheit, reichsstädtischen Bocksbeutel- und Ochsenhäuser-Politik, aufgeführt werden kann; und ob die Mehrheit deutscher Provinzen nicht noch erst *ein gutes Jahrhundert* zu lernen haben, bis sie nur so weit kommen, sich unter einander zu vertragen. Dieser weitumfassende Fanatismus, diese schlimme Lokalität des föderierten *Deutschlands*, setzt allen Bestrebungen nach einer dauerhaften Ruhe einen unübersteiglichen Damm entgegen. Und leider! ist er nicht das letzte und stärkste Hindernis.

Deutschland kann unmöglich *eine Republik* werden, ohne den bei weitem größern Teil der Feinde dieses *Systems*, durch den ernstlichsten *Terrorismus*, in Zügel zu halten. Der *politische Fanatismus* ist in unsern Tagen wütender als der religiöse. Die *antirepublikanische Partei* ist ungleich rasender, als die *republikanische*. Zu ihrer Schande muß man gestehen, daß sie allenthalben ohne alle Schonung verfährt, ihre Gegner mit Stricken um den Hals vor Tribunale schleppt, indes der Republikaner, wo er siegt, sie mit göttlicher Geduld erträgt, und nirgends verfolgt, sondern ruhig läßt. Dieses Betragen voll Menschlichkeit und Vernunft macht der republikanischen Form täglich mehr Anhänger. So wie die Märtyrer des Christentums viele Christen machten, weil sie standhaft duldeten, und nicht Gleiches mit Gleichem vergolten, so gewinnt durch ein großmütiges Benehmen jede Sache, die also verfährt. Die Vernunft ist nie auf der Seite der Verfolger, der Menschenfeinde, der Fanatiker, der Bluthunde, sie mögen ein Schild aushängen, wie sie wollen – ein monarchisches oder republikanisches – gleichviel. Sie ist bloß auf der Seite derjenigen, deren Grundsätze zur Menschenliebe, zur Mäßigung und zur Duldung leiten. Wie wollt ihr nun die Schwärmer bändigen, ohne *revolutionären Terrorismus*, der schreckt und zittern macht und aus Furcht zurückhält, indem alle Kraft der Gesetze nicht ihre Feinde bezwingen kann? Gerade gegen die Gesetze, und daß sie nie mit Nachdruck wirken können, ist der Streit der Verfassungsfeinde gerichtet. Diesen Gesetzen kommt, leider! bloß der *Terrorismus* zu Hilfe, der niederschmettert, statt daß das Gesetz bloß bestraft.

Und wir sollten *Deutschland* zu einer Mördergrube zu machen suchen, um eine andere Verfassung zu erhalten, von welcher wir noch nicht einmal aus Erfahrung wissen, daß es sich besser unter ihr leben läßt, als unter gutregierten Monarchien? Können wir auch eine einzige Republik unter den neuentstandenen nennen, die durch ihre Veränderung glücklicher, ruhiger, wohlhabender und achtungswürdiger geworden wäre, als sie unter ihrer vorigen Verfassung war? Freilich, wenn wir auf die Außenseite von *Athen, Rom* etc. sehen, wie die Geschichte sie uns darlegt, so ist sie die schönste aller Verfassung; und wer könnte, begabt mit Vernunft, den Reiz der Freiheit nicht dem Druck des Despotismus vorziehen?

Der Krieg, kann man mit Recht einwenden, *ist die Ursache, daß wir alle neue Republiken mehr im Gange der Abnahme als des Fortrükkens von Kräften sehen.* Aber wer bürgt euch dann, daß ihr bei den angeführten Umständen, und bei der *Revolution Deutschlands,* nicht *innerliche* und *äußerliche Kriege* werdet bestehen müssen? Könntet ihr auch den ersten durch den verabscheuungswürdigsten Despotismus des *Terrorismus* abwenden, so vermögt ihr doch nicht dasselbe gegen den letztern. Und, daß er stattfinden werde, daß die gerechten Fürsten alles versuchen werden, ehe sie sich von Land und Leuten verjagen lassen; daß ihr mit undisziplinierten Truppen gegen disziplinierte werdet zu streiten, und auf keinem Fall gegenwärtig noch die Mehrheit der Nation auf eurer Seite haben, das ist nur allzu leicht zu berechnen.

Was wird alsdann der Erfolg sein? Angenommen, eine kleine Armee ungebildeter Truppen, aber vom höchsten Fanatismus der Freiheit begeistert, neige den Sieg auf eure Seite; angenommen, ihr setztet glücklich das ganze Werk der Revolution *Deutschlands* durch; angenommen, die Heere der Preußen, Russen und Östreicher würden von euch geschlagen, und diese Mächte zum Frieden gezwungen; ist nun darum die neue Verfassung dauerhafter geworden?

Ihr kennt die ewigen Ansprüche derer, welche einen Thron verloren haben. Sie ergreifen die erste Gelegenheit, wo ihr euch in Verlegenheit befindet. Sie unterhalten in dem Innern eures Staats immerwährende Unruhen, Meutereien, Widersetzlichkeit von Seiten des *Adels* und der *Priesterschaft.* Eure Verfassung erhält keine Ruhe, bis alle Fürsten und Regenten in allen Seitenlinien ausgestorben sind; bis der *Adel* so aufgeklärt wird, den Stand des Bürgers eingebildeten Geburtsvorrechten vorzuziehen; bis die Geistlichkeit auf Hierarchie und alle Vorurteile Verzicht leistet, und darüber, fürchte ich, möchten noch manche Jahrhunderte des Zwiespalts und häuslicher Irrungen verlaufen. Dies zu erwarten, heißt, nichts erwarten.

Eben so wenig verträgt sich das politische Interesse der *französischen Republik* mit einer *selbständigen deutschen,* die nicht unter ihrer Vormundschaft steht. *Deutschland,* in eine *große Republik* vereinigt, würde bald genug durch Verbreitung des Gemeingeistes, durch auflodernde Tapferkeit, worin alsdann der Deutsche alle Nationen der Erde übertreffen würde, der nachbarlichen französischen gefährlich werden. *Die französische Republik* fühlt gegenwärtig schon, was für ein wichtiger Schritt die Revolutionierung *Deutschlands* sei, darum tat sie alles, um sie in ihren ersten Elementen zu zerstören. Nur die äußerste Not könnte sie zu einem Schritte leiten, den sie zuletzt bereuen müßte.

Jetzt, da *Deutschland* als Gesamtheit eine *organisierte Anarchie*, eine *Konföderation ohne Gesamtinteresse* und *Gemeinschaft* ist; da ein Teil desselben am Unglück des andern Teils keinen Anteil nimmt; da ein Fürst nach dem andern aus dem allgemeinen Bündnisse *des Reichs* tritt, und seinen besonderen Frieden oder Neutralität zu schließen Recht und Gründe hat; jetzo ist dieses *Deutschland* für *Frankreich* eine gar schöne fette Kuh, die es nach Belieben durch Requisitionen u. s. w. melken kann; es ist eine ungeheure Sandwüste, in welcher sich die vereinten Fürsten nicht einmal gegen die frechsten Eingriffe in ihre Rechte und Ehre zu schützen wagen dürfen; ein Staat, den bloß der *Name* von *Gesamtinteresse* zusammen halten muß, da jeder Fürst ein besonderes hat, und folglich ein gemeinsames eine Unmöglichkeit ist; ein Staat, von vielen hundert kleinen Staaten zusammengesetzt, von denen viele leichter zu gewinnen sind, als wenn *Deutschland eine selbständige Republik* ausmachte; dessen Kräfte man zerteilen kann; das in der Zusammensetzung seiner Kontingente keinen Gegenstand eines ernsthaften Besorgnisses zu liefern vermag; ein Staat, schwach und ohnmächtig durch seine Verfassung, und durch dieselbe völlig so beschaffen, daß er allmählich stückweise zuletzt der *Republik* bis an die *Elbe*, als *integrierender Teil derselben*, zufallen muß.

6
Panoramen
der nachrevolutionären Ordnung

Friedrich Johann Lorenz Meyer

Irrungen und Wirrungen in Paris

Ich bin hier – fast ist es mir ein Traum – und will von nun an diese Wirklichkeit zu genießen, die mannigfachen Quellen des Unterrichts und des Vergnügens zu benutzen, mir angelegen sein lassen. Wenn nur der enorme von dem Pariser Wesen unzertrennliche Zeitverlust nicht wäre! Man mache sich jeden Tag seine Tagesordnung: umsonst; am Abend finden sich allenthalben Lücken darin, und die Vorsätze des Morgens sind halb vollbracht. Allenthalben ist Aufenhalt, mögt Ihr Eure Wege zu Fuß oder im Wagen oder im Kabriolett machen: die Wege werden verrennt in den volk- und wagenreichen Gassen der bewohntesten Quartiere. Die weiten Wege, der Transport von einem Quartier in ein oft sehr entferntes; das späte Frühstücken, späte Mittagessen; – spät alles ist spät in diesem Paris. – Die Tageszeiten sind verrückt. Sonne und Mond bezeichnen die Stunden vergebens. Das lästigste, dem man sich zu unterwerfen hat, sind die verfehlten Besuche, die Laune der Leute, nicht sichtbar sein zu wollen. *Monsieur vient de sortir* (diesen Augenblick ist der Herr ausgegangen) ruft mir der Portier entgegen, um den verfehlten Besuch mir noch empfindlicher zu machen, wenn sein Herr auch gleich schon seit einer Stunde ausgegangen, oder ein Gegenbefehl niemand zu melden an der Tür ist. *Monsieur va rentrer dans la minute* (er kommt in einer Minute wieder nach Hause) ruft ein andrer, wenn ich gleich zwei Stunden vergebens auf ihn warten würde. Verdrießlich und zeitspielig sind ferner die unordentlichen Bezeichnungen der Häuser, durch doppelte oder unterbrochne oder ausgelöschte Nummern, die manchmal von ein hundert bis zu tausend überspringen, wenn eine Quergasse sie trennt. Ja! Paris ist der Ort des Betrugs, der Täuschungen aller Art. Meint Ihr, daß ich von geringfügigen Dingen rede? Das sind sie nicht, wenn man in Paris haust, an Benutzung seiner Zeit gewöhnt ist und sie nun so schändlich verlieren muß.

Bei diesem Herumtreiben vor den Häusern seiner Bekannten und Halbbekannten lernt man eine nicht unmerkwürdige Klasse von Menschen, als Hausgenossen kennen. Das sind die *Türhüter* (*portiers*) gewöhnlich verheiratete Leute, und Bediente des Hauses, und ihre Familie. Sie bewohnen ein Paar kleine Kabinette und Küche, neben der Tür, und halten ihre Wache. Der Mann ist zugleich der Gewerbebesteller des Hauses (*commissionaire*) und Zimmerputzer (*frotteur*), die Frau ist Näherin u. dgl. Alle Haustüren (*portes cocheres*) in Paris sind verschlossen. Man klopft; und in demselben Augenblick springt der innere Riegel, vermittelst eines in das Kabinett des Türhüters geleiteten Zuges auf. *Palez au portier*, (man wende sich an den Türhüter) steht mit großen Buchstaben über dem kleinen Kabinett, und: «*que demandez vous Monsieur*» (was suchen Sie) rufts Euch aus dem Kabinette nach, wenn Ihr dieser Weisung vorbei geht. Unordentlich und schmutzig, im Pariser Geschmack, siehts in diesen Buden freilich aus. Verschließt Augen und Nase, und er fragt, was Ihr sucht. Die bestimmteste Nachweisung, der pünktlichste Bescheid, das sicherste Versprechen zur Bestellung des Gewerbes, wenn der Herr oder die Dame nicht zu Hause ist, erfolgt. Bedenkt Euch nicht, selbst Briefe oder Geld zu überliefern; alles wird genau mit dem Namen dabei, aufgezeichnet und richtig besorgt. Diese Leute haben meistens das volle Vertrauen des Hauses, und entsprechen ihm durch Pünktlichkeit, Treue und Aufmerksamkeit. Das ist besonders in den Gasthöfen der Fall. Komme ich abends nach Hause, so finde ich alles, was den Tag über, an Besuchkarten, Billetten, Briefen, oder sonst für mich abgeliefert ist, sorgsam hingereiht auf dem Tisch des Portierzimmers oder find nur mündliche Bestellungen Besuchender zurückgelassen, diese auf einem Bogen geschrieben. Man gewinnt diese Türhüterfamilien, als Hausgenossen, durch ihre Sorgsamkeit lieb – deswegen tut es mir weh, erfahren zu müssen, daß während einer gewissen Zeit, – die ich des Schreckenswortes wegen nicht mehr nenne, – wo der Einfluß eines bösen Gestirns das Pariser Volk beseelte, ein großer Teil dieser *portiers* die gefährlichsten Spione der Blutgerichte, Verräter und Ankläger derer waren, die im Hause wohnten oder sich versteckt hatten. – Ob es wahr ist, daß die Polizei diese Leute noch jetzt, als ihre besoldeten Spionen hält, sei dahin gestellt.

Leonhard Meister

Wo ist hier Ersatz für den Verlust?

Am 23. September zwischen acht und neun Uhr Morgens kamen wir in *Paris* durch die Vorstadt *St. Laurent* an; wir wurden bei keiner Barriere angehalten; uns begegnete nichts Schwieriges; es erging keine einzige Frage an uns. Ich werde Ihnen hier nicht, wertester Freund, mit Worten es ausdrücken, welche wonnevollen Erinnerungen, welcher angstvoller Kummer, welche Vorempfindungen des Schmerzes und der Freude mein Herz in Bewegung setzten, als ich einen Ort wieder sah, der so lange Zeit mein Abgott gewesen war. Mein erstes Glück war, das gestehe ich Ihnen, daß ich wenigstens das Materielle der ungeheuer großen Stadt wieder fand, und daß ich sie, trotz der Stürme, die sie bedrohten, trotz der Vulkane, die noch um sie her toben, so wiederfand, wie ich sie verlassen hatte.

Wollte man die Bevölkerung von *Paris* nach der großen Menschenmenge, die man in gewissen Distrikten; auf den Spaziergängen und in den Schauspielhäusern sieht, beurteilen, so würde man in Versuchung geraten, zu glauben, daß sie mehr zugenommen als abgenommen hat; allein weit sicherere Rechnungen, und vor allem der gewöhnliche Verbrauch der ersten Lebensbedürfnisse, beweisen das Gegenteil. Zwei Klassen der ehemaligen Bevölkerung haben gewiß drei Viertel verloren; nämlich die Klasse der dienenden Hausgenossen, und die der Arbeiter in Artikeln des Luxus. Ein Teil der ersten ist sonder Zweifel zu andern Klassen übergegangen; sie sind Handelsleute geworden, und das, was sie ihren Herren abgenommen haben, hat zuweilen zur ersten Grundlage ihres Handels gedient; andere haben in den so sehr vermehrten Büros der neuen Administration, und bei den verschiedenen Geschäften der revolutionären Magistratur ein Plätzchen gefunden. Der größte Haufe ist indes in den Armeen darauf gegangen. Unter den Arbeitern in *Paris* gab es sehr viele Fremde, die seit dem Anfange der Revolution in ihr Vaterland oder in andere Gegenden, wo der Friede und der Reichtum ihnen damals dauerndern Wohlstand zu versprechen schienen, heimgekehrt sind. Ich weiß gar wohl, daß die Blendwerke des revolutionären Fanatismus, und vielleicht noch mehr die des Geistes der Habsucht, der bei großen Umkehrungen auch stets außerordentliche Glücksfälle wahrzunehmen glaubt, auch unfehlbar wieder einen zahlreichen Schwarm von Fremden herbeigelockt haben. Allein diese neue Bevölkerung, wenn man sie selbst für sehr ansehnlich hält, ist dennoch eben so unbeständig, und hat bei weitem die Lücken der ehemaligen noch nicht wieder ausgefüllt.

Noch gibt es andere Distrikte in *Paris*, die ganz verödet zu sein scheinen; und Sie erraten ohne Zweifel, daß der schöne Distrikt der Vorstadt *St. Germain*, wo man in ganzen Straßen von Palästen nur einige große Häuser sieht, worin die neuen Administrationen der Republik ihr Wesen treiben, der ödeste ist. Läßt man es sich gar beikommen, in ein ansehnliches Haus, auf dessen Vorderseite man mit großen roten oder schwarzen Buchstaben: *Nationaleigentum das zu verkaufen ist*, liest, hineinzugehen, so erschrickt man über den schlechten Zustand, worin man es findet. Aus den meisten hat man nicht nur die Möbel, die Spiegelscheiben, [...] die vergoldeten Tapetenleistchen, weggenommen; man hat sogar, unter dem Vorwande, das Blei von den Dächern und den Salpeter aus den Kellern zu haben, alle Bekleidung von Holz, und das bis zu den Wänden, wegnehmen lassen. Da, wo die revolutionären Ausschüsse hingekommen sind, glaubt man die Spur des unglücklichen Zuges einer Armee von Hunnen oder Vandalen wahrzunehmen. Auch darf man es nicht vergessen, wie die vierundvierzig Sektionen in *Paris* sich der größten und schönsten Häuser, die sie in ihrem Distrikte leer fanden, bemächtigten und sie verwüsteten, um in denselben ihre Büros, ihre Ausschüsse, ihre Wachthäuser anzulegen. Mehrere solcher ansehnlicher Hotels konnte man in dieser Epoche für einige Millionen, d. h. für in Stück Brot kaufen. Allein ein eben nicht bemittelter Mann, ein Mann, der eine sehr entfernte Spekulation nicht wagen dürfte, würde bei dem schönen Kaufe ohnfehlbar sein Verderben finden. Denn was würde er doch mit dem Hause, nachdem er es gekauft hätte, machen, wenn er es nicht sogleich mit Vorteil wieder verkaufen könnte? Wer würde doch wohl ein solches Haus mieten, und wie würde er es selbst ohne einen Kostenaufwand, der wenigstens zwanzigmal, nach dem jetzigen Tarife der Waren, der Materialien, des Taglohns, den Preis des Ankaufs überstiege, bewohnen können?

Nicht in dieser Hinsicht allein, in tausend andern Gesichtspunkten noch, betrübe ich mich über den steten Kontrast, den ich zwischen den Vorzügen, die einst *Frankreich* so auffallend günstig auszeichneten, und den unvermeidlichen Folgen seiner jetzigen Gesetzgebung erblicke. Wie hat sich doch *Frankreich* so sehr verändert! Der feine gebildete Geist ist von der Nation gewichen, und die grobe jakobinische Tracht und revolutionäre Sitten sind dafür an die Stelle getreten; der fruchtbarste Boden Europa's ist da, und die republikanische Regierung ist so rauh und streng; die glänzende Tätigkeit einer reichen, eitlen, fleißigen Nation ist geschwunden, und es herrschen dafür die finstern Grundsätze der Gleichheit, die alle Tätigkeit, alle Nacheiferung hemmen. Wo ist hier Ersatz für den Verlust! In den politischen Tugenden sollte er sein; aber da muß man erst voraussetzen, daß die Grundsätze des Tages weit richtiger verstanden werden als jetzt. Wenn *Frankreich* seinen Republikanismus beharrlich übertreibt, was wird es denn mit seinen Reichtümern, mit seinem Luxus, mit seinen Palästen, mit allen seinen Wunderdingen, den erhabenen Denkmälern des schönen Jahrhunderts eines *Ludwig XIV.* machen? Wird es nicht noch auf die Meisterwerke eines *Corneille*, eines *Racine*, eines *Voltaire, Bossuet* und *Fénelon* Verzicht tun müssen? Denn strahlt nicht in diesen Meisterwerken der Glanz der königlichen Pracht zu lebhaft, als daß er nicht die Augen eines freien Volks verletzen sollte? Wäre wenigstens nicht zu fürchten, daß das Auge eines Volks, das noch nicht frei ist, und das allem Anscheine nach nur mit Gewalt frei werden wird, dadurch getäuscht würde?

Friedrich Johann Lorenz Meyer

Eine Kutscherrepublik

Ein Übel in Paris, wie in den meisten großen Städten, wogegen sich die laute Klage umsonst erhebt, und die Polizei vergeblich befiehlt, ist das schnelle Fahren. Es ist kaum glaublich, wie viel Opfer dieses schändlichen Unfugs jährlich in Paris fallen. Fast nur durch ein Wunder entgeht man besonders abends und nachts der Gefahr an den Ecken und Quergassen gerädert zu werden. Prompte, selbst despotisch geübte Justiz an dem Kutscher und nach den Umständen an dem Herrn im Wagen selbst wäre an ihrem Platz. Aber die Kutscher der Fürsten und der öffentlichen Beamten geben darin das schlimmste Beispiel. Auch in Paris beruft man sich auf das tobende Fahren der Kutscher der Minister und selbst des ersten Konsuls. Vielleicht mag dies die Ursache sein, um dem Aufenthalt des pfeilschnellfahrenden Konsuls und den dabei möglichen Unglücksfällen vorzubeugen, warum alle Gassen, welche zu dem Schauspielhause führen, wo sich Bonaparte den Abend befindet, weit umher gesperrt sind, und die aufgestellten reitenden Jäger unter keinerlei Vorwand einen Wagen durchlassen, bis der Konsul nach Hause gefahren ist. Diese gar zu humane Vorsicht, wenn es eine ist, brauchte man nicht einmal unter der königlichen Regierung, bei aller auch damals gutgeordneten Polizei, und bei allem Wagenrennen des Hofes.

Dieses heillose Schnellfahren treiben zum Verderben der Fußgänger, alle seit einigen Jahren vierfach vermehrten eigenen Kutschen und Kabriolette, und die Mietkutschen – (carosses de rémises). Schlimm daran sind die armen geschlagenen und selbst von der Polizei gedrückten Gassenkutscher (fiacres). Die Ohnmacht ihrer ausgehungerten Rosse gestattet ihnen auch nicht einmal den Versuch, schnell zu fahren. Tief demütigt sie dafür das Jagen ihrer vornehmen Kollegen auf dem Bock, und oft genug ist ihr Wagen und Geschirr das Opfer davon. Daher liegt die Kutscherrepublik in Paris beständig in offener Fehde mit einander. Die Herren- und Mietkutscher sehen die armen demütigen Fiacrekutscher tief unter sich, toben und schimpfen, weil sie durch ihr Langsamfahren und Halten ihnen den Weg versperren. Diese wagen nicht sich gegen jene zu erheben, üben aber dagegen ihre Rache bei aller Gelegenheit an den Kabriolettburschen, die sie für nicht höher als sich selbst achten, aber von ihnen eben so geneckt werden. Beide Teile vereinigen sich in ihrem Haß gegen die ersten, welche allein das Vorrecht haben, in die portes cocheres und Höfe einfahren zu dürfen, vor welchen die Mietkutscher halten müssen. Die ganze Kutscherzunft endlich wütet gegen die schwerfälligen handfesten Kärrner und andere Fuhrleute, die die Gassen von Paris beklemmen, und sich mit Peitschenhieben Recht verschaffen. Ewiger Hader und Rangstreit herrscht unter diesen niederen, hohen und höchsten Pferdebändigern in Paris.

Nichts ist übrigens bequemer für den Fußgänger als die Einrichtung mit den längs den vornehmsten Gassen, auf den Plätzen fast aller Stadtquartiere haltenden Fiacres und Kabriolette. Da ist Zuflucht gegen Regen und Ermüdung. Für den geringen von der Polizei verordneten Preis von dreißig Sous fährt man den längsten Weg von einem Quartier in ein anderes und in die Vorstädte. Diese Kutschen, jetzt viel bequemer und eleganter wie vordem; sind degradierte Herren- oder Mietwagen. Nur Pferde und Geschirr sind höchst elend. Ein Pariser Ortsbeschreiber [...] nennt Paris die Hölle der Pferde, und so ist es wirklich. Mit einem Mietwagen vier oder sechs Meilen, in der größten Sommerhitze, in der Gegend von Paris zu machen, nachdem man schon in der Stadt einen hal-

ben Tag umherkutschierte, ist eine Kleinigkeit. Gejagt und gepeitscht
ihr Lebenlang, sterben die armen Tiere endlich den Hungertod vor dem
Fiacre.

Georg Kerner

Physiognomien der Gewalt
oder: Die Übel der neuen Republik

Paris, vom 2ten März 1795.

Ich verließ das Café de Chartres um in den Konvent zu gehen. Die
Tribünen waren von Menschen vollgepfropft – ich blieb also in einem
der Korridors, um einen günstigen Augenblick abzupassen und den
Platz eines der austretenden einzunehmen. Ich war nicht der einzige
Harrende, ihrer waren viele, und ihre widrige verzerrte Physiognomie
sagte mir sogleich, welcher Natur sie waren. Meine Zweifel hierüber
verschwanden gänzlich, als ich unter der Zahl dieser Leute mehrere
Mitglieder des ehemaligen Revolutionsausschusses meiner Sektion er-
blickte. Die Sitzung war gerade sehr interessant. Der Aufstand, den die
von allen Punkten Frankreichs nach Paris geflüchteten Mörder und
Räuber in den Vorstädten zu erzeugen suchten, war mißglückt – das
Gouvernement ließ [...] die wildesten Blut- und Aufruhrprediger in
Verhaft nehmen, während die Bürger an dem nämlichen Tag, wo die
Unruhen losbrechen sollten, in die Sektionen eilten, um dort die gute
Sache, die Sache der Freiheit und der Ordnung zu verteidigen. In eini-
gen Sektionen kam es zum Faustkampf, wobei die ehrlichen Leute den
Schurken es fühlen ließen, daß sie ebenfalls Blei in den Knochen haben.
Das Resultat war, daß die meisten Sektionsversammlungen die Büste
Marats aus dem Ort ihrer Sitzungen entfernten, Adressen an den Konvent vortaten, worin sie ihm für die Depantheonisierung[1] des ehemaligen Dieners des Grafen von Artois dankten – ihn zu strengen Maßregeln gegen die Terroristen, die Jakobiner vom 9ten Thermidor, die Mitglieder der ehemaligen Revolutionsausschüsse, zu endlicher Bestrafung
der Barrère, Collot, Billaud[2] usw. aufriefen.

Eine dieser an den Schranken des Konvents erscheinende Sektion
nannte sogar in ihrer Adresse die bekannten 72. ehemals als Girondisten verhafteten Mitglieder die getreusten Diener der Republik. Das

Resultat dieser Sitzung ist aus den öffentlichen Blättern bekannt. Ich schreibe hiermit bloß einige andere Beobachtungen nieder, die ich zu machen Gelegenheit hatte. Die Volksbühnen waren angefüllt. Aller Aufmerksamkeit war auf die Sektionsdeputationen gerichtet. Während die Majorität des Konvents und ein Teil der Volksbühnen den lebhaftesten Beifall bezeugten, blieb der andere ohne sich zu bewegen: ich sah in einer großen Volksbühne, die etwa 3 bis 500 Personen enthielt, bloß einen Mann in der Mitte dieser Menge mit Händeklatschen eine Zufriedenheit ausdrücken, die mir um so mehr gefiel, da er sich durch den stummen Grimm derer, die ihn umringten, nicht nur nicht abschrecken, sondern eher noch aufmuntern ließ. – Der Zufall brachte mich neben ein Weib, das, wiewohl jetzo etwas besser gekleidet, mir vor etwa 2 Jahren in schmutzigen Lumpen gehüllt, öfters zu Gesicht gekommen war. Ich bot meine ganze Erinnerungskraft auf und entdeckte endlich, daß diese Furie, die neben mir stand, das nämliche weibliche Ungeheuer war, das ich am 1sten Juni 1793 in dem unteren Vestibül des Konventspalasts halb besoffen und von Schweiß triefend die abscheulichsten Reden gegen den Konvent und besonders die damalige rechte Seite ausstoßen hörte. Sie rühmte sich damals laut, schon 2 Tage anhaltend in den Volksbühnen mit einem Leib Brot und einer Flasche Wein zugebracht zu haben. Wir haben sie – rief diese weibliche Furie, indem sie von den Deputierten sprach – dekretieren gemacht – «die Girondistenhunde müssen sterben.» Ich kann Ihnen unmöglich die Empfindung beschreiben, die Schlag auf Schlag mein Innerstes bestürmten. Das Weib merkte, daß mein Auge starr auf sie geheftet war, sie kehrte ihr Gesicht auf eine andere Seite: ich sah nicht ohne Vergnügen, daß jedes von den Sektionsrednern an den Schranken ausgesprochene Wort ihr einen Dolchstich versetzte – sie gab ihr Mißvergnügen durch unaufhörliche Zeichen einigen Weibern zu erkennen, die teils vor ihr teils in der großen Volksbühne saßen, von der ich eben gesprochen habe. Der zwar nur selten allein desto lauter schallende Beifall, den ich von Zeit zu Zeit gab, machte diese Harpyen beinahe wütend. – Die Volksbühnen waren in dieser Sitzung wenigstens zur großen Hälfte mit allem besetzt, was Paris am Unreinsten, Blut- und Raubgierigsten enthält. Die Terroristen suchten sich hier zu verschanzen, in eben diesen Bühnen, die schon seit Jahren nicht Frankreich, sondern dem konspirierenden Ausland – seinen gedungenen Mördern, einem Heer von Betrügern, von Banditen und betrogenen Fanatikern zugehörten. Das Weib, neben dem ich stand und das den folgenden Tag in Verhaft genommen wurde, war zu merkwürdig für mich, als daß ich Ihnen nicht endlich noch einige physiognomische Beobachtungen über sie mitteilen sollte. Ihr Gesicht war abgezehrt und erhitzt, die Augen hervorgetrieben – die Haut mit Falten übersät, die sich bald ausspannten, bald wiederum erschlafft zusammenfielen – der Körperbau mager, die Hände skelettartig, die Adern aufgetrieben wie blaue unter einer durchsichtigen Haut liegende Röhren. Wenn ich Maler wäre und ein Gemälde von dem jüngsten Gericht entwerfen wollte, so würde ich dieses Weib zum Modell eines Verdammten wählen. – Nach geendigter Sitzung fand ich einen alten Bekannten, der als Bürger der Sektion von 1792 mit der Deputation dieser Sektion an den Schranken war.

Wir sprachen von den Sektionsversammlungen, und ich konnte nicht umhin, seinen Klagen über die geringe Zahl von Proprietärs[3] beizustimmen, die sich in denselben einfinden. Wenn die vermöglichen und aufgeklärteren Bürger minder nachlässig in diesem Punkt wären, so würde die Niederlage der Bösewichter und der Triumph der Republik ungleich entscheidender, kein Rückfall zu befürchten, die lachendste Aussicht in die Zukunft eröffnet sein.

In allen Gesellschaften höre ich die nämlichen Klagen über eine Nachlässigkeit, die um so unverzeihlicher ist, da man ihr bis jetzo beinahe alles bisherige Unglück zuzuschreiben hat. – Diese Erscheinung ist wie so viele andere Erscheinungen eine Folge des alten Regiments. Sie ist eines jener Übel, womit das Schicksal die Menschen und Nationen für die Feigheit bestraft, sich zu den Füßen eines Despoten Jahrhunderte hindurch im Staub zu krümmen: Sie gehört endlich zu der großen Masse von pestilentialischen Ausdünstungen des Kadavers der unumschränkten Königsgewalt. – In einem Staat, dessen Verfassung die Last willkürlicher Gewalt gestattet, gibt es keine Bürger; die höchste Würde, die man erlangen kann, ist die – eines guten Hausvaters. – Die Revolution von 1789 stürzte in Frankreich die willkürliche Gewalt und die damaligen Gesetzgeber stellten eine bürgerliche Verfassung auf – eine Verfassung, deren Zweck das Wohl aller und nicht das glänzende Elend eines Einzigen auf Kosten des Glücks einer ganzen Nation war. Jetzt war es nicht mehr hinreichend, bloß Hausvater zu sein, sondern die Bürgerpflichten mußten geleistet, die Rollen mußten gewechselt, und zu schon vorhandenen Pflichten neue hinzugefügt werden.

Ein Haufe von Knechten arbeitete zuvor für die Erhaltung des Despoten und seiner Allgewalt, die große Masse duldete schweigend, sie hatte keinen Vereinigungspunkt, bis endlich die Seufzer über das allgemeine Elend das Feldgeschrei zur Zernichtung der Tyrannei wurden. Die ersten Tage des neuen Seins waren vorüber und der Empfindung des ehemaligen Elends folgte das Gefühl der Notwendigkeit die Wunden zu heilen, die der Despotismus dem Vaterland geschlagen hatte – das einzige Mittel dazu war, daß die Individuen, die ehemals jene duldende Masse formierten, jetzt aus allen Kräften, jedes in seinem Zirkel, für das allgemeine Beste arbeiteten. Ein großer Teil derselben hatte Willen genug, allein nicht den erforderlichen Grad von Einsicht. Unter den Aufgeklärtern standen die einen mit dem ehemaligen Despotismus in zu genauer Verbindung, um Anteil an der neuen Ordnung der Dinge zu nehmen, andere, die nicht in dem nämlichen Verhältnis standen, waren dennoch aus Grundsatz und Eigennutz nicht zur Ausübung ihrer Bürgerpflichten zu bringen. Beinahe alle diejenigen, die man ehemals gute Untertanen nannte – weil sie sich in nichts mischten, zeigten sich jetzt als sehr schlechte Bürger, indem sie sich zu einer Zeit ebenfalls in nichts mischten, wo sie endlich Gelegenheit erhalten hatten, sich als tätige Freunde des gemeinen Wesens zu zeigen. Allein sie lebten zu keiner Zeit für den Staat – sie kannten niemals die Bedeutung des Worts – Vaterland – begleitet von dem Gefühl, welches es in jeder Seele erzeugt, die ihrer Elastizität noch nicht völlig beraubt ist. Sie lebten jederzeit für sich und ihr Privatinteresse – der Staat war ihnen ehemals ein Mittel dieses am besten zu erreichen und zu befördern, sie hielten endlich sich zu keiner andern Pflicht gegen ihn als zu einem passiven Gehorsam verbunden. Jetzt, wo ihr Wille fesselfrei ist, jetzt entsagen sie seinem Gebrauch, weil dieser Gebrauch Aufopferung erfordert – jetzt zeigt sich ihre häßliche Krankheit – Eigennutz genannt – stärker als jemals. – Sie waren ehemals Sklaven und sind es selbst noch dann, wenn sie frei sein sollten. Die Unwissenheit der einen, der Eigennutz der andern, der Egoismus der meisten, waren die Stütze der alten Tyrannei, und wurden die Stützen der neuern. Diese 2te Periode des schimpflichsten Despotismus endigte sich nur erst dann, als man der Unwissenheit zu viel aufbürdete, der Eigennutz sich mit sich selbst entzweite und der Egoismus in allen seinen Punkten bedroht wurde, und endlich eine verhältnismäßig nur kleine Zahl bedrohter Bürger Mut genug hatte, das Zeichen zum Tyrannensturz zu geben – das Übel des Egoismus ist das gehässigste, und das gefährlichste für die bürgerliche Gesellschaft. Der Staat, dessen Bürger in einem hohen Grad krank daran liegen, kann nur durch große Zerrüttungen, durch tausend Gefahren wiederum zur bürgerlichen Ordnung zurückkommen, die nirgends Statt findet, wo willkürliche Gewalt geduldet, oder mit Gewalt behauptet wird. Ich finde in der Tat nur wenig Unterschied zwischen demjenigen, der aus Eigennutz seinen Nachbar plündert, und demjenigen, der aus dem nämlichen Motiv seine Nachbarn plündern läßt. Beide sind gleich gefährliche, gleich schlechte Bürger, nachdem sie beide zuvor vielleicht gleich gute Untertanen waren; der eine, weil er ein tätiger Agent des Despotismus war, der andere, weil er sich in nichts mischte.

Leonhard Meister

Eine neue Aristokratie

Die Ächtungen, die Plünderungen aller Art, die wunderschöne Theorie von Gleichheit, welche ihnen zum Vorwande diente, die ungeheuren Ausgaben einer alle Schätze verschleudernden und höchst verschwenderischen Regierung, hatten mich, ich gestehe es gern, überredet, und ich weiß es mir heute schlecht Dank, daß ich auf einer Seite weniger Reichtum und weniger Prachtaufwand und auf der anderen mehr Wohlstand und mehr Reinlichkeit vorfinden würde. Ich versichere Sie aber, daß dies durchaus der Fall nicht ist. Ich habe auf dem Lande noch eben so viel Elend, eben so viel Lumpen als vorhin gesehen; in den Städten noch weit merkbarere, gewöhnlichere Symptome der schrecklichsten Dürftigkeit, mit der nämlichen Ungleichheit des Vermögens, die sich freilich auf eine ganz andere Art zeigte; denn die Reichtümer haben den Platz verändert, und mehr als eine Art von Ausgaben ist physisch unmöglich geworden; wie zum Beispiel die Pracht mit Kutschen und mit Pferden.

Es ist also wahr, daß wenn in einem Lande nicht die Ackergesetze, oder vielmehr die Lebensart und öffentliche Erziehung der *Spartaner* auf das strengste eingeführt werden, man nie verhindern wird, daß die kleine Zahl nicht reich und die große nicht arm sei. So leicht auch unter gewissen Umständen die Mittel etwas zu erwerben, zu nehmen oder zu stehlen sein mögen, so können doch nur kühne, listige Menschen, die einer gewissen Kraft und einer Beharrlichkeit im Handeln fähig sind, oder die auf eine außerordentliche Weise vom Ungefähr begünstigt werden, bleibenden Gewinn davonziehen. Die große Volksmasse wird nie dabei reich werden. In *Frankreich* hat man nach dem großen

Grundsatze des *Sieyès* nicht das Eigentum vernichten, sondern die Eigentümer stürzen – man hat die alte Klasse der Adligen und Reichen plündern wollen. Um zu diesem Zwecke zu gelangen, hat man jedes gewaltsame und künstliche Mittel gebraucht. Und was ist die Folge davon gewesen? Die Ungebundenheit und Barbarei der neuen Gesetze, die Ungerechtigkeit und die Unordnung der Maßregeln, die man sich zur Vollstreckung der Gesetze erlaubte, haben zuerst einen großen Teil des Nationalreichtums für jedermann vernichtet, und einen andern sehr beträchtlichen Teil in das Ausland gebracht. Alles Übrige ist einer Menschenmenge zu Teil geworden, die weit mehr durchbringt als sie genießt. Alles, was auf diese Weise – daß ich mich des Ausdrucks bediene – im Rauche nicht aufgegangen ist, kam in die Hände einer kleinen Zahl gleich geiziger und habsüchtiger Menschen.

Ich glaube nicht, daß es noch in irgend einem Lande Europas so vielen beweglichen Reichtum gibt als in *Frankreich*; und das nicht etwa nur an wirklichem barem Gelde, sondern auch an Silberzeuge, an Juwelen aller Art, an Büchern, Gemälden und kostbaren Möbeln. Die spekulierenden Köpfe in *London, Hamburg, Genua, Livorno, Philadelphia, Basel*, mögen sorgfältig berechnen, was durch die unglückliche Auswanderung, durch die Schrecken und durch die Bedürfnisse, wovon die alten wie die neuen Kapitalisten bedrückt wurden, und selbst durch die Spekulationen der Regierung, die sich genötigt sah, so viele durchaus unentbehrliche Sachen um einen höchst ungünstigen Tausch aus dem Auslande zu ziehen, von diesen Reichtümern, aus dem Reiche gegangen ist. Ich gebe dabei gern zu, daß man auf das gewissenhafteste alles das davon abziehe, was durch die in *Brabant, Savoyen* und *Holland* gemachten Eroberungen wieder ins Land gekommen ist. Ich bin überzeugt, daß sich das für *Frankreich* nur zu wirkliche Defizit zuletzt unfehlbar zu einer ganz schrecklichen Summe belaufen wird.

Die Laster, die das Wohlergehen der Gesellschaft schwächen, können sich in allen Klassen vorfinden. Aber einige gibt es denn doch wohl, die der einen mehr als der andern eigen zu sein scheinen. Der Mangel wie der Reichtum haben ganz eigne Mittel, zu schaden und zu nützen. Die ärmste Klasse der Gesellschaft ist im allgemeinen die nützlichste und arbeitsamste; aber die Leidenschaften, deren sie unter gewissen Umständen besonders empfänglich ist, können außerordentlich verheerend werden; und wenn Lärm und Unordnung herrschen, so verwüstet und verheert jene Klasse, der Natur der Dinge gemäß, am schnellsten. Sie genießt ohne Rückhalt, ohne Klugheit; und mit dem, was sie sammelt, ist sie geiziger noch als irgend eine andere. Die reichste Klasse ist im allgemeinen die trägste und am wenigsten nützliche; allein da sie auch stets die weniger zahlreiche ist, so kann sich der Einfluß ihrer Laster nur über gewisse Grenzen hinaus erstrecken. Mögen ihre Leidenschaften immerhin oft höchst ungerecht und stürmisch sein, so ist es doch weniger unmöglich, sie im Zaume zu halten, und die Verheerungen derselben zu beschränken. Dieser Klasse ist, durch die Natur der Dinge selbst, die Gewöhnung an einen erhaltenden Geist und das Interesse für denselben eigen; und die Art, wie sie genießt, kann am meisten zum Umlaufe der Reichtümer, zu den Fortschritten des Fleißes und der Künste beitragen. Im Mittelstande trifft man die meiste Tugend an, die wenigsten Unannehmlichkeiten, das meiste wirkliche Glück. Aber wird die neue Philosophie die Ursache davon wohl einsehen wollen? Das alles kommt daher, weil das Geschick dem Mittelstande offenbar weniger Macht und weniger Freiheit einräumt als den beiden andern. Lassen uns die Schandtaten, von denen wir Zeugen gewesen sind, wohl noch daran zweifeln? Der Mensch hat zu allen Zeiten Fesseln und Führer nötig. Nicht das Gefühl seiner Rechte, sondern das seiner Pflichten allein vermag seine sittliche Reinheit und den Frieden seines Herzens zu erhalten.

Die Wahrheit dieser Bemerkungen habe ich durch das traurige Schauspiel der Art tödlichen Kriegs, der in diesem Augenblicke in *Frankreich* zwischen den Bewohnern der Städte und denen des Landes, zwischen den Anbauern, die Eigentum haben, und zwischen den Menschen, die genötigt sind, sich ihren Unterhalt täglich durch Arbeit und Fleiß zu verschaffen, auszubrechen droht, bestätigt gefunden. Man kann, wie ich glaube, nicht leugnen, daß die Klasse der kleinen Eigentümer heutzutage etwas ausgebreiteter ist, als sie es vor der Revolution war. Allein dieser Zuwachs ist bei weitem noch so bedeutend nicht, als man es wohl glauben könnte. Alle Güter, die sich die Nation auf eine so edle Art erblich zugeeignet hat, sind noch nicht verkauft. Die wirklich verkauften haben teils Kaufleute, teils Kapitalisten an sich gebracht, die durch Umstände genötigt wurden, ihr bares Geld, das sie in ihrem Handel oder in ihren Papieren hatten, so zu verwirklichen. Noch andere sind einer kleinen Zahl listiger Menschen zur Beute geworden, die bei den Leiden einer großen Umkehr sogar, ein eben so schnelles als unerhörtes Glück machten. Reiche Pächter haben gleichfalls eine so günstige Gelegenheit ihr Eigentum mit Gütern, deren Wert und Vorzüge sie am besten kannten, zu vermehren, zu benutzen gewußt. Die übrigen, und Sie können leicht denken bei weitem der kleinste Teil, konnte in die Hände fleißiger Leute, die bis dahin kein Eigentum hatten, kommen.

Es würde also mithin nicht möglich sein, daß die Zahl dieser neuen Eigentümer beinahe von der der ehemaligen Eigentümer, die es jetzt nicht mehr sind, die nicht alle ausgewandert oder guillotiniert sind, von denen noch in der Republik mehr oder weniger bedauernswerte Erben oder Repräsentanten übrig bleiben, aufgewogen würde. Die einzige Tatsache, die, wie ich glaube, nicht bestritten werden kann, ist wohl die, daß die Grundstücke jetzt im Allgemeinen mehr verteilt sind, als sie es vorhin waren. Um indes unparteiisch zu sein, muß man sofort hinzusetzen, daß ein großer Teil dieser Verteilungen nicht zum Vorteile der Armen ausgeschlagen ist. Die Tagelöhner der Pächter werden jetzt nicht so bezahlt, wie die der vorigen Gutsherren, und noch weit weniger wie die des Klerus. Mag man auch immer mit Bitterkeit, und oft auch nicht ohne Grund, in unsern Tagen gegen den Mißbrauch der Reichtümer der Kirche geredet haben, so ist es dennoch nicht weniger wahr, daß ein großer Teil dieser Reichtümer stets Quelle der Unterstützung und Erbteil desjenigen war, der weiter nichts hatte.

Alle diese Umstände erklären, leider! nur zu gut, daß die Zahl der Armen auf dem Lande nicht sehr verringert sein kann. Noch weit besser läßt es sich einsehen, wie sehr die Zahl derselben in den Städten vermehrt sein muß, wo so viele Zweige des Kunstfleißes und des Handels gänzlich aufgehört haben; wo die Rente seit langer Zeit vom Staate und von Privatpersonen nur eine eingebildete Münze, deren Wert von Tage zu Tage in der furchtbarsten Progression abnimmt, erhalten.

Ich kann Ihnen daher den Kummer und den hohen Grad von Verzweiflung, der in den Städten herrscht, die sich von reichen Ernten umgeben finden, und dennoch Hungers sterben, nicht mit Worten ausdrücken. [...] Seit dem das schreckliche Gesetz des Maximums abgeschafft worden ist, schlägt der Landmann sein Korn zu einem so hohen Preise an, als es ihm beliebt, und besteht darauf, keine Assignate anzunehmen. Der arme Bewohner der Städte kann also das unentbehrlichste Nahrungsmittel auf keine andere Weise erhalten, als wenn er es mit seinen Möbeln, mit seinen Kleidungsstücken, mit seiner Wäsche bezahlt. Es gibt solche geizigen Landleute, die, um ihren unglücklichen Mitbruder zu ernähren, sich nicht geschämt haben, ihm sein letztes Kleid zu nehmen.

Die eigentliche Aristokratie in *Frankreich*, über die sich jedermann mit Recht ereifern muß, ist die Aristokratie der Pächter und der Landleute. Ich weiß wohl, daß man zu ihrer Rechtfertigung den ehemaligen Druck, unter welchem diese Klasse einst so lange seufzte, die Härte der neuen Gesetze, deren drückende Last sie besonders mit tragen mußte, so lange nämlich die Requisitionen und das Maximum der revolutionären Regierung dauerten; die große Unordnung in den Finanzen, den beunruhigenden Mißkredit des Zeichens alles zahlbaren Werts, traurige Folgen einer Revolution, an welchen die Klasse derer, die das Land bauen, weniger Teil und Schuld hat, als irgend eine andere, anführen könnte. Indes wird die Habsucht dieser neuen Aristokratie in einem nicht weniger gehässigen Lichte, ihr Benehmen nicht weniger hart, nicht weniger empörend erscheinen; und das schreckliche Unglück, welches durch ihre Tyrannen jetzt veranlaßt wird, muß die Gesetzgeber vor der Gefahr warnen, die unfehlbar entsteht, sobald man einer Menschenklasse, in deren Hand die ersten Hilfsquellen des Lebensunterhalts für die ganze Nation sind, zu viele Mittel der Macht und der Kraft läßt.

Der Despotismus eines von seinem Reichtume trunkenen Pächters ist der allerbedrückendste, sein Geiz der unbarmherzigste. Man befrage darum diejenigen, die das Unglück haben, von ihm abzuhängen. Man muß den Landmann schützen, ihn aber nicht bereichern. Man muß ihn nicht bereichern, weil es offenbar unmöglich ist ihn zu bereichern, ohne alle diejenigen, die ihn umgeben, unglücklich zu machen; weil der Reichtum ihrem eigenen Wohlergehen nicht zuträglich ist, und oft für das Nationaleigentum noch schädlicher als vorteilhaft wird. Man muß ihn durchaus nicht bereichern, weil es für keinen einzigen andern Stand so sehr gefährlich ist, wenn man die Tugenden desselben in Verfall geraten läßt; und kein einziger Stand wird durch Reichtum mehr, und das auf eine für das gemeine Wesen nachteiligere Weise, verdorben, als dieser.

Ein anständiger Wohlstand ist der natürliche Lohn ihrer Arbeit; und dieses süße behagliche Wohlsein ist zugleich auch die Lage, welche ihre ganze Glückseligkeit, und die zur Erfüllung ihrer so beschwerlichen, ihnen obliegenden Pflichten benötigte Kraft am besten erhält. Der Luxus des Reichtums ist auch außerdem auf dem Lande eben so schlecht angebracht, als die Einfachheit des ländlichen Lebens es in einer Handelsstadt oder in der Hauptstadt eines großen Königreichs sein würde. Noch glücklicher ist der Sterbliche sonder Zweifel, der, in einer stillen angenehmen Wohnung verborgen, auf immer mit dem schrecklichen Spiele der Gewalt, der Ungerechtigkeit und des Ungefährs unbekannt bleiben könnte! Die Klasse derjenigen, die bei der Revolution wirklich gewonnen haben können, ist heutzutage bei weitem weniger zahlreich, als ich es glaubte; sie besteht eigentlich nur aus Agioteurs, Entrepreneurs, Lieferanten, aus ihren Unterbedienten, aus einigen besonderen Agenten der Regierung, aus Pächtern, die durch ihre neuen Besitzungen reich wurden, und die hart und klug genug waren, ihr Korn zu verbergen, ihr Gold zu vergraben und die Assignate stets von sich zu weisen. Alle diese neuen Glücksbrüder zusammen genommen sind im Vergleiche mit dem übrigen Teile der Nation bei weitem noch nicht das, was vorhin die Privilegierten, die Adligen, die Financiers, die Kaufleute und alle tätige Künstler, die damals ihr Glück machten, waren.

Obgleich die Unterhaltung der revolutionären Ausschüsse in einem einzigen Jahre dem Nationalschatze zwischen fünf- und sechshundert Millionen kostete, so hat sich diese ärgerliche Beute dermaßen zerstreuet, daß sie, so zu sagen, niemand genützt hat. Ohne mit in Anschlag zu bringen, daß Räubereien eben nicht zur anständigen Erwerbsart gehören, weiß man auch außerdem, daß diese Art des Erwerbs nicht sehr einträglich ist. Was so geschwind gewonnen wird, das geht auch eben so schnell wieder darauf und verteilt sich gar bald. Nur die Führer der Räuberbande verstehen sich darauf, bei dieser Teilung den Teil des Löwen sich zuzueignen; und einige Zeit hindurch kann es ihnen auch glücken. Alle übrigen stürzen gar bald wieder ins vorige Elend zurück. Kurz, je mehr ich gesehen, nachgedacht, berechnet habe, desto mehr habe ich mich von der Wahrheit dessen, was mir meine Wirtin in *Vesoul* sagte, überzeugt: «Glauben Sie, mein Herr, daß wenn die Revolution einen Einzigen reich macht, so macht sie dagegen Tausende arm.»

Konrad Engelbert Oelsner

Ein Bilderbuch-Aristokrat

Die Albernheit der Aristokraten geht unglaublich weit; so viel unglückliche Erfahrungen haben ihre Vernunft noch um keinen Schritt weiter gebracht. Sie kennen dem Könige nach wie vor ein göttliches Recht, ja sich selbst ein göttliches Recht an, und sehen im Volke, das seine Übermacht bei weitem nicht so gemißbraucht hat als sie vorgeben, nichts als zum Joche gebornes Lumpenpack. Das alles kann einen nicht wundern, wenn man bedenkt, daß die Leute, von denen hier die Rede ist, meistens zu weiter nichts erzogen wurden als lustig und fade zu sein; daß ihr Leben mit nichts als Liebesintrigen, Spiel, Schuldenmachen und Anekdotenerzählerei verstreicht; daß sie, so alt sie auch sind, ihr Lebelang keine fünf Minuten nachgedacht haben. – Hr. A. läßt sich zum Negligee frisieren, dejeuniert mit Md. B., sieht Md. C. einige Augenblicke, sieht Md. D. bei der Toilette, reitet aus, macht seine Toilette, holt Md. N. zur Promenade ab. Dann gehts zu Tische, man fährt ins Schauspiel, macht eine Visite. [...] Dann gehts zum Spiele, um elf Uhr wird zu Nacht gegessen, um zwei, drei Uhr nach Hause gegangen. Der folgende Tag ist wie der gestrige verteilt. Dabei gibt es noch tausenderlei Nebenzerstreuungen. Man unterhält ein Mädchen, geht in die Messe des Königs. Jagd, Spazierfahrt nach dem Bois de Boulogne, Dejeuner, Coucher des Königs, zum Balle und Gott weiß wohin. Ist es möglich in solch einem Schwunge zu sich selbst zu kommen, vernünftige Gedanken zu pflegen. Wie oft hat man uns nicht mit Russen, mit dreißigtausend sibirischen Wilden bedroht, mit denen die Stiefel des Generals Bender im Anmarsch waren u.s.w. Kennten diese Leute nur ein wenig die Geographie, die Distanzen, und fehlte es ihnen nicht an tausenderlei andern Begriffselementen; – doch nein in keinem Falle läßt sich etwas gesundes in Politik und Moral aus diesen Köpfen erwarten, und doch wollen sie die Welt regieren, und zwar von Rechts wegen. Arme Sünder!

Leonhard Meister

Wucherer und Mäkler

Mit dem neunten Thermidor brach der Tag wieder an, an dem man die Kutschen einiger Privatleute wieder erscheinen sah. Man erblickte die der fremden Minister, die der Mitglieder des öffentlichen Wohlfahrtsausschusses – ihnen steht auf Kosten der Republik ein solcher zu Gebote – die der Entrepreneurs[4] oder ihrer Mätressen. Aber alle diese Kutschen zusammen machen, wie Sie leicht denken können, in der ungeheuer großen Stadt *Paris* noch nicht viel aus. Es gibt sogar wenige Mietkutschen. Leute, die einst Pferde und Wagen hatten, können sich noch nicht leicht dazu entschließen, hundert Livres für eine Fahrt zu bezahlen, obgleich diese hundert Livres nach dem Wechselkurse noch nicht vierundzwanzig Sous in barem Gelde ausmachen. Die Karriolen sind weit gewöhnlicher, seitdem das Agiotage[5] die erste, man darf sagen die einzige, Beschäftigung von ganz *Paris* geworden ist. Ich habe ihrer zuweilen fünfzig vor der Türe des alten *Louvre*, wo jetzt die Börse gehalten wird, gezählt.

Den Umfang und die Tätigkeit dieses allgemeinen Agiotage kann man sich auf keine Weise vorstellen; tut man einen einzigen Schritt in der Straße, so stößt man sogleich auf einen mehr oder weniger merkbaren, auf einen mehr oder weniger traurigen Beweis davon. Fast alle Vorderteile der Häuser, alle große Alleen, wenigstens in den gangbarsten Distrikten, sind in eben so viele Magazine von Möbeln, von Kleidungsstücken, von Gemälden, von Hausgeräten aller Art verwandelt worden. Fast überall sieht man jetzt die ausgekramten Waren, die man vorhin nur auf der Brücke *St. Michel*, dem *Quai de la Feraille* und unter den Bogen der Hallen sah. Man sollte fast sagen, daß alles das, was einst im Innern der Zimmer war, jetzt in den Straßen zur Schau aufgestellt wird. Die erste Stadt auf der ganzen Erde hat ganz das Ansehen einer ungeheuer großen Trödelbude. Man gerät in Versuchung zu glauben, daß ganz *Paris* subhastiert sei. Leider! [...] ist es durch die Dekrete zu der Stadt umgeschaffen, die es jetzt zu sein scheint, und auch wirklich ist. Bei jedem Schritte begegnet man jetzt Leuten jedes Geschlechts, jedes Alters, jedes Standes, die ein Paket unter dem Arme tragen. Das sind Kaffee-, Zucker-, Käse-, Seifeproben, und, Gott weiß was alles. Nur zu oft ist es die letzte Möbel, das letzte Kleidungsstück, das ein Unglücklicher zu verkaufen sucht, um dafür Lebensmittel, die er für sich oder für seine unglückliche Familie braucht, wieder einzukaufen.

Das außerordentlich große Elend, wie die keine Grenze kennende Habsucht, und die Unruhe, die sich vom Reichtume des Augenblicks durchaus nicht trennen lassen, unterhalten diese Sucht, alles zu vertrödeln und Wucher zu treiben. Wenn sich der Reiche eilends nach Mitteln umsieht, um für jeden Preis ein Zeichen des Reichtums, das von Tage zu Tage abnimmt, zu verwirklichen, so brennt der Habsüchtige vor Begierde, seine Tätigkeit zu benutzen. Oft wird er getäuscht; aber nur zu oft sucht er auf Kosten der Unglücklichen, die der Teilnahme und des Mitleids so würdig sind, seinen Irrtum wieder gut zu machen und sich für seinen Verlust schadlos zu halten. Die Ungewißheit und die stets

fortdauernden Veränderungen des gewöhnlichen Maßstabes einer jeden Sache von Wert sind so hoch gestiegen, daß man bei der größten
Vorsicht, bei der größten Ehrlichkeit, durchaus jeden Augenblick Be-
trogener oder Betrüger sein muß. Die wichtigsten Handelskontrakte
werden daher mit einer Flüchtigkeit und Unbesonnenheit, die man
selbst gesehen haben muß, um sie bezeugen zu können, geschlossen,
weil man so sehr besorgt ist, daß man nicht geschwind genug kaufe
oder verkaufe. Es gibt ein bedeutendes Haus zu *Paris*, das in vierzehn
Tagen drei bis viermal verkauft worden ist, ohne daß es einer der Käufer vielleicht je gesehen hat. Ich selbst habe für einen meiner Freunde
ein Gut für zwei Millionen gekauft, und ich konnte mir doch keine
bestimmte Auskunft über den Ertrag der Pachtungen verschaffen,
wenn ich mich gleich an die beiden letzten Käufer, wie an den Notar,
der den Verkaufsbrief aufgesetzt hatte, wandte. Man ist schon zufrieden, wenn man nur im Allgemeinen weiß, ob es ein ererbtes Gut oder
ein Grundstück der Mönche oder der Ausgewanderten ist; denn zwischen der Schätzung dieser drei Arten von Gütern, dem Preise der letzten Verpachtung, der Morgenzahl u.s.w. ist ein gar bedeutender Unterschied. Kurz, das kostbarste Haus in *Paris*, das schönste Gut wird gekauft und verkauft, wie man eine Pharaokarte zur Hand nimmt. Läßt
man es sich einfallen, noch mehr darüber nachdenken zu wollen, so
läuft man Gefahr den Kauf zu verfehlen, und sich zu spät zu bestimmen. [...] Der Preis verschiedener Gegenstände ist jetzt dem Gelde ganz
gleich; einige sind sogar unter dem alten Preise, und zum Unglücke
gerade das gute Brot, die Kartoffeln, u.s.w. Indes gibt es noch immer
eine große Menge Sachen, die nicht den vierten Teil ihres Werts gelten.
So könnte der Mann, der alle Tage mit seinen von Assignaten angefüllten Taschen aus seinem Hause gehen wollte, und der dabei keinen andern Zweck hätte, als den, alles einzukaufen, was er um einen billigen
Preis vorfinden würde, in kurzer Zeit unermeßlich reich werden. Und
einige Leute haben sich denn hierauf mit dem glänzendsten Erfolge
verstanden. Zu diesen soll der Vicomte *von Segur* gehören. Er hat wenigstens eines der schönsten Warenlager, das in *Paris* zu finden ist. Und,
Dank sei es dem glücklichen Einfalle, man verzeiht es ihm, daß er der
Sohn eines Marschalls von *Frankreich*, der bekannte Freund einer einst
so großen Dame, und sogar der bestimmteste Aristokrat, wenigstens in
seinen Meinungen und in seinen scherzhaften Einfällen, ist.

Die traurigsten Folgen des Wuchergeistes, oder der Umstände vielmehr, die ihn gewaltsam eingeführt haben, ist der wirkliche Mangel so

vieler durchaus unentbehrlicher Lebensbedürfnisse. Schon seit langer Zeit würde ganz *Paris* vor Hunger gestorben sein, und das im buchstäblichen Sinne des Ausdrucks, wenn nicht der Nationalschatz unermeßliche Summen um einen Preis, der ihnen das Ansehen wahrer Almosen gibt, hergegeben hätte. Aber ist nicht die Nation dieses Opfer den Einwohnern einer Stadt mit Recht schuldig, welche lange Zeit fast ganz allein alle Kosten der Revolution trug; einer Revolution, der man so viel Ruhm und Ehre, so viel Glück und Reichtümer, die Vernichtung der ältesten Monarchie Europas und den unerhörten Segen der Diktatur eines *Robespierre* verdankt; kurz, einer Revolution, deren sämtliche Wohltaten, deren große Wunderdinge zusammen der Nation nicht mehr als vier Millionen Menschen, mehr als dreißig bis vierzig Milliarden, wovon sie vielleicht nie den fünfzigsten Teil bezahlen wird, kosten werden. Das ist, wie Sie denn sehen, fast nichts!

Zu der Zeit, als ich in *Paris* ankam, wurde das Brot in den Sektionen, das Pfund zu drei Sous in Assignaten, verteilt, und die Regierung bezahlte etwa acht bis zehn Livres, d. h. fünf bis sechs Sous in barem Gelde dafür. Allein dieses Brot, das sozusagen umsonst gegeben wurde, war weder sehr gesund noch sehr wohlschmeckend. Es war von schwarzem, grobem und teigichtem Mehle; denn man hatte viele Kartoffeln, Bohnen, Mais, Hirse darunter gemischt, und man ließ es nicht ausbacken. Um es zu erhalten, mußte man es oft, nachdem man mehrere Stunden gewartet hatte; kaufen. Das Fleisch, der Reis, das Öl, das Licht, die Kohlen, der Farinzucker, und mehrere Dinge der Art, wurden gleichfalls unter die Armen der Sektionen zu sehr mäßigen Preisen verteilt. Eine große Menge von Männern, Weibern und Kindern, mit der Karte ihrer Sektion in der Hand, umlagern die Läden der Bäcker, der Fleischer und der Krämer die Hälfte des Tages hindurch. Man sieht sie auf einander gedrängt, wie die Bettler an der Türe einer Herberge, und das mit einer Geduld, die in meinen Augen wenigstens nicht das am wenigsten Erstaunen erregende Wunderding der revolutionären Regierung ist. Das heißt am Ende der Reihe sein […] und Sie können sich, wertester Freund, das Ermüdende und Langweilige dieses Aufenthalts, dem man sich bei jeder Witterung, wie das sehr oft der Fall ist, mehrere Stunden unterziehen muß, gar leicht denken. Und diese zahlreichen Verteilungen geschehen nicht immer um eben dieselbe Stunde, wenn man auch nicht einmal mit in Anschlag bringt, daß sie nur sehr langsam vor sich gehen können; denn die Lebensmittel bleiben oft lange aus, und fehlen zuweilen ganz und gar. Das Mehl, welches die Bäcker den

Abend vorher haben sollten, wird ihnen erst am folgenden Morgen gereicht, und das, was sie am Morgen erwarten, erhalten sie erst gegen Abend. Denken Sie sich, wertester Freund, die verzweiflungsvolle Lage, so lange warten zu müssen, und das auf eine Sache, die doch Befriedigung des schrecklichsten Mangels zum Zwecke hat! Denken Sie sich, wie schrecklich es sein muß, wenn man zuletzt vollends getäuscht wird! Glauben Sie, daß noch irgend eine andere Polizei, außer der revolutionären, die Unordnungen, welche unter einer jeden andern Regierung aus einer ähnlichen Lage der Dinge unfehlbar entstehen würden, hemmen oder verhindern könnte?

Werden Sie, mein Wertester, nicht vollends staunen, wenn Sie hören, daß diese unglücklichen Verteilungen, wie jede andere Sache, ein Gegenstand des Wuchers und der Habsucht geworden sind. Die von der Sektion begünstigten Armen, welche täglich ein ganzes Pfund Brot erhalten, finden gar leicht Gelegenheit, wenigstens einen Teil mit beträchtlichem Vorteile zu verkaufen; und sie widerstehen dieser Lockung nicht. Was man von ihnen einzeln kauft, das verkauft man nachher wieder im Ganzen, und man gewinnt noch mehr dabei. Es gibt also eigene Wucherer und Makler für das Brot, wie für andre Sachen.

Die Furcht vor Hunger zu sterben hat bewirkt, daß man gar mannigfaltige Mittel ausgesonnen hat, um sich vor einem solchen Tode zu sichern. Es ist gar nicht ungewöhnlich, daß man an der Türe eines Hauses oder einer Bude bald ein Bauer mit Kaninchen, bald eine schlecht gefütterte Ziege sieht, deren Milch indes im äußersten Notfalle ein gar treffliches Hilfsmittel gegen den Hunger werden kann. Ich muß Ihnen gestehen, daß meine Einbildungskraft mit diesen Symptomen des Elends, die der Anblick von *Paris* heutzutage in Menge aufstellt, zuweilen die rührendsten Ideen der Melancholie und des Mitleids vereint hat; und wer weiß, ob das nicht vielleicht von meiner Vorliebe für die Schäfergedichte unsers *Geßners* herrührte. Ich dachte mir so recht lebhaft die Freude einer guten Mutter, die noch mit Entzücken von dieser armen Ziege Nahrung und das Leben sogar erhielt, die sie selbst wegen der bis zum höchsten Grade gestiegenen Not ihren Kindern nicht mehr schenken konnte. Vielleicht vereinte sich dieser einzige süße Gedanke mit so vielen trauer- und kummervollen Bildern, die mich während meines letzten Aufenthalts in *Frankreich* unaufhörlich verfolgten.

Ernst Moritz Arndt

Höllengericht über Geldbeutel und Herzen

Spielhäuser, Schlupfwinkel, Keller und anderer Löcher gibt es hier eine große Menge und wird es immer geben, wenn man auch Galgen und Rad für diejenigen hinmalt, die die Karten beugen und die Würfel aus der Todesurne des Trichters oder dem Glückstopfe der flachen Hand schnellen. Unsere neuen kantischen und hyperkantischen Ästhetiker haben viel von einem Triebe zu sagen gewußt, den sie Spieltrieb nennen, und behauptet, wer diesen Trieb recht habe, und zu gebrauchen wisse, der könne flugs ein Spielmann, wie Goethe und Aristophanes, werden, aber über den Spieltrieb [...] haben sie leider wenig gesagt. Indessen hoffen viele Patrioten und Kunstgesinnte große Dinge dafür von der jetzigen französischen Regierung, die bestimmt zu sein scheint, diesen Spieltrieb aus seinen Grundtiefen zu erschöpfen und uns endlich auch über ihn ein bestimmtes Resultat zu geben. Wenigstens tut sie alles, was sich schicklich tun läßt, diesen Trieb zu ermuntern, und muß darüber von denen, die von ihm nicht so gut denken, oft bittere Dinge hören. Die vornehmsten Plätze, wo dieses Höllengericht über die Beutel und über die Herzen gepflegt wird, stehen im öffentlichen Schutze und bezahlen dem Direktorium und den Repräsentanten, die sie bei Gelegenheit schützen, unter der Hand ansehnliche Summen, die einige Schreier darüber auf 70000 bis 80000 Franken jährlich steigen lassen. Dergleichen kann man nun freilich so genau in runden Zahlen nicht bestimmen, aber man schließt nach dem Erwerb des Unternehmers und nach der Öffentlichkeit, womit er ungestraft sein Werk treibt, indem die Polizei, die wohl einmal die kleineren Nester ausstöbert, ihm mit zugedrückten Augen vorbei geht.

Bei aller Ungestraftheit und Sicherheit indessen, deren die Hauptstapelplätze des Verderbens jetzt hier genießen, sind sie doch so verschämt, daß sie meistens einige Mannslängen unter der Erde, oder in den abgelegeneren Winkeln, oder endlich in den Stöcken der Häuser ihr Wesen treiben, die den Sternen am nächsten sind. Die Nacht, die alles Schlechte, wenn es nicht das höchste Maß der Verruchtheit angenommen hat, in ihre verbergenden Schatten nimmt und denen, die noch rot werden können, das Erröten erspart, ist auch hier die mitleidige Hehlerin der Diebstähle, die oft in wenig Augenblicken eine wohlhabende Familie ins Elend stürzen und einen Jüngling, der noch gestern den Kupplern Verdienst gönnte, zwingen, heute selbst schon den Kuppler zu machen. Wer sich ein wenig in der Welt umgesehen hat und nur einige Male mit in dem Taumel und Strudel gewesen ist, in welchem die schöne und reiche Welt rundläuft, der weiß auch, daß kein Geschlecht von Schurken und Betrügern ein bunteres und mannigfaltigeres Proteuskleid anzuziehen weiß, als die Spieler von Profession. In allen nur erdenklichen Gestalten und Masken treten sie auf und wissen für jedes lüsterne Vögelchen ein anderes Lockungsliedchen anzustimmen, bis sie sie endlich ins Garn und auf die Ruten locken. Für jeden werfen sie einen besondern Köder aus und wissen so nach dem großen Weltsystem das Verschiedenste zur Einheit zusammen zu bringen. Sie machen bei den Unerfahrenen und Arglosen selbst nur die Lehrlinge oder Dilettanten, sprechen von diesem und jenem Orte, wo es ehemals lustig hergegangen, wo sie frohe Gesellschaft, schöne Mädchen, ein munteres und ehrliches Spiel angetroffen, zeigen wohl auch wie von Ungefähr Denkmale des Siegs, den sie, selbst noch Neulinge, dort haben erfechten können, und raten, wenigstens einmal so einem Leben mit zuzusehen. Man braucht ja nicht zu spielen, man kann trinken, mit den hübschen Mädchen scherzen, aber allenfalls unter sich ein kleines Spiel machen, wobei nichts zu verlieren ist. So ist die Einleitung; doch wohl dem, der die Nutzanwendung nicht mit der Ruhe und dem Glücke seines künftigen Lebens bezahlen muß!

Die vornehmsten Spielplätze brauchen diese Einladungen und Lockungen am wenigsten. Sie stehen durch ihren Ruf, durch die Berge Goldes und Silbers, die dort aufgeschüttet liegen, und durch die vornehmere und reichere Welt, die sie besucht, sie stehen ferner durch eine gewisse öffentliche Ehre, weil jeder sie weiß, und immer frei aus- und eingeht, ohne daß ihm einer der Polizeispione folgte. Ich habe von diesen mehrere in und um das Palais Royal besucht, um zuzusehen und in der Natur zu sehen, was ich in der Kopie Lichtenbergs und Hogarths oft schon bewundert hatte. Man konnte sich hier bei einem Täßchen Schokolade, oder Gefrorenes ruhig hinsetzen und von ferne die Wirkungen des metallischen Magnetismus und die metallischen Leidenschaften sehen, die aus seiner Manipulation entspringen. Zugleich waren diese Örter interessant, weil sie so manche von den Dieben Deutschlands und Italiens zeigten, die hier zum Teil ausspeien (regorger) mußten, was sie dort zu heißhungrig verschluckt hatten, Generale, Kommissäre, Postbeamte, Kuriere, und wie die Nation dieser Spitzbuben sonst noch heißt. Auch wohl einzelne alte reiche Weiber der alten Zeit – denn in der neuen sind wohl eben die alten Weiber nicht reich geworden – waren mit ihren schützenden Begleitern am Spieltische zu sehen. Selten aber waren die jungen hübschen Lockvögel, die in einem Blumenstrauße das Symbol anderer feiler Gaben herumtrugen. Es ging hier dem äußeren nach gewöhnlich fein und anständig her und man verlor und gewann mit Manier, denn nur dadurch konnten sich diese Anstalten des allgemeinen Vergnügens halten. Die Wirkungen der nächtlichen Sitzungen außer den vier Wänden der unterirdischen Keller hatten sie nicht mehr zu verantworten, wodurch vielleicht mancher Tolle nach Bicêtre[6] und mancher Verbrecher nach La Force[7] abgeliefert worden ist. Ein einziges auffallendes Abenteuer aus diesen vornehmeren Spielhäusern erinnert sich mir, welches auch laut in allen öffentlichen Tagsblättern erklang, in herumgetragenen Blättchen für einen Sou erbaulich als ein schreckliches Märchen feil geboten ward, und als ein warnendes Beispiel zur Ermahnung und Besserung des Volks und der Jugend an allen Kolonnen der Portiken des Palais Royal zu lesen war. In dem Keller des Café philarmonique, einem der vornehmsten Spielplätze im Palais Royal, hatte sich ein junger Kaufmann von Bordeaux mit einigen tausend Korolinen verirrt, die er für seinen Vater einkassiert hatte, und mit denen er den folgenden Tag abreisen wollte. Er geriet ins Spiel, gewann ansehnlich, ward dadurch keck, riskierte und verlor das Gewonnene und alles, was er am Leibe trug. Verzweifelt und von seinem Unfall wie wahnsinnig und trunken taumelt er von der offenen Hölle weg, die sein Gold verschlungen hat, findet die Treppe, steigt einige Stufen hinan, zieht eine Pistole aus der Tasche, drückt sie aufs Auge und stürzt mit zerschmettertem Gehirn rücklings unter die Versammlung unten. Diese legt ihn bei Seite und fährt – so erzählen es alle Stimmen – lustig zu spielen fort. Dieser tragische Jüngling hatte wirklich so viel Lärm gemacht, daß darüber das Ding vor den Fünfhunderten verhandelt ward, doch so, daß auch dabei gar nichts herauskam, wie ich oben schon erwähnt habe. Man kann wohl sagen: geschieht dies am grünen Holze, was wird am dürren werden? Und wirklich steht es in den Spielnestern der zweiten, dritten und vierten Klasse ganz anders und diese geben also auch ein ganz verschiedenes Gemälde, welches ich teils nach meinen eigenen Augen, teils nach den Angaben derer entwerfen werde, die keinen Grund in sich und in mir hatten, zu lügen.

Alle diese folgenden Winkel und Löcher, wo gespielt wird, haben anfangs gar keine Miene der Spielhäuser, sondern zeigen sich in ganz andern Gestalten und für ganz andre Bedürfnisse. Zum Teil sind es Keller in abgelegenen Straßen, wo man bei mancherlei Weinen und kleinen Leckereien alle mögliche verbotene Broschüren, Zeitungen und auswärtige und einheimische Papiere findet; zum Teil ordentliche Kaffeehäuser und Buden der Limonadiers, die aber verwandelt werden können, endlich Privatschlupfwinkel, wohin Huren und eine Bande maskierter Spitzbuben auf verschiedenen Wegen Jünglinge und Graubärte zu verlocken wissen, und woraus der Vogel selten ungerupft entkommt.

Es geht hier, wie in der ganzen Welt, alles fein leise und allmählich, so daß der Unerfahrene nichts merkt; und alles fein schnell und keck, sobald es zu spät ist, etwas zu merken. Von allen diesen verschiedenen Arten, die Leute zu verblenden und zu betrügen, ist unstreitig die letzte Art die gefährlichste, die sich zugleich durch ihre Feinheit und Allenthalbenheit des Orts fast immer vor den Armen einer Polizei zu retten weiß, die sonst, wo sie darf, was sie immer dürfen sollte, nicht zu den schlechtesten gehört. Eine Bande von Spitzbuben beides Geschlechts tut sich zusammen, oft 40 bis 50 Personen stark, und treibt ihr Wesen sehr fein. An allen Orten, wo die junge und fröhliche Welt sich umtummelt, wo die törichten Fremden ihre Federn für die Leimruten ausspreiten, findet sie sich in verschiedenen Gestalten nach den Umständen ein und spielt ihre Rollen meisterhaft. Der eine will den Abend eine frohe Gesellschaft, der andere ein Spiel, der dritte Scherz mit Weibern, der vierte eine schöne Beischläferin; alles das können die verschiedenen fähigen Subjekte ihnen bieten. Für die öftere Veränderung des Lokale ist gesorgt, damit man ihnen nicht leichtlich zu dicht auf die Spur komme; dazu dienen teils die eigenen Logis, die sie für diesen Behuf bequem an bequemen Orten gemietet haben, teils auch gewisse allgemeine Tummelplätze, die ihnen ihre Helfershelfer für die reiche Spekulation einer heilbringenden Nacht einräumen. Der geladene Gast, der einmal einen munteren Abend und eine Nacht mit Becherklang haben will, findet sich mit dem dienstfertigen und artigen Freunde, den er so leicht erworben hat, mit einem Male, in einem feinen und äußerst eleganten Zirkel von Herren und Damen, die sich um die Wette beeifern, dem eitlen Jüngling, oder dem erstaunten Fremdling viel Schmeichelhaftes und Verbindliches zu sagen. Man schwatzt einige Stunden angenehm hin, setzt sich an eine reiche Tafel und genießt den trefflichen Wein und die süßen und freigebigen Blicke der reizenden Heben zur

Fülle. Wie von ungefähr wird ein Spiel vorgeschlagen, nach dem das Gehirn von Wein und Liebe benebelt ist; die Schönen selbst fordern dazu auf; ein ganz kleines soll es sein, bloß zur Unterhaltung und zum Zeitvertreibe. Man ist so galant, ihn allenfalls ein wenig gewinnen zu lassen, trinkt und liebäugelt dabei fleißig, und müßte es sehr unglücklich treffen, oder mit einem alten Fuchs und Stock zu tun haben, wenn der entzückte und berauschte Gast nicht endlich [...] alles verlieren, sich trunken heimführen lassen und folgenden Morgen, spät erwacht, sich fragen sollte, wo er gestern gewesen und wo er seine schönen Dukaten und Louisd'or gelassen. Gelingt dies nicht das erste Mal, oder soll es das erste Mal nicht gelingen, weil man vielleicht feines Spiel nötig hat, so muß der Lüsterne gewiß das zweite, dritte und vierte Mal Haar lassen. So geht es dem, der sich nach einem schönen Weibe gelüsten läßt, wenn er nicht weiß, daß die Gegend ihres Taubenschlages sicher ist. Sie hält ihm das Paktum, aber er müßte sehr schlau, und, was mehr ist, sehr tölpisch und unartig sein, wenn er sie nicht in diese und jene feine Gesellschaft, von der sie Wunder rühmt, führen sollte. Oft macht sie dies gar zur Bedingung des Genusses vor dem Genusse [...] oder verheißt ihm eine schönere Spätnacht nach der ersten, wann ihre Lebensgeister durch die Freude der Gesellschaft aufgelebt und mehr erquickt sind. So tritt er denn mit seiner Freundin ein und findet alles vorbereitet, beide allerliebst zu empfangen. Es ist eine Gesellschaft junger und froher Welt, wie sie von ihrer Bekanntschaft zu erwarten war. Man geniert sich nicht, ohne doch ganz der Anständigkeit zu vergessen, deren äußere Kruste auch bei dem verächtlichsten Franzosen so leicht nicht abbröckelt, als bei andern Völkern. Kaum aber hat die Tafel einige Stunden die Magen gefüllt und die Köpfe berauscht, so gießt sich auch die bachische und cytherische Begeisterung über alle aus. Man tut, was dem Herzen gelüstet und alle Spiele der Ausgelassenheit beginnen, indem die listigen Gauner und die schmeichelnden Gaunerinnen so für das rechte Spiel vorbereiten. Verfängt dies alles nicht bei allen und kann man den Vogel nicht mit einiger Manier abpflücken, so läßt man ihn diesmal noch los und fängt ihn vielleicht ein anderes Mal sicherer ein. Scheint es aber gewagt, ob er wiederkommen werde, so spannt man alles an, ihm durch Wein und Wohllust seine Besinnung zu rauben. So findet sich mancher aus den glühenden Armen seiner Schönen oder aus dem taumelnden und tosenden Bachanal auf der Gasse in einer unbekannten Gegend und hat nichts weiter mitgebracht als was man ihm nicht gut nehmen konnte, wenn man ihn nicht das Feigenblatt suchen lassen wollte. Selten hingegen kommt es zu diesen letzten Extremen. Es müßte schade sein, daß die Aufmunterung einer fröhlichen Gesellschaft, worin er oft unbefangen tritt, daß ein Paar blitzende Augen, denen der Wein als Folie unterliegt und ein Paar schmeichelnde Lippen nicht die Gewalt haben sollten, ihn mit ins Spiel zu verwickeln. Der Rausch, oft auch die falsche Scham lassen ihn nicht wieder umlenken; er sieht ja, wie freigebig die andern Herren mit ihren Louisd'or und Dukaten sind, wie sie sich Glück wünschen, alles an eine schöne Gesellschafterin, oder im Vertrauen auf ihr glückliches Daumenhalten zu verlieren, wie sollte er so albern sein, sich merken zu lassen, daß er ohne seine Börse und seine Ringe und Uhren weniger vergnügt zu Hause gehe! Man tröstet ihn damit, daß ein anderes Mal schon Gelegenheit sein werde, die Scharte wieder auszuwetzen und bestimmt ihm Tag und Stunde und den Ort, wo man ihn abholen wolle. Kommt er, so lacht man; kommt er nicht, so lacht man auch. Er mag sich alle Haare aus dem Kopfe raufen, es fallen keine Goldgulden mehr heraus, wie zu den Feenzeiten.

Ernst Moritz Arndt

Typologie des Hurenwesens

Großen Einfluß hat die Revolution in Frankreich auf die Sitten der Männer und Weiber gehabt. Als der Mann sich von allen Ketten der alten Formen und des alten Glaubens löste, da taten die Jugend und die Weiber, die immer Jugend bleiben, ein Gleiches. Eben die Frechheit, die alles an der alten Verfassung und dem alten Kultus verwerflich fand, fand bald vieles höchst lächerlich und überflüssig, was die Väter mit dem Namen der Tugenden ehrten. Eine züchtige Hausmutter, ein zärtliches Weib, eine treue Geliebte zu sein, war jetzt eine zu kleine Bestimmung der Weiber, auch sie sollten selbst den Schein dieser gleichgültigen Tugenden abwerfen und nach höheren Dingen streben. Und mit dieser Verachtung alles Scheins, aller Sitte des Anstandes ging auch der letzte Nagel los, der die gesellige Ordnung hält. Es ist doch besser, wenn das Laster noch so schämig ist, die Maske einer Tugend umzuhängen, die es nicht mehr hat; wo es in seiner eignen Häßlichkeit auftreten darf, da schämt sich selbst die Tugend und wird lächerlich.

Man rechnet jetzt über 30000 Mädchen in Paris, die der Franzose

Freudenmädchen nennt, weil sie nach dem Ausdrucke eines Zeitungs-
schreibers, der ihre Verteidigung übernahm, sich uneigennützig bloß
der Freude und dem Vergnügen des Publikums in ihren schönsten Jahren und mit allen ihren Reizen geweiht haben. Dieser Mann redete
ihnen auf eine recht naive Art das Wort. Er behauptete, der strenge
Ehestand mache nur Egoisten in der Gesellschaft, und mit einem so
alltäglichen Dinge, als der Leib ist, müsse man nicht so geizig sein.
Uneigennützigkeit, Gemeinschaft der Güter und Gaben sei das erste
Gesetz der Natur und Gesellschaft und führe die letztere zur höchsten
Bildung hinan. Er schloß mit der witzigen Bemerkung: «Vor 50 Jahren
wäre jede Hure noch rot geworden, sich einem Juden preisgegeben zu
haben; seitdem unsre Weiber auch bei den Juden liegen, ist die Nation
größer und menschlicher geworden.» Glück zu dieser Menschlichkeit
und Größe! die wird euch keiner beneiden. – Man kann diese ungeheure Zahl öffentlicher Weiber unmöglich in einen Topf werfen. Es gibt
eben so viele Klassen und Grade unter ihnen, als es deren in der Gesellschaft gibt, und es wird also nötig sein, dies bei der Beschreibung nicht
zu vergessen. Freudenmädchen heißt übrigens bei mir alles, was sich,
gleichviel, ob mit Wahl, oder ohne Wahl, öffentlich für Geld preisgibt
und aus dem Arm des einen in den des andern geht. Die einem einzigen
Manne angehören, oder sich auch verdungen haben, sei es selbst nur
auf eine bestimmte Zeit, wage ich in Paris nicht, Huren zu nennen.
Diese, deren Zahl gleichfalls nicht klein ist, werden mit einem feineren
Namen Mätressen und Freundinnen genannt. Wie es bei vornehmen
Türken eine Schande wäre, kein Harem zu haben, selbst nach dem Al-
ter der Spiele des Harems, so wäre es in Paris gleichfalls etwas sehr
Lächerliches, reich und hochansehnlich zu sein, ohne eine, oder einige
solcher lieben Kreaturchen zu unterhalten. Von Barras[8] bis zu dem
vermögenden Banquier und dem bereicherten Kommissar füttert jeder,
der es tun kann, so ein kleines Übel zum Spielen und man sieht die
Freundinnen dieser stolzen Parvenus in Kutschen und zu Pferde alle
Tage über die Boulevards und auf der Straße nach dem Hölzchen von
Boulogne und Versailles und St. Cloud traben; sie ersetzen ganz die
Stellen der Geliebten eines vormaligen Grafen von Artois und Calonne[9], obgleich sie vielleicht in nicht so großer Menge sind noch sein
dürften. Das Volk, das denn doch etwas freier und frecher im Munde
geworden ist, schreit solchen Triumphzügen, die über Deutschland und
Italien gefeiert werden, doch zuweilen mit einem übelklingenden
Worte nach, und ich hörte einmal ganz unfranzösisch auf dem Revolu-

tionsplatze einen mutwilligen Buben hinter Barras galoppierende Mätresse, die zwei Bedienten zu Pferde hinter sich hatte, schreien: Seht! seht ein Wunder! Barras Stute reitet auf Barras Hengst.[...]

Von den berühmten Namen [...] ist jetzt nichts mehr zu hören, so vergänglich ist der Ruf der Liebenswürdigkeit und Schönheit, und so hinfällig ihre kurze Blütezeit. Solche, die ein Graf von Artois mit allen seinen goldnen Ludwigs nicht erbitten konnte, die reich und stolz genug waren, ihr Herz oft für einen armen Kommis und hübschen Lakaien entscheiden zu lassen, und das edelste Blut Frankreichs und Europas mit 64 Ahnen und vollen Börsen aus ihrem Vorzimmer abzuweisen, solche kennt man jetzt nicht. Es sind in Vergleichung mit der alten Zeit äußerst wenige von den öffentlich Feilen, die ihr eignes Haus, oder wenigstens einen Stock in einem schönen und vorteilhaft gelegenen Hause bewohnen, und sich Equipage, Lakaien, Mädchen, Reitpferde, und den ganzen Glanz einer üppigen Wirtschaft halten, wie es sonst nicht selten war. Welche es jetzt so weit bringt, sich für beständig einen Mietkutscher und eine Remise bedingen zu können, hat ein großes Glück gemacht. Ich gebe die Ursachen dieser Veränderung, wie ich sie in häufigen Gesprächen mit denen, die in diesem Gewerbe Spekulationen machen, und also am besten darüber sprechen können, gehört habe, zumal da sie nicht ganz unwahrscheinlich aussehen. Gewöhnlich heben sie an über das zu klagen, von dem Viele meinen, daß es sie ehrlicher und ansehnlicher gemacht habe. Ach! die Revolution! ist immer das erste mit einem Seufzer begleitete Wort, das aus ihrem Munde kommt. «Wir haben keine Ducs, keine Marquis, keine Grafen und Barone, keine Erzbischöfe und Bischöfe mehr, die das Recht hatten, frohe und liberale Menschen zu sein, und ihre Schätze hier im Glanze des ersten Hofes von Europa zu verzehren. Alles das ist verarmt, oder verjagt, der alte schöne Ton ist hin, und das tolle Volk will wohl lustig und locker sein, aber alles ohne Pomp und Freude. Die Repräsentanten und alle Anhänger unsrer neuen Regierung können sie kaum halb ersetzen. Sie müssen nicht meinen, Bürger, als wenn sie der Weiber entbehren könnten; das kann ein Franzose nie; aber die verdammte Freiheit macht ihnen alles so leicht. Sie können neben ihren Frauen, zwei, drei Mätressen auf Extrastaat halten in eignen Palästen und vor aller Welt; das durfte man doch vormals aus Achtung vor den Würden, die man trug, und vor dem Hofe nicht. Alle diese Beischläferinnen und Frauen von der linken Hand rauben uns den Verdienst und den Glanz. Wir nahmen sonst, doch ein bißchen versteckter, ihre Stellen ein, und die kleinsten unseres Gewerbes bekamen durch die größten Ansehen und Ehre. Der verdammte Krieg macht uns ganz Europa zu Feinden, und wer weiß, ob der alte ritterbürtige Adel nicht auch künftig eine Stadt scheut, wo man alle Stammbäume und Geschlechtsregister verbrannt hat. Ach die reichen englischen Lords, die schwerfälligen und gutherzigen deutschen Prinzen und Barone, die Schweden, Russen und Polakken, kurz alle Europäer kamen hieher, um von uns seine Sitten und die Liebe zu lernen, die man nirgends, als in Frankreich findet.» [...]

Nach den eigentlich klassischen Huren also – mich dünkt dies Wort nicht unrecht, da ich einmal des Wörtleins *Klasse* mich bedient habe – kommen die von der zweiten, dritten und vierten Ordnung. [...] Über diese letzten drei Ordnungen ist nun auch das Losungswort Freiheit! Freiheit! nicht umsonst ausgeschrien. Man schreibe mir gottseligen und frommen Beschreiber also nicht als eine Frechheit des Gemütes und ein Wohlgefallen, solche Dinge auszumalen, zu, was ich bloß nach den Augen beschreibe. Wollte Gott, man könnte die meisten Romane, die leider auf den Tischen und Betten unsrer vierzehn- und sechszehnjährigen Töchter liegen, so unschuldig lesen als meine Beschreibungen; vielleicht, werden viele sagen, weil ihnen das Feuer fehlt. Sie sollen auch nicht zünden und verbrennen.

Also die zweite Klasse. Auch diese ist häufig niedlich und elegant wie die erste, sie lebt aber schon freier und offenherziger unter sich selbst und mit den Menschenkindern, denen sie ihre Gaben sehr augenscheinlich und handgreiflich zur Schau und zum Genuß darbietet. Die Grenzen fließen freilich bei den meisten Erdendingen nicht so scharf aus einander, als man sie gewöhnlich zeichnet, aber man muß doch einmal und irgendwo eine Grenze zeichnen. Das charakteristische Unterscheidungszeichen dieser beiden ist das vorhin angegebene der Wohnung und eignen Equipage. Diese Art ist schon zufrieden, wenn sie in einer guten und einträglichen Gegend ein Zimmer oder zwei, und ein Mädchen zur Bedienung haben, und allenfalls mal in einem Fiaker auch auf eigne Kosten fahren kann; denn sehr schlimm müßte es hergehen, und ihre Reize müßten schon sehr im Abnehmen sein, wenn sie nicht täglich einen Liebhaber, oder auch einen gefälligen und unterhaltungslustigen Fremden fände, der eine kleine Spazierfahrt inner- und außerhalb der Stadt mit ihr machte. Man findet in dieser zweiten Ordnung, die man schon die Ordnung für jedermann nennen kann, der einer mäßigen Zahlung gewachsen ist, unstreitig die hübschesten und jüngsten Mädchen, und die der ersten Klasse haben oft nichts weiter, als mehr Schlauheit und Witz, und vorzüglich mehr Schonung ihrer Reizungen und Liebenswürdigkeiten, voraus. Bei den ersten merkt man es nie, daß sie entgegenkommen. Man muß es gar nicht ahnen können, daß sie für Geld feil sind, welches sie auch nie als Bezahlung, sondern als Geschenk aus Freundeshänden nehmen. Man muß freilich um sie buhlen, und sie ergeben sich erst nach einer ordentlichen Belagerung; die gehörigen Approchen müssen gemacht, die Bresche muß geschossen, die Minen müssen gegraben sein, ehe sie das Segel streichen, das vielleicht schon tausendmal gestrichen ist. Aber diese hier machen es schon anders. Der Vogel muß sehr dumm sein, der sich bei ihnen auf Bedingungen und Werbungen einläßt, und dem sie das Spiel der frommen Unschuld und unerfahrenen Blödigkeit vormachen können. [...]

Wer tiefer angefangen hat oder gesunken ist, kommt selten wieder auf einen grünen Zweig, und wird, wenns hoch kommt, eine Hallen- oder Blumendame, oder eine Schwefelhändlerin, Putzmacherin, Vorsteherin einer Pensionsanstalt junger Mädchen, wie man hier manche sieht. Aus diesen armen Kindern geht noch manche als Mätresse und Beischläferin eines einzigen Mannes in eine ehrlichere Lage ein, oder kommt wohl gar noch unter die Frauenhaube, wenn das junge Blut sich soviel abkühlen kann, und ein günstiger Zufall von außen oder im Herzen ihr einen Anstoß gibt. Diese Freudenmächen des zweiten Ranges sind es, welche des Abends die besten Kaffeehäuser, die größeren Theater, die brillanteren Gärten und Promenaden lebhafter machen. Sie sind nur durch den Namen und einige Kleinigkeiten, auch durch die Kleinigkeit, daß sie gewöhnlich jünger und hübscher sind, von andern anständigen Bürgerinnen unterschieden. Ohne sie würde nur der halbe Jubel an solchen Orten sein.

Die dritte Klasse steht wieder um viele Stufen tiefer. Hier war noch Glanz und Pracht des Äußern und der Kleidung, hier noch das Gefühl, daß man noch nicht zu zittern braucht, woher man für morgen ein Frühstück und die Paar Sous zum Bade nehmen soll; hier war noch das, was der Deutsche bei einem solchen Geschöpfe Neigung, der Franzose eine Fantasie, einen Einfall nennt, oft den weniger versprechenden mitzunehmen, und den reicheren für dieses Mal gehen zu lassen. Aber bei diesen darf man selten etwas davon suchen. Ihre Lockungen sind durchaus grob und ekelhaft, ihre Stellungen im höchsten Grade gemein und unzüchtig, ihre Zudringlichkeiten abscheulich, und nur den gemeinsten und verworfensten Trieben gefährlich. Ihre Kleidung und Art sich zu tragen geht über das Schamlose oft hinaus. Diese müssen sich nur bei einem halben Lichte und von berauschten Augen sehen lassen. Alle Gauner, Spitzbuben, Tagdiebe, Spieler etc. stehen mit einigen von diesen in Verkehr, und in der Regel sind sie für Seele und Leib die gefährlichsten, obgleich auch die beiden vorigen Ordnungen oft schon ihre Klippen der Betrügerei haben, wie ich sie oben beim Spiel erwähnt habe, und die andern Klippen, woran jeder zu stranden fürchten muß, der sich in ein so gefährliches Fahrwasser einläßt. Hier wird die leichte Kleidung oft schon ärmlich und bedarf sehr der Dämmerung, alle Schimmer an derselben sind bloße Flitter, wie die Röte auf den Wangen und das Feuer in den Augen, wenn davon noch ein Fünkchen übrig ist. Doch haben sie noch das Auszeichnende, daß sie noch als Damen gekleidet gehen. Um das ganze Erbärmliche ihrer Lage zu fühlen, muß man sich den Spaß machen, mal ihre Wohnungen zu sehen. Gewöhnlich ist es ein elendes Dachstübchen oder Kämmerchen unter dem Dache, oder hinten auf dem Hofe in dumpfigen und engen Gassen, wo die Miete wohlfeil und die lebendige Gegend nicht zu entfernt ist. Herr Gott, wie sieht es da aus! Diese, die draußen die Augen noch gerne einbilden möchten, daß sie nicht ganz auf dem letzten Zahn beißen, sind hier ganz mit dem traurigen und schmutzigen Bilde ihres Gewerbes umgeben.

Meine *vierte Klasse* begreift endlich alles in sich, was noch unter diesen und unter aller Menschlichkeit liegt, den rechten Ausschuß dieses Ausschusses von Weibern, den Abschaum alles Schmutzes und aller Verworfenheit und Häßlichkeit. Das Gesindel, was ich hierzu rechne, kriecht nächtlich aus den unterirdischen Kellern, aus und unter den stehenden Buden, hinter den Schlupfwinkeln dunkler Gassen und Winkel hervor, und streckt die unreinen Krebsscheren nach einem Fang aus, und zieht sich mit diesem wieder zurück, woher es kam. Sie gehören unter die finstere Decke der Nacht, und jedes Auge, das sie sehen könnte, würde mit einem ewigen Abscheu gegen sie erfüllen. [...] Alte Weiber, zahnlos und mit stinkendem Atem, die lange Fleisch und Fisch verkauft und Branntwein gesoffen haben, und hinter denen das Palais Royal und die Freuden der Blütenzeit schon wie ein dunkler Traum zusammen fallen, versuchen hier noch zuweilen selbst ihr Heil, oder führen und beherbergen diejenigen, die entweder hier das unreine Handwerk anfingen oder bis hierher heruntergebracht sind. Die niedrigsten Gauner halten sich unter ihrer Kappe verborgen, und manche Spitzbuben in Weibertracht sollen unter ihnen hausen und die Gefangenen festhalten und ausplündern helfen. Diese indessen liegen fern von der hei-

teren und fröhlichen Pariser Welt, worin der Fremde sich gewöhnlich
herumtummelt. Nur der Zufall, oder die Absicht, sie zu besehen – dann
sei er aber nicht allein – kann einen rechtlichen Mann unter sie führen.
Durch die Lichter der helleren Straßen und der besuchteren Freuden-
plätze fliegen sie nur vorüber. –

Also auf der eigenen Hand treiben es die Freudenmädchen in Paris?
Das will ich durch das Bishergesagte nicht ausdrücklich gesagt haben.
Es ist dies nur so das Gewöhnliche, wie ich es bisher beschrieben habe.
Wer kann und wer mag alle die Arten der Unzucht wissen und schil-
dern, wie sie in großen und üppigen Städten getrieben wird? Auch auf
diesem Kampfplatze ist ein vielfaches Bild des Todes und der Verwun-
dung. Es fehlt auch hier nicht an Müttern, die ihre Töchter, und an
Tanten, die ihre Nichten verkuppeln und öffentlich antragen.

Leonhard Meister

Liebe und Fruchtbarkeit

Ich bin nicht der einzige Reisende, der bemerkt hat, daß man zu keiner
Zeit so viele schwangere Frauen in Paris sah, als man deren heut zu
Tage sieht. Allein unmöglich kann ich mir desfalls mit einigen Ihrer
neuern Philosophen den Schluß erlauben, daß die Liebe in Frankreich
dadurch sittlicher geworden ist. Sollte ich nach der Miene und dem
äußern Anstande der meisten dieser Damen mein Urteil fällen, so
würde ich weit eher Gefahr laufen zu glauben, daß noch weniger Zu-
rückhaltung, weniger Scham, weniger Zartgefühl da ist. Eine schwangere Frau hat, wie ich glaube, alle Reize ihres Geschlechts verloren,
wenn sie in diesem Zustande die Folgen der liebenswürdigsten
Schwachheit nicht durch ein neues Interesse, durch den sichtbaren
Charakter des Anstandes und der Würde zu verbergen weiß. Das habe
ich bei dieser Menge fruchtbarer Schönen, denen ich in allen Schauspielhäusern und auf allen öffentlichen Spaziergängen begegnete,
durchaus nicht gefunden. Die allgemeine in Meinungen und Sitten
herrschende Zügellosigkeit, das Ehescheidungsgesetz, die häusliche
Unabhängigkeit, so viele fortgeschaffte Hindernisse, so viele vernich-
tete Vorurteile, haben durchaus die Zahl der prekären Verbindungen,
welche an die Stelle der förmlichen Heirat getreten sind, vermehren,
und so den schnellen Zuwachs einer neuen Bevölkerung begünstigen

müssen. Aber die dauernden Resultate davon wird man erst in der Folgezeit sehen; es wird sich zeigen, ob das Schicksal der Kinder glücklicher, ihre Erziehung besser, die Ruhe und das innere Wohlsein der Familien allgemeiner und gesicherter sein wird. Viele Leute sind überzeugt, daß das allgemeine Elend und die lange Schreckensregierung nicht wenig zur Fruchtbarkeit des Augenblicks beigetragen haben; sie haben viele Haushaltungen, die sich sonst allen möglichen Zerstreuungen überließen, einander näher gebracht; sie haben eine große Zahl von Verbindungen, die bis dahin sehr schlaff waren, trauter gemacht. Man sah sich gezwungen, sich eingeschlossener und enger zu halten. Die Einsamkeit, die Furcht, die aus Mangel des Lichts so sehr verlängerten Nächte, scheinen die Seele noch mehr zu den süßen Ergießungen der Zärtlichkeit zu stimmen. Der Kummer und die Langeweile geben endlich allem, was uns zerstreuen kann, neuen Wert. Und das außerordentlich große Bedürfnis des Interesse, der gegenseitigen Liebe, der zärtlichen Gefühle, läßt uns dergleichen zuweilen bei Gegenständen, die dafür am wenigsten empfänglich zu sein schienen, vorfinden.

So viel ist gewiß, daß das schreckliche Leben, wozu man sich in den Gefängnissen genötigt sah, für die Liebe nicht vergeblich gewesen ist.

Leonhard Meister

Umwälzung der Kleidermoden

Die Tracht der Männer ist im Allgmeinen sehr einfach und vernünftig genug. Doch sieht man noch viele Kamisöler und lange Beinkleider; eine Kleidung, die vielleicht sehr bequem, aber doch auch nicht weniger schlecht und nachlässig ist. Noch bemerkt man eine große Menge Reitröcke, die bis zu den Fersen herabreichen und bis zum Knie zugeknöpft sind, mit ungeheuer großen Säbeln darüber, die an sehr engen Gürteln hängen; Halstücher die um den Hals gewickelten Bettüchern gleichen, und Schnurrbärte, die es verdienen, diese edle Livrei des Terrorismus zu haben.

Der Kleidung der Frauenspersonen gebricht es weder an Geschmack noch an Zierlichkeit; die breiten Schuhe machen den Gang weit sicherer, ohne ihn doch weniger leicht zu machen. Die unter dem Busen befestigten Gürtel haben etwas Einfaches und Antikes; sie verstatten dem wohl proportionierten Wuchse die Freiheit, die ganze Grazie des

Umrisses, die ganze Biegsamkeit der Bewegung zu zeigen; sie dienen zur Verheimlichung vieler verborgenen Fehler, und bringen das zum Vorscheine, was man sonst nur schwangern Frauen verzieh. Da indes heut zu Tage fast alle, die jüngsten und die häßlichsten sogar, schwanger sind, so ist dies noch ein Mittel mehr, nach der Mode oder nach der Tagesordnung zu erscheinen. Sogar mit den blonden, schwarzen, grauen Touren, von allen Farben, die ich höchst lächerlich zu finden glaubte, mußte ich mich aussöhnen; so wahr ist es, daß in dieser Art von Torheit eine Französin mit einer Art von Glück alles versuchen darf. Ihre blonden Perücken mildern das Harte und Abstechende der zu schwarzen Augenbrauen. Ihre braunen Perücken geben den zu faden Blondinen einen lebendigern und hervorstechendern Ausdruck; außerdem sind sie so künstlich gemacht, daß es fast nicht möglich ist, sie nicht für natürliche Haare zu halten. Die nackten Arme, und welche die Natur selbst dazu geschaffen hat, können unmöglich mißfallen; man muß sogar gestehen, daß es sich mit diesen neuen Nacktheiten so verhält, wie mit sehr philosophischen Ideen, wenn sie wirklich schön sind; der Reiz der Neuheit gibt ihnen des Zaubers noch mehr. Aber Sie können leicht denken, wertester Freund, daß es in der Welt, und in der durch die Revolution neugeschaffenen Welt, sehr viele Arme gibt, die dabei nichts gewinnen, wenn sie sich auch noch so sehr zeigen; und mir scheinen besonders die Hände, die von der Spitze des nackten Arms bis zu der Schulter mit Handschuhen bedeckt sind, etwas abgeschmackt zu sein.

In dem Zeitpunkte, wo ich *Paris* wieder gesehen habe, war der Anzug der Damen mehr ausgesucht, als reich. Ich habe keine Diamanten, wenige Perlen, wenige Goldstoffe, und das noch sehr leichte, gesehen. Spitzen machten, wie es mir schien, den größten Luxus aus; aber nur die Damen von der neuen Klasse der Reichen können sie tragen; denn sie waren zu einem außerordentlich hohen Preise hinaufgestiegen. [...]

Wie soll ich Ihnen, wertester Freund, alle die bunten Gestalten und die Kontraste, welche die Volksmasse, die sich heut zu Tage in den Straßen der unermeßlich großen Hauptstadt bewegt, zeichnen! Da sieht man außerordentlich geschmückte Damen, welche wahren Sansculotten den Arm geben; andere, die mit vieler Mühe ganz allein gehen, und die etwa verlegen sind, wenn sie ihre schönen Kleider, um sie nicht zu beschmutzen, bis zur Wade aufnehmen sollen; Frauen, die sehr einfach gekleidet sind, und die sich zuweilen beim äußern Scheine der Dürftigkeit durch die edelste und anständigste Haltung ihres Körpers auszeichnen; alte Geistliche, die ihre noch übrigen grauen Haare in einem Catogan tragen, und alte Krieger mit runden Haaren, die das Brot, das sie sich vom Bäcker ihrer Sektion geholt haben, nach ihrem Dachkämmerchen bringen; ehrwürdige Greise, die ihr ganzes Leben hindurch an den größten Wohlstand gewöhnt waren, und sich jetzt genötigt sehen, zu Fuße zu gehen; die von ihren ehemaligen Pächtern oder von ihren Bedienten mit dem Drecke ihrer Karriolen bespritzt werden, wenn letztere im Begriffe sind einen Handel von mehreren Millionen sehr geschwind zu schließen; ganze Schwärme neuer Krieger, deren unerhörtes Glück das Weltall zu verwüsten drohte, jetzt bleich und zerlumpt; Leute von niedriger Herkunft, die von der Tribüne herab heute dem ganzen Europa Gesetze vorzuschreiben scheinen, in der schmutzigsten und nachlässigsten Tracht; eine Tracht, die wegen der dreifarbigen Scherpe mit Goldfransen noch mehr ins Auge fiel; diese Leute sind darauf aus, sich unter dem großen Haufen zu verlieren; und doch entgehen sie, trotz ihrer Bescheidenheit, dem Spotte und noch weniger den Verwünschungen der Vorbeigehenden nicht.

Kaspar Heinrich Graf von Sierstorpff

Palais Royal
oder: Die Revolution im Warenhaus

Das untere Geschoß ist in Boutiquen, oder sogenannte Gewölbe, und in einen vor diesen herlaufenden breiten Gang mit offenen Bogen eingeteilt. Über diesem ist ein niedriges Entresol, wo größtenteils die in jenen ausstehenden Kaufleute wohnen; dann kommt das Hauptgeschoß, oder die *belle étage,* und über dieser noch ein niedriges Geschoß im Hauptgesimse. Unter dem flachen Dache sind Bedienten-Wohnungen und Vorrats-Kammern eingerichtet, und unter dem ganzen Gebäude geht ein hohes Souterrain her. In diesem, wie ein Ameisenhaufen zahlreich bewohnten prächtigen Gebäude, wird nun jedes Plätzchen sehr teuer vermietet, und zwar jetzt zu folgenden Preisen: Für jede Boutique, welche die Breite zwischen zwei Wandpfeilern, oder von zwei Arkaden einnimmt, werden jährlich 5000, für einige 6000 Livres, für das dazu gehörige Entresol 800 bis 1000, für die gleiche Breite im Hauptgeschoß

1800 bis 2000, fürs kleine Geschoß im Hauptgesims 600 bis 800 Livres bezahlt. Also werden für den Raum von zwei Arkaden zwischen 8200 und 9800, und von 180 solchen Arkaden die jetzt fertig sind, über 800 000 Livres eingenommen. Hierzu kommt noch die vierfache Reihe von Boutiquen in dem oben bemerkten Interimsgebäude, die teure Miete der Souterrains, der kleinen Boutiquen die unter der *Kolonade des Palais,* und die in den Nebengebäuden des Schloßhofes stehen, nebst sehr vielen Einnahmen für allerhand erteilte Erlaubnisse und Vorrechte, als für die Hazardspiele und dergleichen; so daß es wohl nicht zu hoch angegeben sein möchte, wenn man die sämtlichen Einnahmen von diesem an sich kleinen Platze auf anderthalb Millionen Livres anschlägt.

Nirgends in der Welt, auch selbst in London nicht, findet man in einem so prächtig eingerichteten Orte, einen so anhaltenden Zusammenfluß von Menschen, und eine solche ungeheure Menge feiner Waren zusammengebracht, und mit so vielem Geschmack und Reiz für den Käufer aufgestellt, als hier. Alles was man in der Art auf unsern deutschen Messen sieht, scheint dagegen armseliger Trödel zu sein, und so wie ungefähr der Auerbachshof in Leipzig sich gegen die Kirmesse in einer mittelmäßigen Landstadt ausnimmt, so würde er gegen dieses hier immerwährende Meßgewühl zu vergleichen sein. Vor allen zeichnen sich die Boutiquen aus, worin Gold, Silber, Uhren und dergleichen feinere Galanteriewaren, und die, worin Porzellan und feinere Möbel, als Bronzen, Uhren und dergleichen ausgestellt sind. Jene Waren stehen vor den Fenstern her auf geschliffenen Glasscheiben und geben also, wenn des Abends die Boutiquen mit Argandschen Lampen hell erleuchtet sind, einen doppelten Glanz. Sehr geschmackvoll und ganz allerliebst sind hier die Modeboutiquen im engen Verstande, nämlich solche, wo Damensputzwerk mit Blumen, Federn und dergleichen Tand ausgeziert, aussteht. Nichts kommt der ernsthaften, wichtigen, biegsamen, höflichen und anziehenden Geschwätzigkeit einer in solcher Boutique residierenden Putzhändlerin bei, wenn sie fremde Käuferinnen vor sich hat. Ihre Gehilfinnen, gewöhnlich hübsche Mädchen, reichen dabei ein Modewesen nach dem andern zu; man weiß es der Käuferin an den Leib zu bringen, und nach einem entscheidenden: *Mais, Madame, cela vous va à mérveille,* wird die Sache doppelt und dreifach so teuer bezahlt, als sie wert ist; besonders, wenn es auf die Guineen einer eben angekommenen zu modernisierenden Engländerin losgeht. Sehr oft habe ich solchem Handel mit Vergnügen zugehört,

und oft an Käuferinnen von verschiedenen Nationen ihren eigenen Na-
tionalschnitt und Geschmack ganz auffallend bemerkt. Bei solchen
werden dann gewöhnlich die verlegenen Waren angebracht, und je weiter sie von Norden herkommen, desto extravaganter und bunter werden sie bedient, wobei denn die schlauen Boutiquen-Mädchen ihre
Herzensfreude haben. Daß alle Waren im *Palais Royal* teurer als in der
Stadt sind, kann man leicht denken. Die Verkäufer nehmen es dort
nicht übel, wenn man ihnen viel weniger bietet als sie fordern, auch ist
dort selten ein guter Handel zu machen, und man muß sich nur daselbst
nach den Waren umsehn, und solche hernach in der Stadt oder bei den
Arbeitern selbst kaufen. In einigen dieser Boutiquen arbeiten Uhrmacher, Juvelierer, Goldarbeiter und dergleichen. Einige Arkaden sind zu
Kaffeehäusern und dergleichen eingerichtet worden, wovon *le Café du
Caveau, du Cercle, des Italiens* und *de Foix* die berühmtesten sind;
ersteres wegen seiner Lage am unteren Ende des Gartens, wo es in
einem Halbzirkel vorgebaut ist, und die meisten Menschen sich hin-
und hertreiben. Das letztere habe ich am meisten besucht, weil ich dort
die Hamburger Zeitungen und das beste Gefrorene fand. Während der
Revolution wurde hier eine Art Club, und auf einem dazu erhöhten
Sitze politische Vorlesung gehalten. In einigen Boutiquen findet man
auch mehrere Arbeiter zugleich wohnen. In einer dergleichen wohnen
drei vornehme Schuhputzer, die ihr Wesen auf eine sehr elegante Art
treiben, so daß es beinahe zum guten Ton gehört, sich von ihnen die
Schuhe abbürsten zu lassen. Sehr selten habe ich sie müßig gesehen,
man steigt dabei auf eine etwas höher stehende Bank, und erhält während des Schuhbürstens die Zeitung zu lesen.

In dem Hauptgeschoß sind Kaffeehäuser, Billarde und dergleichen
Belustigungsorte eingerichtet; dort wohnt auch einer der berühmtesten
Restaurateurs *Robert,* bei dem ich eine Zeitlang gegessen habe, bis ich
fand, daß man anderswo, zwar nicht von Silber, doch von Porzellan für
den halben Preis eben so gut aß. Wer hohe Hazardspiele liebt, findet sie
dort von allen Arten und dabei die feinsten und durchtriebensten Gauner, die, obgleich solche Spiele verboten sein sollen, sich mit den darauf
Einfluß habenden Gouvernementspersonen abzufinden wissen. Auch
sind in diesem Hauptgeschosse mehrere Zimmer an Fremde, an Künstler und an die vornehmeren Freudenmädchen vermietet, deren zweite
Klasse den größten Teil des oberen Geschosses einnimmt. Auch in den
gewölbten Souterrains gibt es noch mehrere Kaffeeschenken und Re-
staurationen der geringen Klasse, deren schreckliche Ausdünstungen

aus den Öffnungen die Luft in solchem Grade verpesten, daß man in den warmen Tagen mit dem größten Ekel vor diesen Öffnungen vorbeigeht. Unter diesen unterirdischen Kaffeehäusern ist in dem *du Sauvage,* wo der ehemalige Kutscher von *Robespierre,* als Wilder angezogen, bei der Musik die Pauken schlägt, das Gedränge am stärksten. Dieser Mensch soll sich in jenen Zeiten besonders damit abgegeben haben, gegen Zahlung Leute der geringeren Klassen als gefährliche Menschen anzugeben und durch falsche Zeugnisse unter die Guillotine zu bringen. Es gehört daher dieser Bösewicht unter die merkwürdigen Dinge, die jetzt jeder Fremde zu sehen sucht, und statt daß der Eigentümer der Kaffeeschenke sich schämen sollte, einen solchen Menschen zu dulden, erzählt er selbst von ihm die abscheulichsten Dinge, um sich damit noch mehr Gäste zu verschaffen. Hier sieht man häufig Bier trinken, was erst während des Revolutionskrieges unter der gemeineren Klasse von Franzosen so sehr zur Mode geworden ist, daß man jetzt in Paris mehrere förmliche Bierhäuser unter der Brabantschen Benennung von *Estamines,* voller Menschen, und solche darin so deutsch, als möglich zechen und schmauchen sieht. In einem anderen unterirdischen Kaffeehause, das den Namen *Café des aveugles* hat, spielen acht Musici aus dem Institute der Blinden, und in einem dritten ist der Wirt Citoyen Borel Bauchsprecher (*Ventrilogue*), der seine Gäste auf eine unterhaltende Weise zu necken und anzuführen sucht. In noch anderen werden kleine Komödien aufgeführt. So sucht man in Paris alles zu benutzen, und jedem Dinge einen neuen Anstrich zu geben, um Geld zu gewinnen.

Unter die vielen sehenswürdigen Dinge gehört im *Palais Royal* die Sammlung von Wachsfiguren in Lebensgröße, an welchen die auffallendsten Krankheiten des menschlichen Körpers besonders die als Folgen der Sittenverderbnis, vom ersten Anfange bis zum höchsten Grade derselben, mit der größten Genauigkeit äußerst natürlich dargestellt sind. Möchten doch allen jungen Leuten davon solche lebhafte Schreckbilder zurück bleiben, als mir diese noch mehrere Tage lebhaft gegenwärtig waren! Wenigstens sollten sie es sich zur Pflicht machen, dieses hier gerade am rechten Orte aufgestellte Cabinet zur moralischen Stärkung mehrmals zu sehen, wenn es ihnen unmöglich wird, den Reizen der allenthalben umherziehenden Nachtschönen zu widerstehen.

Das ehemals in der Mitte des Gartens gestandene Gebäude ist abgebrannt und jetzt ein großer Rasenplatz an seiner Stelle. Bei schönen Sommerabenden, wenn alle Boutiquen und Gastorte mit Argandschen

Lampen hell erleuchtet und alle Gänge mit Menschen angefüllt sind, scheint dies alles eine wahre Feenwelt, oder ein großer Vorsaal zum Himmel zu sein, in dem die Menschen aus allen Ständen, und von allen Nationen sich bis zur großen Audienz umhertreiben und jeder wie er es wünscht, Unterhaltung und Vergnügen findet. Es dauert hier abends gewöhnlich bis 10 und 11 Uhr, dann zieht man nach *Frescati, Tivoli*, und nach mehreren solchen Örtern. Allenthalben findet man es voller Menschen und sieht lauter Vergnügen um sich her; denn selbst der traurigste Franzose, der sich des Morgens ersäufen möchte, ist abends bei solchen Gelegenheiten guter Dinge; ein einziges *bon mot* heitert ihn auf, und er gibt dann sein bißchen Witz der Gesellschaft zum besten. Dabei geht es immer wie in den besten Gesellschaften zu, man hört kein lautes Wort, und obgleich ich täglich mehrere dergleichen öffentliche Orte besucht habe, so habe ich doch niemals darin eine unschickliche Unruhe, oder ein Zusammenlaufen bemerkt, bei dem die allenthalben bereitstehende polizeiliche Hilfe nötig gewesen wäre. Unter allen solchen Vergnügungsorten zeichnet sich das *Palais Royal* in der zahlreichen Versammlung der berühmten Freudenmädchen aus, deren darin, und in der Nähe desselben, über 400 umherziehen. Nach denen, welche unter dem Namen der *Entretenues* nicht ins große Publikum kommen, sind die im Palais Royal die vornehmsten, und so geht es bis zu der geringeren Klasse auf den Boulevards, im Range sowohl, als vom sittsameren zum unverschämteren Benehmen derselben herunter. Jene geben sich bis auf ihren standesmäßigen Anzug ganz das Ansehen einer ehrbaren Frau vom ersten Range und wissen jede anstößige Frage zwar auf eine sehr schnöde Art abzufertigen, sich aber doch immer wieder in allen Ehren zu nähern, wenn sie ihren Fang zu machen hoffen, weswegen sie denn auch die neuangekommenen *Mylords* mit weniger Strenge begegnen, und ihnen gern ihre mehre Zudringlichkeit zu gute halten. Findet aber ihr Antrag, sie in ihr Zimmer zu begleiten Gehör, so soll dann auch nichts die Animalität dieser Nymphen übertreffen. Unter den mehreren Hunderten die im *Palais Royal* herumflattern, sind einige wahrlich schöne Mädchen. Ihr griechischer, ganz durchsichtiger Anzug, den an dem schlanken Leibe nur ein leichter Gürtel unter dem offnen Busen einigermaßen fest hält, und ihr nachlässig scheinender, aber mit aller Toilettenkunst besorgter Kopfputz, macht sie dort abends bei der Argandschen Beleuchtung, noch um so reizender, und wenn sie dann mit einer unschuldigen Madonnenmiene, und aller nur von Französinnen erreichbarer Grazie umherziehen; so würde

ich es dem strengsten Asketen verzeihen, wenn er sie wenigstens lüstern
anguckte, oder wohl gar einmal hinterher stolperte, wie ich denn hier
dergleichen Szenen genug gesehen habe. Unter diesen Sirenen sind auch
einige Negerinnen, und was am meisten die hiesige Moralität bezeich-
net, Kinder, die kaum 13 Jahre alt sein mochten. Der junge Fremdling
muß hier wahrlich eine große Dosis von Moralität besitzen, wenn er
diesem sittenlosen Leben und seinem Verderben entkommen will;
denn selbst mit allem äußern Anstande kann er jene Bekanntschaften
und Besuche machen. In derselben Reihe von Zimmern wohnen hier
Künstler, Geschäftsmänner und moralische Menschen, neben jenen
höchst unmoralischen Geschöpfen, und selbst die eine Zeitlang in Paris
gewesenen Fremden, lassen es sich oft aus modigem Großtun angelegen sein, ihre ankommenden Landsleute vorgeblich zu modernisieren
und ihnen dazu die nötigen Bekanntschaften zu verschaffen. Aber auch
hier darf man sie nur auf das elende, bleiche Aussehen, und die ausge-
mergelten Knochen aufmerksam machen, mit welchen die jungen
Leute umhergehen, und ihre elende Figur durch den abscheulichen In-
croïableanzug noch ekelhafter machen. Leider macht aber die Mode-
sucht das alles schön, und der feinste junge Mann ist kaum in Paris
angekommen, so hängen ihm schon die fetten Haare vor den halb offenen blöden Augen her, und die Hose geht bis an den Hals, dann glaubt
er mit solchem incrojablen Unwesen genug getan zu haben, und in allem gehörig verfeinert zu sein.

Auch wird besonders im Auslande das *Palais Royal* als der Haupt-
schöpfungsort der neuen Moden angesehen, die denn freilich auf manche Weise hier verarbeitet werden. Indessen ist es doch hiermit nicht so,
wie man es in unserem, in diesem Fache zu sehr nachäffenden deutschen
Vaterlande sich vorstellt, wo jede Modegöttin glaubt, daß, sowie in
Paris eine neue Mode aufkäme, gleich alle Mützen, Röcke, Schleppen
usw, denselben Schnitt haben müßten. Nirgends werden so viele ge-
schmackvolle Moden ausgesonnen und abgeändert, aber auch nirgend
findet man so viele verschiedene Moden zugleich im Gange als zu Paris.
Man sucht darin mehr das Gefallende zu verschönern, als das genau
nachzumachen, was zuletzt Mode sein soll, und es ist in Paris einmal als
Gewohnheit angenommen, daß Leute von gewissen Jahren die Mode
behalten, die zu der Zeit, als sie die jüngern Jahre verlebt hatten, üblich
waren; daher sieht man oft in derselben Gesellschaft eine ganze Mo-
denchronologie zusammen, und selbst solche, wie wir sie bei uns nur
noch in bejahrten Familiengemälden antreffen würden. Überhaupt

sind alle Moden in Paris selbst viel weniger extravagant, als man sie in den französischen Provinzstädten, und gar bei uns nachmacht; auch einer Französin steht das alles bei ihrer natürlichen Gewandtheit viel besser an, und unsere deutschen Schönen möchten viel darum geben, wenn ihnen selbst den originellen Modekram nur einmal eine Pariser Putzmacherin aufsetzte. Griechisch, Ägyptisch, Türkisch, Orientalisch ist dermalen an der Tagesordnung. Während der Zeit, daß die französischen Helden Lorbeeren auf den wüsten Sandsteppen neben den Pyramiden in Ägypten errungen, mußten diese hier bei der Putzmacherei zu eben so unfruchtbaren Urbildern dienen, und jede Putzmacherin verarbeitet dies alles nun nach ihrem Wohlgefallen, und nach den Umständen wird bald dieser bald jener Teil des Körpers, mehr oder weniger bedeckt, hervor oder zurück gebracht. Überhaupt möchten aber wohl die orientalischen Mädchen mehr bedeckt einhergehen, als jetzt manche Pariserinnen und die, welche letztern nachäffen. Was die Mode der jungen Leute anbetrifft, so ist sie im ganzen bei weitem nicht so übertrieben, als in Deutschland, und ich habe sogar in Westfalen *Incroyables* gesehn, über die man in Paris als Karikatur lachen würde: doch stehen die Moden der Herren mit denen der Damen auch in Paris in Betreff des gefälligen Schönen in gar keinem Verhältnisse, und verlieren jene mit alle recht daran gesuchten Verunstaltungen gegen letztere zu sehr, die jetzt im griechischen Geschmack dem schönen Körperbau so sehr angemessen sind.

Wie ein jeder in und um den *Palais Royal* seinen Verdienst zu gewinnen sucht, läßt sich aus der fürs Publikum sehr bequemen Anstalt schließen, in der man sich für einige Sous eine der natürlichen Entledigungen verschaffen kann, die sonst wohl in nicht geringe Verlegenheit bringt; auch hier findet man alle dazu paßliche Aufwartung, und eine Reinlichkeit, die man in mancher Restauration vermißt.

Friedrich Schulz

Blutige Köpfe auf dem Tablett
oder: Die Revolution und das Kaffeehaus

Die *Kaffeehäuser* bilden den zweiten Versammlungspunkt für die Menge, die nicht bloß spazieren gehen, oder die sich nach dem Spazierengehen ausruhen will. Es sind ihrer sechs, die alle mehr oder weniger groß und glänzend, lebhaft oder minder lebhaft sind. Jedes hat seine festen Gäste, die in kein anderes gehen, und die man zu den gewöhnlichen Stunden des Morgens und Nachmittags, oft auch den ganzen Tag daselbst findet, und die den Stock der Gesellschaft ausmachen und den Ton angeben. So hat jedes sein eigenes Publikum und seine eigenen Lieblingsgegenstände für die Konversation.

Das stillste ist das Kaffeehaus *Valois,* unter den Arkaden des langen Flügels nach der Straße des *bons enfans.* Die Tische darin sind zwar immer besetzt, aber meist mit ältlichen Männern in seidenen Kleidern und mit Degen, die sich in bescheidene Gruppen zusammen ziehen, und langsam, ohne Erbitterung und Feuer sprechen und streiten. Ich habe sie immer für mich *die Stillen im Lande* genannt.

Rauschender und, die letzten Zeiten her, das rauschendste, ist das Kaffeehaus du *Caveau.* Lage, Größe und Alter (denn es war schon im alten Garten lange vorhanden) machen es hauptsächlich voll, lebhaft und berühmt. Es nimmt vier Arkaden ein, ist mit Marmortischen und mit großen Spiegeln prächtig verziert, welche die ganze Länge des Gartens mit allem, was darin wimmelt, zurückgeben. Vor den Arkaden im Garten hat dieses Kaffeehaus noch ein großes, sehr geschmackvoll gebautes und verziertes Zelt, unter und vor welchem noch eine Menge Tische und Stühle stehen, die, wie die im Saale selbst, nie leer werden. Man kann annehmen, daß es von morgens um neun Uhr an bis elf Uhr in der Nacht, die Mittagsstunden abgerechnet, die feste Zahl von zweihundert Menschen im Saal und unter dem Zelte hat. Acht Aufwärter sind in beständigem Fluge.

An dem Publikum dieses Kaffeehauses bemerkt' ich, als ich das erstemal in das Palais Royal kam, daß die Franzosen die alten Franzosen nicht mehr wären. Ich fand schon Zirkel in demselben, die über die Generalstände und die Obliegenheiten, Pflichten und Verhandlungen derselben mit einer Freimütigkeit und einem Feuer sprachen, das oft in wütendes Geschrei, Erbitterung und unanständige Heftigkeit überging. Noch zitterte man für die Sprecher oder lachte über sie; aber die zuhörenden Haufen in und vor demselben wurden immer bald von ihrem Feuer beseelt, und unter ihnen selbst standen neue Redner auf. So waren hier, schon zu Anfang des Junius, immer viel Hunderte von Menschen beisammen und ihre Menge stieg mit jedem Tage. Je größer sie ward, desto mehr Übergewicht bekam der Dritte Stand. Hier war man zuerst republikanisch.

Das Kaffeehaus de *Chartres*, das, wie das vorige, in dem Querflügel der neuen Anlage liegt und drei Arkaden nach dem Garten hinaus einnimmt, auf der anderen Seite aber in das prächtige Vestibül nach dem Eingange des Theaters des petits Comédiens steht, war immer ruhiger als jenes, und ist es auch geblieben. Das Publikum desselben besteht meist aus Fremden, besonders Deutschen und Engländern, die hier die Zeitungen ihres Vaterlandes und ihrer Landsleute fanden. Das politische Tun und Treiben der Pariser lag ihnen nicht so nahe als diesen, und sie sprachen und lachten nach ihrer Weise und ihrem Begriffe darüber. Es ist geschmackvoll verziert, und man wird eben so gut und schnell darin bedient, als in den übri-

Camille Desmoulins predigt Aufruhr im Palais Royal, 12. Juli 1789.

gen. Vor demselben außerhalb der Arkaden, im Garten, hat es auch eine Menge Tische und Stühle, und es ist nach dem Café du Caveau und de Foi das besuchteste im Palais Royal.

Das Kaffeehaus de la Grotte Flamande hat nichts Merkwürdiges, was die andern nicht mehr im großen hätten. Sein Publikum ist das geringste unter allen, die hier die Kaffeehäuser besuchen, sein Lokal das kleinste. Den Namen hat es von einer künstlichen Felsenkluft, die in dessen Kellergeschoß angebracht war, und die ein Restaurateur zum Sitze gewählt hatte. Sie ist eingegangen.

Aber das größte und lebhafteste unter allen Kaffeehäusern des Palais Royal ist das Café de Foi. Es nimmt sieben Arkaden ein. Die Säle sind mit Marmorplatten ausgelegt, und das Mauerwerk ist mit einem sehr feinen Tafelwerk und hohen und breiten Spiegeln bekleidet. Die Tische haben Platten von feinem angesprenkeltem Marmor, und die Tabourette sind mit rotem Manchester beschlagen. Vor demselben außerhalb der Arkaden an der Allee stehen Tische und eine unübersehliche Menge von Stühlen. Dieser Platz ist der Mittelpunkt des feinen Publikums, das hieher kommt, und Kaffee, Liqueurs, Limonade oder Eis braucht. Hier findet man des Morgens von zehn Uhr an Weiber aus der feinen Welt in geschmackvollen Negligés bei der Schokolade, und nachmittags von fünf Uhr an bis um zwölf bei dem Eise. Letzteres besonders liefert dieses Kaffeehaus in einer Vollkommenheit und Mannigfaltigkeit, die ich nirgends gefunden habe.

Alte Finanziers, Militärs und Magistratspersonen, Gelehrte, Geschäftsleute und Abbés, bilden die gründlichen Zirkel dieses Publikums, und junge Offiziere, Stutzer und Stutzerinnen jeder Art, die glänzenden. Unter ihnen sitzen alte Damen, schon zum Teil mit wackelnden Köpfen, die hier die Anbeter ihrer Jugend wieder finden, über die gegenwärtigen Zeiten, Menschen und Sitten sich aufhalten, und die vergangenen herausstreichen. In den Saal selbst geht kein Frauenzimmer; was sie brauchen, wird ihnen von den Aufwärtern herausgebracht.

Dies Kaffeehaus besitzt auch noch zwei der kleinen Pavillons im Garten selbst, seinem Lokale gegenüber. Dort ist die Fortsetzung des großen, und man trifft dasselbe Publikum darin an.

Bei der Revolution spielte dieses Kaffeehaus keine geringe Rolle. Vor derselben sprach darin, wie Sie denken können, alles für den ersten und zweiten Stand, während für den dritten im Café de Cauveau geraset wurde. Es war auch immer eine Art von Eifersucht zwischen beiden, und sie vereinigten sich eben so langsam, als die drei Parteien in der

Nationalversammlung selbst. Als aber die ersten zwei abgehauenen Köpfe durch das Palais Royal getragen wurden, trieb auch hier die Angst, wie zu Versailles, den ersten und zweiten Stand ohne Beding zum dritten; und ich erinnere mich wohl, daß, die ersten Tage nachher, das Kaffeehaus de Foi ungewöhnlich leer war. Die feurigsten Redner in demselben blieben weg, weil Gründe und Beredsamkeit nicht mehr entscheiden konnte, seitdem Köpfe kugelten. Nach dem ersten gewaltsamen Übergange kamen sie zurück, aber mit ganz andern Grundsätzen, weil doch einmal dem Menschen unter allem, was er nicht entbehren kann, der Kopf das unentbehrlichste ist. Nach der Zeit bildeten sich die Zirkel hier, welche Gesandte an die Nationalversammlung abschickten, Motionen machten und Paris wechselweise beruhigten oder aufregten: die Masse von Verstand, Erfahrung und Kenntnisse, die sie stellen konnten, behielt die Oberhand über die flammenden Ausbrüche des Bluts und Freiheitsdranges im Café du Caveau, und ihr Übergewicht war entschieden und ist es noch.

Das sechste und letzte Kaffeehaus ist das Italienische (Café Italien) und es ist eben so still und ruhig, als das Kaffeehaus Valois. Die Nation, für die es zunächst bestimmt ist, nimmt es auch meist ein, und es herrscht ein gewisser finsterer, gleichsam mißtrauischer Ton darin, der mir nicht gefiel, weshalb ich auch nur ein paarmal dahin gekommen bin.

Die Erstarrung der Revolution zur Feier

Georg Friedrich Rebmann

Das Leben ist Schauspiel

Es ist eine wahre Freude, hier die unendliche Menge von Schauspielen aller Art zu sehen, die sich für jede Menschenklasse darbieten. Vom Italienischen Theater an bis gegen die Vorstadt St-Antoine hin reiht sich ein Schauspiel an das andere, und wenn auch zwei Männchen, die Purzelbaum machen, alles sein sollte, was hier oder da zu sehen ist, so findet der Entrepreneur doch sicher ein Publikum an einigen Poissarden und Wasserträgern, das einige Liards für Circenses anwendet.

Die hiesigen größeren Schauspiele werden mir Stoff zu einem langen Briefe geben. Ich will hier nur ein kleines Gemälde der Welt auf den Boulevards geben und die Buden durchgehn, welche sich hier, nur natürlich in größerer Menge, ungefähr so aneinanderreihen wie auf dem Wege von Hamburg nach Altona. Alles hat man bei dieser Nation gewonnen, sobald man ihre Aufmerksamkeit durch etwas Auffallendes, Neues, Schreiendes zu reizen weiß. Alles muß in Phrasen gehüllt sein, und die nützlichste Erfindung, die beste Anstalt geht verloren, wenn in der Ankündigung gefehlt ist.

Daher hört man auch nirgendwo lächerlichere Annoncen als hier. Auf diesen Boulevards unter andern sah ich einen Mann, welcher mit einer großen Trompete umherging und eine fürs Vaterland äußerst wichtige Entdeckung ankündigte. Ich glaubte schon, er wolle eine neue Verschwörung bekanntmachen, und, siehe da! Es war, ich weiß nicht ob Gift oder ein Kraut gegen Ratten und Mäuse, was er feilbot. Wo in der Welt kündigt man das mit solchen Phrasen an als hier!

Quacksalber reiten und fahren, zur Ehre der Polizei, hier an allen Ecken und preisen ihre Ware an. Unter und neben ihnen stehn Bänkelsänger, welche erst immer den Inhalt jeder Strophe ihrer Romanzen ablesen und dann mit Begleitung einer Violine, die meistens von einem Blinden gespielt wird, absingen, Marionettenkrämer, Hunde-ballettmeister, optische Kästen etc. etc. Zwischen alle diesem Lärmen schreien die Journalverkäufer ihre Überschriften oder ihre Sitzungen der Räte in Vaudeville und die Freudenmädchen zischeln ihr «Bst! Bst!» dem Vorübergehenden in die Ohren. Während diese Ankündi-ger auf das *Gehör* der Vorübergehenden wirken, suchen andere dem Publikum ins *Gesicht* zu fallen. An allen Ecken stehen mit ellenlangen Buchstaben Annoncen von Instituten, von Banken, von Gesellschaf-ten, von Ärzten, von Anstalten gegen venerische Krankheiten. Alle fangen sonderbar an. Der eine betitelt seinen Anschlag: «Hilfe für die Menschheit», der andere: «Mittel, mit nichts reich zu werden», der dritte: «Nie kam eine Anstalt zu einer glücklichern Zeit». Unter allen anderen aber zeichnet sich ein gewisser Gaston-Rosnay aus, ein Scharlatan, der nur in Frankreich gedeihen kann. Dieser Mann hat ein Gymnase de bienfaisance errichtet, welches sehr viel Ähnlichkeit mit der in Deutschland ehemals bestandenen Dukatengesellschaft haben soll. Der Himmel weiß, warum die Regierung eine solche offenbare Betrügerei leidet! Um Aufsehen zu erregen, beklebt dieser Mann täg-lich alle Ecken von ganz Paris mit ungeheuren Zetteln, welche die närrischsten Überschriften haben, mit roter Farbe bestrichen sind, die vermutlich Blut vorstellen soll, und worin er unter drei bis vier Na-men sich heute als einen Betrüger entlarvt, um morgen unter seinem eignen darauf zu antworten. [...] Aus einer solchen Affiche [1] muß ich Ihnen etwas wörtlich übersetzen:

«Wenn die schändlichen Verleumder des Gymnasiums wüßten, was die unverbrennlichen Büchsen wären, Büchsen, welche mit Flor und Schachteln Europa erwärmen, die Ausgaben der Welt auf die Hälfte reduzieren und das Reich der Gesetze gründen, so würden sie be-schämt endlich ihre Lügen einstellen.

Sind es Arzeneien, sind es Pillen, sind es Mittel, deren Wirkung uns gewiß ist, welche das Gymnasium darbietet? Nein, es sind Schachteln und Flor, welche den Krieg längst geendigt, mehr als Hollands und Spaniens Flotten vermocht haben würden; Schiffe, die nie zu Grunde gehen, Schachteln, welche Europas Luft verbessern, die Weltteile glücklich machen und Republikaner, echte freie Bürger erzeugen wür-den.

Wenn Spanien, Holland, Italien und selbst Preußen, neugierig auf eine Anstalt solcher Art, Spione aufstellen möchten, was würden sie entdecken? Sie würden eine Bank entdecken, welche dem, der 5 Livres gibt, 1000, dem, der 10 Livres gibt, 10 000 und dem, der nichts gibt und bloß ein Sprachrohr wird, mit welchem sich das Gymnasium umgibt, Prämien des Goldnen Zeitalters, eine angenehme Existenz und ansehnliche Einkünfte verschafft, eine Bank, deren Etablissement nichts kostet, Schachteln, welche hunderttausend Menschen nähren, Kranken, die in den Spitälern durch mephitische Dünste leiden, das Leben retten, pyrotechnischen Flor, welcher in Europa, *ja selbst in Paris* alles Holz, alle Büros, alle Häuser entbehrlich macht, ohne doch den Holzverkäufern zu schaden, unvergängliche Schiffe, Büchsen, deren Einführung alle Müßiggänger beschäftigt und alle Menschen tugendhaft macht. Was wollen die Marats, die Robespierren, die Kinnbacken, die Schreier gegen das Reich der Gesetze, welches allein in der Nachwelt wiedergeboren werden wird? Wird man dann glauben, daß das Gymnasium allein durch Schachteln diese Wunder verrichtet und Europens Ruhe begründet hat!»

Sie werden glauben, daß ich ein Charivari Ihnen zum besten gebe. Allein ich liefere Ihnen bloß ein Stück eines Anschlags, der täglich in dieser Manier erneuert wird. Ich frage Sie, in welcher Stadt außer Paris ein Scharlatan durch diesen Unsinn irgend jemand locken würde, ihm Geld zu geben? Und dieser Gaston-Rosnay besitzt, wie ich höre, hier ein großes Haus und hat mehrere hunderttausend Livres von Leuten eingenommen, welche von diesen Schachteln das Heil der Welt und unermeßliche Einkünfte erwarten und ihm andere Narren zuführen, die ihm ihr Vermögen anvertrauen, um solche Anschläge zu bezahlen, für die er, wenn sie immer so schnell aufeinanderfolgen als während meines hiesigen Aufenthalts, jährlich gewiß zweihundert Louisdors an Druckpreisen ausgeben muß.

Haben Sie sich unter dieser Menschenklasse genug herumgetrieben, so ladet Sie Herr Curtius mit seiner berühmten Bude ein, worin Charlotte Corday und Mandrin, Robespierre und persische Könige, Venus und Mißgeburten in Wachs stehen. Merkwürdig sind hauptsächlich vier Köpfe: Robespierre, Carrier, Fouquier-Tinville und Herbois.[2] Herr Curtius versichert, daß er die abgeschlagenen Köpfe durch Geld vom Totengräber erhalten und sie sogleich in Wachs abgegossen habe. Mag dies auch falsch sein, so ist wenigstens soviel gewiß, daß die Physiognomien äußerst ähnlich sind. Die Nachahmung der Natur kann nicht weiter gehen. Robespierre hat die Binde um den Kopf, in welcher er zur Richtstätte geführt wurde, man sieht die Wunden, die er sich versetzt hat, und das Blut am Halse, als wenn der Kopf eben aus des Henkers Hand gekommen wäre.

Nicht weit von Herrn Curtius kündigte man in einer Bude seltsame Tiere an, welche wie Biber wären und sich bei Frankfurt, einer Ville *maritime* in Deutschland, aufhalten sollten. Diese Tiere waren nichts weniger als einige *Hamster* (o Franzosen! Franzosen!), die man halbgeschoren und denen man die Ohren verschnitten hatte, um sie unkenntlich zu machen.

Anderer solcher Herrlichkeiten nicht zu gedenken, führe ich Sie in das Theater des fameux Pentagoniens. Fünf kratzende Violinen und eine verstimmte Flöte machen hier das Orchester aus, Marionetten, die in ihrer Art nicht übel sind, das Schauspiel, und das Publikum besteht meist aus Leuten der Vorstadt St-Antoine, die ihren Weibern und Kindern einen guten Tag machen.

Die anderen Theater dieser Art, die hier aufeinanderfolgen, habe ich noch nicht besucht, ausgenommen der Variétés amusants, die schon zu einer besseren Klasse gehören und gleichsam den Übergang von den Schauspielen der schönen Welt zu den Volksbelustigungen machen. Hier wechseln Possen mit größern Stücken ab. [...]

In dieser Gegend sind auch viele sogenannte Fêtes champêtres, bei denen meist ein Feuerwerk die Hauptsache ausmacht. Der Feuerwerker der schönen Welt aber, Herr Ruggieri, der für sich halb und halb erträgliche, für die Nation aber erbärmliche Feuerwerke gibt, hat seine Feste jetzt in eine andere Gegend verlegt.

Ernst Moritz Arndt

Vom Verlust der Politik im Gaukelspiel

Zu diesem Revolutionsplatze ruft mich sein frohes Gewimmel und die natürliche Ordnung der Erzählung durch das Tor des Gartens unter den beiden gebäumten Rossen hin. Er ist der größte, lebendigste und am besten gelegene von allen Plätzen in Paris und auch der schönste, obgleich er vor zehn Jahren noch schöner war. Sein Name ist umgetauft: denn er hieß sonst der Platz Ludwigs des Fünfzehnten von einer Statue, welche man in seiner Mitte diesem Vielgeliebten auf einem hohen Postamente errichtet hatte. Als der Vandalismus die herrlichen Denkmäler der Zeiten Ludwigs des Vierzehnten auf dem Siegesplatze und dem Platze Vendôme zerschlug, als selbst der gute und treue König Heinrich der Vierte zertrümmert mit seinem ehernen Pferde vom *Pont neuf* in die Seine mußte, da war es freilich nicht mehr als Recht, daß man auch den Vielgeliebten herunterriß, der diesen Vandalismus durch seine Regierungssünden vorzüglich verschuldet hatte. Man hat so des Alten schon vergessen, daß Leute, die es wohl wissen konnten, sich schon in der Person des Königs irren, dem hier ein Monument errichtet war. Jetzt hat man auf dem erhabenen Fußgestell eine kolossalische Freiheit mit gebäumtem Speere aufgestellt, ein rohes Werk, das man nicht in der Nähe sehen muß.

Der Platz ist ein ansehnliches Quadrat. Rechter Hand stößt er an die herrlichen Gebäude, die vormals *les Gardes-meubles* hießen, wo jetzt aber das Marinedepartement ist, und zwischen diesen führt ein schöner Weg auf die Boulevards.

Die ersten zwei Dritteile der Gasse beobachten eine feste Ordnung, von welcher nicht abgegangen wird. Linker Hand nämlich stehen nur alte Weiber aus mit Blumen, Obst, Früchten, Gebackenem und Getränken, die von allen alten Weibern dieser Gattung in Paris nichts Ausgezeichnetes haben, als daß sie die teuersten sind nächst denen vor den Toren des Palais Royal. So sorgt diese Seite für die Kehlen und Magen. Der rechte scheint also mit ihr die Übereinkunft getroffen zu haben, die Ergötzung der Augen und Ohren auf sich zu nehmen. Ihre Gasse ist daher auch stattlicher und ansehnlicher. Wo jene nur ein Tischchen und ein Paar ärmliche Brettstühle mit einem kleinen Zeltlaken zu bedecken haben, da zeigen diese große Buden mit mehrern Gemächern und Zelte mit Vorhängen, Vorhöfen und einem Heiligen und Allerheiligsten. Doch wenn die linke Seite ihre Waren etwas hoch im Preise hält, so ist die rechte mit ihren Künsten desto billiger, und man kann für das mäßige Sümmchen von einem bis drei Sous, je nachdem man die Miene und den Rock trägt, zu allen ihren Herrlichkeiten und Heimlichkeiten zugelassen werden. Was aber diese Gasse für ein Tosen, Klingeln, Rufen, Lachen, Schreien, Fluchen und Locken hat, davon hat man keine Vorstellung. [...]

Die erste Bude hat ein stattliches Zelt, das prächtige Schildereien mit der Überschrift: *Proben außerordentlicher Stärke* ausgehängt hat. Ich ging ein und dachte, laß sehen, ob die Schildereien Wort halten. Mehrere Herren und Damen saßen für zwei Sous schon auf einer hölzernen

Bank; ich geriet neben eine hübsche Dirne, die mich warm genug hielt. Da kam ein kleiner Kerl mit aufgestreiften Beinkleidern und Hemdärmeln hervor mit einer Zigeunerphysiognomie und einer dreifarbig gestreiften Mütze, machte sein Kompliment dreimal, sprang einigemal seinen Kameraden über den Kopf, und rief dann: Geben Sie acht! was Sie nie gesehen haben und nie wieder sehen werden. Wir sperrten die Augen auf. Er nahm auf jede Hand einen rüstigen Kerl, bewegte sie langsam in die Höhe und hinterwärts, wie ein Tanzmeister, der seinen Schülern die Gelenke geschmeidig zu machen sucht, und schnellte dann die beiden mit Einem Schwunge in die Luft über unsern Köpfen, doch flogen sie nicht auf, sondern kamen jenseits des Tisches wieder auf den Beinen zu stehen. Nun nahm er den Tisch, nachdem sich vier Personen darauf gesetzt hatten, schob ihn gegen die Brust, faßte ihn mit den Zähnen und hielt ihn so empor, indem er mit jedem Arm noch einen Stuhl grade empor hielt, worauf ein Kind saß. Ich staunte und klatschte, sah noch eine Pyramide fünf Mann hoch – denn höher wollte sie das Zelt nicht erlauben – und ging zu seinem Nachbar.

Dieser hatte ein Puppen- und Hanswurstspiel öffentlich auf einem großen Tische, wozu er die Violine kratzte, seine Liederchen absang, Reden ans Volk hielt und das Spiel bewegte, alles dieses beinahe in einem Atem und in fliegender Bewegung, wie es nur ein Franzose kann. Der Schalk machte seine Sachen ganz leicht und kurzweilig, und hatte auch den Stoff meistens so gewählt, daß man gern einige Minuten vor seiner Bühne still stand, und ihm beim Gehen einige Sous hinwarf. Er spielte gewöhnlich Szenen aus dem Palais Royal, besonders die verliebten, sehr treffend und endigte nicht selten mit einer drolligen Vermahnung und Predigt an die Jünglinge und Mädchen, wobei er sich zum schöneren Spiele des Spiels gewöhnlich an die alten Weiber und Graubärte wandte, die grade vor ihm standen. Wer nicht Witz und Erfindungsgabe hat, bleibe aus Paris weg, selbst an den Stellen, wo der schlechteste Pöbel den Kranz um ihn macht.

Noch interessanter war sein Nachbar, der sich aber brüderlich mit ihm vereinigt zu haben schien, denn er spielte bloß die hohe Tragödie. Die Guillotine machte hier die Furien und Parzen und der Henker den Jupiter, der die Sprüche des Schicksals ausführt. Von diesen Nachrichten des Publikums und der öffentlichen Meinung habe ich oben bei dem berühmten Richtplatz schon weitläufig gesprochen. Dieser hier hatte nicht die neuesten Geschichten in eine Tragödie gebracht, sondern spielte noch alte und uralte, z. B. Esther und Ahasverus, Judith und

Holofernes etc. Aber selbst diesem Uralten wußte er ein Gewand- und eine Verkleidung zu geben, worin sie hier zum hunderttausendsten Male noch wieder neu und belustigend erschienen. Seine Judith – was darf man jetzt nicht mit den alten Frommen und Heiligen machen – erzählte vor dem Trauerspiele des Kopfabhauens ihrer Magd ihren Lebenslauf, der in erbaulichen Geschichten bestand, die sie als Aktrice, dann als Nymphe des Palais Royal, endlich als Nonne, und nach der Ernennung als politische Dame erlebt hatte. Wie viel war dabei für den Pöbel zu lachen. Das höchste Komische aber für dieses Auditorium ward die hohe tragische Szene, als sie sich in dem Entzücken über die Aussicht verlor, die Befreierin ihres Volks zu werden, und dann ausrief: «Aber ach! doch zittert mein Herz bei dem hohen Unterfangen – Anne, reicht mir meinen Nachttopf aus dem Sacke!» [...] Man sieht wohl, daß es auf einem so weitem Felde nie an Stoff fehlen kann. Auch die Tragödien Ludwigs des Sechszehnten, Marats und Robespierres habe ich noch in dieser Bude aufführen sehen. Diese waren aber schon zu alt, um noch Interesse zu erregen, und noch zu jung, um gehörig travestiert werden zu können. Man gähnt nur dabei, und unter Hunderten sind kaum fünfe, die dieses Blut- und Heldenspiel der letzten sieben, acht Jahre nicht an hundert Orten schon hundertmal gesehen hätten.

Folgt nun drittens ein Schattenspiel durch Spiegel hinter einem Teppich, mit zwei Violinen und einer Pfeife begleitet, die aber, statt anzulocken, eher die Gabe haben, alles, was Ohren hat, wegzujagen. Dieses Schattenspiel stellt immer die neusten Kriegsgeschichten (natürlich stete Siege über die Russen, Türken und Österreicher) vor, die ihnen ein schneller Farbenkleckser für ihre Spiegel fein bunt und grell zusammenpinselt. Deswegen fehlte es auch diesem Spieler nie an einer Versammlung, obgleich er nie unter drei Sous seine Oration hielt, und seine Bilder wandeln ließ. Er hatte auch noch gar saubere Bilder von Bonapartens Seezug gegen England, vorstellend, wie er mit seinen schwimmenden Ungeheuern die englische Flotte in Brand schoß, wie hier ein Schiff aufflog, dort eines unterging, dort eines die Segel strich, und wie die Engländer wie die Enten schwammen und wie die Vögel aus der Luft herabkamen, vorstellend, wie er landete, und den König und die Königin von England als Gefangene empfing, dann den triumphierenden Einzug in London; alle Weiber umarmten die Franzosen und schrien: *vive la France! vive la liberté!*

Friedrich Johann Lorenz Meyer

Die Nationalfeier als Leistungsschau

Paris.

Das gestern gefeierte Fest des republikanischen Neujahrstages ist, aller Wahrscheinlichkeit nach, *am ersten Vendemiaire*[3] zum letztenmal gefeiert worden. Die alte von den übrigen Nationen angenommene Zeitrechnung scheint mit dem ganzen Gefolge der Kalender-Heiligen ihrer Wiedereinführung nahe zu sein. Das erstere wäre wünschenswert; aber schlimm genug, wenn man es in Frankreich wieder zum Extrem des letztern brächte. – Durch die an den fünf Vorabenden des Festes, den Ergänzungstagen (*jours complémentaires*) angeordnete und noch fortdauernde öffentliche Ausstellung von Arbeiten der National-Industrie erhielt das Fest ein höheres Interesse, als es wenigstens für mich, der ich die Feier des 14ten Juli gesehen habe, gehabt haben würde. Alle diese Feste sind mit unbedeutenden Abweichungen einander völlig ähnlich. Aber die Ausstellung ist neu und glänzend, sowohl durch die vom Staat gemachte äußere Anordnung, als durch einen großen Teil der ausgestellten Sachen selbst. Der Plan zu der Anstalt ist gemeinnützig, und belebend für den Gewerbefleiß des Landes. Diese zweite Ausstellung kam der Absicht der Regierung schon um vieles näher, als die am vorigen Neujahrsfest veranstaltete erste: aber noch lange ist sie auch jetzt nicht erfüllt.

Im Verhältnis der Größe Frankreichs und seiner Industrie, ist die Teilnahme der Manufakturisten und Fabrikanten nur noch gering. Aus Paris selbst und aus den zunächst grenzenden Departementern, ist der größte Teil der ausgestellten Gegenstände und nur ein kleines Dritteil aus entferntern Gegenden Frankreichs. Von etwa zweihundertunddreißig gegenwärtigen Ausstellern wohnen über die Hälfte in Paris. Ich kann nicht untersuchen, ob bloß Neuheit der Sache, und Unbekanntschaft mit dem wahren Zweck der Regierung dabei oder Entfernung von der Hauptstadt, und die mit der Reise und dem Transport verbundenen Schwierigkeiten, oder ob Verkennung der Absicht der Regierung, Eifersucht der Departementer, und gar die unerträgliche gehässige Kälte und Gleichgültigkeit so vieler des großen Haufens gegen alle Einrichtungen der Regierung, die Ursache der bisher nur geringen Teilnahme der Departementer an dieser für alle wichtigen Anstalt sei. Vielleicht wirkt von allen diesen Motiven etwas hier zusammen. Das scheint auch die Regierung zu fühlen, und wird deswegen für die Zukunft noch mehr Reizmittel in den Plan des Ganzen legen, um diese allgemeinere Teilnahme dadurch zu befördern. Ein großer Jahrmarkt soll der Ausstellung angeknüpft werden, wodurch die entfernten Manufakturisten und Fabrikanten, bei dem Zusammenfluß der Fremden in Paris, neben dem reichlichen Ersatz ihrer Reisekosten, noch gewinnen und Bekanntschaft erwerben. Durch ansehnlichere Prämien, durch öffentliche Belobungen wird man, wie zum Teil schon jetzt geschieht, künftig noch mehr, neben dem Interesse, den Ehrgeiz und die Nacheiferung zu reizen suchen.

Mit vielem Glanz und mit Geschmack sind die äußern Einrichtungen der Ausstellung gemacht. Im Hofe des innern Louvres steht ein schnell errichtetes viereckiges Gebäude, eine Galerie mit vier Eingängen durch die Tore des Louvres. Hundertundacht ionische Säulen tragen ein mit allegorischen Figuren besetztes fortlaufendes Gesimse. Das Ganze ist wie Granit gemalt, und die acht Seitenwände der Eingänge sind mit Basrelief-Gemälden verziert. Zwischen den Säulen sind hundertundvier vorn offene Portiken, inwendig grün ausgeschlagen, vorn mit aufgefalteten dunkelblauen Vorhängen mit roten Fransen dekoriert und zugleich dadurch gegen die Sonne geschützt. Am Abend des ersten Ausstellungstages war diese schöne Galerie mit großen Kronleuchtern zwischen jedes Paar Säulen, mit Lampen, Dekorationen auf dem Platz und an dem obern Stockwerk des Louvres selbst, das über die Galerie hervorragt, trefflich erleuchtet. Zu diesem äußeren Glanz und Geschmack, um die ausgestellten Sachen dem Publikum vorteilhaft darzustellen, trägt noch die Kunst der Aussteller selbst in der Entwicklung und Gruppierung ihrer Waren vieles bei. Die französischen Boutiquiers sind Meister in dieser Kunst. — Mir war die Ansicht der von einer ernannten Jury gewählten Gegenstände dieser Ausstellung so interessant, als das geschäftige Leben der aus- und einströmenden Massen von Zuschauern, und die Beobachtung des Eindrucks, den die neue Anstalt auf sie machte. Doch ziemlich allgemein wird sie nicht für eine bloße nur auf neue Manier dekorierte Schaustellung des *Palais Royal* zur ephemeren Belustigung der Menge, sondern für das gehalten, was sie ist, für ein Mittel zur Beförderung der National-Industrie von unfehlbarem Nutzen für das Ganze.

Friedrich Johann Lorenz
Meyer

Aus der Frühzeit eines Rituals: der 14. Juli

Paris.

Das Bürgerfest des *vierzehnten Juli*[4] ist gefeiert; zwar nicht mit dem Geist und der Wirkung des Bundesfestes vor zwölf Jahren, aber doch mit vielem Pomp und mit Wohlbehagen aller, die daran Teil zu nehmen sich nicht schämten. Denn das scheint der Fall mit den höheren Pariser Bürgerklassen zu sein, die am Vorabend dieses Tages aufs Land fuhren. Andere von dieser Klasse, die nie weiß, was sie eigentlich will, sahen dem Feste eine Stunde beim Schluß zu, um es zu tadeln oder doch die Achseln drüber zu zucken. [...] Die jetzigen Volks-Feste sind im ganzen einförmig. Man warf dem Direktorium den Opernpomp in den Dekorationen und Aufzügen feiner Feste vor, aber es war doch Abwechslung, es war wenigstens dichterische und malerische Bedeutung darin. Alle Feste der jetzigen Regierung bestehen hauptsächlich im Illuminieren und in Feuerwerk. – Genug aber, wenn der große Haufe, für welchen sie bestimmt sind, sich daran freut:

Bundesfest der Franzosen, 14. Juli 1790.

es gehört die eiskalte Gleichgültigkeit der höheren Pariser Klassen gegen alles was geschieht dazu, um das gestrige Fest nicht gut angelegt, nicht abwechselnd und unterhaltend zu finden. Es ward von dem Volk, zwar ohne laute Äußerung der Freude, aber doch gemütlich und in ungestörter Ruhe und Ordnung genossen. Das war um so wohltätiger, nach allen den fatalen dumpfen Gerüchten, welche seit einigen Wochen in Paris umherschlichen, von einer an diesem Tage ausbrechenden neuen Revolution, Konterrevolution – die verhaßten Worte! – von einem großen Unternehmen, von der Proklamation eines neuen überflüssigen Titels des ersten Konsuls und – – kurz, geschehen sollte etwas, dem man selbst keinen Namen zu geben wußte. Da waren schon viele verdächtige Leute arretiert, andre entfernt, und eine Menge von vierzig, sechzig, ja hunderttausend, in Paris angekommen. Ich habe nie an eines dieser unzusammenhängenden Gerüchte geglaubt. Im Vertrauen auf Bonaparte, und auf einen heiteren Himmel – denn es regnete alle Tage – überließ ich mich, so leicht und kurz als möglich geschürzt, von morgens zehn Uhr, bis spät in die Nacht, dem Strom der flutenden Volksmenge in den elysäischen Feldern, dem Schauplatz des Festes. – Ich will versuchen, einige Hauptzüge des Festes zu zeichnen; und muß mit dem Vorabend beginnen. Freies Schauspiel in allen großen Theatern, große Volkshaufen warteten schon von morgens an auf die Öffnung der Türen, welches um zwei Uhr geschah. Gedränge von allen Seiten, auf den Bänken, an den Gängen und Logen. In diesen stand eine Reihe Taglöhner in kurzen Jacken auf den Vorderlehnen; zwischen ihren gespreizten Beinen steckten die Köpfe der Sitzenden durch. Bald wildes Gesumse, bald polternder Lärm allenthalben. [...] Die Unterhaltungen sind laut und allgemein. Der Lastträger in feiner erster Rangloge, sieht ein Fischweib auf dem entfernten Balkon und bietet der Freundin einen guten Tag! eine Gemüseverkäuferin im Parterre erzählt einer Blumennymphe droben in dem fast unsichtbaren Paradies eine Marktneuigkeit, und das Publikum wiehert Beifall. – Sowie aber der Vorhang in die Höhe rollt, herrscht tiefe Stille, die nur durch Beifallsklatschen der Kenner oder durch gewaltiges Lachen über witzige Einfälle unterbrochen wird. Unvermutet, und sehr willkommen, erschien mitten in dem Volkstumult, *Bonaparte* in seiner Loge in der Oper. – Gegen Abend drängten sich Hunderttausende zu Fuß, zu Wagen und zu Pferde nach den elysäischen Feldern, um die halbfertigen und die vollendeten Zubereitungen zu dem Fest zu sehen, die Tempel, Theater,

Amphitheater, Tanzsäle und Denkmäler. Vor allen reizte die Neugier der aus Wachsleinwand über ein Lattengerüst zusammengenagelte fünfzehn Ellen hohe Genius des Ruhms mit der Posaune, auf der Spitze eines von flachen Brettern an der Barriere von Chaillot oben am Fahrwege aufgetürmten Felsens, aus welchem die Vulkan-Explosion eines Feuerwerks hervorsteigen soll. — Der Friedenstempel auf dem größten freien Platz (*grand carré*) der elysäischen Felder ist von sehr edler Architektur und macht eine imposante Wirkung. Er ruht auf hundertundacht doppelt und dreifach gestellten, wie gelber Marmor gemalten dorischen Säulen. Seinen vier Fronten gegenüber, stehen Obeliske, Säulen und Trophäen den französischen Armeen gewidmet. Der große Platz auf der andern Seite (*Carré de Marigny*) ist ringsum mit großen und kleinen Theatern besetzt, — weiterhin sind Rennbahnen, Tanzsäle, Orchester. — Vom Marsfelde herüber donnerten Kanonen beim Untergang der Sonne und donnerten wieder, als sie am Festtage über Paris aufging.

Die Musterung der Konsulargarde war an diesem Tage aufs höchste glänzend. Die ganze französische Generalität in und um Paris in Galauniform, die Konsuln, die Minister und das Gefolge in voller Pracht. Um zwölf Uhr saß Bonaparte im großen Konsular-Kostüm — seine unvorteilhafteste Kleidung — zu Pferde! Wo er ging und ritt, begleitete ihn heute mehr wie sonst Geklatsche und der Zuruf: *vive Bonaparte!* Mit französischer Artigkeit nahm er aus den Händen sich ihm in den Weg stellender Frauenzimmer Bittschriften an, und reichte sie dem ihm immer zu Seite gehenden General Lannes. Desto militärischer verfuhren die wachhabenden Offiziere in den Sälen des Schlosses gegen die Zuschauer. Die Damen, so war das Kommando, sollten vor den Fenstern, die Männer hinterwärts stehen. Diese französische Galanterie ward mit Kolbenstößen und anderen Mißhandlungen ausgeübt, und als die Menge nicht augenblicklich gehorchte: *Soldats en avant!* kommandiert, und der größte Teil aus den Sälen vertrieben. «Ist es denn» fragte ich einen Soldaten der Garde, neben welcher ich stand, «ist es der Wille des Konsuls, daß rechtliche Leute in seinem Hause so gemißhandelt werden?» Der Soldat zuckte verständlich genug die Achsel, indem er auf seinen insolenten Offizier sah, der mit dem Anstand und den Ausfällen eines Knechts herumtobte. [...]

Zweiundzwanzig in den elysäischen Feldern verteilte Tanzplätze, jedes mit Orchestern von vierundzwanzig Instrumenten wurden eröffnet; aber zum Tanz ist das Pariser Volk noch nicht wieder elektrisiert, als es vordem war; es fehlt noch immer viel an der lauten Fröhlichkeit der sich sonst mit vollem Herzen freuenden Franzosen, an der Lust, öffentliche Feste ganz zu feiern. Davon sah ich ein frappantes Beispiel, das die innere Lage eines Teils des Volks, den leidenden Zustand, aus welchem es hervorgeht, und feine Mutlosigkeit beweiset: wohlbedächtlich verschweigen die Journale solche redende Züge, wenn sie die allgemeine Fröhlichkeit des Volks an seinen Festen ausschreien. Einer meiner Freunde fand, während das Fest in vollem Gange war, den Taglöhner seines Hauses ruhig an der Tür stehen. Warum, fragte er ihn, gehst du denn nicht mit deinen Kindern zum Tanz in die elysäischen Felder? «Ich habe kein Geld für dergleichen, aber hier vielleicht Gelegenheit einige Sous zu verdienen.» So, sagte sein Herr, hättest du mir nicht geantwortet, wie die Königin von Frankreich einen Dauphin geboren hatte. – «Hm! erwiderte der Taglöhner, jene Zeiten sind nicht mehr: damals konnten wir uns freuen, weil wir uns wohl befanden – jetzt sind wir noch krank.»

Wohlgeordnet war bei der Polizei des Festes die Einrichtung, die Volksmasse durch Verteilung der Schauspiele aller Art, auf verschiedene Plätze, zu zerstreuen, zu teilen, in beständiger Bewegung zu erhalten. – Die Eß- und Trinkwaren reizten auch den beißendsten Hunger, den brennendsten Durst nicht. Alle Genüsse hatten einen unreinlichen Anstrich. – Der Ermüdete mußte einen Platz zwischen den Füßen der Gehenden suchen. Die wenigen Mietstühle wurden mit achtfachen Preisen bezahlt.

Der Abend graute kaum, da flammten schon Pechkränze und Talgschalen, Lichter und Lampen in allen Teilen des Waldes. Nach einer halben Stunde war er ganz erleuchtet, mit seinen Tempeln, Pavillons, Sälen, Alleen und Plätzen. Alles glänzte in buntschimmernden Feuern, diesseits und jenseits der Seine. Dort, am Ausgang der National-Brücke, erhob sich vor der Fassade des Saals des *Corps legislative* ein herrlich erleuchteter Siegestempel, mit Sinnbildern, Altären, Statuen, Trophäen, Denkmälern und Namen der Heerführer, der Armeen, der Kriegstaten und Eroberungen. – Wohltätiger war im Walde selbst der Anblick des vorerwähnten Friedenstempels, der in einer mit großer Kunst des Malerischen geordneten innern Beleuchtung mit Kronleuchtern, einem transparenten Feenpalast der Fabel glich. Auf dem weiten Platz umher brannten Pyramiden, Orangebäume, durch Laternengehänge miteinander verkettet. Wie in einer abstrahlenden Glorie verklärt stand auf diesem schönen Platze der Tempel des Friedens. Das *Conservatoire* der Musik führte darin rauschende Chöre, Friedenshymnen, Triumphsymphonien von Gluck, Gossec, Lesueur, Mehal[5] auf. Der erste Paukenschlag der beginnenden Symphonie von Gluck war das Signal zur allgemeinen Stille der wenigstens fünfzigtausend auf dem großen Platz versammelten Menschen. Selbst der zarteste Ton der Instrumente war hörbar. Alles horchte den Harmonien; und dem Plaudern ward Stille geboten, wenn es einer wagte, Störer dieser Ruhe zu sein, die selbst von der Natur begünstigt ward: es war der stillste Abend dieses Sommers. – Nicht weit von meinem Platz stand eine Gruppe Husaren. Sie sprachen laut, und klapperten mit ihren Säbeln. *Silence* ward gerufen: die Herren kehrten sich nicht daran. [...]

Ein krachender Meteor erschien plötzlich feuersprühend über dem Tempel. Ein großer mit Feuerwerk gefüllter Ballon, war in einer andern Waldgegend aufgestiegen, und entlud sich erst hoch in der Luft. Es war der schönste Augenblick dieser Nacht. Der Wald, die Stadt, die weite Gegend umher, war von der starken Explosion hell erleuchtet; der lodernde Luftkörper zerplatzte mit tausend Feuerkugeln und Raketen an der finstern Folie des nächtlichen Himmels. – Dagegen war das nun folgende sogenannte große Feuerwerk ein kleinliches Schauspiel. Zwischen der Theaterdekoration von bretternen Felsen stiegen Raketen, Lichtkugeln und Bomben lange einzeln hervor; ein Moment, es war der letzte des Festes, die Explosion des Vulkans, machte einige Wirkung. Während dieser langen Stunde des Feuerwerks drängte sich die Volksmasse zum Ersticken auf dem Fahrwege, in dessen Aufsicht das Feuerwerk aufstieg. [...]

Die sehr verzeihliche, aber bei solchem Gedränge gefährliche Gewohnheit der Pariser, ihre Kinder, groß und klein, mitzuschleppen, machte eine sehr humane Maßregel der Polizei notwendig. In einem der Seitengänge des Waldes war ein Büro für *verlorene Kinder* errichtet. Die vielen sich verirrenden und nun nach den verlorenen Eltern winselnden Kinder wurden in diese Polizeibude gebracht, wo die Eltern sie wieder zu finden wußten.

Merkwürdig war die allgemeine ungestörte Ruhe und Ordnung, die während des ganzen Tages unter der ungeheuren Masse von Menschen, welche ohne Übertreibung auf mehr als eine halbe Million anzuschlagen ist, herrschte. Nur ein Trieb, eine Begierde, die *zu sehen*, beseelte alle. Keinen Zank, kein Diebsgeschrei hörte man; empfand kein mutwilliges Gedränge; man sah selbst keinen Betrunkenen und würde das letztere dem wirklichen Genuß des Vergnügens am liebsten verziehen haben. Die Ordnung herrschte unter den Zuschauern durch sich selbst, ohne Erinnerung durch angeschlagne Plakate, ohne Zwang der Bajonette, die an dem Tage unsichtbar waren. In sehr gesuchten Ausdrücken sprechen die heutigen Journale von der Stille bei dem Fest, das sie keiner andern Ursache zuschreiben, als dem vollen Genuß der dem Volk gegebenen Freude. «Das Vergnügen selbst, sagt ein Journalist, hatte die Vorsorge übernommen, welche Unfällen vorbeugt. Allenthalben sah man den lärmenden Tumult der Fröhlichkeit, aber eben so auch die ruhige Wachsamkeit guter Ordnung, welche den Genuß des Vergnügens sichert und erhöht. – Die Kunst hatte ein neues Elysium in das alte (*champs elysées*) hineingezaubert. Gänzliche Vergessenheit des Vergangenen, tiefe Sicherheit bei der Gegenwart, süße Hoffnungen von der Zukunft, gänzliche Entfernung aller Unruhe, aller Furcht – war die *Seele des Festes*. Das Fest habe drei Millionen gekostet, sagen die Leute, welche die Freude nach Talern schätzen, und beim Sinken des Geldwertes gewinnen. Das Fest, versichern wir, hat nicht mehr als dreihunderttausend Franken gekostet.» u. f. w. [...]

Es war nach Mitternacht, als ich den großen Sammelplatz verließ, wo die Tanzorchester fortfuhren, für wenige Tanzende zu spielen. Trefflich erleuchtet sah ich noch den Eintrachtsplatz, den Marinepalast und mehrere Hotels jenseits der Seine. Selbst die unförmliche National-Säule machte erleuchtet bis an die Spitze, die von Pechpfannen loderte, eine schöne Wirkung aus der Ferne. Die Seiten des langen Weges von der Barriere der elysäischen Felder bis auf diesen Platze hin glichen, mit ihren brennenden Pyramidal-Formen, zwei feurigen Mauern, die an diese Feuersäule zusammenstießen. – Der enge Durchgang in den Tuleriengarten war nicht ohne Gefahr. Die ganze Menschenmasse mußte sich gegen das einfache Gittertor hin zusammendrängen, um hindurch zu kommen. Man ward in dem Gedränge fortgetragen. Irgend eine zufällige Stockung im Tor oder ein durch Unruhestifter angelegter Lärm auf dem Platz, wäre in einem Augenblick für viele tödlich geworden. Es gab einen solchen kurzen Augenblick, wo Geschrei in dem eng gepreßten Haufen entstand, der mich mit Angst an die bekannte gräßliche Szene am Abend der Vermählungsfeier Ludwig 16. erinnerte. Nach dem Feuerwerk auf diesem Platz wurden in der Gasse zwischen den Mauern des jetzigen Marinepalastes – damals (*Garde des Meubles*) dreihundert Menschen durch eine plötzliche

Stockung in dem Gedränge der Weggehenden erstickt. – Wie wohl ward mir, als sich die drängende Masse durch das Gittertor hindurch gearbeitet hatte, und ich frei in den Tulerien-Garten hinausschweifen konnte. Auch dieser Garten und der Palast der Regierung war herrlich erleuchtet. Desto sparsamer aber brannten einzeln die Lichter und Lampen an den Fenstern oder über den Türen der Privathäuser in Paris, die dem Befehl zu illuminieren schlecht gehorchten. Ein Pariser Journal merkt an, daß in der Straße Lazare eine Wäscherin die Fenster ihres dritten Stocks schön erleuchtet hatte, während an dem ganzen Palais ihres Nachbarn, eines Millionärs, nur acht Lampen brannten. Feierlich war die nächtliche Stille in allen Gassen in einer Stunde, wo in dem entferntern Teil ganz Paris noch auf den Beinen stand. Alles Fahren hatte die Polizei verboten. Das war eine Behaglichkeit dieses Tages mehr, mir aber der Eintritt in mein stilles Zimmer um zwei Uhr nach Mitternacht über alles behaglich.

Heinrich von Kleist

Die vergessene Revolution
oder: Ein deutscher Dichter an einem ekelhaften Ort

Seit 8 Tagen sind wir nun hier in Paris, und wenn ich Ihnen alles schreiben wollte, was ich in diesen Tagen sah und hörte und dachte und empfand, so würde das Papier nicht hinreichen, das auf meinem Tische liegt. Ich habe dem 14. Juli, dem Jahrestage der Zerstörung der Bastille beigewohnt, an welchem zugleich das Fest der wiedererrungenen Freiheit und das Friedensfest gefeiert ward. Wie solche Tage würdig begangen werden könnten, weiß ich nicht bestimmt; doch dies weiß ich, daß sie fast nicht unwürdiger begangen werden können, als dieser. Nicht als ob es an Obelisken und Triumphbogen und Dekorationen, und Illuminationen, und Feuerwerken und Luftbällen und Kanonaden gefehlt hätte, – behüte. Aber keine von allen Anstalten erinnerte an die Hauptgedanken, die Absicht, den Geist des Volks durch eine bis zum Ekel gehäufte Menge von Vergnügen zu *zerstreuen,* war überall herrschend.

Denken Sie sich in der Mitte zwischen drei Hügeln, auf einem Flächenraum von ohngefähr einer Quadratmeile, einen Haufen von übereinandergeschobenen Häusern, welche schmal in die Höhe wachsen, gleichsam den Boden zu vervielfachen, denken Sie sich alle diese Häuser durchgängig von jener blassen, matten Modefarbe, welche man weder gelb noch grau nennen kann, und unter ihnen einige schöne, edle, aber einzeln in der Stadt zerstreut, denken Sie sich enge, krumme, stinkende Straßen, in welchen oft an einem Tage Kot mit Staub und Staub mit Kot abwechseln, denken Sie sich endlich einen Strom, der, wie mancher fremde Jüngling, rein und klar in diese Stadt tritt, aber schmutzig und mit tausend Unrat geschwängert, sie verläßt, und in der in fast grader Linie sie durchschneidet, als wollte er den ekelhaften Ort, in welchen er sich verirrte, schnell auf dem kürzesten Wege durcheilen – denken Sie sich alle diese Züge in *einem* Bilde, und Sie haben ohngefähr das Bild von einer Stadt, deren Aufenthalt Ihnen so reizend scheint.

Verrat, Mord und Diebstahl sind hier ganz unbedeutende Dinge, deren Nachricht niemanden affiziert. Ein Ehebruch des Vaters mit der Tochter, des Sohnes mit der Mutter, ein Totschlag unter Freunden und Anverwandten sind Dinge, dont on a eu d'exemple, und die der Nachbar kaum des Anhörens würdigt. Kürzlich wurden einer Frau 50 000 Rth. gestohlen, fast täglich fallen Mordtaten vor, ja vor einigen Tagen starb eine ganze Familie an der Vergiftung; aber das alles ist das langweiligste Ding von der Welt, bei deren Erzählung sich jedermann ennuyiert. Auch ist es etwas ganz Gewöhnliches, einen toten Körper in der Seine oder auf der Straße zu finden. Ein solcher wird dann in einem an dem Pont St. Michel dazu bestimmten Gewölbe geworfen, wo immer ein ganzer Haufen übereinander liegt, damit die Anverwandten, wenn ein Mitglied aus ihrer Mitte fehlt, hinkommen und es finden mögen. Jedes Nationalfest kostet im Durchschnitt zehn Menschen das Leben. Das sieht man oft mit Gewißheit vorher, ohne darum dem Unglück vorzubeugen. Bei dem Friedensfest am 14. Juli stieg in der Nacht ein Ballon mit einem eisernen Reifen in die Höhe, an welchem ein Feuerwerk befestigt war, das in der Luft abbrennen, und dann den Ballon entzünden sollte. Das Schauspiel war schön, aber es war vorauszusehen, daß wenn der Ballon in Feuer aufgegangen war, der Reifen auf ein Feld fallen würde, das vollgepfropft von Menschen war. Aber ein Menschenleben ist hier ein Ding, von welchem man 800 000 Exemplare hat – der Ballon stieg, der Reifen fiel, ein paar schlug er tot, weiter war es nichts.

Zwei Antipoden können einander nicht fremder und unbekannter sein, als zwei Nachbarn von Paris, und ein armer Fremdling kann sich gar an niemanden knüpfen, niemand knüpft sich an ihn – zuweilen gehe ich durch die langen, krummen, engen, schmutzigen, stinkenden Straßen, ich winde mich durch einen Haufen von Menschen, welche schreien, laufen, keuchen, einander schieben, stoßen, umdrehen, ohne es übelzunehmen, ich sehe einen fragend an, er sieht mich wieder an, ich frage ihn ein paar Worte, er antwortet mir höflich, ich werde warm, er ennuyiert[6] sich, wir sind einander herzlich satt, er empfiehlt sich, ich verbeuge mich, und wir haben einander vergessen, sobald wir um die Ecke sind – Geschwind laufe ich nach dem Louvre, und erwärme mich an dem Marmor, an dem Apoll von Belvedere, an der Mediceischen Venus, oder trete unter die italienischen Tableaus, wo Menschen auf Leinwand gemalt sind –

Übrigens muß man gestehen, daß es vielleicht nirgends Unterhaltung gibt, als unter den Franzosen. Man nenne einem Deutschen ein Wort, oder zeige ihm ein Ding, darauf wird er klebenbleiben, er wird es tausendmal mit seinem Geiste anfassen, drehen und wenden, bis er es von allen Seiten kennt, und alles, was sich davon sagen läßt erschöpft hat. Dagegen ist der zweite Gedanke über ein und dasselbe Ding dem Franzosen langweilig. Er springt von dem Wetter auf die Mode, von der Mode auf das Herz, von dem Herzen auf die Kunst, gewinnt jedem Dinge die interessante Seite ab, spricht mit Ernst von dem Lächerlichen, lachend von dem Ernsthaften, und wenn man dem eine Viertelstunde zugehört hat, so ist es, als ob man in einen Kuckkasten gesehen hätte. Man versucht es, seinen Geist zwei Minuten lang an einem heiligen Gegenstand zu fesseln: er wird das Gespräch kurzweg mit einem ah ba! abbrechen. Der Deutsche spricht mit Verstand, der Franzose mit Witz. Das Gespräch des erstern ist wie eine Reise zum Nutzen, das Gespräch des andern wie ein Spaziergang zum Vergnügen. Der Deutsche geht um das Ding herum, der Franzose fängt den Lichtstrahl auf, den es ihm zuwirft und geht vorüber.

Zwei Reisende, die zu zwei verschiedenen Zeiten nach Paris kommen, sehen zwei ganz verschiedene Menschenarten. Ein Aprilmonat kann kaum so schnell mit der Witterung wechseln, als die Franzosen mit der Kleidung. Bald ist ein Rock zu eng für einen, bald ist er groß genug für zwei, und ein Kleid, das sie heute einen Schlafrock nennen, tragen sie morgen zum Tanze, und umgekehrt. Dabei sitzt ihnen der Hintere bald unter dem Kopfe, bald über den Hacken, bald haben sie kurze Ärme, bald keine Hände, die Füße scheinen bald einem Hottentotten, bald einem Sineser anzugehören, und die Philosophen mögen uns von der Menschengattung erzählen, was sie wollen, in Frankreich gleicht jede Generation weder der, von welcher sie abstammt, noch der, welche ihr folgt.

Seltsam ist die Verachtung, in welcher der französische Soldat bei dem französischen Bürger steht. Wenn man die Sieger von Marengo mit den Siegern von Marathon, und selbst mit den Überwundenen von Cannä vergleicht, so muß man gestehen, daß ihnen ein trauriges Schicksal geworden ist. Von allen Gesellschaften, die man hier du ton nennt, sind die französischen Helden ausgeschlossen – warum? Weil sie nicht *artig* genug sind. Denn dem Franzosen ist es nicht genug, daß ein Mensch eine große, starke, erhabene Seele zeige, er will auch, daß er sich zierlich betrage, und ein Offizier möge eine Tat begangen haben, die Bayards oder Turennes würdig wäre, so ist das hinreichend, von ihm zu sprechen, ihn zu loben und zu rühmen, nicht aber mit ihm in Gesellschaften zu sein. Tanzen soll er, er soll wenigstens die 4 französischen Positionen und die 15 Formeln kennen, die man hier Höflichkeiten nennt, und selbst Achilles und Hektor würden hier kalt empfangen werden, weil sie keine éducation hatten, und nicht amusant genug waren.

Eine ganz rasende Sehnsucht nach Vergnügungen verfolgt die Franzosen und treibt sie von einem Orte zum andern. Sie ziehen den ganzen Tag mit allen ihren Sinnen auf die Jagd, den Genuß zu fangen, und kehren nicht eher heim, als bis die Jagdtasche bis zum Ekel angefüllt ist. Ganze Haufen von Affichen laden überall den Einwohner und den Fremdling zu Festen ein. An allen Ecken der Straßen und auf allen öffentlichen Plätzen schreit irgendein Possenreißer seine Künste aus, und lockt die Vorübergehenden vor seinen Kuckkasten oder fesselt sie, wenigstens auf ein paar Minuten, durch seine Sprünge und Faxen. Selbst mit dem Schauspiele oder mit der Oper, die um 11 Uhr schließt, ist die Jagd noch nicht beendigt. Alles strömt nun nach öffentlichen Orten, der gemeinere Teil in das Palais Royal, und in die Kaffeehäuser, wo entweder ein Konzert von Blinden, oder ein Bauchredner oder irgendein andrer Harlekin die Gesellschaft auf Kosten des Wirtes vergnügt, der vornehmere Teil nach Frascati oder dem Pavillon d'Hannovre, zwei fürstlichen Hotels, welche seit der Emigration ihrer Besitzer das Eigentum ihrer Köche geworden sind. Da wird dann der letzte Tropfen aus dem Becher der Freude wollüstig eingeschlürft: eine prächtige Gruppe von Gemächern, die luxuriösesten Getränke, ein schöner Garten, eine Illumination und ein Feuerwerk – Denn nichts hat der Franzose lieber, als wenn man ihm die Augen verblendet.

8
Napoleon: Befreier oder Totengräber der Revolution?

Friedrich Johann Lorenz Meyer
Das Privatleben eines Friedensstifters

Bonapartes Privatleben – wenn ein dem Staat ganz gewidmetes Leben so genannt werden kann – ist äußerst einfach, aber voll Mühe und übermäßiger Anstrengung. Sein Tag besteht in vierzehn beinahe ununterbrochnen Arbeitsstunden. Nur kurze Zeit gibt er dem Schlaf und den Erholungen. Er ißt mäßig und schnell; trinkt aber, besonders bei nächtlicher Arbeit, viel starken Kaffee. – «Diese Art zu leben», soll Gorvisart sein Arzt, ihm unlängst gesagt haben, «wird Ihnen gefährlich werden; lange kann das nicht dauern.» – Wie lang denn wohl? fragte *Bonaparte*. «Vielleicht noch drei Jahre.» – Nun, so viel ist mir auch völlig genug, versetzte er. – Während der Erholungszeit von seinem letzten Übelbefinden war ihm, nach anhaltenden Arbeiten, ein lauwarmes Bad stärkend. Er blieb vier Stunden darin und unterhielt sich mit den Ministern. Ein Spaziergang in dem Park oder eine halbe Stunde Ballschlagens ist seine tägliche Zerstreuung. – Entfernung von dem Gedränge der Welt ist sein Hang. Unterredungen, welche nicht zu der großen Sache von Europa oder von Frankreich gehören, sind sehr kurz. Fremde sieht er nur in der öffentlichen Audienz, wo sie ihm von den Ministern ihres Landes vorgestellt werden, und er mit einem bloßen Kompliment sich davon wieder befreien kann. Vertraute, die man Favoriten zu nennen pflegt, hat er nicht. Er leidet selbst nicht einmal den Schein eines besondern Einflusses auf sich; daher neulich der Wink, den die auswärtigen Gesandten erhielten: *Madame Bonaparte* nehme keine Besuche bei sich an. Hausgenossen in Malmaison sind, der Zeremonienmeister Staatsrat *Benezech*, General *Clarke* und General *Lannes*, der Kommandant der Konsular-Garde. Die tägliche Mittagstafel besteht in fünfundzwanzig Kouverts [1] und die gewöhnliche Gesellschaft aus Generalen und Regierungsgliedern; zuweilen werden Stabsoffiziere und Freunde oder Freundinnen der Familie dazu eingeladen. Die Bewirtung ist nicht sehr ausgesucht [...], aber gut. *Bonaparte* spielt dabei mehr die Rolle des Gastes, als des Wirts, und überläßt seiner Gemahlin die Honneurs zu machen. In der Gesellschaft ist er stillen Geistes, und in sich gekehrt; heiter in dem Kreise seiner Familie; nie mürrisch noch auffahrend gegen seine Bedienten. Bei den kleinen Konzerten in den Zimmern seiner Gemahlin am Dekadi, ist er gegenwärtig; gewöhnlich steht er dann an dem Kamin gelehnt und scheint, mit höhern Gedanken beschäftigt, nur auf die Musik zu horchen. – Wenn *Bonaparte* in Paris ist, so versammelt sich jeden Abend ein kleiner gewählter Zirkel in den Tuilerien, teils solche Damen, die bei Mad. Bonaparte den Zutritt haben, teils Männer, die der Konsul zu sprechen verlangte, oder vorzüglich auserwählte Hausfreunde. In dem Vierten der Dekade [...] ist große Zusammenkunft oder Besuch, nicht aber was man sonst Assamblée nannte. Nach dem Schauspiel werden die Türen des Gesellschaftssaals geöffnet und die, welche besondre Eintrittskarten haben, zugelassen. Die Türen bleiben offen, bis der Saal voll ist; wer dann noch kommt, geht zurück. Es wird Gefrorenes und Gebackenes herumgereicht. Die Unterhaltung ist, wie in solchen Besuchsmassen gewöhnlich, langweilig. Um elf oder halb zwölf kommt *Bonaparte* zur Gesellschaft und ist hier oft, besonders wenn angenehme Depeschen eingegangen sind, sehr heiter. Trifft er auf jemand, den er besonders zu sprechen wünscht, oder dessen Unterhaltung ihm wichtig wird, so stellt er sich mit ihm in einen entfernten Winkel, vergißt die übrige Gesellschaft, die nach und nach sich entfernt, und bleibt so manchmal bis drei Uhr morgens im Gespräch vertieft.

Sein Familienliebling ist seine Stieftochter Mlle. *Hortense Beauharnais* in einem so vorzüglichen Grade, daß ich gerne noch einmal auf dieses liebenswürdige Verhältnis zurückkomme. Man freut sich, um den mit schweren Sorgen belasteten großen Mann ein Wesen beschäftigt zu sehen, das so gut und sanft und edel wie dieses, seine wenige Muße froh macht. Liebevoller könnte er ihr als Vater nicht begegnen. Sie würde alles über sein Herz vermögen; nie aber macht sie den geringsten Gebrauch davon und wird selbst dadurch ihm noch teuer. – Wie Kinder, – sagte mir ein Augenzuge der Familienszenen *Bonapartes*, – spielen sie oft mit einander, haschen sich aus einem Zimmer in das andere, laufen in dem Park von Malmaison hinter einander her. – Der Umgang des ersten Konsuls mit seiner Frau ist im eigentlichsten Verstande *bürgerlich,* nicht *parisisch.* Mancher Handwerker in Paris nennt seine Frau *Madame* und *Vous; Bonaparte* duzt die seinige, und nennt sie nie anders, als bei ihrem Taufnamen: *Josephine.* Sie nennt ihn: *Général,* und gleichfalls *Du.* Spricht sie von ihm, so heißt es: *mon mari,* oder *le Général,* sehr selten, *le Consul.* Ganz gegen die französische und französierende Sitte, schlafen sie in demselben Bette. Vielleicht dürfte man in Paris nicht hundert Männer zählen, die ihren Frauen mit dieser Herzlichkeit begegnen, als Bonaparte der seinigen. Oft in der größten Gesellschaft, faßt er sie mit beiden Händen beim Kopf, und küßt sie. – Die Freude, Vater zu sein, wird er schwerlich genießen. Doch erhalten die Ärzte ihm die Hoffnung, in Hinsicht seiner seit vielen Jahren von dieser Seite kränkelnden Frau. Seine Liebe für sie ungeachtet, mißbilligt und rügt er den Hang zum Aufwande an ihr, duldet es nicht, daß sie sich kostbar und üppig kleidet, und nötigt sie freundlich oder wenn es sein muß, sehr ernst, sich umzukleiden, wenn ihm der Anzug, womit sie in eine Gesellschaft gehen will, wegen seiner Kostbarkeit mißfällt. Ihm gilt darin keine Bitte noch Ausnahme, keine Weigerung – sein Wille muß befolgt werden.

Hier ein Paar Anekdoten, die seine Festigkeit auch als Hausvater zeigen – – wenn sie auch den Damen, unsern liebenswürdigen Tyranninnen, nicht gefallen sollten. Eines Tages, als Mad. Bonaparte in Gesellschaft gehen will, sieht der Konsul sie, ehe sie fortfährt, in einem Anzuge, der ihm mißfällt, und bittet einen andern anzulegen. Man befolgt die Bitte, legt aber aus Laune einen kostbareren Anzug an. Bonaparte verliert seine Fassung, und zerreißt ein Stück der prächtigen Spitzenbesetzung des Kleides. – Ein andersmal wollen sie zu dem zweiten Konsul [...] in Gesellschaft fahren. Wieder hat ihr Anzug das Unglück, ihm zu mißfallen. Diesesmal weigert Mad. Bonaparte sich, ihn zu ändern, widersetzt sich förmlich. Bonaparte geht schweigend hinaus – aber der wachhabende Offizier in dem Vorsaal erhält seinen Befehl, ohne Ausnahme niemand aus den Zimmern gehen zu lassen. Er fährt allein weg. Als Mad. Bonaparte ihm nachfolgen will, sieht der Offizier sich genötigt, ihr den erhaltenen Befehl zu sagen. Der schöne Putz mußte also doch ungezeigt wieder abgelegt werden. – –

Der Einlaß zum Besuch in Malmaison hat größre Schwierigkeiten, als in den Tulerien, selbst oft für solche Damen, die zum gewöhnlichen Besuch bei der Familie kommen. Sie müssen sich manchmal bei allen Wachtposten und wohl gar noch in dem Hause selbst besonders legitimieren. Will *Bonaparte* einen bloß Bekannten aus Paris sprechen, so

schickt er ihm durch eine Ordonanz ein von seinem Sekretär unter-
zeichnetes Billet. [...] Vor der Epoche des 3ten Nivose² sah Bonaparte
viele Gelehrte und Künstler, auch Schauspieler, sowohl in Malmaison,
als besonders in den Tuilerien um sich. Der berühmte Schauspieler
Talma hat noch jetzt Zutritt zu der Familie, und der treffliche Künstler
Isabey ist der Freund des Hauses. Unter den Gelehrten sah er *Lacepede*
und *Laplace* am meisten, doch jetzt nur noch äußerst selten. – Seine
Lebensweise zu Malmaison hat in dieser Hinsicht fast das Ansehen der
Menschenscheue, schreckend ist der Militärapparat um ihn her, sowohl dort, als allenthalben, wo er im Publikum erscheint. Dieses widri-
gen äußeren Scheins ungeachtet, werde ich mich doch nie überreden, es
sei *eigne Furcht,* was diese Wirkung hervorbringt. Nein, wahrlich
nicht! Er, er dem Tode so oft ins Antlitz schaute, Er, mit dieser Kraft des
Geistes, mit diesem Bewußtsein seiner Größe und seines besten Willens
für das Wohl der Nation zu wirken – für sein *Selbst* kann *Er* nicht
besorgt sein: Menschenfurcht kommt in diese starke Seele nicht. –
Fürchten andre für sein Leben, im Betracht des nicht zu berechnenden
Unglücks für Frankreich und für ganz Europa, in der jetzigen großen
Krisis, wenn er stürzte – dieser Fels im Meer; so ist es leicht möglich,
daß sie die Maßregel zu seiner Erhaltung übertreiben oder sich darin
vergreifen. Ist Er, auf der Höhe seines Ruhms, auf der ersten Stufe der
Ehre und des Glanzes nicht auch von geheimen Neidern und Feinden
dieses Ruhms und dieses Glanzes umgeben? Vielleicht von einigen
Menschen ohne Moralität und ohne Seele… O laßt mich schweigen! –
– Was über *Bonapartes* eigne Zurückgezogenheit von der Welt, die von
seiner ersten Jugend an in seinem Charakter lag, und die Wehre und
Waffen betrifft, die ihn von außen umgeben, so ist hier eine Ansicht der
Sache, die mir von einem Mann mitgeteilt ist, welcher, ein stiller Beobachter der Schritte des Helden, besonders seitdem er am Staatsruder
Frankreichs steht, seinem Gange folgte, und seinen Charakter, so viel es
möglich ist, erforscht hat. – Hört ihn. Die Zurückgezogenheit des Konsuls schreibt sich zwar sehr merklich von der Epoche des gräßlichen
Mordanschlags vom 3ten Nivose her; doch war diese Epoche nur die
gelegentliche Veranlassung davon. Seine Lage und seine Verhältnisse
brachten es mit sich, daß er in den ersten Zeiten seiner Regierung viele
feiner vorigen Bekannten, größtenteils Gelehrte, auf einem vertrauten
Fuß bei sich sah. Durch diese wurden neue Bekanntschaften veranlaßt,
oder entfernte Bekannte zum Besuch bei ihm aufgemuntert. Er sah sich
vielleicht anfangs gern so umgeben, es lag ihm selbst daran, gewisse

Menschen näher kennen zu lernen. Viele hatten in den Tuilerien, wo er damals ganz wohnte, sogar einen freien unangemeldeten Zutritt, zum Frühstück oder zum Mittagessen, ohne seine Einladung zu erwarten: andre durften ihn in seinem Kabinett oder in seiner Theaterloge aufsuchen. Das ward *Bonaparte* endlich zu lästig, und lange schon hatte er gewünscht, auf eine schickliche Art sich selbst von diesen Besuchen, nicht aber die Leute von sich zu entfernen, als der 3te Nivose ihm die Gelegenheit dazu bot. Er zog sich ganz nach Malmaison, und konnte seinen Zweck nicht anders erreichen als sich hier durchaus von allen Menschen zurückzuhalten. Zudem vermehren sich seine Arbeiten, und nach dem Frieden mit Österreich strömte eine große Menge von sogenannten vornehmen Reisenden nach Paris, die scheel gesehen haben würden, wenn *Bonaparte* seine vorigen bürgerlichen Bekannte hätte bei Tische sehen und ihnen einen Platz daran versagen wollen. Er ladete daher keinen mehr in seine ländliche Einsamkeit zu sich ein. – Mehr Dolche von Meuchelmördern waren schon auf *Bonaparte* gezückt, als es im Publikum bekannt geworden ist. Sich dagegen möglichst zu verteidigen, ist seine Pflicht; ist Pflicht gegen die Nation, deren Glück sein Vorsatz ist, und einst sein Werk sein wird; Übertreibung der Maßregel zu seiner Erhaltung ist mehr die Sache der für sein Leben besorgten Beamten, welche die Pläne der geheimen Faktionen kennen, die gegen ihn verschworen sind, und Anstalten dagegen treffen. Der Polizei-Minister *Fouché*[3] ist, als solcher, im eigentlichsten Verstande sein Schutzengel. Die glückliche Entdeckung der Anschläge vieler einzelner Meuchelmörder haben die Franzosen seiner Klugheit und angestrengten Wachsamkeit allein zu danken. Von ihm rühren alle die Vorsichtsmaßregeln und die bewaffneten Schutzanstalten her, welche *Bonaparte,* wenn er außerhalb dem Hause erscheint, umgeben. Wenn er vor dem Schauspielhause aus dem Wagen steigen will, werden alle entfernt, die sich hinzudrängen. In jedem großen Theater ist eine eigne Tür für ihn zum Eingang gemacht. Diese ist mit eisernen Gittertüren verschlossen, die sich bei seiner Ankunft öffnen, so daß sie den Wagen berühren und also, außer der unterm Gewehr getretenen Theater-Wache, noch ein eisernes Gehege gegen die zudrängende Menge bilden. Es war nach dem 3ten Nivose eine Periode, wo, nach den gemachten Entdeckungen der Spur neuer Komplotte, diese Vorkehrungen noch nicht Sicherheit genug zu leisten schienen. Es wurden noch zwanzig Grenadiere kommandiert, die ihn im Schauspielhause empfingen; so daß mit den fünfundzwanzig Mann reitender Garden, die ihn beständig umgeben, ein

starkes Gehege von Bajonetten und Schwertern sich den auf ihn ge-
zückten Dolchen entgegenstellen konnte.

Bonaparte, heißt es allgemein in Paris, ist nicht geliebt. *Bonaparte,*
antwortet der rechtliche Franzose, will nicht geliebt sein, wie es ein
Ludwig 14. war. Er lebt nicht für die Pariser, er lebt für die bessere
Menschheit. Aber die mittlere Klasse des Pariser Bürgers, der während
der Ausschweifungen der Revolution ruhig zu Hause blieb, ein schwei-
gender Zuschauer der Greuel war, die Bösewichter und Dummköpfe,
die das Staatsruder führten, heimlich haßte oder verachtete, nie Vorteil
zog aus dem Mißgeschick seiner Mitbürger, um seinen eignen Schaden
sich zu vergüten, sondern duldend mit ihnen litt – diese mir von jeher
ehrwürdige Klasse der Bewohner der Hauptstadt, welche größer ist als
sie zu sein scheint, bewunderte *Bonaparte* schon lange und liebt ihn
jetzt, weil sie sieht, daß er ihr Zutrauen verdient. Diese guten Bürger
beten gewiß feuriger für seine Erhaltung, als je für einen Monarchen
gebetet worden ist. Aber sie werden nicht laut, weil während der vielen
Regierungsveränderungen in dem letzten Jahrzehnt, sie nur allzusehr
erfahren haben, wie gefährlich es sei, seine Gefühle zu äußern.

Bonaparte haßt nichts so sehr, als das, was Popularität heißt, wenn
Anbetung der großen Menge darunter verstanden wird. Er weiß es
wohl, daß wer ihm heute Weihrauch streut, morgen dieses Aufwandes
oder dieser Anstrengung wegen irgend eine Forderung darauf gründet,
und wenn diese nicht erfüllt wird, ihn übermorgen lästert. Er vermeidet
und verbietet, wo er kann, alle öffentlichen Huldigungen, und schmei-
chelhaften Lobreden. Wenn in Opern Verse zu seinem Lobe eingescho-
ben und abgesungen werden, wie das öfters geschehen ist, ließ er jedesmal bei der zweiten Aufführung die Direktion ersuchen, die Verse weg-
zulassen. So will er auch nicht, daß ihm Bücher gedichtet werden, und
wenn es geschieht, darf der Verfasser auf keine lautwerdende Danksa-
gung oder auf andre Antwort rechnen. – Die Huldigungen der niederen
Volksklassen, dieser wetterwendischen Rasse der Pariser, weiß er für
das zu halten, was sie sind. Als die *Damen der Halle,* nach der alten
Sitte unter den Königen, an dem Tage seines Regierungsantritts zu ihm
kamen, um ihm einen Blumenstrauß zu überreichen, wies er sie ab:
«Geht, sagte er, wenn Ludwig 18. morgen an der Spitze eurer Regierung stünde, wie ich jetzt, ihr würdet dem neuen Könige huldigen, wie
ihr jetzt den ersten Konsul begrüßt.»

Ich halte es für einen redenden Beweis der Achtung und Ehrfurcht,
die *Bonaparte* allgemein einflößt, daß sich bis jetzt kein sogenannter

schöner Geist erlaubt hat, durch witzelnde Reimereien auf Kosten des Helden einige platte Lacher zu belustigen. Die Franzosen verleugneten diesen Hang zu Witzeleien nie, selbst gegen die besten ihrer Könige. Was gegen *Bonaparte* geschrieben wird, war nicht Spott und Schöngeisterei, sondern – plattes Pasquill. Es geschieht zwar, und ich war mehrmals Zeuge davon, daß irgend ein albernes Elegant [...] in Gesellschaft einen witzelnden Einfall über Bonaparte's Erhöhung oder über seine Repräsentation fahren läßt, ich bemerkte aber nie auch nur ein Lächeln der Zuhörer über diese Armseligkeiten. Das sind die wenigen Züge des Lebens und des Privatcharakters des außerordentlichen Mannes, der das Staatsruder in Frankreich führt, den die Geschichte aller Zeiten nennen wird, wenn das Andenken ganzer Reihen mächtiger Regenten längst vergessen ist, oder die Nachwelt sie aus ihrem Buche streicht, – und der sich selbst seine Größe, schon in den Jahren des angehenden Mannes, verdankt. – Wenn mir einer ein redendes Bild von ihm entwürfe, so wie er, abgesehen von dieser Größe, von diesem blendenden Glanz, von dieser Hoheit, der mein Blick nicht folgt, vor den Augen meiner Seele schwebt! – *Isabey* allein könnte das; und er hat es mir versprochen. Er will mir *Bonaparte* zeichnen, nicht als den zum Kampf gerüsteten Helden, nicht als den mit Blut bespritzten Sieger, noch als starken Regenten. – Wie am liebsten ich ihn sehe und mich ihm nähern mögte – als *Mensch* in seiner einfachen Würde; – als *Friedensstifter* [...].

Kaspar Heinrich Graf von Sierstorpff

Ein republikanischer Monarch

Am 27sten Thermidor, morgens 10 Uhr, wurden bei einem sogenannten *Cortège* oder feierlichem Zuge von Kommissärs und dem Préfect de la Police, einigen Gerichts- und Militärpersonen im Gefolge einer zahlreichen Kavallerie und eines Korps Trompeter auf einigen Straßen und Plätzen die beiden *Senatusconsulta*[4] vom 15. und 16ten Thermidor ausgerufen, in welchen *Bonaparte* die Stelle des ersten Konsuls auf Lebenslang und das Recht der Ernennung seines Nachfolgers erhalten hat. Man bemerkte hierbei nichts weniger als allgemeine Freude. Der eigentliche Pöbel zog nur dem Zuge nach, der diesem so, wie den hier auf den Plätzen gewöhnlich ausstehenden Marktschreiern zuhörte, denn solche Dinge sind ihm seit den Revolutionsjahren alltäglich geworden, so wie überhaupt jede Veränderung in der Regierung im ganzen auf den großen Haufen nur einen geringen Eindruck macht, wenns dabei in Paris nur ruhig bleibt. Und bei der jetzigen Stimmung des Militärs und der vortrefflichen Einrichtung der Polizei ist es leicht, die dazu nötige Ruhe zu erhalten, weswegen denn auch alle Hauptposten bei dieser Gelegenheit stark besetzt waren. Der päpstliche Legat Kardinal *Caprara*[5] weihte in der Kirche *de Nôtre Dame* den von *Bonaparte* ernannten Bischof von *Mons* ein, und nachdem diese Weihe mit aller nach den Umständen möglichen Kirchenpracht beendigt war, wurde über jene frohe Begebenheiten ein großes musikalisches *Te deum laudamus* abgesungen. Bei der schrecklichen Hitze hatte ich keine große Lust, mich in die Kirche einzudrängen, da ich dergleichen Zeremonien schon mehrere gesehen habe.

Den Nachmittag brachte ich in dem Garten der Tuilerien und den *Champs élisés* zu, wo sich eine große Menge Menschen versammelte, um die dort sich am besten ausnehmende Erleuchtung zu sehen. Kaum fing es an Abend zu werden: so sah man schon an allen Orten die Lampen anstecken, und in kurzer Zeit brannten Millionen derselben. Das Schloß der Tuilerien war vorzüglich auf der Gartenseite reich mit Lampen besetzt. Die lange regulär, gleichsam zur Erleuchtung recht gebaute Fassade gab einen prächtigen Anblick, um so mehr, da bei dem schönen stillen Sommerabend auch nicht eine Lampe erlöscht zu sein schien. Der ganze Garten und der Revolutionsplatz, waren mit sehr vielen Pyramiden mit Lampen besetzt. Eine höhere Pyramide stand in der Mitte des letzteren, auf der Stelle der ehemaligen Statue *Ludwigs* XV. Die Erleuchtung der beiden großen Gebäude, nahm sich auf diesem Platze sehr schön aus. Diese wurde dadurch noch verschönert, daß die Kolonnen zur neuen Kirche am Ende der zwischen jenen laufenden Straße ebenfalls erleuchtet waren. Auf der vor dem Schlosse der Tuilerien aufgerichteten halbrunden Tribüne wurde eine auf dieses Fest komponierte Musik von den Opernsängern und ein paar hundert Musicis vortrefflich aufgeführt. Eine ungeheure Volksmenge, deren Gedränge fast bis in die Mitte des Gartens reichte, hörte diese entzückende Musik so ruhig an, daß man auch in ziemlicher Entfernung von derselben kaum einige Noten verlor.

Auf dem Altan über dieser Tribüne saß Madame *Bonaparte*, und der erste Konsul in der Konsularuniform stand neben ihr. Bei den Pausen zwischen der Musik wurde *vive le premier Consul! vive la République!*

gerufen, jedoch nur von solchen, die dazu gedungen zu sein schienen. Allein diese mochten rufen, was sie wollten: so nahm doch der große Haufen keinen Anteil daran, und blieb stumm.

Auf dem *Place de Grève* und dem *Pont neuf* sollten Feuerwerke abgebrannt werden, zu welchem Ende auf letzterem ein hohes Gerüste errichtet war. Hunderttausend und mehr Menschen standen an der Seine herauf zusammengedrängt, um dies Feuerwerk abbrennen zu sehen, und auch ich hatte mich aus den Tuilerien dahin gequält. Endlich sah man nach langem verdrießlichen Warten ein paar kleine Feuerräder abbrennen und einige Dutzend Schwärmer und Raketen aufsteigen, und damit war alles beendigt. Niemand wollte glauben, daß dem so sei, und man sah es nur als ein Signal zum Anfange des Werks an. Einige glaubten gar, man habe dies nur darum vorausgeschickt, um dem gerade über den *Pont neuf* stehenden Vollmonde mit dem in einer dicken Wolke aufgestiegenen Dampfe einen Vorhang vorzuziehen. [...] Es blieben auch wirklich viele Menschen eine Zeitlang stehen, und es fehlte nicht an *bon mots* über dies Aprilstückchen, das man wahrscheinlich deswegen ausgeführt hatte, um die zu große Volksmenge aus den Tuilerien zu ziehen.

Ohngeachtet dessen, war dies Feuerwerk den folgenden Tag in den Zeitungen als ein äußerst prächtiges Wesen beschrieben. Es hieß, es wären am Ende desselben zum Bouquet auf einmal 6000 große Raketen aufgeflogen, da es doch gewiß nicht mehr, als ein paar hundert Schwärmer waren. Eben so übertrieben war die Volksfreude und der Enthusiasmus über dies große Fest beschrieben, von dem ich doch nicht die geringsten Spuren bemerkt habe. Selbst die Erleuchtung, die nach der Vorschrift in Paris allgemein sein sollte, war es keinesweges. Nur die Häuser der fremden und einheimischen Minister, imgleichen derer, welche an dem Regierungswesen einen nähern Anteil haben, und endlich die öffentlichen Gebäude, wie auch die Theater, auf welchen diesen Abend freies Schauspiel gegeben wurde, waren erleuchtet.

Vorzüglich schön war die Erleuchtung auf dem Platze *Vendôme*, auf dem ein großer Freiheitsbaum aufgerichtet stand. Dieser war mit Lampen als Früchte behängt, und um den Stamm standen auf weißen Tafeln die republikanischen Grundgesetze. Auf dem Platze war eine Kolonnade aus so vielen Säulen, als Departements sind, aufgestellt. Diese waren mit dreifarbigten Fahnen mit natürlichen Blumenhängen geziert und mit dreifarbigten Lampen erleuchtet. Oben stand auf einem

Schilde über jeder Säule der Name des Departements, dem sie bestimmt war. Diese Säulen sind schon mehrere Male bei ähnlichen Festen gebraucht worden.

Den andern Tag wurde von allen diesem schon nicht mehr gesprochen. Der Pariser ist solcher Feste müde, und man nennt sie spottweise *les fêtes des lampions et de musique*, da man sie zu oft sieht und der Franzose die Veränderung liebt. Für den Fremden sind sie desto interessanter.

Übrigens hat diese abermalige Abänderung in der Französischen Konstitution bei den darüber nachdenkenden Franzosen, wenigstens für diesen Zeitpunkt, einen für *Bonaparte* sehr ungünstigen Eindruck gemacht. Die, welche ihn und das Verarbeiten der höhern Regierungsgeschäfte genauer kennen, haben dies kühne Unternehmen seit langer Zeit vorhergesehen, und ertragen diese politische Betrügerei mit mehr Zufriedenheit. Diejenigen aber, welche noch immer ihr Heil in der eigentlichen republ. Regierungsverfassung zu finden glauben, sind sehr darüber aufgebracht, und die, welche überzeugt sind, – und das möchten doch wohl bei weitem die meisten sein – daß Frankreich nur durch Könige regiert werden kann, sehen diesen Schritt als den ersten zu einer festen und soliden Regierung an. Die altköniglich gesinnten, und selbst die zurückgekommenen Emigrierten freuen sich, daß die republikanischen Verirrungen nun nach und nach aufhören, und die alten guten Zeiten wiederkehren sollen. Und wenn bei ihnen auch zuweilen der leidenschaftliche Wunsch, daß nur ein Bourbon König in Frankreich sein soll, wieder in Wallung gerät: so wird doch dieser mit der Vergleichung der persönlichen Fähigkeiten des jetzigen französischen Regenten, mit denen lebenden Bourbons so ziemlich niedergeschlagen. Allen ist nur der Gedanke unverdaulich, daß ihr jetziger erster Konsul, und wenn er bei der nächsten günstigen Gelegenheit seine Konsularmaske ganz abgeworfen haben wird, förmlicher Monarch von Frankreich, kein geborener Franzose, sondern von Geburt ein armer in der Militärschule erzogener Korse ist.

Bei jedem Nachdenken über diesen Originalmann, ist ihnen *ce petit Corse* eine unerträgliche Erinnerung, wenn sie auch sonst mit ihm und seinen Eigenschaften ziemlich zufrieden sind. Ich habe aber nachher nie wieder so frei über dies alles sprechen hören, als in diesen Tagen. So sehr man sich auch jetzt bei allen politischen Gesprächen in acht nimmt: so hörte man in den einigermaßen vertrauten Zirkeln doch [...] manche Anekdote, wobei der Charakter des *petit Corse* eben nicht im besten Lichte erschien. Allein Politik und Moral haben ja von jeher im Kontrast gestanden, und selbst der mit heiligen Strahlen gehörnte Moses würde, laut der legalsten Belege, schlecht als Moralist bestehen.

Johann Gottfried Seume

Es ist, als ob mir ein böser Geist meinen Himmel verdorben hätte

Gestern habe ich ihn auch endlich gesehen, den Korsen, der der großen Nation mit zehnfachem Wucher zurückgibt, was die große Nation seine kleine seit langer Zeit hat empfinden lassen. Es war der vierzehnte Juli und ein großes Volksfest, wo der ganze Pomp der seligen Republik hinter ihm herzog. Früh hielt er große Parade auf dem Hofe der Tuilerien, wo alles Militär in Paris und einige Regimenter in der Nachbarschaft die Revue passierten. Ich hatte daher Gelegenheit, zugleich die schönsten Truppen von Frankreich zu sehen. Die Konsulargarde ist unstreitig ein Corps von den schönsten Männern, die man an einem Orte beisammen denken kann; nur kann ich mir in den französischen Soldaten, ich mag sie besehen, wie ich will, immer noch nicht die Sieger von Europa vorstellen. Wir sind mehr durch den Geist ihrer Sache und ihren hohen Enthusiasmus als durch ihre Kriegskunst geschlagen worden. Die taktische Methode des Tiraillierens, die aber vielleicht nur der Überlegene an Anzahl brauchen kann, hat das Ihrige auch getan. Von Bonaparte sollte ich wohl lieber schweigen, da ich nicht sein Verehrer bin. Einen solchen Mann sieht man auf zweihundert Meilen vielleicht besser als auf zehn Schritte. Es scheint aber in meinem Charakter zu liegen, Dir über ihn etwas zu sagen, und das will ich denn mit Offenheit tun. Ich bin keines Menschen Feind, sondern nur der Freund der Wahrheit, Freiheit und Gerechtigkeit. Neid und Herabsetzungssucht sind meiner Seele fremd, ich nehme immer nur die Sache. Ich bin dem Manne von seiner ersten Erscheinung an mit Aufmerksamkeit gefolgt und habe seinen Mut, seinen Scharfblick, seine militärische und politische Größe nie verkannt. Problematisch ist er mir in seinem Charakter immer gewesen und ist es jetzt mehr als jemals, wenn man ihn nicht geradezu verdammen soll. Bis auf den Tag von Marengo, wo ihn Desaixs Tod[6] aus den republikanischen Grenzen heraushob, hat er als

Republikaner im allgemeinen handeln müssen; seitdem hat er nichts mehr im Sinne eines Republikaners getan.

Als er aus Ägypten kam, trat er die Krise seines Charakters an. Wir wollen sehen, was er in Paris tut, dachte ich, und dann urteilen. Ich tadle ihn nicht, daß er das Direktorium stürzte; es war keine Regierung, die unter irgendeinem Titel die Billigung der Vernünftigen und Rechtschaffenen hätte erhalten können. Ich tadle ihn nicht, daß er soviel als möglich in der wichtigen Periode das Ruder des Staats für sich in die Hände zu bekommen suchte; es war in der Vehemenz der Faktionen vielleicht das einzige Mittel, diese Faktionen zu stillen. Aber nun fängt der Punkt an, wo sein eigenster Charakter hervorzutreten scheint. Seitdem hat er durchaus nichts mehr für die Republik getan, sondern alles für sich selbst — eben da er aufhören sollte, irgendetwas mehr für sich selbst zu tun, sondern alles für die Republik. Jeder Schritt, den er tat, war mit herrlich berechneter Klugheit vorwärts für ihn und für die Republik rückwärts. Land gewinnen heißt nicht die Republik befestigen. Die erste Konstitution zeigte zuerst den Geist, den er atmen würde. Sie wurde mit dem Bajonett gemacht, wie fast alle Konstitutionen. Es tat mir an diesem Tage wehe für Frankreich und für Bonaparte. Das Schicksal hatte ihm die Macht in die Hände gelegt, der größte Mann der Weltgeschichte zu werden; er hatte aber dazu nicht Erhabenheit genug und setzte sich herab, mit den übrigen Großen auf gleichen Fuß. Er ist größer als die Dionyse und Cromwelle, aber er ist es doch in ihrer Art und erwirbt sich ihren Ruhm. Daß er nicht sah, daß seine Konstitution die neue Republik zertrümmern und dem vollen Despotismus die Wege bahnen würde, das läßt sich von seinem tiefen Blick nicht denken; und über seine Absichten mag ich nicht Richter sein. Ich habe wider das Konsulat nichts, nichts wider das erste Konsulat. Aber seine Macht war sogleich zu exorbitant, und die Dauer war nicht mehr republikanisch. Ich gebe zu, daß die Dauer der römischen Magistraturen von einem Jahre zu kurz war, zumal bei der Unbestimmtheit und Schlaffheit ihrer Gesetze; [...] aber die Dauer der neuen französischen von zehn Jahren war zu lang. Der letzte Stoß war, daß der alte Konsul wiedergewählt werden konnte. Ein Mann, der fast zehn Jahre lang eine fast grenzenlose Gewalt in den Händen gehabt hat, müßte ein Blödsinniger oder schon ein öffentlicher, verächtlicher Bösewicht sein, wenn er nicht Mittel finden sollte, sich wiederwählen zu lassen, und sodann nicht Mittel, die Wahl zum Vorteil seiner Kreaturen zu beherrschen. Kleine Bedienungen mögen und dürfen in einer Republik lebenslänglich sein; wenn es aber die großen sind, geht der Weg zur Despotie. Das lehrt die Geschichte. Ich hätte nicht geglaubt, daß es so schnell gehen würde; aber auch dieses zeigt den Charakter der Nation. Fast sollte man glauben, die Franzosen seien zur bestimmten Despotie gemacht, so kommen sie ihr überall entgegen. Sie haben während der ganzen Revolution viel republikanische Aufwallung, oft republikanischen Enthusiasmus, zuweilen republikanische Wut gezeigt, aber selten republikanische Vernunft. Nicht, als ob nicht hier und da einige Männer gewesen wären, die das letzte hatten; aber der Sturm verschlang sie. Es sind durch diese Staatsveränderung freilich Ideen in Umlauf gekommen und furchbar bis zur Wut gepredigt worden, die man sich vorher nur sehr leise sagte, und die so leicht nicht wieder zu vertilgen sein werden; aber die halbe und falsche Aufklärung dieser Ideen und der Mißbrauch derselben geben den etwas gewitzigten Gegnern die Waffen selbst wieder in die Hände. Die Republik Frankreich trägt so wie die römische, und zwar weit näher als jene, ihre Auflösung in sich, wenn man keine haltbarere Konstitution baut, als bis jetzt geschehen ist. Mir tut das leid; ich habe vorher ganz ruhig dem Getümmel zugesehen und immer geglaubt und gehofft, daß aus dem wildgärenden Chaos endlich noch etwas Vernünftiges hervortauchen würde. Seitdem Bonaparte die Freiheit entschieden wieder zu Grabe zu tragen droht, ist mir, als ob ich erster Republikaner geworden wäre. Ich bin nicht der Meinung, daß eine große Republik nicht dauern könne. Wir haben an der römischen das Gegenteil gesehen, die doch trotz ihrer gerühmten Weisheit schlecht genug organisiert war. Ich halte dafür, daß in einer wohlgeordneten Republik am meisten Menschenwürde, Menschenwert, allgemeine Gerechtigkeit und allgemeine Glückseligkeit möglich ist. Beweis und Vergleichung weiter zu führen würde wenig frommen und hier nicht der Ort sein. Wo nicht der Knabe, der diesen Abend in der letzten Strohhütte geboren wurde, einst rechtlich die erste Magistratur seines Vaterlandes verwalten kann, ist es Unsinn, von einer vernünftigen Republik zu sprechen. Privilegien aller Art sind das Grab der Freiheit und Gerechtigkeit. Schon das Wort erklärt sich. Eine Ausnahme vom Gesetz ist eine Ungerechtigkeit, oder das Gesetz ist schlecht. In Deutschland hat man klüglich die Geistlichen und Gelehrten in etwas teil an manchen Privilegien nehmen lassen, damit der Begriff nicht so leicht unbefangen auseinandergesetzt werde und die Beleuchtung Publizität gewinne. In Frankreich hat man zwar die Privilegien mit einem einzigen Machtspruche zertrümmert und glaubt nun, genug getan zu haben, aber sie werden sich schon wieder einschleichen und festsetzen; und man arbeitete schon selbst dadurch für sie, daß man auf der Gegenseite ohne Schonung stürmte und zu weit ging. «Die Republik der Fische ist durch die freie Fischerei zerstört», sagte der geistliche Herr [...] in dem Postwagen; «und die freie Jagd gibt der Polizei genug zu tun, denn es macht allerhand Gesindel im Lande allerhand Jagd.» Muß man denn bei Abstellung der Ungebühr durchaus die Jagd freigeben? Oder ist dieses nur ein Rechtsbegriff? Sie kann nicht frei sein. In jedem wohlgeordneten Staate ist sie nur ein Recht der Eigentümer; und nur der Eigentümer kann die Befugnis haben, das Wild auf seinem Grundstücke zu töten, und hat den Prozeß gegen den Nachbar, der es zum Schaden seiner Nachbarn nicht tut. Das Lehnsystem ist in Frankreich abgeschafft. Es wird sich aber von selbst wieder machen, denn man hat keine Vorkehrungen dagegen getroffen. Nach meiner Überzeugung ist die Grundlage der Freiheit und Gerechtigkeit in einem Staate, daß der Staat durchaus nur reine Besitzungen gibt und sichert und dafür reine Pflichten fordert. Durch diesen Grundsatz allein werden die Rechtsverhältnisse vereinfacht und die Beeinträchtigung aller Art aufgehoben. Es entsteht daraus zwar notwendig ein Gesetz, das eine Einschränkung des Eigentumsrechts zu sein scheint; dieses ist aber nicht weiter, als insofern gar niemand ein Eigentumsrecht zum Nachteile des Staates haben kann und darf. Niemand darf nämlich die Erlaubnis haben, seine Grundstücke mit Lasten zu verkaufen oder auf immer zu vergeben, sondern muß sie durchaus rein veräußern. Nur durch dieses Gesetz wird der Rückkehr des Feudalsystems der Weg versperrt, werden alle Fronverhältnisse, alle Leistungen an Subordinierte, [...] alle Erbpachtungen aufgehoben. Denn alles dieses ist der Weg zum Lehnsystem, und dieses ist der Weg zu Ungerechtigkeiten aller Art und zur Sklaverei. Wo es noch erlaubt ist, mit Lastklauseln Grundstücke umzutauschen, kann in die Länge keine wahre Freiheit und Gerechtigkeit bestehen. Dagegen sind wohl schwerlich gültige Einwendungen zu machen. Wenn jemand zu viele Grundstücke hat, daß er sie nicht durch sich und seine Familie verwalten oder durch Pächter besorgen und bestellen lassen kann, so hat er eben deswegen für den Staat in jeder Rücksicht schon zuviel; er ist ihm zu reich. Er mag dann verkaufen, aber rein verkaufen und ohne Bedingung, so teuer, als er will. Intermediäre Lasten können nicht bleiben; der Bürger ist jeder, der nur einen Fuß Landes besitzt. *In detrimentum rei publicae*[7] finden keine Besitzungen statt. Es versteht sich von selbst, daß dann alle Steuerkataster nach der

«Die Natur des Franzosen...

…ist lüstern nach fremdem Gute, das er dann samt dem eigenen verschwendet», notiert Machiavelli über den politischen Zustand Frankreichs im Anfang des 16. Jahrhunderts.

Diese Analyse kann zwar nicht als frühe Prophezeiung dessen gewertet werden, was dann 1789 geschah. Und dennoch war es auch die maßlose Verschwendung durch die Herrschenden, die zur Französischen Revolution führte.

Anderswo in Europa war man dagegen schon ganz auf lukratives Sparen fixiert: Friedrich der Große hatte 1769 den Pfandbrief eingeführt.

Pfandbrief und Kommunalobligation

Meistgekaufte deutsche Wertpapiere - hoher Zinsertrag - bei allen Banken und Sparkassen

Verbriefte Sicherheit

Regel Detri gemacht werden, und die erste Realimmunität ist der erste Schritt zur Despotie. Solange unsere Staaten nicht nach diesen Grundsätzen gemacht werden, dürfen wir nicht allgemeine Gerechtigkeit, nicht allgemeines Interesse, nicht Festigkeit und Dauer erwarten. In Frankreich ist kein Gesetz, das den belasteten Verkauf der Grundstücke untersagte; die Folge ist vorauszusehen.

Die Errichtung der Ehrenlegion mit Anweisung auf Nationalgüter ist der erste beträchtliche Schritt zur Wiedereinführung des Lehnsystems; das ward allgemein gefühlt, aber niemand hat die Macht, dem Allmächtigen zu widerstehen, der den Bajonetten befiehlt. Die Bajonette sind, wie gewöhnlich, sehr fein mit ins Spiel gezogen, und die meisten Führer derselben nehmen sich nicht die Mühe, bis auf übermorgen vorwärts zu denken. Wo die Regierung militärisch wird, ist es um Freiheit und Gerechtigkeit getan. Rom fiel, sobald sie es ward. Die Geistlichkeit spricht wieder hoch und laut. Freilich wird sie nicht so schnell wieder zu der enormen Höhe steigen, wo sie vorher stand, so wenig wie der Adel. Aber das alte System wurde auch nicht in einem Tage gebaut. Ich erinnere mich, daß vor einiger Zeit ein Emigrant in Deutschland, der übrigens nicht schuld daran war, daß die Esel keine Hörner haben, sich höchlich freute, daß nun wenigstens ein Edelmann allein an der Spitze stehe; das übrige werde sich schon machen. Der Mann muß in seiner Unbefangenheit eine prophetische Seele gehabt haben. Es hat wirklich alles Ansehen, sich zu machen. Man sagt, Caprara habe schon auf Wiederherstellung der Klöster angetragen, sei aber von Bonaparte zurückgewiesen worden. Bonaparte müßte nicht der kluge Mann sein, der er ist, wenn er ohne Not solche Sprünge machen wollte oder mehr gäbe, als er zu seinem Behufe muß. Es ist das Glück des Adels und der Geistlichkeit, daß sie mit Modifikationen in seine Zwecke gehören. Wenn's not tut, wird sich schon alles geben. Daß die Katholizität in Frankreich noch vielen Anhang, teils aus Überzeugung, teils aus Gemächlichkeit, teils aus Politik hat, beweist das Konkordat sehr deutlich. Man hat wirklich den Katholizismus zur Staatsreligion, das heißt zur herrschenden, gemacht, und ich stehe nicht dafür, wenn es so fortgeht, daß man in hundert Jahren das Bekehrungsgeschäft nicht wieder mit Dragonern treibt. Ich selbst wurde durch die Rolle, die Bonaparte dabei spielte, gar nicht überrascht; es war seine Konsequenz; er war bei der Osterzeremonie der nämliche, welcher er in Ägypten war, wo er sein Manifest anfing: «Im Namen des einzigen Gottes, der keinen Sohn hat!» Er dachte *mundus vult* –

ergo –; aber das Sprichwort ist nicht wahr, und es wäre zu wünschen gewesen, daß er nicht so gedacht hätte.

Der Mann ist von seiner Größe herabgestiegen. Es wird erzählt, er habe die Fahnen weihen wollen, sei aber durch das Gemurmel der alten Grenadiere davon abgehalten worden, die doch anfingen, die Dose etwas zu stark zu finden. Ein Mann, der in Berlin und Petersburg entschieden republikanische Maßregeln nimmt, gilt dort mit Grund für widerrechtlich, und die Regierung verfährt gegen ihn nach den Gesetzen; das Gegenteil muß aus dem nämlichen Grunde seit zehn Jahren in Frankreich gelten, man müßte denn in der Berechnung etwas höher gehen, welches aber sodann jedem Revolutionär [...] zustatten kommen würde.

Jetzt lebt er einsam und mißtrauisch, mehr als je ein Morgenländer. Friedrich versäumte selten eine Wachparade; der Konsul hält alle Monate nur eine einzige. Er erscheint selten und immer nur mit einer starken Wache und soll im Schauspiel in seiner Loge sogar Reverberes nach allen Seiten haben, die ihm alles zeigen, ohne daß ihn jemand sieht. Bei andern liberalen Maßregeln könnte er als Fremdling wie eine wohltätige Gottheit unter der Nation herumwandeln, und sein Name würde in der Weltgeschichte die Größe aller andern niederstrahlen. Nun wird er unter den Augusten oder wenigstens unter den Dionysen glänzen; dafür hat er auf den kleinlichen Ruhm eines Aristides Verzicht getan. Ich könnte weinen; es ist mir, als ob mir ein böser Geist meinen Himmel verdorben hätte. Ich wollte so gern einmal einen wahrhaft großen Mann rein verehren; das kann ich nun hier wieder nicht.

Man nennt ihn hier mit verschiedenen Namen, *le premier consul, le grand consul, le consul* vorzugsweise. Die beiden andern, die auch nur das Dritteil der Wache haben, sind neben ihm Figuranten, und ihrer wird weiter nicht gedacht als in der Form der öffentlichen Verhandlungen. Scherzweise nennt man ihn auch *Sa Majesté,* und ich stehe nicht dafür, daß es nicht ernst wird. Auch heißt er ziemlich öffentlich *empéreur des Gaules*[8]; vielleicht die schicklichste Benennung für seinen Charakter, welche die Franzosen auch zugleich an die mögliche Folge erinnert! Auf Cäsar folgte August und so weiter.

Die Feier des Tages des Bastillensturms beschloß ein Konzert in den Tuilerien, wo in dem Gartenplatze vor dem Orchester am Schlosse eine unzählige Menge Menschen zusammengedrängt stand. Die ganze Nationalmusik führte es aus und tat es mit Kunst und Fertigkeit und Würde. Die Musik selbst gefiel mir nicht, ein Marsch ausgenommen, der durch seinen feierlichen Gesang eine hohe Wirkung hervorbrachte. Ich habe den Meister nicht erfahren. Das erste Orchester und vielleicht die erste Versammlung der Erde hätte bessere Musik haben sollen. Auf dem Balkon waren alle hohen Magistraturen der Republik, wie sie noch heißt, in ihrem Staatsaufzuge, und von den fremden Diplomatikern diejenigen, denen der Rang eine solche Ehre gab. Der erste Konsul ließ sich einigemal sehen, ehe man Notiz von ihm nahm. Endlich fingen einige der Vorderen an zu klatschen; es folgte aber nur ein kleiner Teil der Menge. Der Platz hielt vielleicht über hunderttausend, und kaum der hundertste Teil gab die Ehrenbezeigung. Der Enthusiasmus war also nicht so allgemein, als man für ihn in seiner neuen Würde hätte erwarten sollen. Auch die Illumination war nicht die Hälfte von dem, was sie voriges Jahr gewesen sein soll, und man sprach hier und da davon, daß die republikanischen Feste nach und nach eingehen sollten.

Die Polizei ist im allgemeinen außerordentlich liberal, wenn man sich nur nicht beigehen läßt, sich mit Politik zu bemengen. Das ist man in Wien auch. Der Diktator scheint das alte Schibboleth zu brauchen: *panem et circenses.* Wenn ich in irgendeiner großen Stadt zu leben mich entschließen könnte, so würde ich Paris wählen. Die Franzosen haben mehr als eine andere Nation dafür gesorgt, daß man in der Hauptstadt noch etwas schöne Natur findet. Die Tuilerien, die Elysäischen Felder, die Boulevards, Luxemburg, der Botanische Garten, der Invalidenplatz, Frascati und mehrere andere öffentliche Orte gewähren eine schöne Ausflucht, die man durchaus in keiner anderen großen Stadt so trifft. Eine meiner sentimentalen Morgenpromenaden war, die Wachparade der Invaliden zu sehen; in meinem Leben ist mir nichts rührender gewesen als diese ehrwürdige Versammlung. Kein einziger Mann, der nicht für sein Vaterland eine ehrenvolle Wunde trug, die ihm die Dankbarkeit seiner Mitbürger erwarb! Zur Ehre unserer Chirurgie und Mechanik wandelten Leute ohne beide Füße so fest und trotzig auf Holz, als ob sie morgen noch eine Batterie nehmen wollten. Die guten Getäuschten glaubten vielleicht immer noch für Freiheit und Gerechtigkeit gefochten zu haben und verstümmelt zu sein.

Anmerkungen

Einleitung

1 Alain Ruiz: Deutsche Reisebeschreibungen über Frankreich im Zeitalter der Französischen Revolution (1789-1799), in: Antoni Maczak/Jürgen Teuteberg (Hg.): Reiseberichte als Quellen europäischer Kulturgeschichte, Wolfenbütteler Forschungen 21, Wolfenbüttel 1982, S. 235.

2 Ernst Moritz Arndt: Erinnerungen aus dem äußeren Leben, Leipzig 1840, S. 84.

3 Daniel Jenisch: Geist und Charakter des achtzehnten Jahrhunderts, politisch, moralisch, ästhetisch und wissenschaftlich betrachtet, Bd. 1, Berlin 1800, S. 231.

4 Vgl. Wolfgang Griep: Reiseliteratur im späten 18. Jahrhundert, in: Rolf Grimminger (Hg.): Deutsche Aufklärung bis zur Französischen Revolution 1680-1789, Hansers Sozialgeschichte der deutschen Literatur. Bd. 3/2, München 1980, S. 739 ff.

5 August von Kotzebue: Memoire über den Revolutionsgeist, zit. nach: Weimarer Beiträge, Bd. 1, Weimar 1975, S. 98.

6 Vgl. Harro Zimmermann: Roman und Revolution. Bibliographische Forschungen zur politischen Erzählliteratur der deutschen Spätaufklärung, in: Jahrbuch für internationale Germanistik, Jg. 15/1, Bern 1986, S. 126 ff; ders.: Streifzüge durch das Zeitalter der Revolution. Zu den politischen Reiseromanen Johann Friedrich Ernst Albrechts, in: Wolfgang Griep, Hans-Wolf Jäger (Hg.): Reisen im 18. Jahrhundert. Neue Untersuchungen, Heidelberg 1986, S. 200 ff; Johannes Weber: Wallfahrten ins gelobte Land der Freiheit. Deutsche Revolutionsbegeisterung in satirischen Reiseromanen (Manuskript).

7 Vgl. Sabine Diezinger: Paris in deutschen Reisebeschreibungen des 18. Jahrhunderts (bis 1789), in: Francia. Forschungen zur westeuropäischen Geschichte, Bd. 14, Sigmaringen 1987, S. 263 ff; vgl. zum Thema Revolutionsreisen Thomas Höhle (Hg.): Reiseliteratur im Umfeld der französischen Revolution, Halle 1987; Karl Hammer: Deutsche Revolutionsreisende in Paris, in: Jürgen Voss (Hg.): Deutschland und die Französische Revolution, München 1983, S. 26 ff; Hans-Jürgen Lüsebrink: «Die zweifach enthüllte Bastille». Zur sozialen Funktion der Medien Text und Bild in der deutschen und französischen «Bastille»-Literatur des 18. Jahrhunderts, in: Francia. Forschungen zur westeuropäischen Geschichte, Bd. 13, Sigmaringen 1985, S. 311 ff.

8 Vgl. Hans-Wolf Jäger: Zum Frankreichbild deutscher Reisender im 18. Jahrhundert, in: Gerhard Sauder, Jochen Schlobach (Hg.): Frankreich und Deutschland im 18. Jahrhundert, Bd. 1, Heidelberg 1986.

9 Vgl. z. B. Erich Schneider: Revolutionserlebnis und Frankreichbild zur Zeit des ersten Koalitionskrieges. Ein Kapitel deutsch-französischer Begegnung im Zeitalter der Französischen Revolution, in: Francia. Forschungen zur westeuropäischen Geschichte 8, Sigmaringen 1980; Gonthier-Louis Fink: Das Frankreichbild in der deutschen Literatur und Publizistik zwischen der Französischen Revolution und den Befreiungskriegen, in: Jahrbuch des Wiener Goethe-Vereins 81/83, Wien 1977/79; Klara Kautz: Das deutsche Frankreichbild in der ersten Hälfte des 19. Jahrhunderts. Nach Reisebeschreibungen, Tagebüchern und Briefen, Diss. phil. Köln 1957; Klothilde Kirschbaum: Deutsche Zeitgenossen zu den Gewalttaten der Französischen Revolution, Diss. phil. (masch.) Göttingen 1951; August Friedrich Raif: Die Urteile der Deutschen über die französische Nationalität am Ende des 18. Jahrhunderts. Abhandlungen zur mittleren und neueren Geschichte 5, Berlin und Leipzig 1911.

10 Jürgen Habermas: Der philosophische Diskurs der Moderne. Zwölf Vorlesungen, Frankfurt/Main 1985, S. 16.

Kapitel 1

1 Mein lieber T: Ernst Christian Trapp war ein langjähriger Mitarbeiter Campes und Mitherausgeber des «Braunschweigischen Journals».

2 La liberté…: Die Freiheit, die jeder Sterbliche liebt, verleiht dem Menschen erst den Mut, die Würde, die er sonst nicht im Grunde seines Herzens gefunden hätte.

3 Voilà…: Hier! Etwas Neues und Merkwürdiges.

4 Asmus: Fiktiver Verfasser und Herausgeber des «Wandsbecker Boten» (1770-75), in Wirklichkeit Matthias Claudius (1740-1813). Die Verse stammen aus: «Der Frühling. Am ersten Maimorgen» (1. Mai 1774).

5 Mirabeau: Honoré Gabriel Riqueti, Marquis de Mirabeau (1749 bis 1791), führender konstitutionell-monarchistischer Politiker, überragende Gestalt der ersten Etappe der Revolution, befürwortete für Frankreich eine konstitutionelle Monarchie und wirkte schließlich im Interesse des Hofes. Mirabeau hatte Campe auf einer früheren Deutschlandreise kennengelernt und verschaffte ihm Eingang in die Nationalversammlung.

6 Courrier de Provence: von Mirabeau herausgegebene, einflußreiche Zeitschrift.

7 Paris, im Reifmond: Dieser Abschnitt der «Parisischen Umrisse» wurde zwischen dem 14. und 19. Dezember 1793 geschrieben. Der etwa dreieinhalb Wochen vor Forsters Tod verfaßte Text ist seine letzte abgeschlossene literarische Arbeit.

8 Sardanapalen: Sardanapal war der letzte König des altsyrischen Reiches (7. Jh. vor Chr.); er soll ein besonders schwelgerischer und üppiger Despot gewesen sein.

9 Göttin Dullneß: Allegorische Gestalt (Stumpfsinnigkeit) aus dem satirischen Epos «The Dunciad» (1728) des englischen Dichters Alexander Pope
(1688-1744).

10 Lord Howe: Richard Howe (1725-1799) war 1793-94 Befehlshaber der
britischen Flotte im Ärmelkanal.

11 der letzte Erzbischof von Paris: Jean-Baptiste Joseph Gobel wurde von der
Nationalversammlung 1791 zum Bischof von Paris ernannt, näherte sich
den Jakobinern, legte am 7. November sein Amt nieder, weil er mit der Ent-
christianisierungsbewegung übereinstimmte. Unter Robespierre wurde er
wegen Verdachts des Atheismus am 13. April 1794 hingerichtet.

12 Antwerpen: Die Stadt hatte unter dem langjährigen Freiheitskampf der
Niederländer gegen die Spanier gelitten und sich bis zum 18. Jahrhundert
davon nicht erholt.

13 Ein Kopf...: Forster spielt hier auf die radikale französische Literatur der
zweiten Hälfte des 17. und des 18. Jahrhunderts an, die die Revolution mit
vorbereiten half.

14 Vgl. Anm. 1.

15 Freudentaumel in der Nationalversammlung: Die Nationalversammlung
beschloß in der Nacht vom 4. auf den 5. August 1789 die Abschaffung des
Feudalsystems; der Beschluß wurde am 11. August endgültig formuliert.

16 Motionen: Beschlußvorlagen, Anträge.

17 Impromptus: Stegreifeinfälle.

18 Catull: Gaius Valerius (87-54 v. Chr.), römischer Lyriker, der in freimütigen
Versen die Frau des Konsuls Metellus Celer als «Lesbia» besang.

Kapitel 2

1 den 1. des Wintermonds...: 22. Oktober 1793. Das Jahr 1 der Französischen Republik wurde vom 22.9.1792 an gerechnet.

2 Mounier: Jean Joseph Mounier (1758-1806), französischer Politiker und
Schriftsteller, Präsident der Nationalversammlung 1789.

3 «C'est une tête de bronze...: Das ist ein Bronzekopf, in eine englische Guß-
form gegossen.

4 Blitzstrahl vom Berge: Auf dem «Berg», den am höchsten gelegenen Bänken
des Versammlungssaals, saßen die Jakobiner.

5 In silentio...: In Schweigen und Hoffnung liegt meine Stärke.

6 Necker: Jacques Necker (1732-1804), französischer Staatsmann schweizerischer Abkunft, 1777-81 und 1788-90 Finanzminister, setzte 1788 die Ein-
berufung der Generalstände durch und plante für Frankreich eine am englischen Vorbild ausgerichtete Verfassung.

7 Duo dum facient idem: Wenn zwei dasselbe tun.

8 heteroklit: uneinheitlich.

9 den 24. Wintermonds: 14. November 1793.

10 Arthur Young's: Travels in France, 1792.

11 impôt unique: Einheitssteuer, mit der alle Staatsausgaben gedeckt werden sollen.

12 Cambons: Joseph Cambon (1756-1820), französischer Politiker, setzte als Mitglied der Gesetzgebenden Versammlung das Dekret durch, nach dem die Güter der Emigranten vom Staat beschlagnahmt werden konnten.

13 Agiotage: Spekulationsgeschäfte mit der Währung.

14 La colère du peuple...: Der Volkszorn ist schlimm, aber die kaltblütigen Grausamkeiten der Tyrannei sind fürchterlich. Welches Verhältnis zwischen der Zahl der Opfer, die dieses schreckliche Ungeheuer Jahrhunderte hindurch gefordert, und der Zahl von Köpfen, die durch das Schwert des Volkes abgeschlagen wurden! Der Adel auf den Knien vor dem Volksgericht.

15 Philanthropen: Menschenfreunde, Anhänger der Philanthropie, der von Johannes Bernhard Basedow (1724-1790) formulierten Erziehung zu Vernunft, Natürlichkeit und Menschenfreundlichkeit. Campe stand den Philanthropen nahe.

16 Edukationsrat: Erziehungsrat, spöttisch gemeint.

17 Abbé Fauchet: Claude Fauchet (1744-1793) katholischer Geistlicher, als girondistischer Abgeordneter später hingerichtet.

18 de la réligion...: Über die Nationalreligion.

19 Sur la navigation...: Über die Schiffahrt – von einem Deutschen.

20 Anagramm: Durch Buchstabenvertauschung entstehender Geheimname, auch als Wortspiel.

21 in corpore: Gemeinsam.

22 Ces messieurs...: Sind die Herren da Abgeordnete?... Das glaub ich nicht... Dieser da könnte Engländer sein... Schon möglich, aber der Augenschein täuscht bisweilen.

23 Madame und Madame Elisabeth: Elisabeth von Bourbon (1764-1794), Schwester Ludwigs XVI.; Louise Elisabeth Félicité Marquise de Tourzel (1764-1794), Erzieherin der Kinder Marie-Antoinettes (1755-1793) und Ludwigs.

24 Kretin: Der Ausdruck wurde um die Mitte des 18. Jahrhunderts aus dem Frankoprovenzalischen übernommen. Er geht auf «christianus» = «christlich» zurück und bedeutet «unschuldig», «schwachsinnig».

25 Kardinal Rohan: Louis René Edouard, Fürst von Rohan (1734-1803) hatte sich bei der Halsbandaffäre der Königin kompromittiert. Er wurde erst Fürstbischof von Straßburg, nachdem er sich als Diplomat wegen seines Lebenswandels diskreditiert hatte.

26 Palladium: Heiligtum, etwas Anbetungswürdiges.

27 Antichambre: Vorzimmer.

28 Lafayette: Marie Joseph Motier, Marquis de La Fayette (1757-1834), populärer General, nahm am nordamerikanischen Unabhängigkeitskrieg teil, konstitutionell-monarchistischer Politiker, Organisator der Nationalgarde, rückte von der Revolution ab.

29 Poissarden: Fischweiber.

30 demi-carême: Auch «mi-câreme», Hälfte der Fastenzeit, auf einen Donnerstag fallender 23. Tag der Fastenzeit, der ausschweifend gefeiert wird.

31 mon bon ami: Mein guter Freund.

32 livres: Pfund, Währungseinheit.

33 Assignat: Nach der Verstaatlichung der Kirchengüter 1789 begann die Konstituierende Versammlung im Mai 1790 mit dem Verkauf des Nationaleigentums und gab für dessen Bezahlung staatliche Obligationen = Assignaten heraus. Am 17. April 1790 erhielten die Assignate Geldwert.

34 je prends…: Das nehme ich für mich.

35 mes chers amies…: Meine lieben Freundinnen, Sie halten mich für einen reichen Engländer, ich bin aber nur ein armer Deutscher.

36 ridicule: lächerlich.

37 Raisonnement: Schlußfolgerung.

38 Garde Nationale: Nationalgarde.

39 ah ça ira!: Berühmtes Revolutionslied; etwa: «Ah, es geht ran, es geht ran… die Aristokraten an die Laternen…»

40 aux Italiens: Theater in Paris.

41 Den 21. Jun.: im Jahr 1791.

42 La Fayette: Vgl. Anm. 27 zu Kapitel 2.

43 Gouvion: Jean-Baptiste Gouvion (1747-1792) hatte als Offizier unter La Fayette in Amerika gekämpft und wurde von ihm in die Pariser Nationalgarde berufen. Im Jahre 1791 war er auch Abgeordneter.

44 Bailly: Jean Sylvain Bailly (1736-1793), Astronom und Mitglied der Académie francaise, erster Präsident der Nationalversammlung, dann Bürgermeister von Paris.

45 Necker: Vgl. Anm. 6 zu Kapitel 2.

46 où peut-on…: Wo könnte es besser sein als im Schoß der Familie?

47 an die Barre fordern: Vor die Schranken der Nationalversammlung.

48 Gardes du corps: Leibgarde des Königs.

49 Madame Elisabeth: Vgl. Anm. 23 zu Kapitel 2.

50 Goddams: Englischer Fluch; «Gottverdammt», Spitzname der Engländer.

51 Affäre vom 5-6ten Oktober: 1789; Marsch der Marktweiber nach Versailles zum Schloß und in die Nationalversammlung, um den König und die Nationalversammlung nach Paris zu holen.

52 Barnave: Antoine Pierre Barnave (1761-1793), Advokat und Politiker, Mitglied der Konstituierenden Nationalversammlung, Führer der Feuillants, beriet Ludwig XVI.

53 vivre libre…: In Freiheit leben oder sterben.

54 Huissiers: Parlamentsdiener.

55 Silence…: Ruhe! Auf die Plätze!

56 Mr. le Président…: Herr Präsident, ich bitte um das Wort.

57 Motionnaire: Antragsteller.

58 Enragés: Die Wütenden.

59 Ein Landcuré: Katholischer Landpfarrer.

60 Barnave: Vgl. Anm. 52 zu Kapitel 2.

61 Grouvelle: französischer Politiker und Schriftsteller.

62 Montesquieu: Charles de Secondat, Baron de la Brède et de Montesquieu (1689-1755), französischer Aufklärer, Staatstheoretiker und politischer Schriftsteller. Seine Theorie der konstitutionellen Monarchie und der Gewaltenteilung beeinflußte die nordamerikanische Verfassung von 1787 und die französische von 1791.

63 opinion publique: Öffentliche Meinung.

64 N. V.: Nationalversammlung.

65 Libelle: Kurze Schriften.

66 la Fayettes: Vgl. Anm. 27 zu Kapitel 2.

67 Herr von Meister: Jakob Heinrich Meister (1744-1826), französischer Schriftsteller schweizerischer Herkunft. Vgl. in diesem Band S. 175 ff.

68 Vaublanc: Vincent Marie Viennot, Comte de Vaublanc (1756-1845), Offizier bei den Kolonialtruppen, 1791 royalistischer Abgeordneter, Anhänger Napoleons I. während der Restaurationszeit, Innenminister Frankreichs.

69 Club des bonnes gens: Klub der guten Leute.

70 Mrs. les Dragons: Die Herren Dragoner.

71 Motionen: Anträge.

72 pour et contre opiniert: Die Meinung dafür oder dagegen äußern.

73 filles de joye: Freudenmädchen.

74 kataleptisch: Von Muskelstarre befallen.

75 à la porte…: Hinaus, zum Teufel mit diesen Aristokraten.

76 l'Auteur!: Der Autor auf die Bühne!

77 Dekadi: Alle zehn Tage gefeierter Festtag nach dem republikanischen Kalender. Der Dekadi sollte den Sonntag ersetzen.

78 Cette pierre…: Dieser Stein stammt aus einem der Kerker der Bastille.

79 Theophilanthropen: Anhänger des Vernunftkultes.

80 Verkauf der geistlichen Güter: Am 2. November 1789 wurden die Kirchengüter der Nation übereignet.

81 Assignate: Vgl. Anm. 33 zu Kapitel 2.

82 Konstituierende Nationalversammlung: Am 9. Juli 1789 erklärte sich die aus den Communes entstandene Nationalversammlung zur verfassunggebenden Nationalversammlung.

83 Zweite Nationalversammlung: Verfassunggebende Nationalversammlung.

84 Travaux: Arbeiten.

85 Mirabeau…: Mirabeau, von ihm selbst beschrieben.

Kapitel 3

1 Königsmord am 21. Jan. 1793: An diesem Tag wurde Ludwig XVI. hingerichtet.

2 Accusé…: Angeklagt, gewarnt, überführt.

3 Assignate: Vgl. Anm. 33 zu Kapitel 2.

4 aux amis…: Den Freunden der Wahrheit.

5 Entrepreneur: Unternehmer.

6 Girtanner: Christoph Girtanner (1760-1800), Arzt in Göttingen, naturwissenschaftlicher und seit 1789 auch bekannter politischer Schriftsteller; Gegner der Revolution.

7 Officier de santé: Gesundheitsbeauftragter.

8 Brissotiner: Jean Pierre Brissot de Warville (1754-1793), französischer Advokat, Schriftsteller und Publizist; Anhänger Rousseaus und Führer der Girondisten; wurde nach deren Sturz verhaftet und hingerichtet.

9 la beauté...: Die Schönheit ist immer Königin.

10 Am 7ten Messidor: 25. Juni 1794.

11 Vendée-Krieges: Am 10./11. März 1793 ausgebrochener, konterrevolutionärer Aufstand in der Vendée.

12 Faction Marat: Marat-Fraktion. Jean-Paul Marat (1744-1793) kämpfte gegen die großbürgerlichen Führer der Revolution, war Verfechter der Interessen der Armen und gab seit Herbst 1789 die Zeitschrift «Ami du peuple» («Der Volksfreund») heraus. Er war einer der populärsten Jakobiner und wurde am 13. Juli 1793 von Charlotte Corday (1768–1793) in seiner Wohnung ermordet.

13 «Voilà, Messieurs...»: Hier ist der kleine Schuhputzer, meine Herren.

14 Kardinal Rohan: Vgl. Anm. 25 zu Kapitel 2.

15 chronique scandaleuse: Skandalchronik.

16 de Launay: Bernard Jordan, Marquis de Launay (1740–1789), Gouverneur der Bastille, wurde am 14. Juli 1789 von der die Bastille stürmenden Menge getötet.

17 sieben seiner Opfer...: Anspielung auf die Tatsache, daß am 14. Juli 1789 nur sieben Gefangene in der erstürmten Bastille vorgefunden wurden.

18 «Vive la France...»: Es lebe Frankreich, wo alles gutgeht, sofern man tanzt.

19 je n' ai pas...: Ich habe seit dem Sturm auf die Bastille nichts gegessen.

20 14ten Fruktidor: 31. August 1794.

21 Herostraten: Verbrecher aus Ruhmsucht; nach dem Griechen Herostratos, der den Artemistempel zu Ephesus anzündete, um berühmt zu werden.

22 Commission temporaire...: Provisorische Kunstkommission.

23 Hébert: Jacques-René Hébert (1757-1794); französischer Revolutionär, Mitglied des Konvents, stellvertretender Staatsanwalt der Kommune; seine Zeitschrift «Le père Duchesne» (seit 1790) war ein populäres Aufklärungsmedium. Hauptorganisator des Vernunftkultes, wurde zusammen mit seinen Anhängern, den Hébertisten, am 24. März 1794 hingerichtet.

24 Montfaucon: Bernard de Montfaucon (1655–1741); Benediktinermönch und Historiker. Sein Hauptwerk: Monuments de la monarchie française, 1719.

25 Nous sommes en...: Wir befinden uns in einer Revolution, und da müssen solche Sachen eben gemacht werden.

26 Mirabeau: Vgl. Anm. 5 zu Kapitel 1.

27 Necker: Vgl. Anm. 6 zu Kapitel 2.

28 vous n'entrerez pas...: Ohne Freiheitsmütze treten Sie hier nicht ein, meine Herren!

29 Robespierre: Maximilien de Robespierre (1758-1794); Jakobiner, einer der bedeutendsten Revolutionsführer, stand 1793/94 an der Spitze des Wohlfahrtsausschusses. 1794 hingerichtet.

30 Benennung des Berges...: Vgl. Anm. 4 zu Kapitel 2.

31 Je demande la parole: Ich bitte um das Wort.

32 urgence: Dringlichkeit.

33 Je mets aux voix...: Ich stelle die Dringlichkeit zur Abstimmung.

34 que ceux qui sont...: Diejenigen, die für die Dringlichkeit sind, mögen sich erheben.

35 que ceux qui sont...: Diejenigen, die gegen die Abstimmung sind, mögen sich erheben.

36 la majorité...: Die Mehrheit der Versammlung stimmt dafür, die Dringlichkeit ist somit angenommen.

37 Huissiers: Parlamentsdiener.

38 Mirabeau: Vgl. Anm. 5 zu Kapitel 1.

39 flüchtete sich Ludwig XVI.: 10. August 1792: Sturm auf die Tuilerien und Absetzung des Königs.

40 Tallien am 9. Thermidor: Jean Lambert Tallien (1767-1820); Mitglied des Konvents und des Wohlfahrtsausschusses, verlangte vor dem Konvent die Verurteilung Robespierres und war einer der Initiatoren des 9. Thermidor (27. Juli 1794), des Staatsstreichs der «Thermidorianer» gegen Robespierre und seine Fraktion.

Kapitel 4

1 Cloots: Pseudonym für den schwärmerischen Sozialrevolutonär Jean-Baptiste du Val-de-Grâce (1755-1794). Anacharsis Cloots war 1792 Mitglied des Pariser Konvents und ist im gleichen Jahr auf der Guillotine hingerichtet worden.

2 Necker: Vgl. Anm. 6 zu Kapitel 2.

3 Fayette: Vgl. Anm. 27 zu Kapitel 2.

4 Luckner: Nicolas Luckner (1727-1794); Marschall von Paris. Er geriet 1792 unter Verratsverdacht und wurde im Januar 1794 von den Jakobinern hingerichtet.

5 Mirabeau: Vgl. Anm. 5 zu Kapitel 1.

6 20ter Junius...: Höhepunkte des Umsturzes zur Herrschaft der Bergpartei.

7 Pachens: Jean Nicholas Pache (1746-1823); französischer Politiker. Er war zunächst Girondist, dann Vertreter des Jakobinismus. Pache war zeitweise Bürgermeister von Paris.

8 Héberts: Vgl. Anm. 23 zu Kapitel 3.

9 Kurialstil: Kanzleistil.

10 Expletive: Füllwort.

11 Bramarbasse: Aufschneider, Schreihälse.

Kapitel 5

1 Ausschusses der Elf: Elferkommission, die den Entwurf der Verfassung des Jahres 1795 erarbeitet hat.

2 Artois: Charles Philippe de Bourbon, Comte de Artois (1757-1836) war der jüngere Bruder Ludwigs XVI. und Ludwigs XVIII. Er saß von 1823 bis 1830 als Karl X. auf dem französischen Thron.

3 Antoinette: Marie Antoinette (1755-1793), Gemahlin Ludwigs XVI. und Tochter Maria Theresias.

4 18ten Fruktidor des 5ten Jahres: Staatsstreich vom 4. September 1797, durch den sich das zweite Direktorium mehr Machtbefugnisse verschaffte.

5 Rewbel: Jean-François Reubell war einer der Direktoren nach dem politischen Umbruch von 1795.

6 Hästings Prozeß: Warren Hastings (1732-1818) war Generalgouverneur von Britisch-Indien und liberaler Kolonialpolitiker, der 1785 vom britischen Unterhaus wegen Willkürherrschaft und Ausbeutung angeklagt, 1795 aber vom Oberhaus freigesprochen wurde.

7 Rats der Fünfhundert: Eine der beiden Kammern der gesetzgebenden Gewalt nach der Verfassung von 1795.

8 Motionen: Anträge.

9 Der erste Germinal: 19. März 1795.

10 30te Ventose: 20. Februar 1795.

11 Decadi: Vgl. Anm. 77 zu Kapitel 2.

12 Camille Desmoulins: Lucie Simplice Camille Benôist Desmoulins (1760-1794), Advokat und Journalist. Er war Mitglied des Konvents, wurde 1793 als Anhänger Dantons hingerichtet.

13 Duval: Charles François Marie Duval (1750-1823); Advokat und Mitglied des Konvents.

14 Poultier: François-Martin Poultier (1753-1826); Mathematiker, Politiker und Journalist. Er war Mitglied des Konvents und nach 1795 des Rates der Fünfhundert.

15 Lebois: Journalist. Er unterstützte die frühkommunistische Bewegung Babeufs.

16 Treilhard: Jean-Baptiste Treilhard (1742-1810); Advokat. Er war Mitglied des Konvents, des Wohlfahrtsausschusses und des Rates der Fünfhundert.

17 Daunon: Pierre Claude François Daunou (1761-1840); Politiker der Gironde.

18 Sieyès: Emmanuel Joseph Sieyès (1748-1836); Mitglied der Konstituante, des Konvents und des Rates der Fünfhundert. Berühmter politischer Autor; ging nach 1795 auf Distanz zum Direktorium und half beim Staatsstreich Bonapartes.

19 3. Brumaire: Gemeint ist der 23. Oktober 1795.

20 Grenelle: Affäre um den Aufstand frühsozialistisch beeinflußter Soldaten am 10. September 1796

21 Ludwig XVIII.: (1755-1824), Bruder Ludwigs XVI., nahm 1795 den Ti-

tel König von Frankreich an. Er stand an der Spitze der adligen Emigranten in und um Koblenz.

22 Rat der Alten: Eine der beiden Kammern der gesetzgebenden Gewalt nach der Verfassung von 1795.

Kapitel 6

1 Depantheonisierung: Entfernung aus dem Pantheon.
2 Barrère, Collot, Billaud: führende, dem Terror verschriebene Jakobiner aus der Zeit des Wohlfahrtsausschusses.
3 Proprietairs: Besitzbürger.
4 Entrepreneurs: Unternehmer.
5 Agiotage: Vgl. Anm. 13 zu Kapitel 2.
6 Bicêtre: berühmtes Pariser Irrenhaus.
7 La Force: Gefängnis in Paris.
8 Barras: Paul François Jean Nicolas, Vicomte de Barras (1755-1829); Offizier und Politiker. Er war Mitglied des Konvents und des Wohlfahrtsausschusses. Er trug als Kommandeur der Nationalgarde zum Sturz Robespierres bei. Barras ist dadurch berüchtigt geworden, daß er sich als Mitglied des Direktoriums enorm bereichert hat.
9 Calonne: Charles Alexandre de Calonne (1734-1802); Staatsmann und Finanzminister Ludwigs XVI. von 1783-1787.

Kapitel 7

1 Affiche: Anschlag, Plakat
2 Robespierre...: Radikale Vertreter der Terreur, die allesamt guillotiniert wurden.
3 am ersten Vendemiaire: 22. September 1797.
4 vierzehnten Juli: 14. Juli 1797.
5 Gluck...: Vielbeachtete Komponisten der Revolutionsjahre.
6 ennuyiert: langweilt.

Kapitel 8

1 Kouverts: Speisegänge.
2 3ten Nivose: 22. Dezember 1796.
3 Fouché: Joseph Fouché (1759-1816), von 1799 bis 1802 und von 1804 bis 1810 Polizeiminister Napoleons. Vorher war Fouché Konventsmitglied und am Sturz Robespierres beteiligt. Als Polizeiminister Napoleons wurde Fouché berüchtigt wegen seines ausgeklügelten Spitzelsystems.
4 Senatusconsulta: Senatsentscheidungen.
5 Caprara: Giovanni Battista Caprara (1733-1810), italienischer Kardi-

nal, Bischof von Mailand. Caprara handelte 1801 das Konkordat zwischen Napoleon und Papst Pius VII. aus.

6 Desaixs: eigentlich Loius des Aix (1768-1800), französischer General im Dienste Napoleons. Er fiel 1800 in der Schlacht bei Marengo in Italien.

7 In detrimentium rei publicae: zum Nachteil des Staates.

8 empéreur des Gaules: Herrscher der Gallier

Die Autoren der Berichte

Ernst Moritz Arndt (1769-1860) war Historiker, politischer Publizist und patriotischer Dichter. Der scharfe Kritiker der Ausbeutung der Hörigen trug zur Abschaffung der Leibeigenschaft in Pommern und Rügen bei. Seine Parteinahme für «die Kleinen und Armen im Volke», die «Bauern, Handwerker und Arbeiter» wandelt sich im Kampf gegen die napoleonische Fremdherrschaft. Arndt wird zum militanten Franzosenhasser und beschwört die «großen» Deutschen als «erstes, edelstes Volk Europas». Nach außen trat Arndt als Chauvinist auf, nach innen widersetzte er sich nach dem Ende der Befreiungskriege der Restauration. So geriet er in die inneren Feldzüge der Demagogenverfolgung. 1820 verlor er ohne Prozeß die Hälfte seiner Bezüge und die Geschichtsprofessur an der Universität Bonn. Erst 1840 wurde er rehabilitiert. 1848 war er der älteste Abgeordnete in der ersten deutschen Nationalversammlung. Jetzt trat er gegen alle «republikanischen oder gar kommunistischen Glückseligkeits- und Freiheitsträume» auf und sprach sich für eine konstitutionelle Monarchie unter preußischer Führung aus.

1792 brach er zu einer «abenteuerlichen Reise» auf, die ihn durch mehrere europäische Länder führte, u. a. nach Frankreich und Paris.

Joachim Heinrich Campe (1746-1818) war ein Wegbereiter der Aufklärung in Deutschland. Als berühmter Pädagoge, Verleger und Schriftsteller beeinflußte er das Erziehungswesen seiner Zeit. Er leitete einige Jahre lang Johann Bernhard Basedows Philanthropin in Dessau, gründete in der Nähe von Hamburg ein eigenes Erziehungsinstitut und trat vor allem als Autor von pädagogischen Traktaten und Kinderbüchern hervor. Besonders bekannt und beliebt wurde «Robinson der Jüngere», ein lehrhaft unterhaltsames Jugendbuch, das in zahllosen Auflagen erschien.

Im Sommer 1789 brach er nach Paris auf, begleitet von seinem früheren Schüler Wilhelm von Humboldt. Am 24. Juli erreichte sie in Aachen die Nachricht von der Revolution in Frankreich. Campe setzte sich nach seinem Aufenthalt in Paris verstärkt im eigenen Land für die bürgerlichen Rechte und Freiheiten ein. Für die eigene Publikationsfreiheit in Preußen setzte er seine bürgerliche Existenz aufs Spiel. Er wurde wegen seiner begeisterten Parteinahme für die Französische Revolution zu Hause geschmäht und beschimpft. Die «Briefe aus Paris» erschienen zuerst 1789/90 im «Braunschweigischen Journal», Campes eigener Zeitschrift.

1792 erhielt er zusammen mit Klopstock, Schiller und fünfzehn anderen Ausländern das Ehrendiplom als französischer Bürger.

Gerhard Anton von Halem (1752-1819) wurde in Oldenburg geboren, wo sein Vater Stadtsyndikus war. Der vielseitige Beamte, Jurist und Schriftsteller studierte Jurisprudenz in Frankfurt/Oder, Kopenhagen und Straßburg. Nach einer Anstellung am Reichskammergericht in Wetzlar ließ er sich in Oldenburg als Anwalt nieder. 1775 wechselte er als Assessor beim Landgericht in den Staatsdienst, wurde Rat in der Regierungskanzlei, die er später leitete. Der schreibende Jurist gründete eine Zeitschrift, gab das Gesangbuch seiner Landeskirche heraus und verfaßte eine Vielzahl von Gedichten und Zeitschriftenbeiträgen. Schließlich schrieb er die Geschichte Oldenburgs. Dem loyalen Justizbeamten blieb literarischer Ruhm versagt. Im Sommer des Jahres 1790 allerdings wendete sich sein publizistisches Schicksal; in Lyon änderte er die geplante Route seiner Kavalierstour nach Italien, um in Paris Augenzeuge der revolutionären Ereignisse zu werden. Als kluger, liberaler und begeisterter Beobachter der Revolution schuf er mit seinen «Blicken auf einen Teil Deutschlands, der Schweiz und Frankreichs bei einer Reise vom Jahre 1790» ein klassisches Werk der politischen Reiseliteratur. Der Frankreich betreffende Band seiner «Blicke» erschien auch 1796 in Paris auf Französisch. Gerhard Anton von Halem wurde ebenso wie Joachim Heinrich Campe und andere wegen seiner Sympathien für die Französische Revolution in Deutschland mit Spott, Kritik und Unverständnis bedacht.

Johann Ulrich Hegner (1759-1840) war Ratsherr und Arzt zu Winterthur in der Schweiz. Er war außerordentlich vielseitig. Eine zeitgenössische biographische Notiz teilt über ihn mit, er sei «wegen seiner satyrischen Freimüthigkeit vielen verhaßt» gewesen. Der Arzt war nebenher Landschreiber, Senator und Friedensrichter. Seine Interessen galten besonders der Philologie und der Kunstgeschichte. Im Jahre 1801 reiste er nach Paris. Seine 1804 in Winterthur erschienene Reisebeschreibung trägt – mit resignativem Unterton – den Titel: «Auch ich war in Paris». Es heißt, der Schweizer Arzt und ehrenwerte Bürger habe vieles «wider Willen» getan. Seine Paris-Reise gehört sicher nicht dazu. 1812 erschien in Zürich seine diätetische Schrift «Die Molkekur», Berichte über seine ausgedehnten Reisen publizierte er 1815 unter dem Titel «Berg-, Land- und Seereisen» in Zürich.

Georg Forster (1754-1794) repräsentiert wie kaum ein anderer den in Deutschland seltenen Typ des aufgeklärten Weltbürgers. Im polnischen Preußen wurde er geboren, in England lebte er als Gelehrter, er reiste mit achtzehn Jahren mit Kapitän Cook um die Welt und lebte dann in Wilna, Kassel und Mainz als Schriftsteller, Naturforscher, Übersetzer und politisch engagierter Republikaner. Mit Alexander von Humboldt fuhr er den Rhein hinab und schrieb mit den «Ansichten vom Niederrhein» ein klassisches Werk der europäischen Reiseliteratur. Forster hatte während der kurzen Zeit der Mainzer Republik die Grenzen einer revolutionären Entwicklung auf deutschem Boden kennenlernen müssen.

Nach Paris kam er als hellsichtiger Sympathisant der Revolution. Mit dem ge-schärften Blick des politisch erfahrenen Reisenden nahm er auch die Schatten im revolutionären Prozeß wahr und war selbst dann noch um objektive Be-richte bemüht, als er einsam und krank die Herrschaft des Schreckens aus näch-ster Nähe hatte verfolgen müssen. Er schrieb die «Parisischen Umrisse», aus denen hier zitiert wird, in den letzten Monaten des Jahres 1793, die auch die letzten Monate seines Lebens waren. Die «Parisischen Umrisse» bilden zusam-men mit Forsters Briefen aus Paris die bedeutendsten Zeugnisse der Franzö-sischen Revolution in der deutschen Literatur.

Georg Kerner (1770-1812) war der ältere Bruder des Arztes und Dichters Justi-nus Kerner. Er war Stadtschreiber von Ludwigsburg, verkehrte unter den «schwäbischen Jakobinern» und begab sich nach seinem Medizinstudium an der Stuttgarter Karlsschule nach Straßburg, wo er sogleich dem Jakobinerklub beitrat. Zu Fuß wanderte er 1792 nach Paris, wo er sich – wie es in einem zeitgenössischen Zeugnis heißt – «vom Strudel der Revolution hingerissen fühlte». Er blieb nicht in der Rolle des Beobachters, wurde Nationalgardist, sympathisierte mit den Girondisten und praktizierte als Arzt im skandina-vischen Krankenhaus von Paris. Er war Korrespondent der «Hamburgischen Zeitung». Seine Freundschaft mit Karl Friedrich Reinhard (1761-1837), einem deutschstämmigen französischen Diplomaten, schützte ihn zunächst vor Ver-folgung. Im Frühjahr 1794 stand er dennoch auf der Liste der Proskribenten und floh in die Schweiz. Nach Deutschland durfte er nicht zurückkehren. Nach dem Sturz Robespierres im Juli 1794 ging Georg Kerner wieder nach Paris. Er schrieb Berichte für die deutsche Zeitschrift «Klio» und war von 1795 bis 1801 Sekretär von Karl Friedrich Reinhard in verschiedenen europäischen Städten. Nach der monarchistischen Wende Frankreichs trennte er sich von Reinhard, wurde Arzt in Kopenhagen und 1807 Armenarzt in Hamburg. 1812 starb er an Nervenfieber.

Heinrich von Kleist (1777-1811), der in seiner Bedeutung als in seiner Zeit unverstandener Vorausdeuter auf die Moderne mit Georg Büchner vergleich-bar ist, reiste im Jahre 1801 nach Paris, wo er sich vier Monate lang aufhielt. Zuvor hatte er sein kameralistisches Brotstudium aufgegeben und war unter dem Eindruck der Philosophie Immanuel Kants in eine tiefe intellektuelle Krise geraten. Die Wahrheit, «sein höchstes Ziel», schien ihm außerhalb mensch-licher Erkenntnis zu liegen. Die fast gleichzeitige Lektüre der Werke Rousseaus und dessen ‹Philosophie des Gefühls› konnte Kleists Überzeugung, daß «hienie-den keine Wahrheit zu finden ist», nicht mildern. In Paris beschließt Heinrich von Kleist, der nun für sich selbst kein Glück mehr reklamiert, eine intellektu-elle Wende. Er will Bauer in der Schweizer Einsamkeit einer Aare-Insel bei Thun werden. Im Mai 1802 löst er seine Verlobung mit Wilhelmine von Zenge und befindet sich krank in Bern. Seine Projekte scheiterten immer wieder. Kaum jemand vermochte die Diskrepanzen und Übereinstimmungen zwischen der politischen und der individuellen Wirklichkeit, den Zerfall der Systemsicherheit des deutschen Idealismus derart prägnant und radikal zu formulieren wie Heinrich von Kleist.

Christian Ludwig Lenz (1750-1833) war ein weltoffener, aufklärerischer Pädagoge, der dem Studium der alten Sprachen ebenso zugeneigt war wie ausgedehnten Auslandsreisen. Er war wie Joachim Heinrich Campe Lehrer am Philanthropin in Dessau, später Lehrer am Salzmannischen Erziehungsinstitut zu Schnepfenthal bei Gotha. Er war ein großer Kenner der schwedischen Literatur. Auf seinen Reisen bestieg er den Vesuv und den Ätna. 1798 besuchte er Frankreich. Zwei Bücher verfaßte er darüber: «Bruchstücke aus einer Reise in Frankreich gegen Ende des Jahres 1798» (1799) und «Bemerkungen auf Reisen in Dänemark, Schweden und Frankreich», die 1800 in Gotha herauskamen. Seit 1806 war er Direktor des Gymnasiums in Weimar, 1819 wurde er aus dem Schuldienst entlassen. Seine nicht unkritische Sympathie für das revolutionäre Frankreich ließ ihn zeitweilig in den diplomatischen Dienst der französischen Republik treten. Lenz war ein republikanischer Beamter, der seine Karriere wiederholt aufs Spiel setzte, um an der europäischen Freiheitsbewegung als Zeuge teilzunehmen.

Leonhard Meister (1741-1812) war ein berühmter Schweizer Schriftsteller und Historiker. Er war Professor und Pfarrer, Redakteur und populärer Philosoph und gehörte zur tragenden Schicht des schweizerischen Bildungsbürgertums. Seit 1769 erschien von ihm in jedem Jahr mindestens ein Buch. 1778 zum Beispiel «Über die Einbildungskraft», 1798 «Der Philosoph für den Spiegeltisch». Er schrieb über die Mode, die Geschichte der Kunst und der schweizerischen Eidgenossenschaft. Derart enzyklopädisch gebildet, überprüfte er Wissen und Erfahrung während ausgedehnter Reisen. Öfter war der republikanisch gesonnene Wissenschaftler und Schriftsteller in Paris. «Meine letzte Reise nach Paris» erschien 1798 in Zürich.

Friedrich Johann Lorenz Meyer (1760-1844) war Domherr zu Hamburg. Dort gehörte er der «Patriotischen Gesellschaft» an und betätigte sich auch als Advokat. Er verfaßte nicht wenige Literaturkritiken und beschäftigte sich intensiv mit der Geschichte der Kunst. 1784 bereiste er die Schweiz, Italien und Frankreich. Der Kirche stand Meyer, der ein Freigeist war, durchaus kritisch gegenüber. Seine «Fragmente aus Paris im 4. Jahre der fränkischen Republik» (1797) wurden gleich nach ihrem Erscheinen in Deutschland von General Dumouriez (1739-1823) ins Französische übersetzt. 1804 erschien Meyers «Blick auf die Domkirche in Hamburg», der Vielgereiste veröffentlichte 1821 «Brieffragmente vom Taunus, Rhein, u. s. w.».

Konrad Engelbert Oelsner (1764-1828) stammt aus Goldberg in Schlesien, studierte in Frankfurt/Oder Rechtswissenschaft, besuchte historische und medizinische Vorlesungen und unternahm im Jahre 1790 eine Bildungsreise nach Paris. Dort gelangte er wie kein zweiter Deutscher ins Zentrum der Revolution, ihrer Protagonisten, Kritiker und Geschichtsschreiber. In den Jahren 1791/92 erlebte er aus nächster Nähe und wohlinformiert die Arbeit der Verfassunggebenden Versammlung, Mirabeaus Tod, Flucht und Gefangennahme der königlichen Familie, den Sturm auf die Tuilerien im August und die Septembermorde in den Gefängnissen 1792. Auch der Krieg und die ersten Siege des Revolutionsheeres werden von ihm in anschaulicher Dichte protokolliert. Oelsner stand den Girondisten nahe; seine anfängliche Begeisterung wich dem Entsetzen und der Enttäuschung angesichts der internen Machtkämpfe und des Terrors. Erst die militärischen Erfolge in der Champagne versöhnten ihn wieder mit der Republik. Von allen Deutschen in Paris war Oelsner, der unter der Schreckensherrschaft 1794 in die Schweiz fliehen konnte und 1798 in Preußen als Revolutionär gefangengenommen wurde, der am besten informierte Autor und Augenzeuge. Er führte Gerhard Anton von Halem durch das revolutionäre Paris und verschaffte ihm Zugang zu den Sitzungen des Jakobinerklubs. 1799 kehrte er aus Preußen nach Paris zurück, nachdem er eine hohe Geldstrafe entrichtet hatte.

Georg Friedrich Rebmann (1768-1824) verband seine Existenz mit den Prinzipien der Französischen Revolution. Er stand seinerzeit im Dienst des Direktoriums und gehörte zu denjenigen republikanischen Publizisten, die in Deutschland wegen ihrer demokratischen Anschauungen verfemt und verfolgt wurden.

Mit dreizehn Jahren wurde er an der Universität Erlangen immatrikuliert; von 1787-89 studierte er in Jena Rechtswissenschaft, wo Friedrich Schiller zu seinen Lehrern gehörte. In Dresden und Dessau betätigte er sich seit 1792 publizistisch und trat für die republikanischen Grundsätze der Revolution ein. In Erfurt führte er die von dem demokratischen Aufklärer Wilhelm Ludwig Wekhrlin (1739-1792) gegründete radikale Zeitschrift «Das graue Ungeheuer» (1784-87) unter dem Titel «Das Neue graue Ungeheuer» fort. Weil er in dieser Zeitschrift die Mainzer Klubisten verteidigte, wurde er verfolgt und mußte 1795 aus Erfurt fliehen. Über das seinerzeit dänische Altona gelangte er 1796 schließlich nach Paris. 1798 übernahm er im Auftrag des Direktoriums im besetzten Mainz das Amt eines Richters und wurde später Gerichtspräsident in Kaiserslautern und Oberpräsident des Apellationsgerichts in Zweibrücken.

Johann Friedrich Reichardt (1752-1814) war ein seinerzeit berühmter Musiker und Komponist. Er gehörte dem weiteren Freundeskreis Goethes an. 1776 wurde er Königlicher Hofkapellmeister in Berlin, fiel jedoch bei Friedrich II. in Ungnade, und es wurde ihm bedeutet, «er soll keine Oper komponieren, das versteht er nicht oder macht es nicht recht».

1783 begann eine Zeit ausgedehnter Auslandsreisen. Er besuchte die Schweiz, Italien und England. Paris zog ihn besonders an; er besuchte die französische Metropole insgesamt fünfmal. 1786 begann eine kurze Glanzzeit: König Friedrich Wilhelm II. protegierte ihn, bis er ihn 1790 endgültig fallenließ, weil seine bürgerlich-republikanischen Ansichten die königliche Toleranzgrenze bei weitem überschritten hatten. 1794 wurde er fristlos und ohne Pensionsansprüche entlassen. Der von Goethe und Schiller wegen seines «Sansculottismus» verspottete Reichardt war ein kluger und kritischer Beobachter der französischen Zustände während und nach der Revolution. Napoleon stand er recht reserviert gegenüber. In zwei Büchern («Vertraute Briefe über Frankreich», 1792 und «Vertraute Briefe aus Paris», 1802/03) berichtete der erfolgreiche Schriftsteller über die Revolution und ihre Auswirkungen.

Andreas Riem (1749-1809) war Theologe und Schriftsteller. Als republikanisch-aufklärerischer Publizist wurde er aus Preußen ausgewiesen. Er lebte als reformierter lutherischer Prediger in Friedrichswalde in der Uckermark. Seit 1782 war er Prediger im Friedrichshospital in Berlin. 1789 legte er dieses Amt nieder und wurde Sekretär der Königlichen Akademie der Künste und mechanischen Wissenschaften zu Berlin. Er betätigte sich auch als Buchhändler und Verleger. In einer zeitgenössischen biographischen Notiz stand zu lesen, er «privatisiere seit 1795 zu Paris». Tatsächlich reiste Andreas Riem, der als aufklärerischer Theologe und Verfasser von staatstheoretischen Schriften mit den Prinzipien der Revolution sympathisierte, öfter nach Frankreich und Paris, um in der Nähe der revolutionären Entwicklung zu sein. Neben seiner dreibändigen «Reise durch Frankreich vor und nach der Revolution» (1799-1801) verfaßte er weitere politische Reisebeschreibungen, belletristische Werke und vor allem theologisch-kritische Abhandlungen wie «Christus und die Vernunft» (1792). Er gab das «Berlinische Journal für Aufklärung» heraus und die Zeitschrift «Europa und seine politischen und Finanzverhältnisse» (1795), wegen deren er aus Preußen ausgewiesen wurde.

Friedrich Schulz (1762-1798) war Historiker, Schauspieler, Theologe und erfolgreicher Popularautor. In Halle hielt er theologische Vorlesungen, in Weimar ließ er sich vorübergehend als Autor nieder, 1789 ging er – angezogen von der Revolution – nach Paris. Bevor er unter dem Eindruck der revolutionären Entwicklung zwei grundlegende Werke verfaßte («Über Paris und die Pariser», 1791 und die «Geschichte der großen Revolution in Frankreich», 1798), schrieb er vielgelesene Unterhaltungsromane wie «Fritz, oder Geschichte eines Belletristen» (1783) oder «Der Wüstling. Eine Geschichte aus Pyrmont» (1788).

1790 ging er nach Berlin, dann wurde er Gymnasialprofessor für Geschichte in Mitau. 1793 reiste er nach Italien. Neun Jahre später stieß in Neapel Johann Gottfried Seume auf seine Spuren. 1794 kehrte Schulz nach Deutschland zurück und versuchte in vielen Städten von seiner schweren Krankheit zu genesen.

1798 starb er elend und in geistiger Umnachtung. Von gehässigen Zeitgenossen wurde sein «Schwachsinn» mit den Sympathien für die Französische Revolution zusammengebracht.

Johann Gottfried Seume (1763-1810) war der Sohn eines verarmten Fronbauern. 1781 verschleppten ihn hessische Soldatenwerber nach Amerika, wo er allerdings an kriegerischen Handlungen nicht mehr teilzunehmen brauchte, weil der amerikanische Unabhängigkeitskrieg schon weitgehend entschieden war. Nach seiner Rückkehr aus Amerika im Jahre 1783 versuchte er mehrmals vergeblich zu desertieren; erst 1787 erlangte er die Freiheit wieder. Im Dezember 1801 brach er zu einer neun Monate währenden Fußreise durch die von den Napoleonischen Kriegen erschütterten Länder auf. Über Triest, Venedig, Bologna, Rom, Neapel gelangte er nach Syrakus, von dort zurück über Mailand, Zürich, Basel, Paris, Straßburg, Frankfurt, Weimar und Leipzig. In Paris verbrachte er im Sommer 1802 nur einige Tage. Als scharfer Kritiker der imperialen Neigungen Napoleons und der politischen und sozialen Verhältnisse in Deutschland, wurden seine Schriften (wie die «Apokryphen» von 1811, bissige Aphorismen gegen politische Willkür und Unterdrückung) von der Zensur verboten. Sein «Spaziergang nach Syrakus im Jahre 1802» (1803) und sein Reisebericht «Mein Sommer 1805» (1806) gehören zu den radikalsten Beispielen einer kompromißlosen Gesellschaftskritik. Goethe und manch anderem war Seumes Werk zu «sansculottisch». Seume starb völlig verarmt nach einer qualvollen Krankheit während einer Kur in Teplitz (Böhmen).

Kaspar Heinrich Graf von Sierstorpff (1750-1842) war ein liberaler Adliger mit ausgeprägten kunsthistorischen und kunsttheoretischen Interessen. Er studierte in Erfurt und Leipzig, schrieb Bücher über Holzarten und Insekten und wurde im Jahre 1788 zum Oberjägermeister ernannt. Kunstreisen führten ihn einige Male nach Italien. Er war mit dem Maler Raphael Mengs befreundet. Seine «Bemerkungen auf einer Reise durch die Niederlande nach Paris im elften Jahre der großen Republik» ließ er 1804 anonym in zwei voluminösen Bänden in Braunschweig erscheinen. In der Einleitung beklagt er sich über die Schwemme von Berichten aus Paris, die sich lüstern vor allem über das Nachtleben und die Mode ausließen. Demgegenüber will Graf von Sierstorpff mit kühler Beobachtung und unparteilicher Wahrnehmung über Hintergründe der französischen Republik unterrichten. Er begibt sich weniger in den «großen politischen Vulkan» des Staatslebens als in Kirchen und Gemäldesammlungen.

Karl Woyda war ein in Polen geborener wandernder deutschsprachiger Republikaner, ein Soldat und Beamter, Journalist und Schriftsteller. Er lebte lange Zeit in der Schweiz und stand als Offizier in französischen Diensten. Er schrieb zwar viele Aufsätze und etliche Bücher, kannte die französische und die deutsche Literatur, hinterließ aber kaum biographische Spuren. In keinem der einschlägigen Lexika ist er verzeichnet. Seine «Vertraulichen Briefe über Frankreich und Paris im Jahre 1797» erschienen 1798 in Zürich. Er hatte diese Briefe im Sommer und Herbst des Jahres 1797 an zwei namentlich nicht genannte Freunde geschrieben. Im Winter 1797 war er Hauptmann des italienischen Armeekorps der Franzosen und geriet in österreichische Gefangenschaft. Nach der Auslösung wurde er beim Generalstab der Rheinarmee angestellt. In Leipzig erschienen 1802 seine «Briefe eines Französischen Offiziers, geschrieben im Jahre 1800 aus Kärnten, Steiermark, Italien, Schweiz, Schwaben, Bayern und Österreich». 1805 war er Kammerassessor in Stettin. Seit 1808 war Karl Woyda Geheimer Staatsreferendar des Herzogtums Warschau. In Leipzig war 1801 eine Grundsatzschrift von Woyda erschienen: «Der Geist der Rechte des Menschen in seiner Anwendung auf die Bedürfnisse unserer Zeit». Woyda war einer der vielen heute Vergessenen, die dabei halfen, die Prinzipien der Französischen Revolution in Europa zu verbreiten.

Quellenverzeichnis

Anonym: Wider den Revolutionsprediger Campe, in: Wiener Zeitschrift, hg. von Leopold Alois Hoffmann, Bd. 1, Heft 1, Wien 1792

Anonym: Königsmord, in: Oeconomischer oder Haushaltungs Kalender, o. O. 1794

Anonym: Annalen der Guillotine, in: Revolutions-Almanach von 1795, Göttingen 1795

Anonym: Blutige Frauenschicksale, in: Kriegs- und Friedens-Almanach von 1804, Göttingen 1804

Anonym: Geheilt von der französischen Freiheitsraserei. Revolutionsalmanach von 1794, Göttingen 1794, S. 17-24

Ernst Moritz Arndt: Reisen durch einen Theil Teutschlands, Ungarns, Italiens und Frankreichs in den Jahren 1798 und 1799, Bd. 4, Leipzig 1804

Joachim Heinrich Campe: Briefe aus Paris zur Zeit der Revolution geschrieben, Braunschweig 1790, Reprint Hildesheim 1977, hg. von Hans-Wolf Jäger

Georg Forster: Parisische Umrisse. Zuerst erschienen in den «Friedenspräliminarien», 4. Stück, Berlin 1793, und 5./6. Stück, Berlin 1794

Gerhard Anton von Halem: Blicke auf einen Theil Deutschlands der Schweiz und Frankreichs bey einer Reise vom Jahre 1790, Bd. 1 und 2, Hamburg 1790

Ulrich Hegner: Auch ich war in Paris, Bde 1-3, Winterthur 1803/04

Georg Kerner: Briefe aus Paris, in: Klio, Eine Monatsschrift für die französische Zeitgeschichte, Bd. 1, o. O. 1795

Heinrich von Kleist: Werke und Briefe in vier Bänden, hg. von Siegfried Streller, Bd. 4, Berlin und Weimar 1978

Leonhard Meister: Meine letzte Reise nach Paris, Zürich 1798

Friedrich Johann Lorenz Meyer: Fragmente aus Paris im IVten Jahr der Französischen Republik, Bd. 1 und 2, Hamburg 1797/98

Ders., Briefe aus der Hauptstadt und dem Innern Frankreichs, Bd. 1 und 2, Tübingen 1797

Konrad Engelbert Oelsner: Luzifer oder Gereinigte Beyträge zur Geschichte der Französischen Revolution, Berlin 1797/99

Georg Friedrich Rebmann: Holland und Frankreich, in Briefen geschrieben auf einer Reise von der Niederelbe nach Paris im Jahr 1796 und dem Fünften der französischen Republik, Bd. 1 und 2, Paris und Köln 1797/98

Johann Friedrich Reichardt: Vertraute Briefe über Frankreich auf einer Reise im Jahr 1792 geschrieben, Bd. 1 und 2, Berlin 1792

Andreas Riem: Reise durch Frankreich vor und nach der Revolution. Bd. 1 und 2. Reisen durch Deutschland, Holland, England, Frankreich und der Schweiz in verschiedener, besonders politischer Hinsicht in den Jahren 1786, 1795, 1797 und 1798 (Bd. 6 und 7, Leipzig 1799/1800)

Friedrich Schulz: Über Paris und die Pariser, Bd. 1, Berlin 1791

Johann Gottfried Seume: Spaziergang nach Syrakus im Jahre 1802, Braun-schweig/Leipzig 1803

Kaspar Heinrich Graf von Sierstorpff: Bemerkungen auf einer Reise durch die Niederlande nach Paris im eilften Jahre der grossen Republik, Bd. 1 und 2, o. O. u. J. (Hamburg 1804)

Karl Friedrich Woyda: Vertrauliche Briefe über Frankreich im Jahre 1797, Bd. 1 und 2. Zürich 1798

Quellenverzeichnis der Abbildungen

Alle Abbildungen wurden entnommen aus:
Denkbuch der Französischen Revolution vom ersten Aufruhr in der Vorstadt St. Antoine den 28. Apr. 1789. bis zum Todestag Ludwig's XVI. den 21. Jänner 1793. in 42 Kupfern, mit einem erläuternden Text von Franz Eugen Freiherrn von Seida und Landensberg, 1. Band, Zweite Auflage, Memmingen 1817, Christoph Müller'sche Buch- und Kunstverlagshandlung, und aus:
Denkbuch der Französischen Revolution. Vom Todestage Ludwig's XVI. den 21. Januar 1793. bis zur Entstehung der Consularregierung, den 9. November 1799. in 42 Kupfern, mit einem erläuternden Texte von Franz Eugen Freiherrn von Seida und Landensberg, Memmingen 1816, Erste Lieferung, erste Fortsetzung, Christoph Müller'sche Buch- und Kunsthandlung.
Die Bildunterschriften wurden aus den genannten Werken übernommen, die Orthographie wurde behutsam modernisiert.

Wir danken Dr. Christoph Prignitz (Oldenburg), der dem Verlag die «Denkbücher» zur Reproduktion überließ.

C 2053/8

rowohlts bildmonographien

Thema Geschichte

C 2053/8 a